孟子文獻集成

孟子文獻集成編纂委員會 編纂

山東人民出版社

圖書在版編目（CIP）數據

孟子文獻集成. 第一五三卷 / 《孟子文獻集成》編纂委員會編. --濟南 : 山東人民出版社, 2020.1
ISBN 978-7-209-12418-8

Ⅰ. ①孟… Ⅱ. ①孟… Ⅲ. ①儒家 ②《孟子》－研究資料－匯編 Ⅳ. ①B222.55

中國版本圖書館CIP數據核字(2019)第236674號

項目統籌: 胡長青
責任編輯: 楊雲雲
裝幀設計: 武　斌
項目完成: 文化藝術編輯室

孟子文獻集成（第一五三卷）
《孟子文獻集成》編纂委員會 編

主管單位　山東出版傳媒股份有限公司
出版發行　山東人民出版社
社　　址　濟南市英雄山路165號
郵　　編　250002
電　　話　總編室（0531）82098914
　　　　　市場部（0531）82098027
網　　址　http://www.sd-book.com.cn
印　　裝　山東新華印務有限責任公司
經　　銷　新華書店

規　　格　16開（210mm×285mm）
印　　張　62
字　　數　500千字
版　　次　2020年1月第1版
印　　次　2020年1月第1次
印　　數　1-200
ISBN 978-7-209-12418-8
定　　價　900.00圓

《孟子文獻集成》編纂委員會

學術顧問　杜維明　張豈之　李學勤　牟鍾鑒

學術委員會

主　　任　陳　來

副 主 任　郭齊勇　李存山

委　　員　王　傑　王中江　王志民　王其俊　王鈞林　王漢東　孔德立　杜澤遜　李存山
李景林　吴　靖　袁汝旭　徐洪興　高兆波　郭齊勇　陳　來　孫明霞　梁　樞
梁　濤　董洪利　曾振宇　楊海文　楊朝明　趙　勇　鄭傑文　劉瑾輝　顔世安
顔炳罡　龔鵬程
（按姓氏筆畫排序）

編纂委員會

主　　編　王志民

副 主 編　杜澤遜　梁　濤　胡長青　李梅訓

委　　員　王　路　王恒柱　李西寧　李振聚　李國慶　黄顯功　張　勇　張志清　趙永和
趙紅彦　劉　晨
（按姓氏筆畫排序）

編　　务　劉　晨　楊雲雲　孫　姣　李　濤　劉嬌嬌　張艷艷
趙　菲　吕士遠

組織實施
中國孟子研究院
山東人民出版社

序

《孟子文獻集成》是在孟子故里鄒城市委市政府鼎力支持下，由中國孟子研究院、山東人民出版社協同合作，共同致力完成的一項大型儒家文獻的搜集、整理、出版學術工程。

一

孟子是中國歷史上偉大的思想家、政治家、教育家，是僅次於孔子的儒家學派重要代表人物。戰國時期，戰争頻仍，『角戰英雄，六經泥蟠，百家飆駭』（《文心雕龍·時序》），孔學既黜，儒道中衰。孟子遵夫子之道，批邪説，正人心，發揚光大孔子學説，復興儒學，成爲孔子之後最重要的儒家傳人和先秦原始儒學理論體系的主要奠基人。韓愈論儒家道統由堯、舜、禹、湯、文、武、周公代代相傳，言及『文、武、周公傳之孔子，孔子傳之孟軻。軻之死，不得其傳焉』（《原道》），又説『自孔子没，群弟子莫不有書，獨孟軻氏之傳得其宗』（《送王塤秀才序》）。可見，後世尊孟子爲『亞聖』，稱儒學爲『孔孟之道』，實爲孟子歷史地位使然！

《孟子》一書，是孟子及其弟子編著的全面反映孟子思想的儒家經典著作。漢文帝時，即曾設立《孟子》學博士，全國推闡。六朝時期，玄學、佛學興盛，儒學式微，《孟子》亦受冷落，但唐宋以後，隨着孟子地位的大幅提昇，《孟子》一書越來越受到統治者和學者文人的廣泛重視。唐代大儒韓愈倡論中國文化道統，其《原道》之説，影響甚大，已掀『孟子熱』；北宋時期，《孟子》與《論語》俱列入『十三經』之數；南宋朱熹作《四書章句集注》，將《孟子》列『四書』之中。南宋統治者更將其正式列入官方之學，設爲科舉考試科目，欽定爲必讀經典，學孟子、讀《孟子》，蔚然而成社會風氣。此後，孟子地位進一步提昇：元文宗封孟子爲『亞聖公』，尊其爲『百世之師』；明清兩朝更大推『四書』，地位儼然超越『五經』。《孟子》與《論語》並行，上自帝王，下至百姓，家有之，户誦之，『所研究者惟「四書」，所辨訂者亦惟「四書」』（《四庫全書總目·四書大全提要》語）。孟子思想，深入人心；《孟子》之學，遍佈各地；《孟子》

文獻，汗牛充棟。

根據我們的初步調查，歷代《孟子》文獻有兩千種之多。這些文獻，依孟子學史的發展，大致形成了以下幾点較鮮明的時代特徵：宋元文獻多義理闡發，以朱熹《孟子章句集注》爲代表；明代以王夫之《讀四書大全説》爲代表，多從心性之學挖掘孟子豐富的思想内涵；清代孟子學最盛，不僅産生了以乾嘉學者戴震《孟子字義疏證》、崔述《孟子事實録》爲代表的大量考據、辨僞著作，還出現了集前人研究成果之大成的焦循《孟子正義》。大致可以説，以東漢趙岐《孟子章句》爲發端，歷代學者多所闡釋研究。尤其宋元以來，孟學實爲千年『顯學』。《孟子》文獻内容所涉注釋訓詁、義理闡發、思想挖掘、考證辨僞等所有方面，其對孟子及《孟子》文本的研究廣度、深度可謂前無古人，後難爲繼。尤爲重要的是，歷代學者秉持儒家人生理念，一生所繫，立德立言，以『爲往聖繼絶學』爲生命追求之本，往往傾一生之力終注一經。孟子文獻不僅真實地展示了孟學及儒學發展的歷史，也留下了代代學者治學的心路，實在是應該认真进行挖掘整理的傳統文化瑰寶。

然而，毋庸諱言，孟子文獻的收集整理向未受到應有的重視。這固然與二十世紀以來，儒學命運多舛有關：批孔之時，孟子亦受其累；近數十年來，『孔子熱』不斷升温，孟子受冷落的現象却未有大的改觀，歷代孟子文獻迄未收集整理即是一例。據我們不完全統計，包括臺灣在内的中國圖書館，現存宋元至清代的刻本與鈔本計有一千二百餘種之多。由於各種原因，百分之九十餘未曾整理出版，而百分之七十以上仍處於人所罕见的塵封狀態。歷史的責任，現實的需要，未來的期盼，都在呼喚能有一套《孟子文献集成》的編纂出版。

二

二〇一三年四月底，孟子研究院在孟子故里山東省鄒城市正式成立。時值一年一度的『孟母文化節』，同時進行的還有由鄒城市、《光明日報》國學版、山東師範大學山東省齊魯文化研究院共同策劃主辦的『孟子公開課』開講儀式。來自國内各著名高校的部分主講學者和與會專家對孟子研究院成立後的學術規劃提出了許多建設性意見，多位專家提出了編纂《孟子文獻集成》的建議。

同年十月二十九日至三十日，孟子研究院學術委員會第二次會議在主任陳來先生主持下於鄒城召開。會議就《集成》的立項和編纂事宜進行了認真深入地討論，參閱審查了初選孟子文獻書目，形成了以下四點共識：一是孟子文獻的搜集、整理向稱薄弱，絶大多數迄未面世，影響了孟學研究的深度和廣度。編纂《集成》，填補空白，意義重大。二是要在廣泛搜集、精心選編的基礎上，力求將《集成》做成收羅全、質量高、權威性强的精品學術工程。三是应制定具体工作規劃，選編文獻时代可由遠及近；文獻收集範圍，宜先國内後國外，分段完成，穩步推進，確保質量。四是在孟子研究院學術委員會基礎上，应增加部分孟子研究專家，充實到《集成》學術委員會；選聘孟學研究、版本目録、館藏出版等方面專家，組建高層次、有效率的編纂部和工作班子，扎實有效開展工作。

在經過編纂部四次召開籌備會議和系列籌備工作基礎上，二〇一四年五月，在濟南召開了特邀專家選目審查論證會。來自北京大學、中國人民大學、山東大學等全國各地的十餘位孟子和孟學史專家就編纂部提供的《集成》選編總目（國内）進行了認真研析、讨论審查。這次會議的召開更堅定了大家对編纂《集成》的信心和認識，許多專家從長期孟學研究的切身感受中充分肯定編纂《集成》的重大意義，一致認爲：這是一項立足當前又澤被後世的重大學術工程；目前国内編成的經典文獻集成中唯獨没有孟子文獻集成，这不僅是文化建設的一种缺憾，也从多个方面影響了孟子研究的深入和拓展，从这个意義上説，該項目的实施确是一項填補空白、意義深遠的學術工程。專家們特别指出，這項重大學術工程，由山東，特别是孟子故里鄒城市支持，由孟子研究院、山東省齊魯文化研究院牽頭承擔，正是歷史責任與當前文化建設的最佳選擇。相信《集成》的出版，對於提昇孟學研究、促進孟子研究院發展、推动山東文化强省建設，贡献巨大，意義深遠。會議還就選目原則形成以下共識：一是《集成》應當是一套研究孟子文獻的集大成之作，所收以獨立成書的研究《孟子》專書爲主，兼顧其他，儘量收全。對孟子文獻的含義可以放得寬一些，對書名没有『孟子』的，例如以『四書』『諸子』爲書名的，也要注意在考察辨析基礎上做好，要高標準、高質量。二是《集成》應兼顧古籍的重要性與稀見性，做到常見書精選善本，重要文獻不遺漏。三是海外孟子文獻應作爲一個工作目標，與海外學者合作，广匯博收，規劃編纂。四是時代大致截止到清末，現代部分可作爲『附編』或單獨列編收集出版，部分難以收入文獻應附列存目。這次專家會議的意見，得到二〇一四年六月五日召開的孟子研究院第二次學術委員會的重視和確認。

在籌備、啓動《集成》的整個過程中，得到鄒城市主要領導及社會各界鼎力支持。山東人民出版社主動、積極地參與了各項工作。二〇一四年八月二十八日，在山東省第五届文博會上，省有關領導和衆多媒體記者見證了孟子研究院與山東人民出版社共同簽訂《〈孟子文獻集成〉編纂出版協議書》的过程。

經過編纂委員會及有關方面的共同努力和各相關圖書館的大力支持，宋元時期傳世文獻已基本全部收録，共四十八種，分裝十四册，已於二〇一六年初首批出版發行。其中，收録宋元刻本十四種，海外善本四種，第一次影印的即有十六種，屬於披沙揀金的珍本，將爲孟子文獻及思想研究提供寶貴資料。

第二輯精選明代孟子文獻八十一種，分裝爲三十二册影印，已經於二〇一七年三月出版。

第三輯爲明代文獻的第二批，共收入著作四十五種，分裝爲二十册影印，其中五種來自日本，三種來自美國；其他部分也多爲稀見的珍本和善本，已經於二〇一八年三月出版。

第四輯，共收録著作六十二種。其中，明代著作四十八種，分裝爲二十四册；清代著作十四種，分裝爲十册。共出版三十四册。底本皆爲精選珍本善本，其中，明代刻本四十種，清代刻本二十二種。又有二十三種來自日本，多爲國内未見，彌足珍貴。

本次出版爲《孟子文獻集成》第五輯，清代文獻之第二部分，也是《集成》編纂以來，收録文獻最多的一輯。共收入著作三百六十八種，分裝爲一百册；至此，自康熙朝至清末絶大部分與《孟子》相關文獻已基本囊括。其中：來自日本的珍稀文獻八種；稿抄本二十六種；孤本二十二種，國内未出版者達三分之二以上。

編纂出版《孟子文獻集成》，既有利於深入挖掘孟子思想精髓，洞見《孟子》世代傳承的歷史場景，又有利於珍貴文獻的保護、傳承和共享、共用，是惠及當代、澤被後世的文化善舉。值此共出版二百册之際，我們對國内外各有關圖書館和學界同仁的鼎力支持與真誠合作表達崇高的敬意和誠摯的感謝！

讓我們黽勉同心，共同努力，以期這一重大學術工程的圓滿完成。

王志民

二〇一五年四月十二日第一稿

二〇一八年三月八日修改第二稿

二〇一八年十二月十二日修改第三稿

二〇一九年十月六日修改第四稿

凡例

一、《孟子文獻集成》匯聚歷代關於《孟子》之著述，要其旨歸，不外經學之考證、義理之推闡、文章之批點，故舉凡注釋、析義、批點等書皆酌加收録，大致以著者時代先後爲次，俾經學之大，義理之善與夫文章之美，庶幾由此而知。

二、《孟子文獻集成》選用底本多未經整理，或孤傳海外，或秘庋深閣，學者既不能徧歷中外而窺其概貌，又不能盡探二酉而知其大略，不能無憾焉。今集爲一編，則學者循覽而知《孟子》一經之本末，歷代著述之昇沉。

三、各書或得自日本、美國，或攝自國家圖書館、天津圖書館、上海圖書館、浙江圖書館、山東大學圖書館等。底本皆經選擇，其存世孤秘，列爲首選，而後出佳槧，流佈稀少，亦資採摭。

四、諸書著録書名、卷數、著者時代、姓名、撰著方式及版本，覽者便焉。

五、著者真僞，學者所重，凡有歧異，均於著者前加『題』字，略示區别。

六、諸家解《孟》之作，或爲獨立成書者，或爲總集内别裁而出者，或以『四書』著述總題者，今所匯集，以能獨立析出者爲斷。其單篇零什，概所不收。

七、裁出之書，凡原有題名者，概依原題，而於版本項注其從來；凡無獨立題名者，則仍用大題，而括注『孟子』二字；其不能析離者，則全書收録。

八、是編博訪廣蒐，固難周徧，續有所得，拟輯《補編》，庶免遺珠之憾。伏望博雅君子，匡其不逮，補其未備，是所幸焉。

目録

孟子時事考徵四卷

清 陳寶泉撰

清嘉慶五年稡經堂刻本

孟子時事考徵

孟子時事考徵序

七十子後百家競起人自爲學明王道守儒術者孟荀二子也孟子有漢趙岐注荀子有唐楊倞注皆大醇無小疵焉自宋人取孟子以配論語及小戴禮記中大學中庸兩篇謂之四書後遂用之取士由是說孟子者日益多然皆就考亭集注而摹畫之以爲科舉之用於本書無所發明也矧求其時事而詳考之邪康熙中太原閻氏有孟子生卒年月考近吾友海寧周君耕厓有孟子四考於是孟子時事稍稍可尋同年陳君鳳石博極羣書名冠儕輩授經之暇復撰孟子時事考徵四卷兼旁及七國之形勢徵引賅洽

考證明備較閻氏周氏而加密焉孟子曰頌其詩讀其書不知其人可乎是以論其世也鳳石此書可謂知人論世之學矣竊惟太史公書以孟子荀卿同傳未嘗有所軒輊於其間而孟荀之稱由漢迄唐無異辭若夫罷荀卿從祀祧七十子而以孔孟並舉此蓋出後儒之意於古未之前聞也今孟子得鳳石及閻氏周氏實事求是蒐討靡遺而荀卿子三十二篇自二三好古君子爲之校正審定外無過問者甚且遭陋者妄加刪改幾失其眞斯亦儒林之深恥也鳳石屬余序其書爰并述其所見以質焉

嘉慶八年日躔鶉尾之次歙年愚弟淩廷堪拜序

序

史公傳孟子未詳而著其受業著其述唐虞序詩書著其困厄齊梁至與萊色陳蔡同科意欲尊孟子以繼仲尼之後明道統所由傳蓋其大者而生卒年月遊歷前後固不必詳亦無可得而詳云自秦氏焚書七篇幸以號子得不廢故其由鄒而梁而齊而宋而滕薛而魯後儒猶得藉以論其去就總其終始顧亦畧矣非參考于史記國策竹書紀年及通鑑綱目諸書則於七國時勢未詳其於孟子生平猶屬懸揣臆度未有當也此　陳君訖方時事考徵一編所由廣爲搜羅嚴於去取於諸家論著之信而可徵者録之

序　一　稡經堂

稍有未當于心寧存疑以俟後之君子甚矣其難也其愼也要於
孟子時事已十得其八九矣即事以徵道而史公之尊孟以繼孔
者不藉是編益以探其心源歟往年在京師與　記方遊見其手
録十三經註疏藏弆盈簏好古博學於昔聖賢遺書必將多所發
明兹特其一斑云時
嘉慶五年歲次庚申仲冬月中浣之吉省巖弟趙艮霦拜撰

孟子時事考徵卷第一

涇上陳寶泉鳳石編次

受業朱份質園
愷丹崖
鈺藍田
楫藕泙 參挍

按史記孔子世家生卒出處年月具詳而孟子與荀卿合傳寥寥數十言於所游鄒滕任薛魯宋之事略不一書至通鑑綱目特書適魏之齊去齊以明聖賢之去就而書非

爲一人發故略舉其大而始末不詳且適魏去齊之年顧氏亭林任氏釣臺江氏慎修以竹書按時事而考之不無差互蓋綱目一書朱子止成凡例其綱則門人依凡例而脩其目則屬之趙師淵故閒有牴牾也後之考孟子事跡者又不能參攷七國時事于論世知人之道亦有缺焉余嘗以通鑑綱目爲經雜取史記國策竹書紀年與夫諸家編次孟子事蹟圖譜信而可徵者合而錄之庶幾七國之形勢孟子之生平可槩見爾

竹書紀年周定王元年癸酉　二十八年庚子王陟案世本與韋昭國語注皆

以定王爲敬王子元王爲定王子與史記異究從史記定王爲元王之子敬王之孫爲是

孟氏譜孟子魯公族孟孫氏後趙岐孟子題辭孟子魯公族孟孫之後故孟子仕於齊喪母而歸葬於魯也三桓子孫既以衰微分適他國父曰激公宜一云孟子父名彥璞母仉音掌氏定王三十七年己酉四月二日孟子生任鈞臺曰竹書定王止二十八年無三十七年定王有己亥無己酉若謂生于定王之己亥據譜云卒于赧王之二十六年壬申則孟子壽當一百五十四尤必無之事也

竹書紀年考王元年辛丑　十五年乙卯王陟按史云定王崩長子去疾立是爲哀王哀王立三月弟叔襲殺哀王而自立是爲思王思王立五月少弟嵬攻殺思王而自立是爲考王

子思卒於考王之六年丙午而孔叢子謂孟子親受業於子思蔡氏清曰此殆後人所爲欲湊成思孟一段授受耳余案孟子與子思年不相接故孟子自云予私淑諸人當從史記受業子思之門人爲是

竹書紀年威烈王元年丙辰　十八年癸酉王命韓景子趙烈子及我師伐齊入長垣

按竹書魏人所作故書魏爲我閒有書魏者傳抄之誤增也

通鑑綱目二十三年戊寅秦簡公十二年晉烈公止十七年齊康公貸二年楚聲王當五年燕閔公二十

一年　魏文侯斯二十二年趙烈侯籍六年韓景侯虔六年皆始爲侯　統舊國五新國三凡八大國　按春秋左傳終於魯悼公四年是爲周定王五年而通鑑始於是年中曠六十一年綱目分注智伯之始終皆六十一年事也　初命晉大夫魏斯趙籍韓虔爲諸侯　初智宣子將以瑶爲後智果曰不如宵也瑶之賢於人者五其不逮者一也美鬚長大則賢射御足力則賢技藝畢給則賢巧文辨慧則賢強毅果敢則賢如是而甚不仁夫以其五賢陵人而以不仁行之其誰能待之若果立瑶也智宗必滅弗聽智果別族於太史爲輔氏趙簡子之子長曰伯魯幼曰無恤將置後不知所立乃書訓戒之辭於二簡以授二子曰謹識之三年而問之伯魯不能舉其辭求其簡已失之矣問無恤誦其辭甚習求其簡出諸袖中而奏之於是簡子以無恤爲賢立以爲後簡子使尹鐸爲晉陽請曰以爲繭絲乎抑爲保障乎簡子曰保障哉尹鐸損其戶數簡子謂無恤曰晉國有難而無以尹鐸爲少無以晉陽爲遠必以爲歸及智宣子卒智襄子爲政與韓康子魏桓子宴於藍臺智伯戲康子而侮段規智國聞之諫曰主不備難難必至矣智伯曰難將由我我不爲難誰敢與之對曰不然

夏書有之曰一人三失怨豈在明不見是圖夫君子能勤小物故無大患今主一宴而恥人之君相又不備曰不敢興難無乃不可乎蜹蟻蜂蠆皆能害人況君相乎弗聽智伯請地於韓康子康子欲弗與段規曰智伯好利而愎不與將伐我不如與之彼狃於得地必請於他人他人不與必嚮之以兵然則我得免於患而待事之變矣康子曰善乃與之智伯說又求地於魏桓子桓子欲弗與任章問爲桓子曰無故任章曰無故索地諸大夫必懼吾與之地智伯必驕彼驕而輕敵此懼而相親以相親之兵待輕敵之人智氏之命必不長矣不如與之以驕智伯然後可以擇交而圖之柰何獨以吾爲智氏質乎桓子曰善亦與之智伯又求蔡皐狼之地與趙襄子襄子弗與智伯怒帥韓魏之甲以攻之襄子將出曰吾何走乎從者曰長子近且城厚完襄子曰民罷力以完之又斃死以守之其誰與我從者曰邯鄲之倉庫實襄子曰浚民之膏澤以實之又因而殺之其誰與我其晉陽乎先主之所屬也尹鐸之所寛也民必和矣乃走晉陽三家圍而灌之城不浸者三版沈竈產鼃民無叛意智伯行水魏桓子御韓康子驂乘智伯曰吾乃今知水可以亡人國也桓子肘康子康子履桓子之跗以汾水可以灌安邑絳水可以灌

平陽也絺疵謂智伯曰韓魏必反矣智伯曰子何以知之對曰以人事知之夫從韓魏而攻趙趙亡難必及韓魏矣今約勝趙而三分其地城降有日而二子無喜志有憂色是非反而何明日智伯以其言告二子二子曰此讒臣欲爲趙氏游說使主疑二家而懈於攻趙也不然二家豈不利朝夕分趙氏之田而欲爲此危難不可成之事乎二子出絺疵入曰主何以臣之言告二子也智伯曰子何以知之對曰臣見其視臣端而趨疾知臣得其情故也智伯不悛趙襄子使張孟談潛出見二子曰臣聞唇亡則齒寒趙亡則韓魏爲之次矣二子乃陰與約爲之期日而遣之襄子夜使人殺守隄之吏而決水灌智伯軍智伯軍亂韓魏翼而擊之襄子將卒犯其前大敗其衆遂殺智伯滅其族而分其地唯輔果在　趙襄子漆智伯之頭以爲飲器智伯之臣豫讓欲爲之報仇乃詐爲刑人挾匕首入襄子宮中塗廁左右欲殺之襄子曰智伯死無後而此人欲爲報仇眞義士也吾謹避之耳讓又漆身爲癩吞炭爲啞行乞於市其妻不識也其友識之爲之泣曰以子之才臣事趙孟必得近幸子乃爲所欲爲顧不易耶何自苦如此讓曰委質爲臣而求殺之是二心也吾所以爲此者將以愧天下後世之爲人臣而懷二心者也後

又伏於橋下欲殺襄子襄子殺之　襄子爲伯魯之不立也有子五人不肯置後立伯魯之孫是爲獻子獻子生籍是爲烈侯魏斯者桓子之孫是爲文侯韓虔者康子之孫是爲景侯蓋自三家之滅智伯至是五十一年矣　魏文侯以卜子夏田子方爲師每過段干木之廬必式四方賢士多歸之文侯與羣臣飲酒樂而天雨命駕將適野左右曰今日飲酒樂天又雨君將安之文侯曰吾與虞人期獵雖樂豈可無一會期哉乃往身自罷之韓借師於魏以伐趙文侯曰趙兄弟也不敢聞命趙借師以伐韓對亦如之二國皆怒已而知文侯以講於已也皆朝于魏魏由是始大於三晉文侯使樂羊伐中山克之以封其子擊他日問於羣臣我何如主皆曰仁君任座曰君得中山不以封君之弟而以封君之子何謂仁君文侯怒座趨出次問翟璜對曰仁君也文侯曰何以知之對曰君仁則臣直嚮者任座之言直是以知之文侯悅使璜召座而反之親下堂迎之以爲上客文侯與田子方飲文侯曰鐘聲不比乎左高田子方笑文侯曰何笑子方曰臣聞之君明樂官不明樂音今君審于音臣恐其聾於官也文侯曰善子擊出遭田子方于道下車伏謁子方不爲禮擊怒謂子方曰富貴者驕人乎貧賤者驕人乎子方曰亦

貧賤者驕人耳富貴者安敢驕人國君而驕人則失其國大夫
而驕人則失其家失其國家者未聞有以國家待之者也夫士
貧賤言不用行不合則納履而去安往而不得貧賤哉擊乃謝
之文侯謂李克曰先生有言家貧思良妻國亂思良相今所置
非成則璜二子何如對曰卑不謀尊疏不謀戚臣在闕門之外
不敢當命文侯曰先生臨事勿讓克曰居視其所親富視其所
與達視其所舉窮視其所不爲貧視其所不取五者足以定之
矣文侯曰先生就舍吾之相定矣李克出翟璜曰聞君召先生
而卜相果誰爲之克曰魏成璜忿然曰西河守吳起臣所進也
君內以鄴爲憂臣進西門豹君欲伐中山臣進樂羊中山已拔
無使守之臣進先生君之子無傅臣進屈侯鮒以耳目之所睹
記臣何負於魏成克曰子之言克於君者豈將比周以求大官
哉君問相於克克之對如是所以知君之必相魏成者成食祿
千鍾什九在外是以東得卜子夏田子方段干木此三人君皆
師之子所進五人者君皆臣之子惡得與成比也璜再拜謝曰
鄙人失對願卒爲弟子吳起者衛人仕於魯齊人伐魯魯人欲
以爲將起取齊女魯人疑之起殺妻以求將大破齊師或譖之
曰起始事曾參母死不奔喪曾參絕之又殺妻以求爲將起殘

忍薄行人也起恐得罪聞魏文侯賢乃往歸之文侯問諸李克克曰起貪而好色然用兵司馬穰苴弗能過也於是文侯以爲將擊秦拔五城起爲將卧不設席行不騎乘親裹贏糧與士卒最下者同衣食分勞苦卒有病疽者起爲吮之卒母聞而哭之或問之對曰往年吳公吮其父其父戰不還踵遂死於敵吳公今又吮其子妾不知其死所矣　趙烈侯好音謂相國公仲連曰寡人有愛可以貴之乎連曰富之可貴之則否君曰然鄭歌者槍石二人吾賜之田人萬畝連諾而不與烈侯屢問連乃稱疾不朝番吾君謂連曰君實好善而未知所持公仲亦有進士乎連曰未也曰牛畜荀欣徐越皆可連進之畜侍以仁義烈侯逌然明日欣侍以舉賢使能明日越侍以節財儉用察度功德所與無不充君說乃謂連曰歌者之田且止以畜爲師欣爲中尉越爲内史賜連衣二襲

通鑑二十四年己卯燕僖公元年　王崩子驕立是爲安王　盜殺楚君當

通鑑安王元年庚辰楚悼王類元年　秦伐魏

通鑑二年辛巳魏韓趙伐楚　鄭圍韓陽翟

通鑑三年壬午秦惠公趙武侯韓烈侯取元年　虢山崩壅河

通鑑四年癸未楚圍鄭

通鑑五年甲申盜殺韓相俠累

俠累與濮陽嚴仲子有惡仲子聞軹人聶政之勇以黃金百鎰爲政母壽欲因以報仇政不受曰老母在政身未敢以許人也及母卒仲子乃使政刺俠累俠累方坐府上兵衛甚衆聶政直入刺之因自皮面决眼自屠出腸韓人暴其尸於市購問莫能識其姊嫈聞而往哭之曰是軹深井里聶政也以妾在之故重自刑以絶從妾柰何畏沒身之誅終滅賢弟之名遂死政尸之旁

余按史記年表世家皆書列侯三年聶政殺相俠累哀侯

六年書韓嚴弒哀侯而刺客傳書嚴仲子事哀侯與相俠累有隙使聶政刺俠累累走抱哀侯並中哀侯其不同如此

通鑑六年乙酉鄭弒其君駘　七年丙戌

通鑑八年丁亥齊伐魯

通鑑九年戊子魏伐鄭

通鑑十年己丑

通鑑十一年庚寅秦伐韓宜陽取六邑　齊田和遷其君貸於海上食一城和田恒之曾孫也

通鑑十二年辛卯秦晉戰于武城　齊伐魏　魯敗齊師于平陸

通鑑十三年壬辰秦侵晉　齊田和會魏侯楚人衛人于濁澤求爲諸侯田和求爲諸侯魏文侯爲之請於王及諸侯王許之

通鑑十四年癸巳

通鑑十五年甲午秦伐蜀取南鄭　魏侯斯卒子擊立是爲武侯　魏吳起奔楚楚以爲相

魏武侯浮西河而下顧謂吳起曰美哉山河之固此魏國之寶也對曰在德不在險昔三苗氏左洞庭右彭蠡德義不修禹滅之夏桀之居左河濟右泰華伊闕在其南羊腸在其北修政不仁湯放之商紂之國左孟門右太行常山在其北大河經其南修政不德武王殺之由此觀之在德不在險君若不脩德舟中之人皆敵國也武侯曰善魏相田文起不悅謂文曰請與子論

功可乎文曰可起曰將三軍使士卒樂死敵國不敢謀子孰與
起文曰不如子起曰治百官親萬民實府庫子孰與起文曰不
如子起曰守西河而秦兵不敢東向韓趙賓從子孰與起文曰
不如子起曰此三者子皆出吾下而位加吾上何也文曰主少
國疑大臣未附百姓不信方是之時屬之子乎屬之我乎起默
然良久曰屬之子矣久之魏相公叔害起譖之武侯疑之起懼
誅遂奔楚楚悼王素聞其賢至則任之爲相起明法審令捐不
急之官廢公族疏遠者以養戰士要在強兵破遊說之言從橫
者於是南平百越北却三晉西伐秦諸侯
多患楚之彊而楚之貴戚大臣多怨起者

通鑑十六年乙未秦出公魏武侯擊趙敬侯韓文侯元年　田
齊太公和元年　統秦晉齊楚燕趙魏韓舊國
八田齊新國
一凡九大國
初命齊田和爲諸侯　魏襲趙邯鄲不克

通鑑十七年丙午秦庶長改弑其君及其君母　庶長改迎靈公之
子于河西而立之
是爲獻公遂殺出子
及其母沈之淵旁
韓伐鄭遂伐宋

通鑑十八年丁酉秦獻公齊桓公午元年
通鑑十九年戊戌魏敗趙師于兎臺
通鑑二十年己亥
陳氏士元曰孟子當生安王時定字乃安字之誤任鈞臺云安王有己亥無己酉若謂生於安王之己亥距赧王之壬申則孟子壽當九十四矣亦與孟氏譜不合
通鑑二十一年庚子楚君類卒楚人殺吳起
悼王薨貴戚大臣作亂攻吳起起殺之因射刺起并中王尸太子臧卽位討爲亂者夷七十餘家
通鑑二十二年楚肅王臧元年齊伐燕　魏韓趙伐齊

通鑑二十三年壬寅是歲齊亾統秦晉楚燕魏趙韓田齊凡八大國　趙襲衛不克

齊侯貸卒無子田氏遂并齊

通鑑二十四年癸卯狄敗魏師于澮　魏韓趙伐齊

通鑑二十五年甲辰蜀伐楚　魯繆公卒子奮立是爲共公

通鑑二十六年韓哀侯元年晉亡統秦楚燕魏趙韓齊凡七大國　魯共公元年是歲　三晉共廢其君俱酒爲家人而分其地　王崩子喜立是爲烈王

通鑑烈王元年丙午韓滅鄭自陽翟徙都之

通鑑二年丁未趙成侯種元年　竹書魏觴諸侯于范臺

通鑑三年戊申燕敗齊師于林狐史記作林營　魯魏伐齊

通鑑四年己酉趙伐衛取都鄙七十三　魏敗趙師于北藺

三遷志四月二日孟子生史記孟軻鄒人也趙氏題辭孟子鄒人名軻字則未聞文選注字子輿孔叢子作子車王肅聖證論又謂孟子少居坎軻故名軻字子居列女傳孟軻之母其舍近墓孟子之少也嬉戲爲墓間之事踊躍築埋孟母曰此非所以居子也乃去舍市其嬉戲爲賈衒孟母曰此非所以居子也乃徙舍學宮之旁其嬉戲乃設俎豆揖讓進退孟母曰此真可以教子矣遂居之幼時問東家殺豬何爲母曰欲啖女既而悔曰吾聞古者胎教今適有知而欺之是教之不信乃買豬肉以食之稍長就學而歸母方績問曰學何所至矣軻曰自若也母以刀斷織曰汝之廢學若吾斷斯織矣軻懼旦夕勤學不息孟子既娶將入私室其婦袒而在內孟子不說遂去不入婦辭孟母而求去請歸父母孟母召孟子而謂之曰夫禮將入門問孰存所以致敬也將入堂聲必揚所以戒人也將入戶視必下恐人見過也今子不察於禮而責禮於人不亦遠乎孟子謝遂留其婦　按三遷志孟子娶田氏生子名仲子孟氏譜云仲子名睾孟子之子也郝氏解從之趙注則

云孟仲子孟子之從昆弟也鄭氏詩譜毛傳並引孟仲子孔氏謂趙岐云孟子從昆弟學于孟子意孟子之子自名睪師事公孫丑並未著詩傳其所稱孟仲子當以趙氏從昆弟之說爲信而告子篇之孟季子又當爲仲子之弟也

案孟子生卒史記不載據孟氏譜稱卒於周赧王二十六年壬申壽八十四歲閻詩日札聽雨紀談與孟氏譜並同獨其所生之歲孟氏譜謂在周定王三十一年日札紀談又作定王三十七年陳氏士元謂在安王瞿氏九思謂定王崩後三十餘年孟子乃生諸說不同惟三遷志云當在烈王四年己酉蓋自赧王二十六年遡溯烈王四年孟子年適八十有四況此年距孔子生一百八十年孔子生於靈王庚戌

距孔子卒一百八年孔子卒於敬王壬戌與孟子自云由孔子而來百有餘歲亦合任釣臺從之較譜說足據

譚氏孟子編年畧以爲史記稱孟子鄒人猶稱子路卞人之類又引自齊葬母爲魯人之證閻百詩曰孟子爲鄒人非魯人蓋魯公族孟孫之後不知何時適鄒遂爲鄒人其葬歸於魯者太公子孫反葬周之義也魯鄒密邇左傳魯擊柝聞於邾是也故孟子祗云近聖人之居未嘗云生聖人之鄉殆又一切證云　按孟子少居鄒有鄒與魯鬨孟子對穆公語意其聚徒講學居鄒日多而曹交得聞人皆

可爲堯舜之説遂欲假館鄒君則此時孟子居鄒猶是四方來學之初也譚氏編年畧列見鄒穆公于見齊湣王之後非也

通鑑五年庚戌魏伐楚　韓嚴遂弑其君哀侯以韓廆爲相而愛嚴遂二人相害遂刺廆於朝而并中哀侯　魏侯擊卒武侯不立太子至是子罃與公中緩爭立國内亂

通鑑六年辛亥魏惠王罃韓懿侯元年齊侯來朝　趙伐齊　魏敗趙師于懷

通鑑七年壬子楚宣王良夫元年王崩弟扁立是爲顯王　韓趙伐魏圍安邑韓公孫頎謂懿侯曰魏亂可取也懿侯乃與趙成侯合兵伐魏大破其兵遂圍安邑成侯曰殺罃立公中緩割地而

退我二國之利也懿侯曰殺魏君暴也割地貪也不如兩分之魏分爲兩不彊于宋衛則我終無魏患矣趙人不聽乃解而去

通鑑顯王元年癸丑齊伐魏六國魏表齊伐我觀津趙侵齊表云趙侵齊至長安

竹書鄭城邢丘沈註自此韓改稱曰鄭

案安王二十一年韓滅鄭烈王元年徙都之是韓既徙都因改號曰鄭故國策謂韓惠王曰鄭王猶魏徙大梁稱梁王也

通鑑二年甲寅　國策注趙韓分周爲東西國任氏考略云國策分東周西周始此王居東周故先東周鮑彪易之大謬

通鑑三年乙卯秦敗魏趙之師于洛陽　竹書公子景賈帥師伐

鄭韓明戰于韓我師敗逋　史紀六國表魏與韓會宅陽城都

任云此梁惠王好戰之始

通鑑四年丙辰魏伐宋　六國表魏伐宋取儀臺按此宋剔成君九年　竹書四月甲寅

徙邦于大梁　自此改稱曰梁追後梁襄王六年復改爲魏孟子去梁已久故終孟子七篇止稱梁云

按史記惠成王三十一年是爲周顯王二十九年秦用商君東地至河而齊趙又數破魏于是徙治大梁而是時衛鞅未相魏卬未鹵地不割秦不偪何遽遷都以避之索隱故駁謂紀年誤也然紀年以魏書記魏事宜得其實存之

竹書王發逢忌之藪以賜民

通鑑五年丁巳秦敗三晉之師于石門賜以黼黻之服

通鑑六年戊午　竹書我師伐邯鄲取列人我師伐邯鄲取肥

通鑑七年己未魏敗韓趙之師于澮　竹書我與邯鄲榆次陽邑

王會鄭釐侯于巫沙　通鑑秦敗魏師于少梁六國表虜其太子閼氏謂此太子卽名申後死于齊者按秦本紀獻公二十三年與魏晉戰少梁虜其將公孫痤魏世家九年與秦戰少梁虜我將公孫痤痤是魏相卽衛公孫鞅所事者故明年痤卒而鞅乃犇秦表誤爲太子而閼云卽太子申遂沿其誤　秦伯卒秦獻公薨子孝公立生二十有一年矣是時河山以東彊國六淮泗之閒小國十餘楚魏與秦接界魏築長城自鄭濱洛以北有上郡楚自漢中南有巴黔中皆以夷翟遇秦擯斥之不得與中國之會盟於是孝公發憤修政欲以彊秦

通鑑八年庚申秦孝公燕文公元年　衛公孫鞅入秦

秦孝公令國中曰昔我穆公自岐雍之間修德行武東平晉亂以河爲界西霸戎翟廣地千里天子致伯諸侯畢賀爲後世開業甚光美會往者厲躁簡公出子之不寧國家內憂未遑外事三晉攻奪我先君河西地醜莫大焉獻公卽位鎮撫邊境徙治櫟陽且欲東伐復穆公之故地修穆公之政令寡人思念先君之意常痛於心賓客羣臣有能出奇計彊秦者吾且尊官與之分土於是衛公孫鞅聞之乃西入秦鞅衛之庶孫也好刑名之學事魏相公孫痤痤知其賢未及進會病魏惠王往問之曰公叔病如有不可諱將柰社稷何公叔曰痤之中庶子衛鞅年雖少有奇才願君舉國而聽之王嘿然公叔曰君卽不聽用鞅必殺之無令出境王許諾而去公叔召鞅謝曰吾先君而後臣故先爲君謀後以告子子必遠行矣鞅曰君不能用子之言任臣又安能用子之言殺臣乎卒不去王出謂左右曰公叔病甚悲乎欲令寡人以國聽衛鞅也旣又勸寡人殺之豈不悖哉鞅旣至秦因嬖臣景監以求見說以富國彊兵之術孝公大悅與議國事

竹書入河水于圃田又爲大溝而引圃水瑕陽人自秦道岷山青衣水來歸謀水利求富國也

通鑑九年辛酉　竹書秦師伐鄭次于懷

通鑑十年壬戌秦以衛鞅爲左庶長定變法之令

衛鞅欲變法秦人不悦鞅言於孝公曰夫民不可與慮始而可與樂成論至德者不和於俗成大功者不謀於衆是以聖人苟可以强國不法其故甘龍曰不然因民而教者不勞而成功緣法而治者吏習而民安之衛鞅曰常人安於故俗學者溺於所聞以此兩者居官守法可也非所與論於法之外也智者作法愚者制焉賢者更禮不肖者拘焉公曰善乃以鞅爲左庶長卒定變法之令令民爲什伍而相收司連坐不告姦者要斬告姦者與斬敵首同賞匿姦者與降敵同罰民有二男以上不分異者倍其賦有軍功者各以率受爵爲私鬭者各以輕重被刑大小僇力本業耕織致粟多者復其身事末利及怠而貧者舉以爲孥宗室非有軍功論不得爲屬籍明尊卑爵秩等級各以差次名田宅臣妾衣服有功者顯榮無功者雖富無所芬華令既具未布恐民之不信乃立三丈之木於國都南門募民能徙置北門者予十金民恠之莫敢徙復曰能徙者予五十金有一人

徙之輒與五十金乃下令令行期年民之國都言新令之不便者以千數於是太子犯法衞鞅曰法之不行自上犯之太子君嗣不可施刑刑其傅公子虔黥其師公孫賈明日秦人皆趨令行之十年道不拾遺山無盜賊民勇於公戰怯於私鬭鄉邑大治秦民初言令不便者有來言令便鞅曰此亂法之民也盡遷之於邊其後民莫敢議令　竹書　龍賈帥師築長城于西邊謀秦也

通鑑十一年癸亥韓昭侯元年　秦敗韓師於西山　竹書鄭釐侯使許息來致地平丘戶牖首垣諸邑及鄭馳地我取枳道與鄭鹿王及鄭釐侯盟于巫沙以釋它陽之圍歸釐于鄭

通鑑十二年甲子　竹書魯共侯宋桓侯衞成侯鄭釐侯來朝

齊桓公午卒子嬰齊立是爲威王

按紀年梁惠王十三年當桓公十八年其後威王始見葢
桓公在位十九年通鑑於安王二十四年即分注齊威王
元年疑誤
通鑑十三年乙丑齊威王元年　史記三晉因齊喪伐靈邱
通鑑十四年丙寅　竹書秦公孫壯伐鄭圍焦城　齊師及燕戰
于泃水齊師遁　史記秦伐宋取黃池宋復取之
通鑑十五年丁卯魯康公元年　秦敗魏師于元里取少梁　魏伐趙圍
邯鄲欲服趙使亦如韓也
通鑑十六年戊辰齊伐魏以救趙魏克邯鄲還戰敗績竹書十五年云齊田

期伐我東鄙戰于桂陽我師敗逋又十六年云邯鄲之師敗我
于桂陵　初孫臏與龐涓俱學兵法涓仕魏爲將軍自以能不
及臏乃召之至則斷其足而黥之欲使終身廢棄齊使者至魏
臏陰見之使者竊載以歸田忌客之進之威王威王問兵法遂
以爲師至是謀救趙以臏爲將辭以刑餘之人不可乃使田忌
爲將而孫子爲師居輜車中坐爲計謀忌欲引兵之趙孫子曰
夫解雜亂紛糾者不控拳救鬭者不搏撠批亢擣虚形格勢禁
則自爲解耳今梁之輕兵銳卒竭於外而老弱疲於內若引兵
疾走其都彼必釋趙而自救是我一舉解趙之圍而收敝於魏
也忌從之十月邯鄲降魏魏師還與齊戰于桂陵魏師大敗

韓伐東周取陵觀廩邱　竹書十五年東周與鄭高都郎陵觀邢邱

通鑑十七年己巳秦伐魏　諸侯圍魏襄陵　竹書十五年秦圍梁襄陵宋景鼓衛公孫倉會秦師同圍襄陵十六年齊使會景舍來成於梁恐梁下秦也

通鑑十八年庚午秦伐魏　韓以申不害爲相

申不害者鄭之賤臣也學黃老刑名以干韓昭侯昭侯用以爲相內修政敎外應諸侯十五年終申子之身國治兵彊申子嘗請任其從兄昭侯不許申子有怨色昭侯曰所謂學於子者欲以治國也今將聽子之謁而廢子之術乎抑其行子之術而廢子之請乎子嘗敎寡人修功勞視次第今有所私請將奚聽乎申子乃辟舍請罪曰君眞其人也昭侯有敝袴命藏之侍者曰君亦不仁者矣不賜左右而藏之昭侯曰吾聞明主愛一嚬一笑嚬有爲嚬笑有爲笑今袴豈特嚬笑哉吾必待有功者

史記梁伐齊入陽關　三晉伐齊至博陵　衛伐齊取薛陵

魏歸趙邯鄲與魏盟漳水上

通鑑十九年辛未秦徙都咸陽始廢井田衛鞅築冀闕宮庭於咸陽徙都之令民父子兄弟同室內息者爲禁幷諸小鄉聚集爲一縣縣置令丞凡三十一縣廢井田開阡陌平斗斛權衡丈尺　史記魏與秦遇于彤

任氏曰此孟子之所以不入秦也蓋秦未嘗不招賢然欲復井田興學校者孟子也開阡陌尚首功者商鞅也秦用鞅孟子必不入秦也

通鑑二十年壬申　趙肅侯元年　成侯薨在位二十五年公子緤與太子語爭立緤敗亡韓肅侯即位

通鑑二十一年癸酉秦更賦稅法　竹書魏殷臣趙公孫裒伐燕還取夏屋城曲逆　史記趙伐齊取甄一作高唐　齊烹阿大夫遂伐趙及衛　敗魏師于濁澤　魏與齊觀趙與長城以和

威王即位以來不治委政卿大夫九年之間諸侯並伐國人不治于是王召即墨大夫而語之曰自子之居即墨也毀言日至然吾使人視即墨田野闢民人給官無留事東方以寧是子不事吾左右以求譽也封之萬家名阿大夫語曰自子之守阿譽

言曰聞然使使視阿田野不闢民貧苦昔日趙攻甄子弗能救
衛取薛陵子弗知是子以幣厚吾左右以求譽也是日烹阿大
夫及左右嘗譽者皆并烹之遂起兵西擊趙衛敗魏于濁澤而
圍魏魏獻觀以和趙人歸我長城于是齊國震懼人人不敢飾
非齊國
大治　史記魏惠侯與趙肅侯遇于陰晉　齊侯魏侯會田
于郊魏王問于齊王曰齊亦有寶乎威王曰無有惠王曰寡人
國雖小尚有徑寸之珠照車前後各十二乘者十枚豈以
齊大國而無寶乎威王曰寡人之所以爲寶者與王異吾臣有
檀子者使守南城則楚人不敢爲寇有盼子者使守高唐則趙
人不敢東漁於河有黔夫者使守徐州則燕趙之人從而徙者
七千餘家有種首者使備盜賊則路不拾遺此四臣者將照千
里豈特十二乘哉惠王有慚色
按韓詩外傳作宣王事非
通鑑二十二年甲戌　竹書孫何侵楚入三戶郛　楚伐徐州
通鑑二十三年乙亥衛貶號曰侯服屬三晉　竹書魏章帥師及

鄭師伐楚取上蔡　孫何取瀘陽　絳中地坼西絶于汾

按梁旣不得志於齊連年伐楚卒致辱焉非不幸也

通鑑二十四年丙子魯景公元年　竹書魏敗韓馬陵

通鑑二十五年丁丑諸侯會于京師

通鑑二十六年戊寅致伯于秦諸侯賀之秦使公子少官帥師會諸侯來朝　竹書穰庇帥師及鄭孔夜戰于梁赫鄭師敗逋

通鑑齊伐魏以救韓殺其將龐涓虜太子申

按竹書廿六年與齊田肦戰于馬陵今从之　魏伐趙趙與韓擊魏趙不利戰于南梁韓恃齊五戰不勝而東委國于齊齊因起兵使田忌將孫臏爲帥救韓趙以擊魏大敗之馬陵殺其將龐涓虜其太子申　魏伐趙趙告急于齊齊王用孫臏計救趙

擊魏魏遂大興師使龐涓將而令太子申爲上將軍過外黃外黃徐子謂太子曰太子自將攻齊大勝當不過有魏貴不益爲王若戰不勝齊則萬世無魏矣太子曰請必從公之言而還矣客曰彼勸太子戰攻欲啜汁者衆太子雖欲還恐不得矣太子欲還其御曰將出而還與北同太子果與戰敗于馬陵齊虜魏太子申殺將軍龐涓　孫子與田忌曰三晉之兵悍勇而輕善戰者因其勢而利導之乃使齊兵入魏地爲十萬竈明日爲五萬竈又明日爲二萬竈龐涓大喜曰我固知齊兵怯入吾地三日士卒亡者過半矣乃與其輕鋭倍行逐之孫子度其行暮當至馬陵馬陵道多阻隘可伏兵乃斫大樹白而書之曰龐涓死此樹下於是令善射者萬弩夾道而伏期日暮見火俱發龐涓果夜至木下以火燭書萬弩俱發涓乃自刎曰遂成豎子之名遂破魏虜太子申　按齊救趙敗魏桂林之役救韓敗魏馬陵之役魏世家俱以爲救趙與國策異而孫臏傳又以爲救韓則自相矛盾矣

按此所謂東敗于齊長子死焉者也　孟子曰梁惠王以

土地之故糜爛其民而戰之大敗將復之恐不能勝故驅其所愛子弟以殉之集注子弟謂太子申也但大敗將復注家罕及考前魏圍趙邯鄲邯鄲降魏齊使田忌孫臏伐魏敗魏桂陵則是邯鄲垂拔中北於齊魏固無日不圖報復至是令太子申爲上將軍攻齊惟其爲齊也故曰復惟其在桂陵之敗之後也故曰大敗將復之據此亦可爲孟子之明注

通鑑二十七年己卯　竹書齊田肦及宋人伐我東鄙圍平陽

史記魏人朝於齊　楚及趙敗齊于徐州以受梁朝　竹書秦衛鞅

伐我西鄙　邯鄲伐我北鄙　王攻衛鞅我師敗逋通鑑二十九年秦衛鞅伐魏誘執其將公子卬而敗之　六國表梁立公子赫爲太魏獻河西地於秦秦封鞅爲商君

子表屬三十年今移前　衛鞅言於孝公曰秦之與魏譬若人有腹心之疾非魏并秦秦即并魏何者魏居嶺阨之西都安邑與秦界河而獨擅山東之利利則西侵秦病則東收地今以君之賢聖國賴以盛而魏往年大破於齊諸侯叛之可因此時伐魏魏不支秦必東徙然後秦據河山之固東鄉以制諸侯此帝王之業也公從之使鞅將兵伐魏魏使公子卬將而禦之軍既相距鞅遺卬書曰吾始與公子驩今俱爲兩國將不忍相攻欲與公子面相見盟樂飲而罷兵以安秦魏之民卬以爲然乃爲會盟而飲鞅伏甲襲卬虜之因大破魏師魏惠王恐獻河西之地於秦以和因去安邑徙大梁

通鑑二十八年庚辰　竹書城濟陽　秦封衛鞅于鄔改名曰尚號商君

通鑑二十九年辛巳　竹書邳遷于薛邳亦任姓國　史記魏與秦戰于岸一作雁門秦虜其將魏錯

通鑑三十年壬午楚威王商元年

通鑑三十一年癸未秦伯卒秦人誅衛鞅滅其家

孝公薨太子立是爲惠文王公子虔之徒告商君欲反發吏捕之商君出亡欲止客舍舍人曰商君之法舍人無驗者坐之商君嘆曰爲法之弊一至此哉去之魏魏人不受內之秦秦人攻殺之車裂以狥盡滅其家初商君用法嚴酷常問趙良良正言商君不聽五月而難作

通鑑三十二年甲申秦惠文王元年韓申不害卒

通鑑三十三年乙酉　竹書鄭威侯與邯鄲圍襄陵　史記魏侯

及齊侯會于平阿南　通鑑孟軻至魏按史記惠王三十五年孟軻至梁是爲顯王三十三年通鑑從之任鈞臺孟子考畧謂當在顯王四十八年詳辨在後

通鑑三十四年丙戌秦伐韓拔宜陽　史記魏侯及齊侯會于甄謀相王也

通鑑三十五年丁亥魏惠王一年　司馬公曰史記六國表魏惠王三十六年襄王十六年哀王二十三年薨汲冢竹書紀年惠王三十六年改元稱一年後十六年薨杜預和嶠皆以爲史記誤分惠王之世爲二王之年蓋世本惠王生襄王而無哀王且竹書魏史所書必得其真故今從之按惠王改元竹書作顯王三十四年與此差互一年任鈞臺孟子考畧從竹書江慎修孟子舉要云惠王即位後三十七年始稱王而改元稱一年是爲周顯王之三十五年丁亥也

齊魏會于徐州以相王　楚滅越　越王無彊伐齊齊說之使伐楚楚人大敗之盡取吳故地

東至浙江越以此散諸公族爭立或
爲王或爲君濱于海上而朝服于楚

通鑑三十六年戊子楚伐齊　韓侯卒韓昭侯作高門屈宜臼曰君必不出此門不時吾所謂時者非時日也夫人固有利不利時往者君嘗利矣不作高門前年秦拔宜陽今年旱君不以此時恤民之意而顧益奢此所謂時詘舉贏者也故曰不時至是門成而昭侯薨　燕趙韓魏齊楚合從以擯秦以蘇秦爲從約長并相六國初洛陽人蘇秦說秦王以兼天下之術不用乃去說燕文公曰燕之所以不被兵者以趙之爲蔽其南也且秦攻燕戰於千里之外趙攻燕戰於百里之內夫不憂百里之內而重千里之外計無過于此者願王與趙從親天下爲一則燕必無患矣文公從之資秦車馬以說趙肅侯曰當今之時山東之國莫彊於趙秦之所害亦莫如趙而秦不敢舉兵伐趙者畏韓魏之議其後也秦攻韓魏無名山大川之限稍蠶食之傳國都而止韓魏不能支秦必入臣於秦秦無韓魏之規則禍必中於趙矣臣以天下之圖按諸侯之地五倍於秦度諸侯之卒十倍於秦而衡人日夜務以秦權

恐惕諸侯使之割地以事秦秦成則其身富榮國被秦患而不與其憂故臣竊爲大王計莫如一韓魏齊楚燕趙爲從親以擯秦令其將相會盟洹水之上約曰秦攻一國則五國各出鋭師以撓秦或救之有不如約者五國共伐之則秦甲必不敢出於函谷以害山東矣肅侯大悦厚賜資之以約於諸侯秦乃説韓宣惠王曰韓地方九百餘里帶甲數十萬天下之強弓勁弩利劍皆從韓出以韓卒之勇被堅甲蹠勁弩帶利劍一人當百不足言也大王事秦秦必求宜陽成皋今玆效之明年又復求割地與則無地以給之不與則棄前功受後禍且韓地有盡而秦求無已以有盡之地逆無已之求此所謂市怨結禍者也不戰而地已削矣鄙諺曰寧爲雞口無爲牛後夫以大王之賢挾彊韓之兵而有牛後之名臣竊爲大王羞之韓王從其言秦説魏惠王曰大王之地方千里地名雖小而人民甚衆武士蒼頭奮擊各二十萬廝徒十萬車六百乘騎五千匹乃聽於羣臣之説而欲臣事秦臣願大王孰計之也魏王聽之秦説齊王曰齊四塞之國地方二千餘里帶甲數十萬粟如邱山卽有軍役不待發於遠縣而臨菑之卒已二十一萬矣夫韓魏之所以重畏秦者與爲秦接境也兵出而相當不十日而存亡之機決矣幸而

勝則兵半折四境不守不勝則國已危亡隨其後此韓魏所以重與秦戰而輕爲之臣也秦之攻齊則不然倍韓魏過陽晉經亢父之險車不得方軌騎不得比行百人守險千人不敢過也秦欲深入則狼顧恐韓魏之議其後是故恫疑虛喝驕矜而不敢進則秦之不能害齊亦明矣不深料此而欲西面事之是羣臣之計過也願大王少留意計之齊王許之乃說楚威王曰楚天下之彊國也地方六千餘里帶甲百萬車千乘騎萬匹粟支十年此霸王之資也故秦之所害莫如楚楚之與秦其勢不兩立從親則諸侯割地以事楚衡合則楚割地以事秦此兩策者相去遠矣大王何居焉楚王亦許之於是蘇秦爲從約長并相六國北報趙車騎輜重擬於王者

史記燕文公卒齊伐燕喪取十城既而歸之

按蔡氏淸以此爲宣王事而以沈同二章爲湣王事謂宣王已薨故齊人伐燕稱宣王湣王未亡故沈同二章止稱

王非也若宣王止取十城孟子安得有毀宗廟遷重器及
勸王置君而去等語邪譚氏孟子編年畧謂齊之伐燕雖
有二而七篇所述確是後伐燕之役皆宣非湣其辨極爲
詳晰

通鑑三十七年己丑燕易王元年　秦以齊魏之師伐趙蘇秦去趙適燕
從約皆解　史記齊魏共伐趙趙決河水灌之乃去　秦使公孫
衍欺齊魏以伐趙趙肅侯讓蘇秦秦恐請使燕必報
齊乃去趙而從約皆解　按梁
先敗約受秦之禍亦梁爲先　魏以陰晉爲和於秦

通鑑三十八年庚寅　竹書龍賈及秦師戰於雕陰我師敗逋
通鑑三十六年秦大敗魏師擒
其將龍賈取雕陰今從竹書　史記圍焦曲沃魏獻河西地

於秦　竹書王會鄭威侯於巫沙

通鑑三十九年辛卯楚懷王元年　史記魏伐楚取陘山　楚使景鯉於秦謀報梁也　魏王及秦王會于應獻焦邑於秦懼楚合秦也按魏秦離未已又與楚仇而支秦益急矣　秦取魏汾陰皮氏

通鑑四十年壬辰　史記秦降魏蒲陽　魏納上郡十五縣之地於秦　魏人張儀相秦張儀者魏人與蘇秦俱事鬼谷先生學縱横之術游諸侯無所遇蘇秦名而辱之儀怒入秦秦王説之以爲客卿將兵伐魏取蒲陽言於秦王請復以與魏而使公子繇質焉儀因説魏王曰秦之遇魏甚厚魏不可以無禮于秦魏因盡入上郡十五縣於秦儀歸而相秦

按此所謂西喪地於秦七百里者也　江慎修曰按紀年

魏成王立三十六年改年稱一年改元後十七年卒此後稱今王今王者魏襄王也史記言秦取少梁東地至河惠王時未嘗喪七百里至襄王五年秦敗我龍賈軍于雕陰圍我焦曲沃予秦河西之地六年秦取我汾陰皮氏焦七年魏盡入上郡於秦秦降我蒲陽八年秦歸我焦曲沃十三年秦取我曲沃平周（江氏說與任氏考畧參互一年）此正喪地於秦七百里之事皆在惠王時孟子未至梁而史記誤繫之於襄王者是誤分惠王之世爲二王之年也

通鑑四十一年癸巳　竹書秦歸我焦曲沃　史記宋公子偃逐

其君剔成而自立

通鑑四十二年甲午　偃元年　宋君　秦縣義渠　竹書九鼎淪泗沒于淵

通鑑四十三年乙未　趙肅侯卒子雍立是爲武靈王　肅侯嘗游大陵大戊午諫曰耕事方急一日不作百日不食肅侯下車謝是歲夀子武靈王立置博聞師及左右司過各三人先問先君貴臣肥義加其秩

通鑑四十四年丙申　趙武靈王元年　秦初稱王　史記秦改其十五年爲後元年

通鑑四十五年丁酉秦張儀伐魏取陝　蘇秦自燕奔齊　蘇秦通於燕文公之夫人恐得罪說易王曰臣居燕不能使燕重而在齊則燕重王許之乃僞得罪於燕而奔齊齊王以爲客卿秦說齊王高宮室大苑囿以明得意欲以敝齊而爲燕　史記楚昭陽敗魏于襄陵取八城　竹書四十

五年楚敗我襄陵　楚伐齊秦張儀會齊楚大臣盟于齧桑

按此所謂南辱於楚者也　南辱於楚趙注孫疏俱闕其事惟集注以與昭陽戰喪邑事爲南辱於楚之證但云亡其七邑七當作八耳盍以紀年惠王改元數之史稱襄王十二年乃惠王後元十三年紀年在周顯王四十五年當梁惠王後元十二年丁酉史記較後一年其時孟子亦未至梁也包少東据國策魏圍趙邯鄲楚使景舍救趙取魏雎濊之間以爲惠王時南辱實證是不知竹書改元又十六年之說也

通鑑四十六年戊戌　竹書齊封田嬰於薛十月齊城薛見索隱引

按此所謂齊人將築薛也　薛不知何時見滅地入于齊前邳遷于薛薛已滅矣邳與薛皆任姓其遷邳或使奉奚仲之祀也今又滅邳而封靖郭君洪容齋謂薛滅于宋偃王者蓋因國策占雀篇滅滕伐薛之誤按索隱引紀年梁惠王後元十三年四月齊封田嬰于薛十月齊城薛戰國策載靖郭君將城薛矣以客海大魚之諫乃止其後田文卒城之後漢書志薛河北有大城田文所築也薛本國六國時曰徐州在今滕縣之南文公安得不恐以經考之孟子是年在滕也由此推之孟子生于鄒鄒穆公悔過而行

仁政故留事鄒自鄒如宋當在君偃初年已非剔成時鮑

彪謂辟公時誤已孟子居宋疑必有上下之交如尊德樂

義爲宋勾踐言之什一去關市之征爲戴盈之言之皆在

是時滕文公爲世子將之楚過宋而見孟子亦在此時楚

地久廣至泗上滕南與楚隣而必迂而西南行三百五十

餘里過宋都者以孟子在宋故也迨孟子自宋歸鄒滕文

公使然友兩番就問其虛左以待者已非一日惟鄒穆公

卒孟子乃應聘之滕館之上宫百官有司總已以聽孟子

乃修井地君臣力行遠方之人皆願爲氓介弟如更方且

受業即如許行陳相亦必爲博陳堯舜上下之敘以正之
惜乎滕君則誠賢君而所與爲善者僅五十里耳于天下
舉安之志猶未遠焉值梁惠王卑禮厚幣以招賢者於是

孟子去滕之梁

通鑑秦相張儀免出相魏儀爲秦之魏魏相之犀首弗利韓燕稱王時諸侯皆稱王趙武靈王獨不肯曰無其實敢有其名乎令國人謂己曰君史記魏使太子朝于秦

通鑑四十七年己亥　竹書薛子嬰朝於魏見索隱引　史記魏張儀歸於秦魏以公孫衍爲相史記公孫衍又名犀首與張儀不善儀爲秦之魏魏王相儀犀首弗利故令人謂韓公叔曰張儀已合秦魏矣其言曰魏攻南陽秦攻三川魏王所以貴張子者欲得韓地也且韓之南陽已舉矣子何

仁政故留事鄒自鄒如宋當在君偃初年已非剔成時鮑彪謂辟公時誤已孟子居宋疑必有上下之交如尊德樂義爲宋勾踐言之什一去關市之征爲戴盈之言之皆在是時滕文公爲世子將之楚過宋而見孟子亦在此時楚地久廣至泗上滕南與楚隣而必迂而西南行三百五十餘里過宋都者以孟子在宋故也迨孟子自宋歸鄒滕文公使然友兩番就問其虛左以待者已非一日惟鄒穆公卒孟子乃應聘之滕館之上宫百官有司總已以聽孟子乃修井地君臣力行遠方之人皆願爲氓介弟如更方且

受業即如許行陳相亦必爲博陳堯舜上下之敘以正之惜乎滕君則誠賢君而所與爲善者僅五十里耳于天下舉安之志猶未遠焉值梁惠王卑禮厚幣以招賢者於是

孟子去滕之梁

通鑑秦相張儀免出相魏　儀爲秦之魏魏相之犀首弗利　韓燕稱王　時諸侯皆稱王趙武靈王獨不肯曰無其實敢有其名乎令國人謂己曰君　史記魏使太子朝于秦

通鑑四十七年己亥　竹書薛子嬰朝於魏見索隱引　史記魏張儀歸於秦魏以公孫衍爲相　史記公孫衍又名犀首與張儀不善儀爲秦之魏魏王相儀犀首弗利故令人謂韓公叔曰張儀已合秦魏矣其言曰魏攻南陽秦攻三川魏王所以貴張子者欲得韓地也且韓之南陽已舉矣子何

不少委焉以爲衍功則秦魏之交可錯矣然則魏必圖秦而棄儀收韓而相衍公叔以爲便因委之犀首以爲功果相魏張儀去

通鑑四十八年庚子王崩子定立（是爲慎靚王）齊號薛公田文爲孟嘗君　初齊王封田嬰於薛號曰靖郭君嬰言於齊王曰五官之計不可不日聽而數覽也王從之已而厭之悉以委嬰嬰由是得專齊權嬰有子四十餘人其賤妾之子曰文通儻饒智畧說靖郭君以散財養士靖郭君使文主家待賓客賓客爭譽其美請以文爲嗣嬰卒文嗣立號孟嘗君招致諸侯遊士及有罪亡人食客嘗數千人名重天下　竹書齊威王卒（子辟疆立是爲宣王見索隱引）燕易王卒（子噲立）

按孟子至梁當在是年時孟子年五十二矣故王稱孟子曰叟趙注叟長老之稱猶父也若以三十三年乙酉計之

孟子年三十七惠王年長以倍而父之乎　任釣臺曰史稱惠王三十五年卑禮厚幣以招賢者而孟子至梁誤也若孟子於惠王三十五年至梁三年即去是時梁未嘗南辱於楚即喪地於秦亦未至七百里之多也若孟子至襄王乃去則孟子在梁歷十八年不應與惠王問荅止五章且道不行而淹留若此之久也且如其說則齊人築薛時孟子在梁何緣有與滕文公問答語葢史不知惠王有後十七年而但繫之惠王之前二年故誤也　顧氏曰知錄江氏孟子舉要亦謂惠王三十五年孟子至梁者非

按史記列傳言孟子道既通游事齊宣王宣王不能用適梁趙注孟子作題辭全主之以爲孟子游歷先齊後梁穪氏古史亦然惟通鑑則先游梁而後至齊見宣王竊以孟子本書觀之篇首即載梁王諸章及見襄王有出語云云自此以下十數章皆在齊與宣王問荅事此其先梁後齊較然可知江慎修曰史記齊威王宣王湣王之年皆有錯誤宣王侵威王之年湣王侵宣王之年故誤謂孟子先游齊洵不刋之論也

終

孟子時事考徵卷第二

涇上陳寶泉鳳石編次

受業朱份質園
愷丹崖
鈺藍田參校
楫藕泙

通鑑慎靚王元年辛丑燕王噲元年　按史記書齊宣王元年於顯王二十七年己卯綱目移下三十七年己丑据索隱引紀年齊威王卒於梁惠王後元十五年是爲顯王四十八年也則齊宣王辟疆元年疑當在是年

衛更貶號曰君　竹書秦取我曲沃平周史記秦樗里疾伐梁取曲沃走犀首岸門

史記魏請張儀於秦復以為相

通鑑二年壬寅魏君甞卒孟軻去魏適齊

按孟子在梁正儀衍為相與景春論大丈夫當在梁時觀其問與周霄並記可知按三家分晉魏得晉之故都故梁惠王與周霄並自稱晉國而韓趙則否夫衍儀相而孟子尚可畱乎

孟子去魏適齊何以知之據孟子自范之齊范即今東昌府濮州范縣本魏趙齊三國之境孟子去梁之所經也大梁臨淄相距千里故尹士曰千里而見王孟子亦曰千里而見王若由鄒以往僅得半耳所謂望見齊王之子者季

氏本謂疑即王子墊郝氏謂滑王譚氏謂滑王子法章總
不若趙汪泩指王庶子爲合曰自范者直書其所自至此
孟子自梁至齊之明證也任氏考畧孟子去梁反於鄒其時有季任幣交之事者恐非
孟子至齊疑未即見齊王故陳代以不見諸侯爲小萬章
亦以不見諸侯何義爲問孟子兩舉景公招虞人不往以
其爲齊故事人易曉耳季氏本謂王疑其有異使人瞯之
意儲子通意宣王知先加禮故得見王於崇
任釣臺云孟子見王於崇退即之平陸者孔距心與孟子
有舊也處於平陸依距心也退即有去志而猶處平陸者

一言而齊君臣皆知其罪為發棠邑以賑民是言將行其言為之兆也儲子幣交在此時

繼有賓師之命館孟子於雪宮於是孟子為卿於齊列女傳所謂去梁適齊齊王以為上卿是也雪宮者館孟子而來就見也趙邠卿注孟子將朝王章曰寡人就孟子之館相見也是宣王尊禮孟子不使儕于稷下故景丑氏以為丑見王之敬子也當時辨士如淳于髡見孟子位賓師無責守綽綽然有裕故以嫂溺援手之喻諷之

其出弔于滕者必是文公卒也季氏曰非大國之君無使貴卿及介往弔之禮此固重文公之

賢而隆其禮亦孟子欲親徃弔以盡存亡始終之大禮也考自臨淄抵滕將五百里一徃一還將千里朝暮接焉而未一及使事故丑以爲疑未幾孟子母喪于齊自齊歸葬于魯列女傳孟子處齊有憂色擁楹而歎孟母見之云云既葬之後曷爲反於齊止於嬴蓋致其事於君也按家語孔子曰三年之喪周人既反哭而致事謂還政於君大夫三月而葬五月而卒哭然則反齊者卒哭之後反而致其爲卿之事於齊王故有此止禮亦宜然反齊之事說者紛紜郝氏謂拜賜在三月塟後禮文並無此說顧氏謂改塟亦屬臆度閻氏謂反齊在終三年喪後則本章首宜陳臻問曰之例何必直從三年前追叙來歷毛氏以反爲反哭之反並言齊有家而魯無家孟子恐未必然尤非確論其仍歸終制而後復

至齊可知也闔百詩云郝氏解尹士章有曰孟子仕齊喪母歸魯終喪復之齊與齊王相習久故尹士譏孟子不明也然且至見還就顧望也余謂此爲孟子復之齊之切證聞所未聞按繼而有師命乃復至齊役國被兵革不可以請遂爾淹留若以一至齊而分兩截則當作既而不當作繼而文義甚别不然宣王就見孟子之辭今又棄寡人而歸胡爲乎又之哉

史記楚王爲從約長合諸侯及匈奴伐秦秦敗之斬首八萬諸侯之師皆走齊師殿而還　齊伐魏敗之觀津　宋僭稱王

通鑑三年癸卯魏襄王元年任氏本韓宣王元年　史記燕與楚三晉攻秦不勝而還讓國於其相子之燕相子之與蘇秦之弟代昏欲得燕權蘇代使齊而歸燕王問曰齊王其霸乎對曰不能王曰何故對曰不信其臣於是燕王專任子之鹿毛壽謂燕王曰人謂堯賢者以其能讓天下也今王以國讓子之

是王與堯同名也燕王因屬國於子之或曰禹薦益而以啓人爲吏及老傳天下於益而啓與其黨攻益奪之天下謂禹名傳天下於益而實令啓自取之今王言屬國於子之而吏無非太子人者是名屬子之而實太子用事也王因收印綬自三百石吏已上而效之子之子之南面而行王事而噲老不聽政顧爲臣

史記魏請成於秦張儀復自魏歸相秦

任釣臺云公孫衍以魏叛秦張儀以魏事秦故景春以爲一怒而諸侯懼安居而天下熄 按衍本衛人史記以儀衍同傳而贊云夫言從横强秦者皆三晉之人是衍亦衛人之强秦者也所以離秦魏之交致義渠之襲者特以傾張儀而然非合從也即其用陳軫之計三國委事亦並無

合從實蹟黄東發謂衍或從或衡姝非其實史記張儀已卒之後犀首入相秦嘗佩五國之相印爲約長此言衍相秦約五國與秦衡親正破從爲横之事而趙注云衍嘗佩五國印爲從長誤已夫約長非從長也未有相秦而合從者也

通鑑四年甲辰秦大敗韓師于脩魚虜其將鯫申差斬首八萬諸侯振恐

齊大夫殺蘇秦

通鑑五年乙巳魯平公元年秦伐蜀取之巴蜀相攻俱告急於秦秦惠王欲伐蜀韓又來侵司馬錯請伐蜀張儀曰不如伐韓王曰請聞其說儀曰親魏善楚下兵三川攻新城宜陽以臨二周之郊據九鼎按圖籍挾天子以令

天下天下莫敢不聽此王業也臣聞爭名者於朝爭利者於市今三川周室天下之朝市也而王不爭焉顧爭於戎翟去王業遠矣錯曰不然臣聞之欲富國者務廣其地欲彊兵者務富其民欲王者務博其德三資者備而王隨之矣今王地小民貧故臣願先從事於易夫蜀西僻之國而戎翟之長也有桀紂之亂以秦攻之譬如使豺狼逐羣羊得其地足以廣國取其財足以富民繕兵不傷衆而彼已服焉拔一國而天下不以爲暴利盡四海而天下不以爲貪而又有禁暴止亂之名是我一舉而名實附也今攻韓刧天子惡名也而攻天下之所不欲又未必利也不如伐蜀惠王從之起兵伐蜀十月取之秦以益彊富厚輕諸侯

通鑑六年丙午王崩子延立是爲赧王 竹書鄭侯使韓辰歸晉陽及向城陽向更名陽爲河雍向爲高平 史記張儀自秦適楚楚絕秦秦及齊平

初張儀說惠王曰梁地方不至千里卒不過三十萬地四平無名山大川之限卒戍四境者不下十萬梁之地勢固戰場也夫諸侯之約從盟洹水之上結爲兄弟以相堅也今親兄弟同父母尚有爭錢財相殺傷而欲恃反覆蘇秦之餘謀其不可成亦明矣大王不事秦秦下兵攻河外據卷衍酸棗刼衛取陽晉則趙不南梁不北而從道絕矣大王之國雖欲無危不可得也魏王乃倍從約而因儀以請成於秦儀歸復相秦秦欲伐齊患其與楚從親乃使張儀說楚王曰大王誠能閉關絕約於齊臣請獻商於之地六百里使秦女得爲大王箕箒之妾楚王悅而許之羣臣皆賀陳軫獨弔王怒曰何弔也對曰夫秦之所以重楚以其有齊也今絕齊則楚孤秦奚貪夫孤國與之商於之地六百里哉儀至秦必負王是王北絕齊交而西生患於秦也兩國之兵必俱至矣王曰願子閉口毋復言以待寡人得地乃厚賜張儀而閉關絕約於齊使一將軍隨張儀至秦儀詐墮車不朝三月楚王聞之曰儀以寡人絕齊未甚耶乃使勇士宋遺借宋之符北罵齊王齊王大怒折節而事秦齊秦之交合儀乃朝見楚使者曰子何不受地自某至某廣袤六里使者還報楚王大怒欲發兵攻秦陳軫曰軫可發口言乎攻之不如賂以一名都

與之并兵而攻齊是我亾地於秦而取償於齊也今已絕齊而
又責欺於秦是我合齊秦之交而來天下之兵也國必大傷矣
王不聽使屈匄伐秦秦
亦發兵使庶長章擊之
通鑑赧王竹書作隱王元年丁未秦侵義渠得二十五城
竹書鄭宣王來朝　燕子之殺公子平不克齊殺子之醢其身
燕子之爲王三年國內大亂將軍市被與太子平謀攻子之齊
王使人誘之且許爲助使市被攻子之不克被反攻平國中連
戰數月死者數萬人齊王使章子將五都之兵以伐燕燕士卒
不戰城門不閉齊人取子之醢之遂殺王噲
通鑑孟軻去齊按江氏慎修謂當在赧王三年詳辨在後
按時有沈同問燕可伐及孟子勸齊勿取等語　閻潛邱
曰史記與孟子不合者惟伐燕一事史記以爲湣王孟子

以爲宣王然就燕世家載噲初立有齊宣王復用蘇代之文是噲與宣王同時與孟子合而與六國表異通鑑從孟子不從史記是矣　按齊世家宣王十九年卒子湣王立而伐燕取燕俱闕其見燕世家中以爲齊湣王事但稱燕噲立齊人殺蘇秦而齊宣王復用蘇代云云明燕噲實直宣王時也至燕噲屬國于子之太子平謀攻子之乃奚有諸將謂齊湣王云云又有孟軻謂齊王云云而質之湣王年中又全無之可知史記缺遺錯亂蓋有誤截前王年數屬後王者宜乎其與孟子不合也

又按國策明言子之之亂儲子勸齊宣王因而仆之而儲子正爲相者也並載宣王令章子將五都兵伐之而章子與遊者也是伐燕之爲宣王無疑也史記所以屬之湣王者湣王之走死實因樂毅伐齊而樂毅之伐齊實因齊伐燕而爲報想燕齊相報不應甚久而湣王在位二十九年故不得不以伐燕屬之湣王不知國策言齊破燕之後二年燕昭王始立又言昭王與百姓同甘苦二十八年然後以樂毅爲將破七十餘城是齊破燕至燕破齊之歲相去本有三十餘年則破燕者宣王而爲燕所破者湣王國策

原自分明蓋宣王破燕之後不久即卒湣王嗣位二十九年乃爲燕所破計其年數正與燕昭二十八年之數約畧相符史遷特未深考耳若以燕昭王即位二十八年始報燕一語爲據則孟子所記原是實事而史記移爲湣王之誤自不待言并無俟諸家之强移年歲矣

通鑑二年戊申秦伐趙　楚屈匄伐秦　史記趙召公子職於韓立以爲燕王使樂池送之按燕世家無之見于趙世家紀年同葢趙遥立職爲燕王實未嘗入燕也

按此所謂諸侯將謀救燕

秦會魏王於臨晋復使張儀相魏

通鑑三年己酉秦大敗楚師于丹陽虜屈匄遂取漢中楚復襲秦又大敗于藍田韓魏襲楚楚割兩城以和于秦

按宋牼所云秦楚搆兵疑在此時

燕人立太子平爲君　昭王即位於破燕之後弔死問孤與百姓同甘苦卑身厚幣以招賢者問郭隗曰齊因孤之國亂而襲破燕孤極知燕小不足以報然誠得賢士與之共國以雪先生之恥孤之願也先生視可者得身事之隗曰古之人君有以千金使涓人求千里馬者馬已死買其骨得五百金而返君怒涓人曰死馬且買之況生者乎馬今至矣不期年而千里馬至者三今王必欲致士先從隗始況賢於隗者豈遠千里哉於是昭王爲隗改築宮而師事之於是士爭趣燕樂毅自魏往王以爲亞卿任以國政

閻潛邱云或獻疑曰魏惠卑禮招賢孟子往荅齊宣賢美

好士孟子久遊滕文則愛其幣聘而館上宮者雖以區區之宋偃初年號行王政亦嘗一處其國焉若當時之賢君固未有愈於燕昭者也雖其志趣或殊然鄒衍自齊往矣劇辛自趙往矣樂毅自魏往矣紛紛皆見尊禮何孟子裹足而不一至燕乎余應之曰燕昭之禮士以復讐也復讐則於齊矣孟子曾爲齊卿所謂復得罪在他國終身不敢謀趙之奴隸況子孫乎故寧終不遇而不一至燕也歟

韓君卒韓宣惠王嘗欲用公叔公叔爲政繆留曰不可晋用六卿而國分齊簡公用闞陳恒闞止而見殺魏用犀首張儀而西河之外亡今君兩用之其多力者內樹黨其寡力者藉外權羣臣有內樹黨以驕王有外爲交以削地君之國危矣

史記張儀自魏說六國連衡事秦秦王會魏王於蒲坂關儀復歸相秦秦惠王使告楚懷王請以武關之外易黔中地楚王曰不願願得張儀而獻黔中儀請行秦王曰楚將甘心於子柰何儀曰秦強而楚弱大王在楚不宜敢取臣且臣善其嬖臣靳尚尚得事幸姬鄭袖袖言王無不聽者遂往楚王囚將殺之尚謂袖曰秦王甚愛張儀將以六縣及美女贖之王重地尊秦秦女必貴而夫人斥矣於是袖日夜泣於王曰臣各爲其主耳今殺張儀秦必大怒妾請子母俱遷江南毋爲秦所魚肉也王乃赦儀而厚禮之儀因說曰夫爲從者無異於驅羣羊而攻猛虎不格明矣今王不事秦秦刼韓驅梁而攻楚則楚危矣又自巴蜀治船積粟浮岷江而下一日行三百餘里不十日而距扞關則黔中巫郡非王之有又舉甲而出武關則北地絕夫秦之攻楚危難在三月之內而楚待諸侯之救在半歲之外此臣所爲大王患也大王誠聽臣請令秦楚長爲兄弟之國楚王已得儀而重出地乃許之儀遂說韓王曰韓地險惡山居國無二歲之食見卒不過二十萬而秦兵百餘萬山東之士被甲蒙冑而會戰秦人捐甲徒裼以趨敵此無異垂千鈞於鳥卵之上必

無幸矣大王不事秦秦下甲據宜陽塞成皋則王之國分矣爲大王計莫如事秦而攻楚以轉禍而悅秦韓王許之儀歸報秦封以六邑號武信君復使東說齊王曰從人說大王者必曰齊蔽於三晉地廣民衆兵强士勇雖有百秦將無奈齊何大王賢其說而不計其實今秦楚嫁娶韓獻宜陽梁效河外趙割河間大王不事秦秦驅南梁攻南地悉趙兵指博關臨菑即墨非齊有也齊王許之儀西說趙王曰大王收率天下以擯秦秦兵不敢出函谷關者十五年惟大王有意督禍之也今以大王之力舉巴蜀并漢中包兩周守白馬之津秦雖僻遠然而心含忿怒之曰久矣今有敝甲凋兵軍於澠池願渡河踰漳據番吾會邯鄲之下願以甲子合戰正殷紂之事謹使使臣先聞左右今楚與秦爲兄弟韓梁稱藩臣齊獻魚鹽之地此斷趙之右肩也夫斷右肩而與人鬬失其黨而孤居求欲無危得乎今秦發三將軍塞午道軍成皋澠池約四國爲一以攻趙趙服必四分其地臣竊爲大王計莫若與秦約爲兄弟之國也趙王許之儀北說燕王曰趙已事秦大王不事秦秦下甲雲中九原則易水長城非王之有矣燕王請獻常山之尾五城以和儀歸報未至而惠王薨子武王立武王自爲太子時不說儀諸侯聞之皆畔衡復

合從

秦惠王卒　張儀走魏五月死公孫衍自魏入秦秦以衍爲相張儀已卒之後犀首入相秦甞佩五國之相印爲約長

按通鑑綱目書孟子去齊于周赧王元年齊人伐燕之下考孟子燕人畔注云破燕後二年燕人共立太子平爲王觀孟子與陳賈問荅則後二年猶在燕也安得謂元年即去乎故任氏考畧亦屬之是年

按沈同問燕人畔二章括燕事首尾而繫諸去齊數章前正以著孟子去齊之本也爾時齊王知慙於孟子猶有悔心之萌而陳賈復寒之任聽細人强詞求解此其怙過飾

非不足有為決矣此孟子之所以去齊歟　孟子不受兼金當在此時有致為臣五章及荅淳于髠名實未加語

闔百詩云或問孟子仕齊之歲幾何余曰孟子云辭十萬此蓋孟子通計仕齊所辭之祿數也姑以孟子所云陳戴葢祿萬鍾戴為齊公族祿所入如此而孟子在三卿之中使其祿同於陳戴邪則仕齊當十年矣倍於陳戴邪則仕齊當五年矣或少倍於陳戴邪當亦不下六七年矣愚按孟子去梁適齊為齊客卿當周慎靚王二年壬寅又自齊葬母于魯居喪三年反於齊而當齊人伐燕至周赧王三

年己酉燕人畔而孟子去齊蓋自壬寅以迄己酉前後在齊者蓋閱七八年矣

江慎修曰孟子去齊在燕人畔之後蓋當周赧王三年己酉孟子言由周而來七百有餘歲以邵子皇極經世金吉通鑑綱目前編考之周武王伐紂殷己卯距赧王己酉八百二十一年與孟子言不合蓋周初自共和庚申以前有誤衍之年其誤衍始於劉歆歷譜也共和庚申以前之年史記不能紀惟魯世家自考公以下有其年考公四年煬公六年幽公十四年魏公五十年此本及歷譜作微公厲公三十七

年獻公三十二年眞公（亦作慎公）三十年眞公之十四年厲王出奔彘共和行政爲共和前年已未自考公至眞公十四年凡一百五十七年魯公伯禽史記未著卒年劉歆謂成王元年爲命魯公之歲魯公四十六年至康王六年而薨以四十六加一百五十七則成王元年至厲王已未二百單三年耳而歷譜累推七十六年之朔旦冬至數諸公之年謂世家煬公即位六十年是得史記誤本以六年爲六十年也又謂獻公即位五十年是又誤以三十二年爲五十年也煬公衍五十四年獻公衍十八年共衍七十二年

則自成王元年至厲王己未有二百七十五年今經世諸書成王立於乙酉至厲王己未二百七十五年至承劉歆之誤也然以汲冢竹書紀年考之武王伐殷爲十二年辛卯與今傳己卯者異厲王之十二年己未奔彘十三年庚申王在彘共和攝行天子事號曰共和即史記十二諸侯年表起共和庚申之年但非若周公召公共行政之說也武王辛卯至共和庚申二百一十年若經世諸書武王己卯至共和庚申有二百八十二年羨出七十二年正是劉歆歷譜誤衍之數也昭王十九年誤爲五十一年孝王九年誤爲十五年夷王八年誤爲十六

年厲王十三年庚申除去已卯至辛卯十二年今史鑑多誤作三十八年庚申

於竹書紀年者六十年前計武王已卯至赧王已酉八百一十一年除去七十二年實得七百三十九年正與孟子語七百有餘歳合矣然則皇極經世之年固不足憑通鑑綱目前編宗之者亦誤矣

按去齊居休休屬潁川當在宋境孟子知道之不行也聞宋王偃欲行王政故觀之大事記謂孟子去齊之宋是也又正義云石邱宋國地也赧王三年秦大敗楚于丹陽又敗楚于藍田秦楚搆兵莫此爲甚而孟子適于是年去齊

之宋遇宋牼于石邱按宋牼即宋鈃齊宣王喜文學游說之士宋鈃嘗至稷下漢藝文志尹文子一篇注説齊宣王師古曰與宋鈃俱游稷下竊意孟子在齊與宋牼有舊别後忽遇呼以先生請其何之殆非未同而言者之比也

季氏本謂告子之見當在孟子去齊之宋之時公孫丑設爲當路於齊加齊卿相兩問明是去齊以後之辭觀問仕而不受祿於居休可見孟子曰齊人有言論齊事也曰無若宋人然時在宋也曰告子先我不動心曰告子未嘗知義則知其在去齊之宋之日與告子辨義之後季說是也

大事記謂自齊之宋自宋適滕季氏謂孟子當偃王時適宋已甚老矣豈復爲滕經理而久居其國其說是也余故以爲自宋適滕當在未適梁之前至是復之宋與戴不勝語稱宋王則在君偃僭王之後可知也不勝者疑即前所與語之盈之也圖譜以什一去關市章爲前在宋語誠然

去宋知其之薛者觀陳臻問荅郤齊王之餽曰前日則時已去齊也受宋薛之餽則曰今日時在薛也薛不知何時見滅地入於齊始而遷邳繼而封嬰嬰傳子田文卽所謂

薛君也江慎修云孟子過薛薛君餽五十金當齊宣王時

卽孟嘗君田文也但說大人章譚氏專屬之田文安見是

章必爲在薛之言耶然則孟子何爲之薛曰孟子至宋見

偃王不足有爲蓋由薛而反魯也

通鑑四年庚戌燕昭王韓襄王秦武王元年蜀相殺蜀侯

通鑑五年辛亥秦誅蜀相莊

按閻氏孟子考謂平公欲見孟子當在慎靚王甲辰後余

竊以爲不然平公欲見孟子疑在去齊之宋過薛反魯之

日觀臧倉言後喪踰前喪則在葬母反齊之後可知季氏

本孟子事蹟圖譜謂赧王四年即臧倉沮平公之年此又太泥鈞臺任氏謂在魯平公五年以後者近是赧王三年爲魯平公五年蓋自赧王三年去齊之宋見宋王偃不足與有爲故去之遂由薛而返魯聞樂正子爲政喜而不寐者喜道不行於身猶得見於及門也迨平公欲見孟子而臧倉之沮又至焉蓋至是而卒知天之未欲平治天下也故以天也一嘆終之因魯而嘆其嘆不僅在魯也退而與萬章之徒辨疑問答乃著孟子七篇其外書四篇則門人所記也

又按魯欲使愼子爲將軍疑在此時正義愼子謂愼到史

記愼到學黃老道德之術著書十二篇或曰孟子稷下之游曾與有舊故以當道志仁之言明喻之蓋距墨之旨矣

趙岐孟子題辭外書四篇性善辨文説孝經爲正其文不能宏深不與内篇相似似非孟子本眞後世依倣而托之者也　又按劉歆九種孟子有十一篇時合此四篇趙岐不尚以故非之日知録云按楊子法言篇引孟子曰夫有意而不至者有矣未有無意而至者也周禮大行人注引孟子諸侯有王宋鮑照河清頌引孟子曰千載一聖猶旦暮也顔氏家訓引孟子曰圖影失形梁書處士傳序引孟子曰今人之於爵禄得之若其生失之若其死廣韻圭字下註曰孟子六十四黍爲一圭十圭爲一合以及集註中程子所引荀子孟子三見齊王而不言事門人疑之孟子曰我先攻其邪心今孟子書

皆無其文豈所謂外篇者邪

郝氏敬曰孟子自謂距楊墨而楊墨之死則已久矣七篇

中與楊墨辨者無幾而謂距楊墨者何攻不仁不義之流而指其害仁害義之端也二子未嘗不言仁義而天下之不仁不義必歸焉淳于髡非楊非墨而其言曰先名實者爲人此卽墨之言也後名實者自爲此卽楊之言也凡富貴利達之謀縱横强戰之事以至弑父弑君莫不生于有所爲故夫楊墨之害非必二人害之歸者共害之亦非必以其道歸之而各以其邪說陂行歸之也如髡衍之誕謾蘇張之險譎孫吳之戰陳莊惠之悠謬申韓之慘刻究其端皆起于爲我爲人其禍總底于無君無父則同謂之歸

楊墨而已矣七篇中性善堯舜之旨入孝出弟之實安居廣居之喻惻隱羞惡之端知言養氣之學發仁施政之畧孰非與楊墨辨者何但與夷之言厚葬與子莫言執中而後謂距楊墨也哉以是知闢許行譏仲子斥儀衍皆所以閑先聖之道即皆所以距楊墨者也郝氏此條統貫上下十四篇全旨亦云該矣

通鑑六年壬子秦初置丞相　竹書楚庶章帥師來會我次于襄邱

通鑑七年癸丑秦魏會于應　秦甘茂伐韓宜陽秦王使甘茂約魏以伐韓茂至

魏乃使人還請王曰魏聽臣矣然願王勿伐王迎茂息壤而問其故對曰宜陽大縣其實郡也今倍數險行千里攻之難曾人有與曾參同姓名者殺人人告其母母織自若也及三人告之則其母投杼下機踰牆而走臣之賢不若曾參王之信臣不如其母疑臣者非特三人臣恐大王之投杼也魏文侯令樂羊攻中山三年拔之退而論功文侯示之謗書一篋樂羊再拜稽首曰此非臣之功君之力也今臣羈旅之臣也樗里子公孫奭挾韓而議之王必聽之是王欺魏而臣受公仲侈之怨也故臣願王之勿伐也王曰寡人勿聽也請與子盟乃盟于息壤

竹書翟章救鄭次于南屈

通鑑八年甲寅秦拔宜陽

甘茂攻宜陽五月而不拔樗里子公孫奭果爭之秦王欲罷兵茂曰息壤在彼王乃悉起兵佐茂斬首六萬遂拔宜陽

秦君卒弟稷立母芊氏治國事以舅魏冉爲將軍

秦武王好以力戲力士多至大官與孟說舉鼎絕脈而薨無子諸弟爭立異母弟稷質於燕其母芊八子之異父弟魏冉自惠王武王時任職用事與國人迎而立之稷年少太后治事以冉爲將軍衛咸陽

趙始胡服招騎射 趙武靈王北略中山之地至房子遂之代北至無窮西至河登黃華之上與肥義謀胡服騎射以教百姓曰愚者所笑賢者察焉雖驅世以笑我胡地中山吾必有之遂胡服國人皆不欲公子成稱疾不朝王使人請之曰家聽於親國聽於君今寡人作教易服而公叔不服吾恐天下議之也制國有常利民爲本從政有經令行爲上明德先論於賤而從政先信於貴故願慕公叔之義以成胡服之功也公子成再拜稽首曰中國者聖賢之所教禮樂之所用遠方之所觀赴蠻夷之所則效也今王舍此而襲遠方之服變古道逆人心臣願王熟圖之也使者以報王自往請之曰吾國東有齊中山北有燕東胡西有樓煩秦韓之邊無騎射之備則何以守之哉先時中山負齊之强侵暴吾地引水圍鄗微社稷之神靈則鄗幾於不守也先君醜之故寡人變服騎射欲以備四境之難報中山之怨而叔順中國之俗惡變服之名以忘鄗事之醜非寡人之所望也公子成聽命乃賜胡服以朝而始出令焉

翟章帥師救皮氏圍 竹書秦公孫爰帥師伐我皮氏

通鑑九年乙卯秦昭襄王稷元年趙君畧中山及胡地遣使約秦韓楚魏
齊并致胡兵　楚齊韓合從　竹書城皮氏
通鑑十年丙辰趙伐中山取數邑中山復獻四邑以和　秦魏冉
弑其君之嫡母出其故君之妃歸于魏　秦庶長壯及大臣諸公子作亂魏冉誅之及惠
文后皆不得良死而悼武后出歸于魏王
兄弟不善者悉滅之冉遂爲政威震秦國
通鑑十一年丁巳秦楚盟于黃棘秦復與楚上庸
通鑑十二年戊午秦取魏蒲阪晉陽封陵取韓武遂　按竹書秦收我蒲坂晉陽封谷
齊韓魏伐楚楚使太子横質於秦秦救之　初楚與齊韓合從至是齊韓魏
以楚負約合兵伐之楚王使其太子横
爲質以請救於秦秦人救之三國引去

通鑑十三年己未秦魏韓會于臨晉秦復與魏蒲阪　楚太子橫殺秦大夫亾歸

通鑑十四年庚申　按史記於周顯王四十六年書湣王元年通鑑移至赧王二年蓋欲以伐燕事屬諸宣王以信孟子也然係燕事於宣王十九年而燕人畔又仍在湣王之世與孟子所云王甚慚於孟子終屬未合余前已据竹書齊威王卒於顯王庚子則慎靚王元年辛丑正當齊宣王元年依史記通鑑宣王在位十九年推之則齊湣王元年亦疑當是年任謂二十年未詳所据　秦取韓穰　蜀守叛秦秦誅之　秦韓魏齊伐楚殺其將唐眛取重邱　趙伐中山中山君奔齊

通鑑十五年辛酉秦公子悝質于齊　秦芈戎大敗楚師殺其將景鈌取襄城楚使太子橫質於齊以請平　按竹書楚入雍氏楚人敗　竹書

薛侯來會王于釜邱

通鑑十六年壬戌趙君廢其太子章而傳國於少子何自號主父

初武靈王以長子章爲太子後納吳廣之女孟姚有寵生子何愛之欲及其身而立之乃廢章而傳國焉使肥義爲相國傅王而自號主父將士大夫西北畧胡地將自雲中九原南襲咸陽於是詐爲使者入秦欲以觀秦地形及秦王之爲人秦王不知已而恠其狀甚偉非人臣之度使人逐之主父行已脫關矣秦人大驚

齊魏會于韓按竹書王會與齊王會于韓

秦伐楚取八城遂誘楚君槐于武關執之而歸楚人立太子橫

秦伐楚取八城秦王乃遺楚王書曰初寡人與王約爲兄弟盟于黃棘太子入質至驩也太子陵殺寡人之重臣不謝而亾去寡人誠不勝怒使兵侵君王之邊今聞君王乃令太子質於齊以求平寡人與楚接境婚姻相親而今不驩則無以令諸侯寡人願與君王會武關面相約結盟而去寡人之願也楚王欲往恐見欺欲不往恐秦怒昭睢曰毋行而發兵自

守耳秦虎狼也有幷諸侯之心不可信也王稚子子蘭勸王行王乃入秦秦王令一將軍詐爲王伏兵武關劫之與西至咸陽朝章臺如藩臣禮要以割巫黔中郡楚王怒不許遂留之時楚太子橫方質於齊楚大臣相與謀曰吾王不得還而太子在齊齊秦合謀則楚無國矣欲立王子之在國者昭雎曰王與太子俱困於諸侯今又倍王命而立其庶子不宜乃詐赴於齊齊人或欲留太子以求楚之淮北其相曰不可郢中立王是吾抱空質而行不義於天下也其人曰郢中立王吾因與其新王市曰予我下東國吾爲王殺太子不然將與三國共立之齊王卒用其相計歸楚太子楚人立之初屈平爲懷王左徒志潔行廉明於治體王甚任之後以讒見疏而眷顧不忘作離騷之辭以自怨尚冀王之一悟而王終不寤也其後子蘭譖之於頃襄王王怒遷之於江南原遂懷石自投汨羅以死

秦以齊田文爲丞相

秦王聞文賢使請於齊以爲相

通鑑十七年癸亥 楚頃襄王橫趙惠文王何元年

田文自秦逃歸

或謂秦王曰文相秦必先齊而後秦秦其危哉王囚文欲殺之使人求解於王之幸姬姬欲得其狐白裘而文先以獻於秦王矣文客有善爲狗盜者盜裘以

獻姬言於王而遣之王後悔使追之文至關關法雞鳴乃出客時尚蚤追者將至客有善爲雞鳴者野雞皆應之文乃得脫歸

秦伐楚取十六城楚人告于秦曰賴社稷神靈國有王矣秦王怒伐之取十六城

齊韓魏伐秦敗其軍於函谷關河渭絶一日秦割河東三城以和三國乃退

孟嘗君怨秦與韓魏攻之入函谷關秦昭王謂丞相樓緩公子池曰三國之兵深矣寡人欲割河東而講對曰講亦悔不講亦悔王曰何也對曰王割河東而講三國雖去王必曰惜矣三國且去吾特以三城從之此講之悔也王不講三國入函谷咸陽必危王又曰惜矣吾愛三城而不講此不講之悔也王曰鈞吾悔也寧亡三城而悔無危咸陽而悔也乃使公子池以三城講于三國初孟嘗君欲借兵食於西周蘇代爲西周謂孟嘗君曰君攻楚九年取宛葉以北以彊韓魏今復攻秦以益之韓魏南無楚患西無秦患則齊危矣君不如令敝邑深合于秦而君無攻又無借兵食君臨函谷而無攻令敝邑以君之情謂秦王曰薛公必不破秦以強韓魏其攻秦也欲王之令楚王割東國以與齊而秦出楚王以爲和秦得無破而以東國自免也秦

必欲之楚王得出必德齊齊得東國益強而薛世世無患矣孟嘗君從其計會公子池求講解遂罷兵而秦卒不出楚懷王

趙君封弟勝爲平原君 平原君好士食客嘗數千人有公孫龍者善爲堅白同異之辨平原君客之孔子之元孫穿自魯適趙與龍論臧三耳龍甚辨析穿弗應平原君問之穿曰幾能令臧三耳矣然謂三耳甚難而實非也謂兩耳甚易而實是也不知君將從易而是者乎其亦從難而非者乎平原君謂龍曰公無復與孔子高辨事也其人理勝於辭公辭勝於理辭勝於理終必受詘

通鑑十八年甲子楚君槐自秦走趙不納秦追及之以歸

史記魯平公卒 子賈即位是爲文公 按文公系本漢志俱作緡公疑前有文公不宜同謚當作湣公

按司馬温公通鑑安王二十五年下考異云史記六國表赧王元年丁未爲平公元年赧王二十年丙寅爲文公元

年魯世家平公二十二年卒子文公立徐廣曰皇甫謐云
云元乙巳終甲子君六國表始丁未終乙丑則是十九年
也漢律志文公作緡公其在位之年與世家異者惟平公
二十年耳本志自魯僖公五年正月辛亥朔旦冬至推之
迄漢元帝二年十一月癸亥朔旦冬至二百六十餘年間十二月朔旦冬至
其間相距皆七十六年此最爲得實又與魯世家注皇甫
謐歲次相合六國表差謬難可盡據也今魯年次悉從通
鑑而任氏考畧謂平公止十二年者未詳所据
通鑑十九年乙丑史記魯文公元年楚君槐卒于秦懷王發病薨于秦秦人歸其喪楚人憐之

如悲親戚諸侯（
由是不直秦
通鑑二十年丙寅 魏昭王韓釐王元年 趙主父以燕齊之師滅中山歸
大赦酺五日 趙故太子章作亂公子成李兌誅之遂弒主父
於沙邱 趙主父封長子章於代使田不禮相之李兌謂肥義曰
章黨衆而欲大不禮忍殺而驕二人相得必有隱謀子
任重而勢大亂之所始而禍之所集也子何不稱疾不出毋爲
禍梯不亦可乎義曰昔主父以王屬義也曰毋變而度毋易而
慮堅守一心以沒而世義再拜受而籍之今畏不禮之難而忘
吾籍變孰大焉諺曰死者復生生者不愧吾欲全吾言安得全
吾身乎李兌涕泣而出肥義謂信期曰公子章田不禮聲善而
實惡內得內而外爲暴矯令以擅一旦之命不難爲也自今有
召王者必見吾面我將以身先之無故而後王可入也時吳娃
死王愛弛嘗朝羣臣主父從旁窺之見故太子傫然也反北面
詘於其弟心憐之欲分趙而王章於代計未決主父及王游沙
邱異宮公子章田不禮作亂詐以主父令召王肥義先入殺之

公子成李兑起兵距難章敗走主父成兑因圍主父宫殺章及不禮而滅其黨成兑相與謀曰以章故圍主父即解兵吾屬夷矣乃遂圍之令宫中人後出者夷主父欲出不得探雀鷇食之三月餘餓死　秦以魏冉爲丞相

通鑑二十一年丁卯秦敗魏師于解

通鑑二十二年戊辰魏韓伐秦秦左更白起敗之拔五城　韓魏伐秦魏冉薦左更白起將兵敗之于伊闕殺虜其將斬首二十四萬拔五城以起爲國尉

通鑑二十三年己巳楚君迎婦于秦　秦王遺楚王書曰楚倍秦秦且率諸侯伐楚願飭士卒得一樂戰楚王患之乃復與秦和親

通鑑二十四年庚午秦伐韓拔宛　秦君封魏冉爲穰侯公子市爲宛侯公子悝爲鄧侯

通鑑二十五年辛未東周君如秦　秦魏冉伐魏魏入河東韓入

武遂于秦魏地四百里韓地二百里

通鑑二十六年壬申秦大良造白起伐魏取六十一城

孟氏譜正月十五孟子卒

按譜稱孟子卒於赧王二十六年壬申壽八十四據君薨然後稱謚魯平公卒於十八年甲子梁襄王卒於十九年乙丑孟子猶及見之則譜稱壽八十四之說信也禮樂錄謂孟子卒年七十四甘默麟謂生于安王丙申卒于赧王壬申壽九十有七殊未足据

孟子時事考徵卷第二終

孟子時事考徵卷第三

涇上陳寶泉鳳石編次

受業朱　份質圜　愷丹崖　鈺藍田　參校　榗蘜泙

通鑑赧王二十七年癸酉冬十月秦君稱西帝遣使立齊君爲東帝已而皆去之齊王問於蘇代秦使致帝何如對曰願王受之而勿稱以收天下之望所謂以卑爲尊也齊王從之稱帝二日而復歸之秦亦去帝號　秦攻趙拔梗陽

通鑑二十八年甲戌秦攻魏拔新垣曲陽

通鑑二十九年乙亥秦擊魏魏獻安邑以和秦出其人募民徙之

秦敗韓師於夏山　齊滅宋宋有雀生鸇史占之曰吉小而生巨必霸天下康王喜起兵滅滕敗齊楚魏取地數百里乃愈自信其霸欲霸之亟成射天笞地斬社稷而焚滅之爲長夜之飲於室中室中人呼萬歲則堂上之人應之堂下之人應之門外之人應之至於國中無敢不呼者天下謂之桀宋齊伐之民散城不守王走死溫

按集註載滅滕伐薛本戰國策有雀生鸇篇國策此文亦未可據宋世家載王偃事而不及滅滕春秋正義云爲楚所滅杜氏釋例云齊滅之竹書云於越滅滕通志云滕至公邱爲秦所滅而無宋滅滕之說吳師道國策補正謂家

語說苑載殷紂事與此同疑即此一事則其不足據明矣
考宋世家云君偃十一年自立為王東敗齊取五城南敗
楚取地三百里西敗魏軍乃與齊魏為敵國萬章所謂將
行王政當在此時至偃之淫虐想在得志以後其初未必
遽爾不然豈有諸侯皆目為桀宋而萬章猶以為將行王
政者哉

通鑑三十年丙子秦會楚于宛會趙于中陽　秦蒙武擊齊拔九
城　齊殺狐咺陳舉燕使亞卿樂毅如趙齊湣王滅宋而驕乃侵楚及三晉欲并二
周為天子狐咺正議斬之檀衢陳舉直言殺之東閭燕昭王曰
夜撫循其人益以富實乃謀伐齊樂毅曰齊霸國之餘業地大

人衆未易獨攻也王必欲伐之莫若約趙及楚魏於是使樂毅約趙噣秦連楚及魏諸侯害齊王之驕暴皆許之

通鑑三十一年丁丑燕上將軍樂毅以秦魏韓趙之師伐齊入臨菑齊君地出走其相淖齒殺之毅下齊七十餘城燕封毅爲昌國君燕悉起兵使樂毅爲上將軍并將秦魏韓趙之師以伐齊戰於濟西齊師大敗遂進軍齊人大亂湣王出走毅入臨菑取寶物祭器輸之於燕燕王封毅爲昌國君留狗齊城未下者齊王走莒楚使淖齒將兵救齊因爲齊相淖齒欲與燕分齊地乃遂殺王於鼓里樂毅聞畫邑人王蠋賢令軍中環畫三十里無入使人請蠋蠋不往燕人曰不來吾且屠畫邑蠋曰吾聞忠臣不事二君烈女不更二夫齊王不用吾諫吾退耕於野國破君亡吾不能存而又欲刼之以兵與其不義而生不若死遂自經死毅整軍禁侵掠禮逸民寬賦斂除暴令修舊政齊民喜悦祀桓公管仲於郊封王蠋之墓六月之間下齊七十餘城皆爲郡縣秦魏韓會于京師

通鑑三十二年戊寅齊襄王法章元年　秦趙會于穰　秦拔魏安仁兵至大梁而還　齊人討殺淖齒而立其君之子法章保莒城

淖齒之亂湣王子法章變名姓爲莒太史敫家傭敫女奇法章狀貌憐而竊衣食之因與私通湣王從者王孫賈失王處而歸其母曰汝朝出而晚來則吾倚門而望汝暮出而不還則吾倚閭而望汝今事王王走汝不知其處汝尚何歸焉賈乃入市呼曰淖齒亂齊國殺湣王欲與我誅之者袒右市人從者四百人與攻淖齒殺之於是齊亡臣相與求湣王子法章立以爲齊王保莒城以拒燕布告國中曰王已立在莒矣　趙使藺相如獻璧于秦趙得楚和氏璧秦王請以十五城易之趙欲勿與畏秦強欲與之恐見欺藺相如曰以城求璧而不與曲在我矣與之璧而不與我城則曲在秦臣願奉璧而往城不入則臣請完璧而歸王遣之相如至秦既獻璧視秦王無意償城乃紿取璧遣從者懷之間行歸趙而以身待命于秦秦王賢而歸之趙王以爲上大夫　衛君卒嗣君好察微隱縣令有發褥而席弊者嗣君聞之乃賜之席令

大驚以爲神又使人過關市賂之以金既而召關市問有客過與汝金汝迴遣之關市大恐又愛泄姬重如耳而恐其因愛重以壅已也乃貴薄疑以敵如耳尊魏妃以偶泄姬曰以是相參也衛有胥靡亡之魏嗣君使以五十金買之不得乃以左氏易之左右曰以一都易一胥靡可乎嗣君曰治無小亂無大法不立誅不必雖有十左氏無益也法立誅必雖失十左氏無害也

通鑑三十三年已卯秦伐趙拔兩城

通鑑三十四年庚辰秦伐趙拔石城　楚謀入寇王使東周公喻止之

楚欲圖周王使東周武公謂楚令尹昭子曰西周之地不過百里而名爲天下共主裂其地不足以肥國得其衆不足以勁兵而攻之者名爲弑君然而猶有欲攻之者見祭器在焉故也夫虎肉臊而兵利身人猶攻之若使澤中之麋蒙虎之皮人之攻之必萬倍矣裂楚之地足以肥國詘楚之名足以尊王今子欲誅殘天下之共主居三代之傳器器南則兵至矣於是楚計不行

通鑑三十五年辛巳秦伐趙取代光狼城司馬錯因蜀伐楚拔黔中楚獻漢北上庸於齊

通鑑三十六年壬午秦白起伐楚取鄢鄧西陵　秦趙會于澠池

秦王告趙王願爲好會於河外澠池廉頗藺相如曰王不行示趙弱且怯也趙王乃行相如從頗送至境與王訣曰王行度道理會遇之禮畢不過三十日過此不還則請立太子以絶秦望王許之及會飲酒秦王請趙王鼓瑟趙王鼓之相如請秦王擊缶秦王不肯相如曰五步之内臣請得以頸血濺大王矣左右欲刃相如相如張目叱之左右皆靡秦王乃一擊缶罷酒秦終不能有加於趙趙人亦盛爲之備秦不敢動趙王歸以相如爲上卿位在廉頗右頗曰我見相如必辱之相如聞之每朝嘗稱病出而望見輒引車避匿其舍人皆以爲恥相如曰子視廉將軍孰與秦王曰不若相如曰夫以秦王之威而相如廷叱之相如雖駑獨畏廉將軍哉顧吾念之秦所以不敢加兵於趙徒以吾兩人在也今兩虎共鬭其勢不俱生吾所以爲此者先國家

之急而後私讐也頗聞之肉袒負荊至門謝罪遂爲刎頸交

燕君平卒樂毅奔趙齊田單襲破燕軍盡復齊地齊君入臨菑封單爲安平君趙封樂毅爲望諸君時齊地皆已屬燕獨莒即墨未下樂毅并軍圍之即墨大夫戰死即墨人曰平安之戰田單宗人以鐵籠得全是多智習兵立以爲將樂毅圍二邑期年不尅乃令解圍去城九里而爲壘令曰城中民出者勿獲困者賑之使即舊業三年而猶未下或讒之於昭王曰樂毅智謀過人呼吸之間尅七十餘城今不下者兩城耳非其力不能拔欲久仗兵威以服齊人遂南面而王耳昭王於是置酒大會引言者斬之遣國相立毅爲齊王毅惶恐不受拜書以死自誓由是齊人服其義諸侯畏其信莫敢復有謀者頃之昭王薨惠王立惠王自爲太子時不快於樂毅田單乃縱反間曰樂毅與燕新王有隙畏誅欲連兵王齊齊人未附故且緩攻即墨以待其事齊人所惧惟恐他將之來即墨殘矣惠王聞之即使騎刦代將毅遂奔趙將士由是憤惋不和田單乃令城中人食必祭先祖於庭飛鳥皆翔舞而下燕人怪之單因宣言曰當有神師下教俄有一卒曰臣可以

通鑑三十五年辛巳秦伐趙取代光狼城司馬錯因蜀伐楚拔黔中楚獻漢北上庸於齊

通鑑三十六年壬午秦白起伐楚取鄢鄧西陵　秦趙會于澠池

秦王告趙王願爲好會於河外澠池廉頗藺相如曰王不行示趙弱且怯也趙王乃行相如從頗送至境與王訣曰王行度道理會遇之禮畢不過三十日過此不還則請立太子以絶秦望王許之及會飲酒秦王請趙王鼓瑟趙王鼓之相如請秦王擊缶秦王不肯相如曰五步之内臣請得以頸血濺大王矣左右欲刃相如相如張目叱之左右皆靡秦王乃一擊缶罷酒秦終不能有加於趙趙人亦盛爲之備秦不敢動趙王歸以相如爲上卿位在廉頗右頗曰我見相如必辱之相如聞之每朝常稱病出而望見輒引車避匿其舍人皆以爲恥相如曰子視廉將軍孰與秦王曰不若相如曰夫以秦王之威而相如廷叱之相如雖駑獨畏廉將軍哉顧吾念之秦所以不敢加兵於趙徒以吾兩人在也今兩虎共鬬其勢不俱生吾所以爲此者先國家

之急而後私讐也頗聞之肉袒負荊至門謝罪遂爲刎頸交

燕君平卒樂毅奔趙齊田單襲破燕軍盡復齊地齊君入臨菑封單爲安平君趙封樂毅爲望諸君

時齊地皆已屬燕獨莒卽墨未下樂毅并軍圍之卽墨大夫戰死卽墨人曰平安之戰田單宗人以鐵籠得全是多智習兵立以爲將樂毅圍二邑期年不克乃令解圍去城九里而爲壘令曰城中民出者勿獲困者賑之使卽舊業三年而猶未下或讒之於昭王曰樂毅智謀過人呼吸之間克七十餘城今不下者兩城耳非其力不能拔欲久仗兵威以服齊人遂南面而王耳昭王於是置酒大會引言者斬之遣國相立毅爲齊王毅惶恐不受拜書以死自誓由是齊人服其義諸侯畏其信莫敢復有謀者頃之昭王薨惠王立惠王自爲太子時不快於樂毅田單乃縱反間曰樂毅與燕新王有隙畏誅欲連兵王齊齊人未附故且緩攻卽墨以待其事齊人所惧惟恐他將之來卽墨殘矣惠王聞之卽使騎劫代將毅遂奔趙將士由是憤惋不和田單乃令城中人食必祭先祖於庭飛鳥皆翔舞而下燕人怪之單因宣言曰當有神師下教俄有一卒曰臣可以

爲師乎單遂師之每有約束必稱神師又宣言曰吾惟懼燕人劓所得齊卒置之前行卽墨敗矣燕人如其言城中皆怒堅守唯恐見得單又言吾懼燕人掘吾城外冢墓可爲寒心燕軍掘燒之齊人望見皆涕泣共欲出戰單知其可用乃身操版鍤與士卒分功妻妾編於行伍之間盡散飲食饗士令甲卒皆伏使老弱女子乘城遣使約降燕軍益懈單收城中得牛千餘爲絳繒衣畫以五采龍文束兵刃於其角灌脂束葦於其尾鑿城數十穴夜縱牛燒葦端壯士五千人隨之牛熱怒犇燕軍所觸盡死傷燕軍大驚而城中鼓譟從之燕軍敗走齊人殺騎劫追亡逐北至河上七十餘城皆復爲齊乃迎王自莒入臨菑王以太史敫之女爲后是爲君王后生太子建以單爲相封安平君太史敫曰女不取媒因自嫁汚吾世終身不見君王后君王后亦不以不見故失人子之禮

田單嘗出見老人涉淄而寒不能行解裘衣之襄王惡之曰單將欲以是取吾國乎巖下有貫珠者聞之言於王曰王不如因以爲已善下令曰寡人憂民之飢也單收而食之寡人憂民之寒也單收而衣之寡人憂勞百姓而單亦憂之稱寡人之意單有是善而王嘉之單之善亦王之善也王曰善乃賜單牛酒王有所幸臣九人語王曰安平君與

王君臣無異而内撫百姓外懷戎翟禮天下之賢士其志欲有爲也異日王曰召相單來單所任貂勃聞之稽首於王曰周文王得吕尚以爲太公齊桓公得管夷吾以爲仲父今王得安平君而獨曰單安得此亡國之言乎夫安平君以惴惴卽墨三里之城五里之郭而反千里之齊當是時而自王天下莫之能止然計之於道歸之於義以爲不可故棧道本閣而迎王於城陽今國已定民已安矣王乃曰單嬰兒之計不爲此也王乃殺九人而益封安平君萬戸　田單將攻狄往見魯仲連仲連曰將軍攻狄不能下也單曰單以卽墨餘卒破燕復齊今攻狄而不下何也弗謝而去遂攻狄三月不尅單乃懼問仲連仲連曰將軍在卽墨織蕢杖鍤爲士卒倡當此之時將軍有死之心士卒無生之氣莫不揮泣奮臂而欲戰此所以破燕也今將軍東有夜邑之奉西有淄上之娛黄金横帶騁乎淄澠之間有生之樂無死之心所以不勝也單明日厲氣循城立於矢石之所援枹鼓之狄人乃下　趙與樂毅謀伐燕毅泣曰臣嚮昔之事昭王猶今日之事大王也若復得罪在他國終身不敢謀趙之奴隸況子孫乎趙王乃止而封毅於觀津號望諸君燕惠王恐趙用之以乘其敝乃使人讓毅且謝之曰將軍捐燕歸趙自爲計則

可矣而何以報先王所以遇將軍之意乎毅報書曰免身立功以明先王之迹臣之上計也離毁辱之誹墮先王之名臣之所大恐也臨不測之罪以幸爲利義之所不敢出也古之君子交絶不出惡聲忠臣去國不潔其名臣雖不佞數奉教於君子燕乃復以毅子間爲昌國君而毅往來復通燕竟卒於趙

薛公田文卒 初齊湣王既滅宋欲去孟嘗君孟嘗君奔魏魏以爲相與諸侯共伐破齊襄王復國而孟嘗君中立爲諸侯無所屬襄王畏之與連和至是卒諸子爭立齊魏共滅之

通鑑三十七年癸未 燕惠王元年 秦白起伐楚拔郢燒夷陵楚徙都陳

秦置南郡封起爲武安君

通鑑三十八年甲申秦置黔中郡

通鑑三十九年乙酉 魏安釐王元年 秦白起伐魏拔兩城 楚復取江南十五邑 楚王收東地兵復取秦所拔江南十五邑爲郡以距秦 魏封公子無忌爲信陵

君

通鑑四十年丙戌秦魏冉伐魏韓救之大敗魏納八城於秦秦復伐魏圍大梁魏又割温以和秦敗韓救兵斬首四萬

通鑑四十一年丁亥魏復與齊合從秦魏冉伐魏拔四城斬首四萬

通鑑四十二年戊子趙魏伐韓秦救之大破其軍魏割南陽以和秦救韓敗趙魏之師魏段干子請割南陽予秦以和蘇代謂魏王曰欲璽者段干子也欲地者秦也今王使欲璽者制地欲地者制璽魏地盡矣夫以地事秦猶抱薪救火薪不盡火不滅王曰是則然矣然事既已行不可更矣對曰夫博之所以貴梟者便則食不便則止今何王之用智不如用梟也王不聽卒以南陽爲和

通鑑四十三年己丑韓桓惠王元年楚太子完質於秦

秦王將與韓魏伐楚楚使者黄歇至秦聞之恐其一舉而滅楚也乃上書曰韓魏父子兄弟接踵而死於秦者將十世矣故韓魏之不亡秦社稷之憂也今王信韓魏之善王而欲資之以攻楚此正吳之信越也臣爲王慮莫若善楚秦楚合而爲一則韓魏必爲關內之侯注地於齊則齊右壤可拱手而取也王之地一經兩海要約天下是燕趙無齊楚齊楚無燕趙也然後危動燕趙直搖齊楚此四國者不待痛而服矣王從之使歇歸約親於楚楚復使歇侍太子完爲質於秦

秦置南陽郡　秦魏楚伐燕

通鑑四十四年庚寅燕武成王元年趙伐齊

通鑑四十五年辛卯秦伐趙圍閼與趙奢擊卻之趙封奢爲馬服君　初趙奢爲田部吏收租稅平原君家不肯出奢以法殺其用事者九人平原君怒將殺之奢曰君於趙爲貴公子今縱君家而不奉公則法削法削則國弱國弱則諸侯加兵是無趙也君安得有此富乎以君之貴奉公如法則上下平上下平則國

強國強則趙固而君爲貴戚豈輕于天下邪平原君賢之言於王使治國賦國賦大平民富而府庫實及秦圍閼與王召羣臣問之廉頗樂乘皆曰道遠險陝難救奢曰道遠險陝如兩鼠鬪於穴中將勇者勝王乃令奢將兵救之秦師大敗解閼與而還趙封奢爲馬服君

秦伐齊取剛壽

穰侯言于秦王使客卿竈伐齊取剛壽以廣其陶邑

秦滅義渠

義渠戎王與秦太后亂有二子太后詐殺戎王於甘泉遂起兵滅義渠

秦以范雎爲客卿

魏人范雎從須賈使於齊齊王聞其辯口私賜之金須賈以爲雎以國陰事告齊也歸告其相魏齊魏齊怒笞擊雎折脅摺齒置廁中雎佯死得出魏人鄭安平持雎亡匿更姓名曰張祿秦謁者王稽使魏載與俱歸薦之王王見之離宮雎佯爲不知永巷而入其中王來而宦者怒逐之曰王至雎謬曰秦安得王獨有太后穰侯耳王微聞其言乃屏左右跽而請曰先生何以幸教寡人對曰唯唯如是者三王曰先王卒不幸教寡人耶雎曰非敢然也臣羈旅之臣也交疏于王而所願陳者皆匡君之事處人骨肉之間願效愚忠而未知王之心也此所以王三問而不敢對也臣知今日言之于前明日伏誅於後然苟可以少有補于

秦而死臣不敢避也獨恐臣死之後天下杜口裹足莫肯鄉秦耳王跽曰何言也寡人得見先生是天以寡人溷先生而存先王之宗廟也事無大小上及太后下至大臣願先生悉以教寡人無疑寡人也雎見左右多竊聽者未敢言內先言外事以觀秦王之俯仰因進曰穰侯越韓魏而攻齊非計也今王不如遠交而近攻得寸則王之寸也得尺亦王之尺也今夫韓魏中國之處而天下之樞也王若欲霸必親中國以爲天下樞而威楚趙則齊附而韓魏固可虜矣王曰善乃以雎爲客卿與謀兵事

通鑑四十六年壬辰秦攻趙閼與不拔

通鑑四十七年癸巳秦伐魏拔懷始用范雎之謀也

通鑑四十八年甲午秦太子質於魏而卒

通鑑四十九年乙未秦拔魏邢邱 秦君廢其母不治事逐魏冉芊戎公子市公子悝以范雎爲丞相封應侯

范雎日益親用事因私說王曰臣居山東時聞齊之有孟嘗君不聞有王聞秦有太后穰侯不聞有王夫擅國之謂王能利害之謂王制殺生之謂王今太后擅行不顧穰侯出使不報華陽涇陽擊斷無諱高陵進退不請四貴備而國不危未之有也臣又聞之木實繁者披其枝披其枝者傷其心大其都者危其國尊其臣者卑其主淖齒管齊而弑湣王李兌管趙而囚主父今臣觀四貴之用事此亦齒兌之類也竊恐萬世之後有秦國者非王子孫也王以爲然於是廢太后逐穰侯華陽君芊戎高陵君市涇陽君悝於關外以雎爲丞相封應侯

趙以公子勝爲相

通鑑五十年丙申趙孝成王丹元年

秦君母芊氏以憂卒　秦伐趙取三城齊救却之遂以趙師伐燕取中陽伐韓取注人

秦攻趙趙王新立太后用事求救於齊齊人曰必以長安君爲質太后不可齊師不出大臣彊諫太后明謂左右曰有復言者老婦必唾其面左師觸龍請見曰賤息舒祺最少不肖而臣衰竊愛之願得補黑衣之缺以衛王宮願及臣未塡溝壑而託之

太后曰丈夫亦愛少子乎對曰甚於婦人太后笑曰婦人異甚對曰老臣竊以爲媪之愛燕后賢於長安君太后曰君過矣不如長安君之甚左師曰父母愛其子則爲之計深遠媪之送燕后也持其踵而哭念其遠也亦哀之矣已行非不思也祭祀則祝之曰必勿使反豈非爲之計長久爲子孫相繼爲王也哉太后曰然左師曰今三世以前至於趙王之子孫爲侯者其繼有在者乎曰無有曰此其近者禍及身遠者及其子孫豈人主之子侯則不善哉位尊而無功奉厚而無勞而挾重器多也今媪尊長安君之位封以膏腴之地多與之重器而不及今令有功於趙一旦山林崩長安君何以自託於趙哉太后曰諾恣君之所使之於是爲長安君約車百乘質於齊齊師乃出秦師退　齊君法章卒子建立國事皆決於其母太史氏建年少國事皆決於君王后

通鑑五十一年丁酉齊王建元年　秦白起伐韓拔九城

通鑑五十二年戊戌秦白起伐韓取南陽攻絶太行道　楚太子

完自秦逃歸楚君横卒完立以黄歇爲相封春申君

楚頃襄王疾病黄歇侍太子於秦聞之言於應侯曰楚王疾恐不起秦不若歸其太子則是親與國而得儲萬乘也不歸則咸陽布衣耳楚更立君必不事秦應侯以告王王曰令太子傅先往問疾反而後圖之歇與太子謀曰王若卒大命陽文君之子必立爲後太子不得奉宗廟矣乃教太子變服爲楚使者御以出關而自爲守舍謝病度已遠乃自言請死王怒欲聽之應侯曰歇出身以徇其主太子立必用歇不如歸之以親楚王從之歇至三月而楚王薨太子即位以歇爲相

通鑑五十三年己亥楚考烈王完元年　楚納州于秦　秦白起伐韓拔野王上黨降趙

秦武安君伐韓拔野王上黨路絶上黨守馮亭乃獻之趙趙王以問平陽君豹對曰聖人甚禍無故之利王曰人樂吾德何謂無故豹曰秦蠶食韓地中絶不令相通固自以爲坐而受上黨也韓氏所以不入之秦者欲嫁其禍於趙也秦服其勞而趙受其利雖强大不能得之於弱小弱小顧能得之於强大乎豈得謂之非無故哉不如弗受平原君

徃受地封馮亭爲華陽君亭垂涕不見使者曰吾不忍賣主之地而食之也

通鑑五十四年庚子

通鑑五十五年辛丑秦王齕攻趙上黨拔之白起代將大破趙軍殺其將趙括坑降卒四十萬

秦使王齕攻上黨拔之上黨民走趙趙廉頗軍長平以按據之齕遂攻趙趙軍數敗廉頗堅壁不出又失亡多趙王怒數讓之應侯又使人反間曰秦獨畏馬服君之子括爲將耳廉頗易與且降矣趙王遂以括代頗將藺相如曰括徒能讀其父書傳不知合變也王不聽括自少時學兵法以天下莫能當與奢言之奢不能難然不謂善也括母問其故奢曰兵死地也而括易言之使趙將之破趙軍者必括也及括將行母上書言括不可使王問之母曰括父爲將得賞賜盡以與軍吏士大夫受命之日不問家事今括一旦爲將東鄉而朝軍吏無敢仰視所賜金帛歸買田宅父子異心願王勿遣王曰吾已決矣母曰即有不稱

妾請無隨坐王許之秦王聞括已將乃陰使武安君爲上將軍而齕爲裨將令軍中敢泄者斬括至軍悉更約束易置軍吏出擊秦軍武安君佯敗走張二奇兵以刼之括乘勝追造秦壁壁堅拒不得入而秦奇兵絶其後軍分爲二糧道絶趙請粟於齊齊王弗許趙軍食絶四十六日人相食急括自出搏戰秦射殺之卒四十萬人皆降武安君乃挾詐盡坑之遺其小者二百餘人歸趙

通鑑五十六年壬寅秦攻趙拔武安皮牢定太原上黨韓趙又割地以和

武安君分軍爲三王齕攻趙拔武安皮牢司馬梗北定太原盡有上黨地韓魏恐使蘇代說應侯曰趙亡則秦王王而武安君爲三公矣君能爲之下乎不如因而割之毋以爲武安君功也應侯言秦兵勞請許韓趙割地以和王聽之割韓垣雍趙六城而罷兵武安君由是與應侯有隙趙王之約割地也虞卿曰秦以其力攻其所不能取倦而歸王又以其力之所不能取以送之是助秦自攻也來年秦攻王王無救矣樓緩曰秦趙搆難而天下說今不割地求和以疑天下慰秦之心則

天下將因秦之怒乘趙之弊而瓜分之矣虞卿曰危哉樓子之計是愈疑天下而何慰秦之心哉

魏以孔斌爲相等以病免

初魏王聞子順賢聘以爲相子順謂使者曰若王能信用吾道吾道固爲治世也吾猶一夫耳魏王奚少於一夫使者固請子順乃之魏不用乃以病致仕遂寢于家喟然嘆曰死病無良醫不出二十年天下其遂爲秦乎秦之始伐趙也魏王問於諸大夫皆曰於我何損斌曰不然秦貪暴之國也勝趙必復他求吾恐於時魏受其師也先人有言燕雀處屋子母相哺呴呴相樂自以爲安矣竈突炎上棟宇將及焚燕雀顏不變不知禍之將及己也今子不悟趙破而患將及己可以人而同於燕雀乎

秦誘執公子勝既而歸之

秦王欲爲應侯必報其仇乃誘平原君至而執之使謂趙王曰不得齊首吾不出王弟於關齊窮抵虞卿卿棄相印與偕亡走魏信陵君意難見之齊怒自殺趙王取其首與秦秦乃歸平原君睢言王稽王以爲河東守又任鄭安平王以爲將軍睢散家財物以報所嘗困厄者一飯之德必償睚眦之讐必報云

通鑑五十七年癸卯秦伐趙圍邯鄲秦武安君病使王陵伐趙攻邯鄲少利武安君病愈王欲使代之武安君曰邯鄲實未易攻也且諸侯之救日至秦雖勝於長平然士卒死者過半國內空遠絕河山而爭人國都趙應其內諸侯攻其外破秦軍必矣王又使應侯請之終辭不行乃以王齕代陵

趙公子勝如楚乞師楚黃歇帥師救趙趙王使平原君求救于楚約其門下文武備具者二十人與俱得十九人餘無可取者毛遂自薦平原君曰夫賢士之處世如錐處囊中其末立見今先生處勝門下三年於此矣勝未有所聞是先生無所有也遂曰臣乃今日請處囊中耳使臣得早處囊中乃脫穎而出非特其末見而已平原君乃與之俱至楚與楚王言合從之利久而不決毛遂按劍歷階而上曰從之利害兩言而決耳今日出而言日中不決何也王怒叱之遂按劍而前曰楚地方五千里持戟百萬此霸王之資也白起小豎子耳一戰而舉鄢郢再戰而燒夷陵三戰而辱王之先人此百世之怨趙之所羞而王不知惡焉合從者爲楚非爲趙也王曰唯唯乃歃血定從而歸平原君曰勝不敢復相天下士矣因以毛遂爲上客而楚使春申君將

兵救趙

魏晉鄙帥師救趙次于鄴公子無忌襲殺鄙奪其軍以進魏王使晉鄙救趙秦王使謂魏曰吾攻趙旦暮且下諸侯敢救者必移兵先擊之魏王恐止晉鄙壁鄴又使新垣衍入邯鄲說趙欲共尊秦爲帝以卻其兵魯仲連聞之往見衍曰彼秦者棄禮義而上首功之國也彼卽肆然而爲帝于天下則連有蹈東海而死耳不願爲之民也今梁從而帝之秦將行天子之禮以號令天下變易諸侯之大臣彼將奪其所不肖而與其所賢奪其所憎而與其所愛梁王安能晏然而已乎衍起再拜曰吾乃今知先生天下士也不敢復言帝秦矣初魏公子無忌愛人下士致食客三千人有隱士侯嬴家貧爲夷門監者公子置酒大會賓客坐定從車騎虛左自迎侯生生直上載不讓公子執轡愈恭侯生至引坐上坐賓客皆驚及秦圍趙趙平原君夫人無忌姊也求援于公子公子數請魏王救晉鄙救趙不聽公子乃屬賓客約車騎百餘乘欲赴鬭以死于趙過見侯生生曰公子無他端而欲赴秦軍如以肉投餒虎何功之有公子再拜問計生曰吾聞晉鄙兵符在王臥內而如姬最幸力能竊之且公子嘗爲報其父仇如姬欲爲公子死誠一開口則得虎符奪晉鄙兵

北救趙西卻秦此五伯之功也公子如其言得兵符侯生曰將在外君令有所不受有如鄙鄙疑而復請之則事危矣臣客朱亥力士可與俱鄙不聽使擊之公子至鄴晉鄙合符果疑之亥袖四十斤鐵椎椎殺鄙公子得遝兵八萬人將之而進

通鑑五十八年甲辰燕孝王元年　秦殺白起王齕戰不利武安曰不聽吾計今何如矣王聞之怒彊起之武安君稱病篤乃免為士伍遷之陰密行至杜郵應侯曰起之遷意尚怏怏有餘言王乃使賜之劍武安君遂自殺秦人憐之應侯乃任鄭安平使將擊趙

魏公子無忌大破秦軍邯鄲下信陵君大破秦軍于邯鄲下王齕解圍走鄭安平以二萬人降趙信陵君不敢歸魏使將將其軍以還趙王欲以五城封公子公子聞之有自功之色客有說公子曰物有不可忘有不可不忘人有德于公子公子不可忘公子有德于人願公子忘之也且矯令奪兵以救趙于趙則有功矣于魏則未為忠臣也公子乃自驕而功之竊為公子不取也于是公子立自責若無所容趙王迎與公子飲至暮以公子退讓竟不忍言獻五城平原君欲封魯仲連仲連亦不受乃以千金為壽連笑曰所貴為天下之士者為人排患難

解紛亂而無取也即有取者是商賈之事連不忍爲也遂辭去終身不復見　秦太子之子異人自趙逃歸秦太子妃曰華陽夫人無子夏姬生子異人質於趙秦數伐趙趙不禮之困不得意陽翟大賈呂不韋適邯鄲見之曰此奇貨可居乃說之曰太子愛華陽夫人而無子子之兄弟二十餘人子居中不甚見幸不得爭立不韋雖貧請以千金爲子西游立子爲嗣異人曰必如君策秦國與子共之不韋乃厚貲西見夫人姊而以獻於夫人因譽異人之賢賓客遍天下日夜泣思太子及夫人曰異人也以夫人爲天夫人喜不韋因使其姊說曰夫人愛而無子今異人賢而自知中子不得爲適誠以此時拔之是異人無國而有國夫人無子而有子也則終身有寵於秦矣夫人以爲然遂與太子約以爲嗣不韋娶邯鄲姬絕美者知其有娠異人見而請之不韋佯怒既而獻之期年而生子政

通鑑五十九年乙巳秦伐韓趙王命諸侯討之秦遂入寇王入秦盡獻其地歸而卒

秦伐韓取陽城負黍斬首四萬伐趙取二十餘縣斬首九萬赧王恐倍秦與諸侯約從欲伐秦秦將軍摎攻西周赧王入秦頓首受罪盡獻其邑三十六口三萬秦受其獻而歸赧王於周是歲卒

按自是周亡矣通鑑於丙午揭秦紀而大書之蓋周既亡而以秦紀也而綱目猶分註何天下未一也天下未一秦亦列國耳必至於始皇二十六年秦併天下始以正統例大書之所以大一統也今欲考六國之滅亡故自秦昭王五十二年丙午以迄秦始皇二十六年庚辰凡閱三十五年悉以甲子附紀于後

通鑑丙午秦昭襄王五十二年周民東亡秦取其寶器遷西周公於𢠸憚狐

之聚　楚人遷鄫于莒而取其地

丁未　秦伐魏取吳城　韓王入朝於秦　魏舉國聽令於秦

戊申　楚遷于鉅陽

己酉　魏人殺衛君而立其弟

庚戌　秋秦王稷薨太子柱立韓王衰經入弔祠　燕伐趙趙敗之遂圍燕

辛亥秦孝文王柱元年　冬十月秦王薨子楚立　燕伐齊拔聊城齊伐取之

壬子秦莊襄王元年　秦以呂不韋爲相國封文信侯　秦滅東周遷

其君於陽人聚　秦伐韓取滎陽成皋置三川郡　楚滅魯遷

其君於卞爲家人

癸丑　秦伐趙定太原取三十七城

甲寅　秦悉拔上黨諸城置太原郡　秦伐魏魏公子無忌率

五國之師敗之追至函谷而還　五月秦王薨子政立

乙卯秦王政元年

丙辰　趙王薨廉頗奔魏

丁巳趙悼襄王偃元年　秦伐韓取十二城　趙李牧伐燕取武遂方城

戊午　春秦伐魏取暘有詭

己未魏景閔王增元年　秦伐魏取二十城置東郡

庚申　楚趙魏韓衛合從以伐秦至函谷背敗走　楚遷于壽春　秦拔魏朝歌及衛濮陽衛徙居野王

辛酉　秦伐魏取汲

壬戌　魏與趙鄴

癸亥韓王安元年　秦伐魏取垣蒲　取衍氏

甲子楚幽王悍元年　冬十月呂不韋以罪免出就國　秦大索逐客客卿李斯上書召復故官遂除其令　齊趙入秦置酒

乙丑　趙伐燕取貍陽秦伐趙取九城

丙寅趙幽繆王遷元年　秦呂不韋徙蜀自殺　秦助魏伐楚

丁卯　秦伐趙殺其將扈輒趙以李牧爲大將軍復戰宜安秦師敗績

戊辰　秦伐趙取宜安平陽武城

己巳　秦伐趙取狼孟番吾遇李牧而還　燕太子丹自秦亡歸

庚午　韓獻南陽地于秦

辛未　秦內史勝滅韓虜王安置潁川郡

壬申　秦王翦伐趙下井陘趙殺其大將軍李牧

癸酉　秦滅趙虜王遷秦王如邯鄲　秦軍屯中山以臨燕

趙公子嘉自立爲代王與燕合兵軍上谷

甲戌楚王負芻元年　代王嘉元年　燕太子丹使盜刧秦王不克秦遂擊破燕

代兵進圍薊

乙亥　冬十月秦拔薊燕王走遼東斬其太子丹以獻於秦

秦李信伐楚

丙子　秦王賁伐魏引河溝以灌其城魏王假降殺之遂滅魏

楚人大敗秦軍李信犇還秦王翦伐之

丁丑　秦王翦大敗楚軍殺其將項燕

戊寅　秦滅楚虜王負芻置楚郡

己卯　秦王賁滅燕虜王喜還滅代虜王嘉　秦王翦遂定江南降百越置會稽郡

庚辰秦始皇二十六年　王賁襲齊王建降遂滅齊　王初并天下更號皇帝

孟子時事考徵卷第三終

孟子時事考徵卷第四　七國形勢考附

涇上陳寶泉鳳石編次

受業朱　份質圃
愷丹崖
鈺藍田　參校
楫藕泙

孟子曰天時不如地利地利不如人和又曰域民不以封疆之界固國不以山谿之險故孟子始游梁梁惠王問何以利吾國而即以仁義爲建首也戰國之時天下共苦秦矣秦被

山帶河四塞以爲固其糾率以攻秦者趙則破脩魚矣周則入九鼎矣即僅有孟嘗率三國之師大敗秦軍然亦未聞入函谷踐咸陽其險阻然也而又深知天下之形勢取西河收上庸通巫黔拔宜陽遂遠交而近攻乃釋齊以事韓尺寸蠶食寖以漸廣六國耗矣且六國未嘗無險也向使終信蘇秦之策堅持合從之謀扼其咽喉撫其胷腹以保天下之脊然後并力伺秦秦雖閉關不出而腹背固已支敵矣然而六國嘗受從利而蘇秦不獲終信者何也見利於前而没患於後也夫父子兄弟尚有爭錢財相殺傷彼諸侯之反覆張儀已

早知之矣是故齊楚雖強惟利是視日尋翦伐而不顧強秦之在其後韓魏燕趙自懲其弱又恐附楚則楚利附齊則齊利一有不利則相顧而起疑其所可親慮其所可讎此所以墮張儀之計而卒爲秦所併也秦既得志恣雎無厭一旦禍起匹夫長驅入秦若振槁然百二之山河猶在也而魚爛土崩悲夫六國有地利而不知仁義以并于秦秦又不鑒而漢滅之則以知形勢之不足恃也余故取王伯厚先生通鑑地理通釋中七國形勢考三卷刪其繁瑣加以今釋繪圖于前彙爲一帙以附孟子時事考徵之後云

戰國地圖

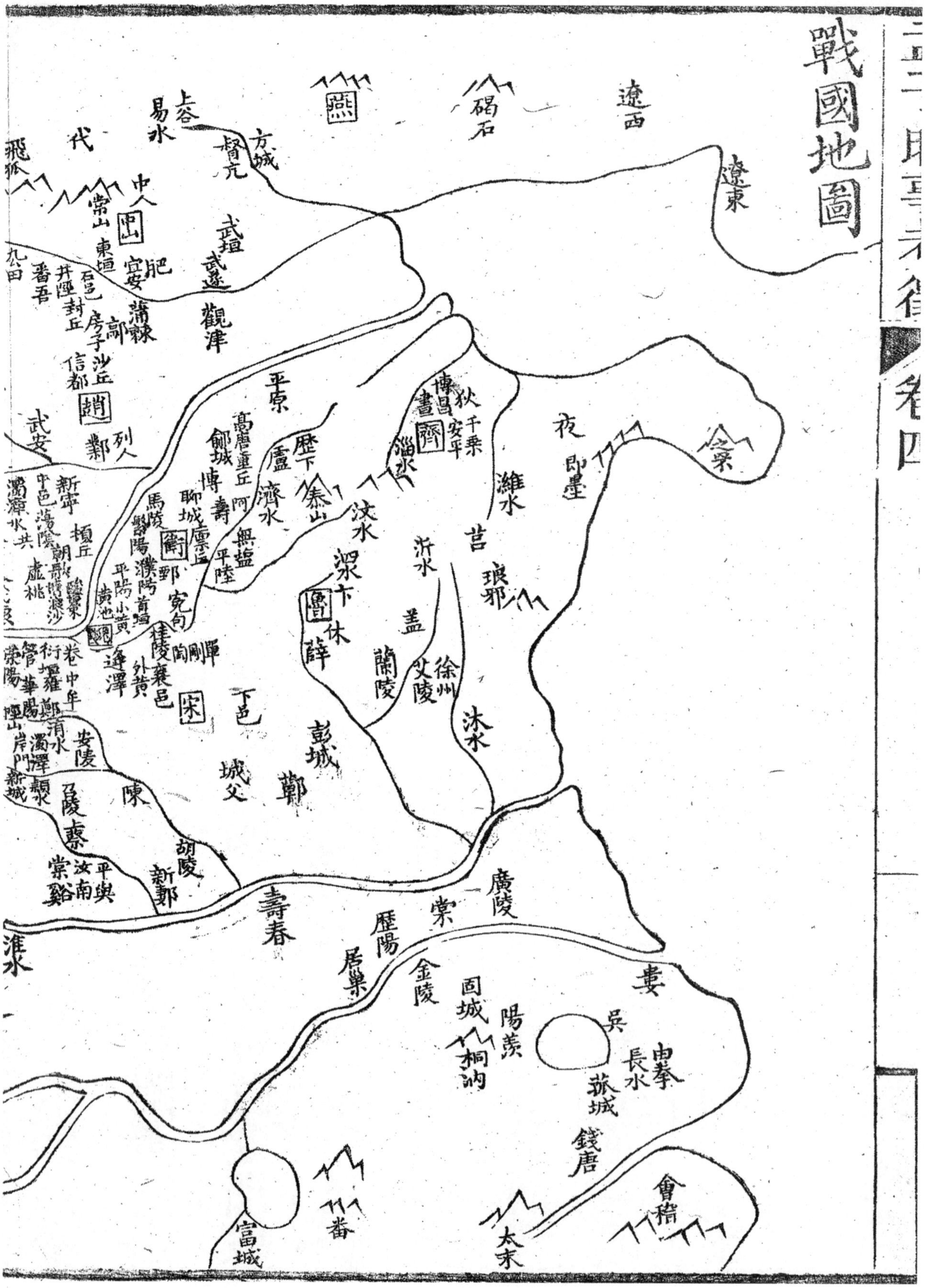
燕
碣石
遼西
遼東
上谷
易水
代
飛狐
方城
督亢
中山
常山
東垣
安
肥
武垣
武遂
九門
番吾
井陘
石邑
封丘
房子
鄗
沙丘
蒲
棘
觀津
信都
趙
武安
列人
鄴
平原
高唐
重丘
鄃城
博
聊城
廩丘
阿
無鹽
平陸
馬陵
鄄
陽
濮陽
衛
首垣
黃池
平陽
小黃
宛句
桂陵
襄邑
外黃
逢澤
宋
下邑
城父
盧
歷下
濟水
泰山
汶水
狄
千乘
博昌
安平
齊
淄水
梁父
魯
休
薛
蓋
蘭陵
沂水
徐州
艾陵
泗水
彭城
鄫
莒
濰水
即墨
夜
琅邪
新鄭
胡陵
陳
安陵
蔡
召陵
汝南
平輿
崇谿
淮水
壽春
廣陵
棠
歷陽
居巢
金陵
固城
陽羨
吳
曲阿
長水
菰城
錢唐
會稽
太末
番
富城
桐汭
衍
卷
中牟
華陽
滎陽
管
新城

孟子時事考徵卷四

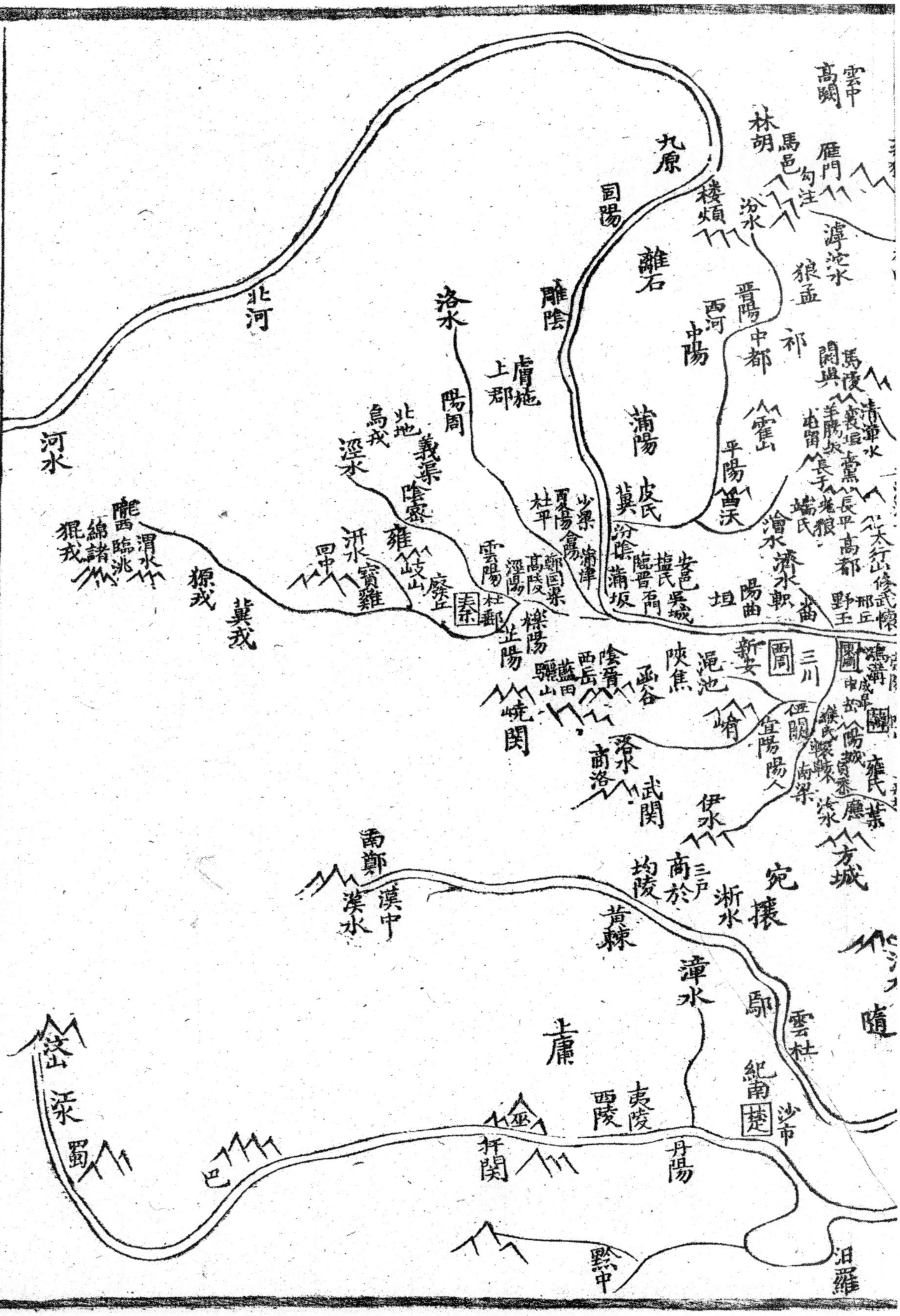

三

醉經堂

七國都治

秦本居雍獻公徙櫟陽孝公始都咸陽

楚都郢頃襄王徙陳考烈王徙壽春

趙起晉陽獻侯治中牟敬侯始都邯鄲

魏起安邑惠王始都大梁

韓起平陽哀侯都鄭景侯徙陽翟

衛都濮陽徙野王

齊故都營邱

燕故都薊

秦

蘇秦說秦惠王曰秦四塞之國被山帶渭東有關河西有漢中南有巴蜀北有代馬國策云西有巴蜀漢中之利北有胡貉代馬之用南有巫山黔中之限東有殽函之固此天府也　范雎對秦昭王曰大王之國四塞以爲固北有甘泉谷口南帶涇渭右隴蜀左關阪此王者之地也　荀子彊國篇曰今秦南有沙美與俱是乃江南也北與胡貉爲鄰西有巴戎東在楚者乃界於齊在韓者踰常山乃有臨慮音盧在魏者乃據圍津圍當爲圉郎去大梁百有二十里耳其在趙者剡然有苓而據松柏之塞負西海而固常山是地徧天下也　田肯曰秦形勢之國也帶河

阻山縣隔千里持戟百萬秦得百二焉地勢便利其以下兵於諸侯譬若居屋之上建瓴水也

四塞　關河○高誘曰四面有山關之固故曰四塞正義曰東有函谷蒲津龍門合河等關南山及武關嶢關西有大隴山及隴山關大震烏蘭等關北有黃河南塞是四塞　按三輔舊事東有函谷關南有嶢關武關西有散關北有蕭關居四關之中故名關中

漢中　惠文王十三年庶長章擊楚于丹陽虜其將屈匄又攻楚漢中取地六百里置漢中郡後漢注故城在梁州南鄭縣東北　按索隱曰在秦之山南楚之西北漢水南之地故名漢中今漢中府隸陝西省

巴蜀　甘茂曰張儀西并巴蜀之地元和郡縣志武王伐殷巴人助焉後爲巴子其地東至魚復西僰道接漢中南極牂牁是其界也華陽國志云蜀之先肇於人皇之際黃帝爲子昌意娶蜀山氏後子孫因封焉戰國策秦伐蜀十月取之　秦滅蜀因滅巴　按今四川重慶府即古巴子國四川保寧府劍州以西皆古蜀地

胡貉代馬　國策注胡樓煩林胡之類漢書注貉在東北方三韓之屬索隱代郡有胡馬一云代

郡馬邑

甘泉谷口 郡縣志甘泉山一名磨石嶺在京兆府雲陽縣西北九十里周迴六十里郊祀志寒門者谷口也地理志左馮翊谷口縣九嵕山在西溝洫志白公引涇水首起谷口郡縣志醴泉縣本谷口縣九嵕山東仲山西當涇水出山之處故謂之谷口　按今甘泉山在西安府涇陽縣北百二十里谷口在西安府醴泉縣東南四十里亦曰寒門

涇渭 地理志开頭山在安定涇陽縣西禹貢涇水所出東南至陽陵入渭鳥鼠同穴山在隴西首陽縣西南渭水所出東至船司空入河東方朔曰漢都涇渭之南所謂天下陸海之地秦所以虜西戎兼山東者也　按明一統志涇水自西凉府城西南白巖發源至涇州又東南至邠州界又東北至西安府高陵縣界會于渭渭水源出臨洮府渭源縣鳥鼠山西北谷東流經盩厔興平咸陽渭南等縣直至華陰縣界入于河

隴 通典秦州有大坂曰隴坻亦曰隴山西京賦曰右有隴坻之隘隔閡華戎　按今鳳翔府隴州西北六十里隴坻是也

關阪 郎殽函。張晏曰關中左殽函范雎謂左關阪郎殽函也吕氏春秋九塞殽其一也左傳晉敗秦師于殽春秋正義云俗呼為土殽石殽其阨道在兩殽之間郡縣志二崤山在河南府永寧縣北二十八里自東崤至西崤三十五里東崤長阪數里

峻阜絶澗車不得方軌西崤石坂十二里秦函谷關在陝州靈寶
縣西南十二里西征記曰關城路在谷中深險如函故以爲名關
去長安四百里日入則閉雞鳴則開秦法也東自崤山西至潼津
通名函谷號曰大險所謂秦得百二也　按函谷古關在河南府
靈寶縣南十里今曰潼關在西安府華州華陰　沙羨地理志縣屬
縣東十里二崤坂在河南永寧縣北六十里　江夏輿地廣
記鄂州江夏縣漢沙羨地秦屬南郡秦紀昭王三十九年白起攻
楚取郢爲南郡李氏曰漢江夏之鄂縣　按今武昌府江夏縣
巴戎楊倞注曰巴在西南戎在西趙良曰五羖大夫相秦巴人致
貢八戎來服匈奴傳秦穆公得由余西戎八國服於秦自隴
以西有綿諸緄戎翟獂之戎岐梁山涇　地理志林慮屬河內
漆之北有義渠大荔烏氏朐衍之戎　臨慮今相州林慮縣　按
今河南彰　圍津史記曹世家至河內下脩武渡圍津徐廣云白馬
德府林縣　有圍津括地志云黎陽津一名白馬津在滑州白
馬縣北三十里按韋津以韋城爲名或變毀曰黎陽及白馬之名
按明一統志白馬津在大明府濬縣西二里黎陽故城東又名
黎陽津今濬縣　楊倞注岑地名未詳所在或曰岑與靈同漢書
屬河南衛輝府　岑地理志常山郡有靈壽縣今屬真定松柏之塞

蓋趙樹松柏與秦爲界今秦據有西海地理志金城郡臨羌縣西北至塞外有西王母石室之　按今直隸正定府靈壽縣

僊海通典西海郡肅州之北千二百里　按西海地理志謂之仙海或謂之青海西仙青三聲相近今在西寧府西北番中或說凡水之大者皆名海太康地記曰河北得水爲河塞外得水爲海也

趙

蘇秦說趙肅侯曰當今之時山東之建國莫彊于趙趙地方二千餘里西有常山南有河漳東有清河北有燕國　戰國策說張相國曰趙前漳滏右常山左河間北有代　竊爲大王計莫如一韓魏齊楚燕趙以從親以畔秦令天下之將相會於洹水之上通質刳白馬而盟要約曰秦攻楚齊魏各出銳師以佐之韓絕其糧道趙涉河漳燕守常山之北秦攻

韓魏則楚絕其後齊出銳師以佐之趙涉河漳燕守雲中秦攻齊則楚絕其後韓守成皋魏塞午道趙涉河博關燕出銳師以佐之秦攻燕則趙守常山楚軍武關齊涉勃海韓魏皆出銳師以佐之秦攻趙則韓軍宜陽楚軍武關魏軍河外齊涉清河燕出銳師以佐之諸侯有不如約者以五國之兵伐之六國從親以賓秦則秦甲必不敢出於函谷以害山東矣　武靈王北略中山之地至於房子遂之代北至無窮西至河登黃華之上名樓緩謀曰我先王因世之變以長南藩之地屬阻漳滏之險立長城又取藺郭狼敗林人於荏而功未遂　王謂公子成曰吾國東有河薄洛之水與

齊中山同之無舟楫之用自常山以至代上黨東有燕東胡之境而西有樓煩秦韓之邊今無騎射之備故寡人無舟楫之用夾水居之民將何以守河薄洛之水變服騎射以備燕三胡秦韓之邊先時中山負齊之彊兵侵暴吾地引水圍鄗微社稷之靈則鄗幾於不守也今騎射之備近可以便上黨之形而遠可以報中山之怨

蘇厲爲齊遺趙王書曰燕盡齊之北地去沙邱鉅鹿斂三百里韓之上黨去邯鄲百里燕秦謀王之河山閒三百里而通矣秦之上郡近扞關至於榆中者千五百里秦以三郡攻王之上黨羊腸之西句注之南非王有已踰句注斬常山而守之三百里而通

於燕代馬胡犬不東下昆山之玉不出此三寶者亦非王有已

韓非子應侯謂秦王曰殘上黨以臨東陽則邯鄲口中虱也　韓非初見秦王曰趙氏中央之國也雜民所居也趙居邯鄲燕之南齊之西魏之北韓之東故曰中央兼四國之人故曰雜

戰國策燕閒對燕王曰趙四戰之國也其民習兵正義東隣燕齊西邉秦樓煩南界韓魏北迫匈奴

常山地道記云在上曲陽縣西北百四十里北行四百五十里得常山吸號飛狐口北則代郡也　按明一統志常與恒同恒山爲北嶽山在真定府曲陽縣西北百四十里今在定州曲陽縣

河漳地理志濁漳出上黨長子縣鹿谷東至鄴入清漳蘇秦曰秦甲渡河踰漳據番吾則兵必戰於邯鄲之下矣按秦兵渡河歷南陽入羊腸經澤潞渡漳水守蒲吾城則與趙戰於都城下　按今潞安府長子縣

清河今貝州漢清河郡張儀說趙曰秦告齊使興師渡清河軍于邯鄲之東　按水經淇水東北過

廣宗縣東爲淸河廣宗今順德府又漢有淸河郡今廣平府淸河縣淸河舊經其處云

洹水

正義出相州林慮縣林慮山中項羽與章邯盟洹水南殷虚上　按洹水今在彰德府安陽縣北四里亦名安陽河

雲中

正義故城在勝州榆林縣東北四十七里趙世家武靈王二十六年復攻中山攘地北至燕代西至雲中九原唐志烏咄谷二百七十里至古雲中城　按今山西大同府

午道

張儀說趙曰秦一軍塞午道索隱曰當在趙之東齊之西鄭元云一縱一横爲午謂交道也

博關

正義涉貝州南河至博陵漢屬東郡張儀說齊曰悉趙兵渡淸河指博關臨菑郎墨非王之有也輿地廣記博州戰國屬齊趙衛三國之交　按今東昌府博平縣界

中山

春秋時爲鮮虞魏文侯使樂羊伐取之及武侯之世趙世家書與中山戰于房子是時蓋已復國其後與諸侯並稱王其勢又強廣記中山府安喜縣古中山國　按今直隸定州

房子

縣屬趙州唐改爲臨城郡縣志故城在高邑縣西南十五里　今真定府贊皇縣

代

北狄之別也匈奴傳趙襄子踰句注而破并代以臨胡貉正義代郡城北狄代國秦漢代縣城也在蔚州羌胡縣北百五十里趙有代句注之北與戎界邊　按今宣化府蔚州

無窮

戰國策武靈王破原

陽以爲騎邑牛贊進諫王曰昔者先君襄王與代交地城境封之名曰無窮之門所以昭後而期遠也

黃華 正義蓋西河側之山名 按今在彰德府林縣西二十里一名林慮山山有三峯下有黃華谷北巖出瀑布

漳滏 通典相州滏陽縣有漳河滏水郡國志鄴有滏水 按山海經神囷之山滏水出爲而東流注于歐水注云今出臨水縣西滏口山經鄴西北至列人縣入于漳其水熱淮南子地形訓釜出景注云景山在邯鄲西南釜水所出南流入漳其源泿沸涌正勢如釜中湯故曰釜今謂之釜口太平御覽引水經注云釜水發源山南東流注于漳今本無此語但云漳水又對臨漳宮又東北滏水入爲据山海經云注于歐水豈歐水有漳水之名歟又按水經注神囷山在漢林慮縣今河南林縣也

長城 世家肅侯十七年築長城括地志武靈王長城在朔州善陽縣北按所謂立長城者在武靈王之前

藺郭狼 地理志西河郡有藺狼臯二縣戰國策知伯之趙請蔡狼臯之地鮑氏云蔡當作藺世家武侯三年魏敗我藺二十四年秦攻我藺正義云藺在石州趙之西北郭狼疑是臯狼 按狼孟今山西太原府陽曲縣

三胡 林胡樓煩東胡。正義林人郎林胡也匈奴傳晉北有林胡樓煩之戎地理志樓煩屬雁門應劭曰故樓

煩胡也正義趙東有瀛州之東北營州之境即東胡烏丸之地匈
奴傳燕北有東胡服虔云後爲鮮卑在匈奴東故曰東　按樓煩
今太原府　**西邊**　正義云林胡樓煩即嵐勝之北也嵐勝以南石州
岢嵐州　離石藺等七國時趙邊邑地秦隔河地晉汾潞
等州皆七國時韓　徐廣云安平經縣西有漳水津名薄洛
地爲並趙西境也　**河薄洛**　津水經注漳水歷經縣故城西水有故
津謂之薄洛津　按薄落津俗呼落漢津在今順德府　**上黨**　地理
平鄉縣西南一十八里經縣今直隸冀州新河縣地　志本
韓之別郡也遠韓近趙後卒降趙廣記云秦上黨郡　漢太原
今澤潞遼州平定威勝軍之地　按今山西潞安府　**晉陽**　郡所治
龍山在西北晉水所出北齊分晉陽置龍山縣隋開皇十年改龍
山曰晉陽而以古晉陽縣爲太原縣自北漢劉氏以前郡治太原
晉陽二縣　今山西太原府太原縣古唐　**鄗**　郡縣志漢以爲縣改
國在今縣治北古晉陽城在縣治東北　屬常山光武即位於
鄗南千秋亭五成陌因改曰高邑北齊移治於房子縣東北去舊
城三十里　按鄗今直隸趙州之高邑縣也古鄗城在今趙州柏
鄉縣北　**東陽**　左傳趙勝帥東陽之師以追齊杜氏注晉之山東魏
十二里　郡廣平以北戰國策國子曰兼魏之河南絕趙之東

陽則趙魏亦危矣　按王氏曰自漢以前東陽大抵爲晉太行山東地非有城邑也楚漢之間始置東陽郡漢置東陽縣今山東東昌府恩縣西北六十里有東陽城猶南陽爲河内之總名而別有南陽城則在脩武也

沙邱　鉅鹿　殷紀紂益廣沙邱苑臺括地志沙邱臺在邢州平鄉東北二十里地理志趙中山地薄人衆猶有沙邱紂淫亂餘民正義沙邱邢也鉅鹿冀州也齊北界貝州也言破齊滅韓之後燕之南界秦之東界相去三百里趙在中間也呂氏春秋九藪趙之鉅鹿地理志鉅鹿縣大陸澤在北紂所作沙邱臺在東北七十里按今順德府平鄉縣東二十里

扞關　呂氏云扞者扞敵之扞非關名也趙之扞關陸道之關也楚之扞關水道之關也

榆中　武靈王二十年西略胡地至榆中括地志榆中勝州所治榆林縣地理志金城郡有榆中縣通典縣故城在蘭州五泉縣東　按今陝西榆林府榆林縣

邯鄲　趙世家敬侯元年始都邯鄲地理志自中牟徙此邯鄲北通燕涿南有鄭衛漳河之間一都會也　按今直隸廣平府邯鄲縣西南三十里有邯鄲故城

羊腸　魏世家如耳曰昔者魏伐趙斷羊腸拔閼與約斬趙趙分而爲二所以不亡者魏爲從主也蔡澤謂應侯曰君相秦坐制諸侯決羊腸之險塞太行之道正義

云太行山坂名南屬懷州北屬澤州呂氏春秋九山之一也盤紆如羊腸　按隋煬帝登太行山問崔賾曰何處有羊腸坂對曰按漢地理志上黨潞州壺關縣有羊腸坂帝曰不是又荅曰案皇甫士安撰地書云太原北九十里帝曰是也又按太行陘在懷慶府城北亦名羊腸坂闊三步長四十里羊腸所經瀑布懸流實爲險阻

句注　正義句注山在代州鴈門縣西北四十里呂氏春秋九塞之一也地理志在雁門陰館縣　按今山西代州西二十五里一名西陘山

河間　戰國策秦下甲攻趙趙賂之以河間十二縣瀛州地理志注在兩河之間　按今爲直隸河間府

澠池　在今河南澠池縣地理志弘農黽池景帝中二年初城徙萬家爲縣水經注穀水出于崤東馬頭山穀陽谷東川流澠池川漢景帝因崤黽之池以目縣或謂之彭池穀水又東逕秦趙二城南卽趙王鼓瑟秦王擊缶處也謂之俱利城蓋云秦趙俱利也淮南子九塞曰澠阸戰國策云澠隘之塞翼奉曰成周右阻黽池　按澠池縣今河南府屬縣澠池在縣治北

魏

蘇秦說魏襄王曰大王之地南有鴻溝陳汝南許鄢昆陽名陵舞陽新都新鄭東有淮潁煑棗無胥西有長城之界北有河外卷衍酸棗地方千里　衛鞅曰魏居嶺阨之西都安邑與秦界河而獨擅山東之利　張儀說魏王曰魏地四平諸侯四達輻湊無名山大川之限從鄭至梁二百餘里車馳人走不待力而至梁南與楚境西與韓境北與趙境東與齊境梁之地勢固戰場也　蘇代約燕王曰秦正告魏曰我據安邑塞女戟韓氏太原卷我下軹道南陽封冀包兩周乘夏水浮輕舟強弩在前銛矢在後決滎口魏無大梁決大馬之口魏無外黄濟陽決宿胥之口魏無虛頓丘陸攻

則擊河內水攻則滅大梁魏氏以爲然故事秦　魏欲親秦而伐韓無忌曰韓亡秦有鄭地與大梁隣秦非無事之國也韓亡之後必將更事更事必就易與利必不伐楚與趙矣夫越山踰河絕韓上黨而攻强趙是復閼與之事秦必不爲也若道河內倍鄴朝歌絕漳滏水與趙兵決於邯鄲之郊是知伯之禍也秦又不敢伐楚道涉山谷行三千里而攻冥阸之塞所行甚遠所攻甚難秦又不爲也若道河外倍大梁右蔡左召陵與楚兵決於陳郊秦又不敢故曰秦必不伐楚與趙矣又不攻衛與齊矣夫韓亡之後兵出之日非魏無攻矣秦固有懷茅邢丘城垝津以臨河內河內共汲必

危有鄭地得垣雍決滎澤水灌大梁大梁必亡異日者秦在河西晉國去梁千里有河山以闌之有周韓以間之從林鄉軍以至于今秦七攻魏五入囿中邊城盡拔文臺墮垂都焚而國繼以圍又長驅梁北東至陶衛之郊北至平監所亡乎秦者山南山北河外河內大縣數十名都數百秦乃在河西晉去梁千里而禍若是矣又況於使秦無韓有鄭地無河山而闌之無周韓而間之去大梁百里禍必由此矣

鴻溝　河渠書滎陽下引河東南爲鴻溝以通宋鄭陳蔡曹衛與濟汝淮泗會于楚索隱云楚漢中分之界文穎云即今官渡水也蓋爲二流一南經陽武爲官渡水一東經大梁城即河溝今之汴河也應劭云在滎陽東南二十里張華云大梁城在浚儀縣北

縣西北渠水東經此城南又北屈分爲二渠其一渠東南流始皇鑿引河水以灌大梁謂之鴻溝楚漢會此處也其一渠東經陽武縣南爲官渡水郡國志滎陽有鴻溝水　按今爲河南開封府滎陽縣

陳　汝南

陳國楚滅爲縣項襄王自郢徙都兼爲魏境汝南春秋時屬沈蔡戰國時屬楚魏漢置汝南郡地理志魏南有汝南之召陵濦彊新汲西華長平　按陳今河南陳州府治汝南今汝寧府治

許　郾

鄢許本許國漢爲潁川許縣魏改曰許昌郾戰國策作鄢楚昭陽伐魏取郾漢屬潁川鄢漢陳留有鄢縣應劭曰鄭伯克段于鄢是也　按許今河南許州鄢今開封府鄢陵縣西南四十里郾今陳州府郾城縣

昆陽

應劭曰昆水出南陽汝州葉縣北有昆陽城光武破尋邑之所　按今南陽府葉縣

召陵

漢屬汝南齊桓公伐楚次于召陵括地志故城在豫州郾城縣東四十五里　按今陳州府郾城縣

舞陽

漢屬潁川括地志故城在許州葉縣東十里　按今南陽府舞陽縣

新都

漢屬南陽郡國志新野有東鄉故新都　按今南陽府新野縣

新鄧

漢屬汝南索隱曰即鄧邸魏安釐王時秦拔我鄧邸漢置新鄧縣後省之　按新鄧故址在今安徽潁州府治八里

淮潁

二水名地理志淮水出南陽平氏縣桐栢

大復山潁水出潁川陽城縣陽乾山正義云淮陽潁川二郡　按淮源出桐栢山在今河南南陽府桐栢縣東一里潁水出陽城山在今安徽潁州府潁上縣與壽州接界

煮棗

徐廣曰在宛句　按宛句縣漢屬濟陰一作宛胊大觀二年改宛亭郡國志宛句縣有煮棗城水經注北濟自濟陽北東北逕煮棗城南　按今宛句故城在山東曹州府境

無胥

地闕戰國策東有淮潁沂黃煮棗海鹽無踈鮑氏云沂水出泰山蓋縣艾山黃卽陳留外黃海鹽未詳解州解安邑有鹽池

長城

徐廣曰滎陽卷縣有長城經陽武到密秦紀魏築長城自鄭濱洛以北有上郡正義鄭華州縣洛漆沮也魏世家惠王十九年築長城塞固陽

河外

正義謂河南地按晉語入河外列城五注云河東也晉以河東爲河外魏以河南爲河外張儀曰秦下兵攻河外據卷衍酸棗又曰梁效河外索隱謂河之南邑若曲沃平周等魏世家秦復予我河外無忌率五國兵攻秦敗之河外蘇秦說趙曰魏弱則割河外

卷衍

正義卷城在鄭州原武縣西北七里漢河南有卷縣衍在鄭州亦曰衍氏　按卷縣卽原武縣地開封府屬黃河遷徙今移置河北屬懷慶府

酸棗

漢屬陳留魏世家文侯三十二年伐鄭城酸棗取鄭地而城之也郡縣志故城在縣西南十五里

按酸棗縣即延津縣地開封府屬黄河遷徙今移置河北屬衛輝府

大梁

地理志陳留郡浚儀故大梁魏世家惠王三十一年秦用商君東地至河而齊趙數破我安邑近秦於是徙治大梁史記云從鄭至梁二百餘里國策云從鄭至梁不過百里從陳至梁二百餘里按九域志鄭州至東京一百四十里陳州至東京二百四十五里當以國策爲正　按大梁今河南開封府

安邑

郡縣志故城在陜州夏縣東北十五里禹所都地理志河東安邑魏絳自魏徙此至惠王徙大梁戰國策城渾曰蒲阪平陽相去百里秦人一夜而襲之安邑不知國子曰安邑者魏之柱國也晉陽者趙之柱國也鄢郢者楚之柱國也　按今安邑縣屬解州

女戟

劉伯莊曰蓋在太行山之西戰國策蘇代謂齊王曰秦舉安邑而塞女戟韓之太原絶韓氏索隱云戰國宜陽也劉伯莊云當爲太行索隱云太行字原當爲京京屬滎陽

軹

索隱云河內軹縣國策蘇代曰秦下軹道南陽而伐魏絶韓包二周輿地廣記漢軹縣屬河內唐貞觀元年省入孟州濟源縣唐地志濟源縣西有故軹關　按軹縣故城今在濟源縣南一十三里

南陽

地理志河內郡脩武應劭曰晉始啓南陽今南陽城是也秦改曰脩武馬季長曰晉地自朝歌以北至中山爲東陽朝歌以南至軹

上爲南陽輿地廣記懷州脩武縣本商之甯邑武王伐紂勒兵於甯更名脩武唐武德四年改爲武陟而別置脩武縣於隋修武縣故城劉原父曰脩武有古南陽城　按南陽其統名而脩武則魏之南陽邑也今懷慶府修武縣北有南陽故城

封冀

索隱封陵冀邑皆在魏境魏世家哀王十六年秦拔我蒲坂陽晉封陵徐廣云河東皮氏縣有冀亭　按封陵紀年作封谷括地志封陵在蒲州今爲蒲州府杜注平陽皮氏東北有冀亭今絳州河津縣東有冀亭故址

兩周

正義王城及鞏世本西周桓公居河南東周惠公居洛陽邑氏曰平王東遷之後所謂西周者豐鎬也東周者東都也威烈王之後所謂西周者河南也東周者洛陽也考王封其弟揭於河南以續周公之職是爲河南桓公威烈王嗣位西周惠公封其少子班於鞏以奉王實東周惠公此東西周分之始也顯王二年趙與韓分周爲二東西周各爲列國顯王雖在東周特建空名於其上耳　按王城即今河南府鞏今河南府屬縣

滎澤

索隱滎澤之口與今汴河口通其水源可以灌大梁水經濟水又東合滎瀆注云瀆水受河水有石門謂之滎口石門蓋故滎播所道自此始渠出滎陽北河東南過中牟之北又東至浚儀注云秦始皇二十六年王賁斷故瀆引水東南出以灌大

梁謂之梁溝　按自平帝以後滎澤塞爲平地隋于**白馬之口**索隱其地置廣武縣尋改滎澤縣古滎澤在今縣治南白馬津在東郡決其流以灌外黃濟陽竹書紀年梁惠王十二年楚師出河水以水長垣之外金隄既建故渠既斷尚謂之白馬瀆韓非初見秦曰決白馬之口以沃魏氏張儀説趙曰守白馬之津　按白馬濟人呼白馬津在滑縣境**外黃濟陽**外黃漢屬陳留張晏曰魏郡有內黃故加外濟陽水經注云陳留風俗傳曰縣故宋地竹書紀年梁惠王三十年城濟陽　按杜注陳留外黃縣東有黃城今外黃故城在開封府雍邱縣東六十里漢陳留郡濟陽縣唐省入宛句建隆四年爲濟陽鎮屬開封府東明縣今屬大明府縣西南與開封府蘭陽縣接界

宿胥之口正義淇水出衛州清淇縣東至黎陽入河魏志云武帝於淇口東因宿胥故瀆開白溝道清淇二水入爲徐廣云紀年曰魏救山塞集胥口水經注宛水東南入淇水淇水右合宿胥故瀆瀆受河於頓邱縣遮害亭東黎山西北會淇水處立石堰遏水今更東北注魏武開白溝因宿胥故瀆而加其功故蘇代曰決宿胥之口即指是瀆也　按白溝今在懷慶府陽武縣境

虛頓邱索隱虛邑名地與酸棗相近春秋注宋地虛謂殷墟今相州所治水

經注洹水出山逕殷墟竹書紀年曰盤庚即位自奄遷于此遂曰殷墟正義故城在魏州頓邱東北二十里水經注頓邱在淇水南又屈逕頓邱西詩所謂送子涉淇至于頓邱竹書紀年晉定公三十一年城頓邱　按地理志河內殷虚更屬于晉注云殷虚汲郡朝歌縣即今衛輝府淇縣地頓邱縣故城在直隸大名府清豐縣西南二十五里

河內　地理志魏地其界自高陵以東盡河東河內孟子梁惠王曰河內凶則移其民於河東魏世家文侯任西門豹守鄴而河內稱治索隱曰大河在鄴東故名鄴爲河內　按河內今河南衛輝府地

鄴　興地記相州臨漳縣本漢鄴縣漢袁紹爲冀州牧鎮鄴曹公以爲鄴都作三臺　按鄴今彰德府臨漳縣地

朝歌　漢屬河內紂所都隋改爲衛縣通典故城在衛州衛縣西二十二里紂都在鹿臺謂之殷虛　按地理通釋衛縣省爲鎮入濬州黎陽今衛輝府濬縣鹿臺在衛輝府淇縣外今地名南陽社

蔡　正義上蔡縣在豫州北七十里從汴州南行向陳州之西郊則上蔡名陵在南面向東皆身之右戰國策云右上蔡名陵無左字　按上蔡今河南汝寧府上蔡縣今縣西南十里有古蔡國城

懷　周桓王與鄭蘇忿生之田有攢茅隤懷襄王與晉攢茅之田括地志故懷城在懷州武陟縣西十一

里徐廣云脩武古軹縣有芽亭　按河南懷慶府武陟縣西南十一里有懷城衛輝府獲嘉縣西北有脩武故城濟源縣南一十三里有軹縣故城

邢邱　安城　垝津

括地志平皐故城在懷州武德縣東南二十里本邢邱邑安城在鄭州原武縣東南二十里索隱垝津在河北正義云垝當作延杜預云汲郡城南有延津是也　按今懷慶府河內縣東南七十里有平皐故城平皐陂周迴二十五里陂南即大河卷縣即原武縣地開封府屬縣黃河遷徙今移置河北懷慶府屬縣延津一名靈昌津在衛輝府滑縣境

共　汲

無忌又曰通韓上黨於共甯地理志共汲二縣屬河內正義共衛州共城縣汲在衛州所治汲縣西南二十五里通典汲縣牧野之地懷州脩武縣本殷甯邑　按共今衛輝府輝縣汲郡脩武縣今衛輝府獲嘉縣地古甯邑

垣雍

括地志故城在鄭州原武縣西北七里　按郡國志卷縣有古垣雍城今懷慶府原武縣即古卷縣

西河

河西　秦紀繆公送夷吾夷吾謂曰誠得立請割晉之河西八城與秦背約不與戰于韓虜晉君以歸獻河西地是也秦地東至河秦數易君晉復彊奪秦河西地孝公元年下令曰三晉攻奪我河西地獻公欲東伐復穆公之故地惠王六年魏納陰晉十年魏納上郡十五縣

魏世家襄王五年予秦河西地戰國策魏兩用犀首張儀而西河之外亡呂氏春秋吳起去魏西河而泣曰西河之爲秦也不久矣吳起果去魏入荆而西河畢入秦魏日以削秦日益大　按河西在今陝西同州府及華州之境秦初起岐雍未能以河爲界晉强遂跨河而滅西虢兼舊鄭以汾澮爲河東故以華陰爲西至夷吾許秦割河外列城五東盡虢略河外即河之西虢略古虢國地即今閿鄉靈寶在河之東背約不與戰韓見秦獲歸晉君始征晉河東而河外不必言矣自是秦地始東至河秦在河西晉在河東判若兩戒自秦穆公始也

圃中　索隱圃即圃田鄭藪屬魏輿地廣記開封府中牟縣有圃田澤爲豫州之藪　按圃澤在今開封府中牟縣西北七里詩所謂東有甫草也東西五十里南北二十六里高者可田窪者成匯今爲澤者八若東澤西澤之類爲陂者二十六若大灰小灰之類其實一圃田澤耳

文臺　括地志在曹州宛句縣西北六十五里索隱云列士傳隱陵君施酒文臺　按宛句縣故城在山東曹州府境

垂都　郡國志濟陰郡句陽有垂亭　按句陽縣故城在曹縣北

陶　正義陶衛定陶衛楚邱呂氏春秋云舉陶削衛地方六百　按定陶曹州府屬縣楚邱今三十里河南衛輝府之滑縣

平監　徐廣曰平縣屬河南

括地志故平縣城在洛州偃師縣西北二十五里史記齊闕止作監字闞在東平須昌縣　按偃師河南府屬縣闞在東平須昌縣東南今山東汶上縣西南有闞亭在南旺湖中

山南山北河北河內

正義山華山也華山之東南七國時鄭州屬韓汝州屬魏華山之北同華銀綏並魏地河外謂華州以東至虢陜河西謂蒲州以東至懷衛呂氏曰山南山北指太行

嶺阸

索隱云盖安邑之東山領險阸之地郎今蒲州之中條已東連汾晉之嶮嶝是也通典汾州靈石縣東南有高壁嶺雀鼠谷汾水關皆險固之處郡縣志河中府元載上建中都議曰有羊腸底柱之險濁河孟門之限以轘轅爲襟帶與關中爲表裡雷首山一名中條在河東縣南十五里　按中條一名雷首山郎首陽山在蒲州府城東南三十里雀鼠谷在介休縣西南三十里中都縣故城在介休縣東北五十里

韓

蘇秦說韓宣惠王曰韓北有鞏洛成皐之固西有宜陽商阪之塞

東有宛穰洧水南有陘山地方九百餘里　司馬錯欲伐蜀張儀曰不如伐韓　親魏善楚下兵三川塞什谷之口戰國策云轘轅緱氏之口當屯留之道魏絕南陽楚臨南鄭秦攻新城宜陽以臨二周之郊

張儀說韓王曰秦下甲據宜陽斷韓之上地東取成皐滎陽則鴻臺之宮桑林之苑非王之有也夫塞成皐絕上地則王之國分矣

蘇代約燕王曰秦正告韓曰我起乎少曲一日而斷太行我起乎宜陽二日而莫不盡繇我離兩周而觸鄭五日而國舉韓氏以爲然故事秦　范雎謂秦昭王曰韓魏中國之處而天下之樞也　秦韓之地形相錯如繡秦之有韓也譬如木之有蠹也人之

有心腹之病也天下無變則已天下有變其爲秦患者孰大於韓乎王不如收韓　王下兵而攻滎陽則鞏成皋之道不通北斷太行之道則上黨之師不下王一興兵而攻滎陽則其國斷而爲三夫韓見必亡安得不聽乎　戰國策頓子曰韓天下之咽喉魏天下之胷腹

鞏洛　周地左傳昭二十六年晉師克鞏周紀惠公封其少子於鞏徐廣曰周比亡之時凡七縣河南洛陽穀城平陰偃師鞏緱氏秦紀莊襄王元年東周君盡入其國韓獻成皋鞏秦界至大梁初置三川郡地理志河南有雒陽縣鞏縣　按今洛陽縣鞏縣俱河南府屬

成皋　通典今汜水唐屬孟州戰國策三晉分智氏地段規謂韓王曰分地必取成皋韓王曰成皋石溜之地也無所用之段規曰不然一里之厚而動千里之權者地利也萬人之衆而破三軍者不意也王用臣言則韓必取鄭矣王曰善取成皋至

韓之取鄭果從成皐始今按晉楚之霸也爭鄭秦之并六國也始於韓以虎牢成皐之險也秦拔成皐滎陽十九年而韓亡　按成皐今開封汜水縣地一名虎牢今汜水縣西有虎牢城

宜陽　六國表秦惠文三年拔韓宜陽秦武王四年拔宜陽城漢屬弘農郡正義在洛州福昌縣東十四里通典故韓城在縣東縣城即魏一金塢城甘茂傳秦武王謂曰欲容車通三川以窺周室甘茂曰宜陽大縣也上黨南陽積之久矣名曰縣其實郡也今王陪數險行千里攻之難王使茂將兵伐宜陽五月而不拔大起兵拔之呂氏曰黽池二崤皆在境內蓋控扼之地也　按宜陽今河南府屬

商阪　正義曰商山也在商州商洛縣南一里亦曰楚山武關在焉通典商州上洛縣有商山四皓所隱其地險阻王莽命王級曰繞霸之固南當荊楚史記六國表秦孝公十一年城商塞戰國策楚魏戰於陘山魏許秦以上洛以絕秦於楚　按通典宜陽商阪即今福昌山及山商今商洛山在商州東南九十里商阪一作常阪

宛穰　正義二地名地理志宛故申伯國穰今鄧州穰縣　按今南陽府鄧州地

洧水　通典河南密縣有洧水鄭州新鄭有溱洧二水水經出密縣馬領山又東南流潧水注之又東過鄭縣南潧水從西北來注之　按洧水出許州府密縣馬嶺

山又東過新鄭縣南蓋古鄭城在今新鄭縣治西**陘山**通典今密縣山楚世家齊桓公以兵侵楚至陘山括地志在鄭州新鄭縣西南三十里魏伐楚敗之陘山徐廣曰在密縣蘇秦說楚曰北有陘塞　按陘山在新鄭縣南三十里蓋陘塞縣亘甚遠楚韓二國皆恃以爲險在楚爲北塞在韓則爲南塞**三川**韋昭曰河洛伊曰三川周東都也秦置三川郡**什谷之口**郡國志河南鞏縣有鄩谷水徐廣云什一作鄩成皐鞏縣有鄩口鄩什聲近故其名異水經洛水又東北流入于河注云山海經曰洛水成皐西入河是也謂之洛汭即什谷之口　按洛汭一名什谷在河南府鞏縣南洛水入河之處**轘轅緱氏**郡縣志河南府緱氏縣古滑國轘轅山在縣東南四十六里左傳杜注緱氏縣東南有轘轅關　按緱氏故城在今河南府偃師縣南二十里緱氏山在偃師縣南四十里轘轅關在河南府登封縣西北轘轅山嶺上**屯留之道**正義屯留潞州縣也道即太行羊腸阪道也括地志屯留故城在潞州長子縣東北三十里　按今潞安府屯留縣東南十里有屯留城**南鄭**戰國策注今河南新鄭　正義云令楚兵臨鄭南塞轘轅鄣口斷韓南陽之兵　按新鄭開封府屬縣

新城郡縣志河南府伊闕縣古戎蠻子國漢爲新城縣伊闕山在縣北四十五里兩山相對望之若闕伊水流其間故名秦紀白起攻新城敗韓魏於伊闕　按伊闕山俗名龍門山在河南府城西南三十里

滎陽鄭地屬韓通典鄭州滎陽縣故虢國秦置敖倉楚漢戰京索間是也　按滎陽開封府屬縣故城在今縣西五十里京縣故城在滎澤縣東南三十里大索城在京縣城西二十里其東北四十里爲小索城

少曲索隱云地近宜陽劉氏以爲蓋在太行西南秦昭王四十二年東伐韓少曲高平拔之正義括地志高平故城在懷州河陽縣西北四十里俗謂之韓王城非也周桓王以與鄭竹書紀年云魏襄王四年鄭侯使辰歸晉陽向更名陽爲河雍向爲高平則少曲當與高平相近水經注康溝又東逕扶溝白亭北又東逕少曲亭陳留風俗傳曰尉氏縣有少曲亭俗謂小城　按扶溝陳州府屬尉氏開封府屬今尉氏西南四十里有向城

太行正義太行山羊腸道北過韓上黨韓世家秦擊我於太行上黨降趙戰國策曰一軍臨滎陽一軍臨太行則韓請效上黨之地　按太行在懷慶府城二十里

平陽韓世家貞子徙居平陽正義晉州城地理志河東平陽縣堯都也在平河之陽括地志晉州城因平陽城東面爲之　按今爲

平陽府治

上黨

上地按大事記秦昭王十四年韓魏攻秦白起敗之於伊闕又涉河取韓安邑以東至乾河四十五年白起拔韓野王絕上黨道韓獻上黨於秦上黨守馮亭以郡降趙四十七年秦王齕攻上黨拔之四十八年白起分軍爲三使王齕拔趙武安皮牢司馬梗北定太原盡有上黨地莊襄王三年王齕攻上黨諸城悉拔之初置太原郡戰國策所謂兩上黨者盖在韓魏之間猶安邑魏地而云取韓安邑也上地上黨之地也荀子曰韓之上地方數百里而趍趙趙不能凝也故秦奪之　案秦爲上黨郡治長子縣後周始置潞州今以上黨省入潞安府屬山西省

齊

管仲曰賜我先君履東至於海西至於河南至於穆陵北至於無棣　蘇秦說齊宣王曰齊南有泰山東有琅邪西有清河北有渤海此所謂四塞之國也齊地方二千餘里帶甲數十萬即有軍旅

未嘗倍泰山絶清河涉渤海也臨菑之中七萬戸臣竊度之不下戸三男子三七二十一萬不待發於遠縣而臨菑之卒固已二十一萬矣韓魏之所以重畏秦者爲與秦接境壤界也今秦之攻齊則不然倍韓魏之地過衛陽晉之道經乎亢父之險車不得方軌騎不得比行百人守險千人不敢過也然則秦之不能害齊明矣

荀卿子說齊相曰今巨楚縣吾前大燕鰌吾後勁魏鉤吾右西壤之不絶若繩楚人則有襄賁開陽以臨吾左是一國作謀三國必起而乘我如是則齊必斷而爲四三國若假城然耳　春申君曰齊南以泗水爲境東負海北倚河而無後患　韓非曰清濟濁

河足以為限長城鉅防足以為固蘇代曰天時不與雖有清濟濁河惡足以為固民力罷敝雖有長城鉅防惡足以為塞田肯曰齊東有琅邪即墨之饒南有泰山之固西有濁河之限北有渤海之利地方二千里持戟百萬此東秦也

穆陵　無棣唐志沂州沂水縣北有穆陵關鄆縣志通典有穆陵山在沂水縣北一百九十里滄州鹽山縣本齊無棣邑滄州無棣縣南臨無棣溝因為名水經注清河又東北無棣溝出焉東逕南皮縣故城南　按穆陵關在青州府臨朐縣東南一百五里無棣是齊西北邊境其地廣莫現跨兩省通典云鹽山無棣之邑元其於地分置兩無棣縣今北直天津府之慶雲山東武定府之海豐皆元所分無棣之名皆以無棣溝得名春秋置邑安得如此之大通典失之

泰山齊世家齊自泰山屬之琅邪北被于海膏壤二千里貨殖傳泰山其陽則魯其陰則齊　按今泰安府泰安縣北五里

琅邪山海經云琅邪臺在勃海間琅邪之東括地志密州諸城縣東南百七十里有琅邪臺越王句踐觀臺也琅邪山在縣東南百四十里始皇立層臺於山上　按故

琅邪城在青州府諸城縣東南一百五十里琅邪山下

清河

通典春秋屬齊後屬晉七國屬趙地理志趙東有清河齊北有清河以南水經注地理風俗志曰甘陵郡東南十七里有清河故城此謂之鵲城清河又東北逕清陽縣故城西漢高帝置清河郡治此　按清陽縣今東昌府清平縣地清河郡治所今東昌府恩縣地

勃海

漢置勃海郡今滄棣覇濱諸州之地宋文帝置樂陵郡孝武分置勃海郡後魏改勃海為滄水置滄州地理志齊北有勃海之高樂高城重合陽信趙得勃海郡之東平舒中邑文安東州成平章武河以北　按今自平州碣石南至登州沙門島皆為勃海即少海也孔穎達曰齊地當盡樂安北海之東界今濟南東北境皆濱海青州之博興壽光濱勃海沂州之日照濱大海登萊二府三面距海當其北者為勃海當其東南者大海也

臨淄

齊國都也地理志屬齊郡臨淄名營邱海岱之間一都會也淄水出泰山萊蕪縣原山詩正義云今齊之城內有邱即營邱也淄水過其南及東以邱臨水謂之臨淄　按故齊城今在山東青州府臨淄縣城北

衛陽晉之道

正義衛地曹濮等州也陽晉在曹州乘氏縣西北三十七里索隱陽晉魏邑蓋適齊之道在衛國之西南　按乘氏縣故城一在曹州府鉅野縣西南一

在府屬曹**亢父之險**濮縣屬東平國正義故縣在兖州任城縣南縣界內五十一里魏志呂布攻鄄城不能下西屯濮陽曹操曰布一旦得一州不能據東平斷亢父泰山之道乘險要我而乃屯濮陽吾知其無能爲也　按鄄今濮州東昌府屬亢父故城在濟寧州南六十里**襄賁開陽**二縣地理志屬東海郡輿地廣記襄賁縣廢入沂州臨江縣故縣在縣南開陽本鄅國春秋叔孫州仇城啟陽是也後廢入臨沂故城在縣南　按襄賁縣今江蘇淮南府安東縣地臨沂縣故城在沂州府境東北三十里有中邱城沂州府北十五里有**清濟**　**濁河**左傳哀十一年開陽故城本鄅國後屬魯名啟陽也齊伐我及清注濟北盧縣東有清亭水經濟水自魚山北逕清亭東注云今濟北東阿東北四十里有清亭春秋所謂遇于清也水色清潔馬頰水東注于清濟謂之馬頰口清濟即此水也孟康曰齊西有平原河水東北過高唐孟津號黃河故曰濁河正義云濟濼二水上承黃河並淄青之北流入海黃河又一源從洛魏二州界北流入海亦齊西北界　按盧縣清亭今爲濟南府之長清縣東阿清亭今爲泰安府東阿縣蓋當時濟水流于二邑之間而清池跨占其左右故二國皆得有清也古九河故道大抵在河間成平以南平原鬲

縣以北九河徙駭最西以次而東計齊之東境當在最西徙駭是其西界耳

長城鉅方　齊記云齊宣王乘山嶺之上築長城東至海西至濟州千餘里以備楚郡國志濟北盧縣有平陰城有防門有長城至東海正義長城西在濟州平陰縣界竹書紀年梁惠成王二十年齊閔王築防以爲長城泰山記云泰山西有長城緣河經泰山餘千里至琅邪臺入海　按故平陰城在今泰安府平陰縣東北三十五里戰國時七國皆有長城齊城即托始于防門郡縣志故長城首起平陰縣二十九里

泗水　出兗州泗水縣至淮陽宿遷縣入淮從征記洙泗二水交于魯城東北十七里今在曲阜縣東北八里自泗水縣流入境入嶧陽縣界

即墨　郡縣志故城在萊州膠水縣東南六十里本漢舊縣田单守即墨破燕軍盡復齊地項羽徙齊王田市爲膠東王都此漢屬膠東北齊併入膠水隋復置屬萊州城臨墨水故曰即墨田肯謂琅邪即墨之饒顏氏云二縣近海財用所出　按即墨縣今爲萊州府屬

楚

蘇秦說楚威王曰楚天下之彊國也西有黔中巫郡東有夏州海陽南有洞庭蒼梧北有陘塞郇陽地方五千餘里　大王不從秦必起兩軍一軍出武關一軍下黔中則鄢郢動矣　張儀說楚王曰秦西有巴蜀方船積粟起於汶山浮江已下不至十日而距扞關扞關驚則從竟陵以東盡城守矣黔中巫郡非王之有也秦舉甲出武關南面而伐則北地絕秦之攻楚也危難在三月之內而楚待諸侯之救在半歲之外此其勢不相及也　蘇代約燕王曰秦告楚曰蜀地之甲乘船浮於汶乘夏水而下江五日而至郢漢中之甲乘船出於巴乘夏水而下漢四日而至五渚寡人積甲宛

東下隨智者不及謀勇者不及怒寡人如射隼矣王欲待諸侯之攻函谷不亦遠乎楚王爲是故十七年事秦　荀子議兵曰汝潁以爲險江漢以爲池限之以鄧林緣之以方城然而秦師至而鄢郢舉若振槁然是豈無固塞隘阻也哉其所以統之者非其道故也　淮南兵略訓曰楚地南卷沅湘北繞潁泗西包巴蜀東裹郯淮潁汝以爲洫江漢以爲池垣之以鄧林綿之以方城山高尋雲谿肆無景　戰國策曰楚包九夷又方千里內有符離之塞北有甘魚之口

黔中　正義今朗州楚黔中郡漢更名武陵括地志故城在辰州沅陵縣西二十里今黔府亦其地　按今湖南常德府　巫

郡括地志在夔州東通典夔州巫山縣楚置巫郡秦漢爲南郡巫
縣巫山在西南　按巫縣今四川夔州府巫山縣故楚之巫郡
也湖北宜昌府巴東縣夔州左傳宣十一年楚復封陳鄉取一人
地其故城在巫山縣界夔州焉以歸謂之夏州正義云大江中州
也　按今在湖北海陽劉氏云楚之東洞庭索隱今青草湖正義
武昌府江夏縣境正義未詳洞庭湖在岳州巴陵
縣西南一里又有洞庭山名君山在湖中心吳起曰三苗氏左彭
蠡右洞庭　按今在岳州府城西君山一名湘山書云九江即今
之洞正義蒼梧山在道州南檀弓舜葬於蒼梧之野文穎曰
庭也蒼梧九疑山半在蒼梧半在零陵　按蒼梧山海經注云山
今在零陵營道縣南道州寧遠縣有九疑山今在永戰
州府寧遠縣南六十里營道縣今永州府屬道州地汾陘之塞國
策南有汾陘之塞今按陘塞其說有三山海經有少陘之山太平
御覽謂在滎陽則正義新鄭近之滎陽春秋爲鄭戰國爲韓蓋南
北之隘道楚爲塞以禦北方故蘇秦於韓曰南有陘山於楚曰北
有陘塞其地一也楚漢之際亦于此决勝負焉左傳楚子庚治兵
於汾涇云襄城縣東北有汾邱城今襄城屬汝州汾陘之塞蓋在
汝鄭二州　按陘山在今河南許州府郾城縣南又新鄭亦有陘

山在縣南三十里汾邱在今河南許州府襄城縣東北　郇陽漢地理志漢中旬陽縣輿地廣記金州洵陽縣　按金州後漢末爲西城郡魏得之改魏興申儀爲太守屯洵口蜀蔣琬欲由漢沔襲魏興今屬利州路南蔽夔峽西接梁洋爲控扼之地蘇秦所謂郇陽卽旬陽也徐廣以爲順陽索隱以爲新陽皆非也　按洵陽縣陝西興安府屬　鄢郢楚人對頃襄王曰秦左臂據趙之西南右臂傳楚鄢郢膺擊韓魏垂頭中國處既形便勢有地利正義鄢故城在襄州率道縣南九里郢故城在荆州江陵縣東北六里秦兵出武關則臨鄢矣下黔中則臨郢矣地理志南郡宜城故鄢江陵故楚郢都楚文王自丹陽徙此後九世平王城之後十世秦拔郢徙陳郢都西通巫巴東有雲夢之饒亦一都會也　按楚都郢今爲湖北荆州府治江陵縣今紀南城在荆州府治北十里鄢爲楚別都今襄陽府宜城縣西南九里　汶山地理志蜀郡湔氐道嶓山在西徼外江水所出東南至江都入海輿地廣記在茂州汶山縣西北俗謂之鐵豹嶺禹之導江發跡于此　按汶山在茂州南山之附曰羊膊江水所出　扞關楚世家肅王四年蜀伐楚取茲方於是楚爲扞關以拒之郡國志巴郡魚復縣有扞關李熊說公孫述曰東守巴郡拒扞關之口正義華陽國

志云巴楚相攻伐故置江關陽關括地志陽關今涪州永安縣治
陽關城也扞關今峽州巴山縣界故扞關是江關今夔州魚復縣
南二十里江南岸白帝城是後漢岑彭傳公孫述遣將乘枋箄下
江關注云舊在赤甲城後移在江南岸對白帝城故基　按古捍
關在湖北宜昌府漢屬江夏越世家竟陵澤楚之材也輿地
長陽縣南七十里　**竟陵**　廣記復州竟陵縣秦白起攻楚拔郢東至
竟陵晉竟陵郡改治沔陽　按今地理志蜀郡有汶江縣
湖北安陸府天門縣即古竟陵縣　**汶**　**巴**　水經江水自天彭闕東
逕汶關而歷氐道縣北注汶出徼外岷山西玉輪坂下郡縣志渝
州古巴國閬白二水曲折如巴字故謂之巴正義巴嶺山在梁州
南一百九十里蘇代云輕舟浮于汶乘舟出於巴謂汶江巴江也
按汶山在四川茂州南江水所出汶江縣今四川緜州安縣地
玉輪江在茂州汶川縣地蘇代所云蜀地之甲浮汶下江五日至
郢謂是水也巴國今保寧府巴州重慶府巴縣地巴嶺山一名大
巴山在陝西漢中府西鄉縣界接巴　**五渚**　裴駰云戰國策秦破荆
州界巴江在巴縣東北一名內江　襲郢取洞庭五渚然則
五渚在洞庭水經注湘水沅水微水澧水　**隨**　今隨州左傳漢東之
凡此四水同注洞庭北會大江名之五渚　隨國隨爲大春申君曰

韓魏必攻隨水右壤正義楚都陳而隨故國　**汝潁**　左傳楚文王縣
在西安是楚右壤　按今湖北德安府隨州　申息朝陳蔡封
畛於汝晉師與楚師注潁而軍　按汝水出河南汝州魯山縣東
北經伊陽至汝州南又東南經寶郏南入南陽府裕州歷許州府
之襄城郾城南至汝寧府西平境至潁州南而入于淮其自南陽
已下皆楚境也潁水出陽城山東至下蔡入淮在今安徽潁州府
潁上縣與鳳陽府壽州接界　**江漢**　詩滔滔江漢南國之紀左傳楚
荀子曰楚汝潁以爲險是也　漢水以爲池江漢雎漳楚之望
也楚世家先王受封望不過江漢上地名云江經南　**鄧林**　荀子楚
郡江夏弋陽安豐漢經襄陽至江夏安陸縣入江　界鄧地
之山林淮南子注沔水上險　按史記楚阻之以鄧林劉氏以爲
今襄州南鳳林山是古鄧侯之國故云阻以鄧林疑鄧林即桃林
也鄧桃音相近其　**方城**　左傳方城以爲城注云方城山在南陽葉
地則楚之北境也　縣南郡國志在汝州葉縣西南十八里淮
南子九塞荆阮方城皆在楚地理志葉縣有長城號曰方　**沅湘**　地
城　按卽今河南南陽府裕州東北四十里葉正在州北　理
志沅水出牂柯郡故且蘭縣東南至益陽入江湘水出零陵郡零
陵縣陽朔山北至鄷入江山海經沅水出象郡鐔城西入東注江

入下雋西合洞庭中郭云湘水出零陵營道縣陽朔山入江 按沅水源出四川播州今貴州遵義府地流經 湖南沅州府辰州府入常德府界經桃源縣又經龍陽縣北入洞庭湘水源出廣西桂林府興安縣海陽山一名陽海山北行至柳州府入梧州府界至桂林府入湖南永州府與瀟水合曰瀟湘經祁陽縣至衡州府與烝水合曰烝湘與沅州府沅水合曰沅湘自衡州府北流三十六灣入洞庭

郯淮 地理志東海郯縣故國水經注故城在下邳縣東北一百五十里楚人對頃襄王曰鷹擊郯國大梁可得而有也蘇代遺燕王書曰驅韓魏以伐齊曰必反宋地歸楚淮北又見齊王曰有淮北楚之東國危 按郯沂州府郯城縣淮北即下蔡縣蓋自哀二年吳遷蔡于州來謂之下蔡由是壽春城在淮之南下蔡城在淮之北相去三十里夾淮為國今壽州治即古壽春縣為楚考烈王所築州北三十里有蔡國城即古下蔡矣

九夷 李斯曰惠王用張儀之計南取漢中包九夷制鄢郢索隱云屬楚之夷也

苻離之塞 宿州苻離縣漢屬沛郡南臨沛河按苻離即今安徽鳳陽府宿州

甘魚之口 左傳昭十三年楚公子比次于魚陂注云竟陵縣城西北有甘魚陂水經注竟陵城旁有甘魚陂按戰國多以水攻故守甘魚之口 按

今在湖北安陸府天門縣西北天門縣即古竟陵縣寘阸之塞即鄖阸○呂氏春秋淮南子九塞此其一也左氏定四年楚左司馬戌曰還塞大隧直轅冥阸春申君傳秦踰黽隘之塞而攻楚楚世家楚人曰涉鄖塞而待秦之倦也正義申州羅山縣本漢鄖縣有平靖關蓋古鄖縣之阸塞劉伯莊云秦兵向楚有兩道涉谷西道河外東道從褒斜入梁州即東南至申州汝石城山險阸之塞也　按今在河南汝寧府信陽州東南九十里湖北德安府應山縣北六十五里一名平靖關

燕

蘇秦說燕文侯曰燕東有朝鮮遼東北有林胡樓煩西有雲中九原南有滹沱易水地方二千餘里南有碣石雁門之饒北有棗栗之利此所謂天府者也秦之攻燕也踰雲中九原過代上谷彌地數千里雖得燕城秦計固不能守也秦之不能害燕亦明矣今趙

之攻燕也發號出令不至十日而數十萬之軍軍於東垣矣渡嘑沱涉易水不至四五日而距國都矣故願大王與趙從親天下爲一則燕國必無患矣　蘇代見燕王曰天下戰國七燕處弱焉獨戰則不能有所附則無不重南附楚楚重西附秦秦重中附韓魏韓魏重　張儀說燕昭王曰今大王不事秦秦下甲雲中九原驅趙而攻燕則易水長城非王之有也　韓非子曰燕襄王以河爲境以薊爲國襲涿方城殘齊平中山有燕者重無燕者輕

朝鮮　地理志元菟樂浪郡皆朝鮮濊貊句驪皆夷殷道衰箕子居朝鮮之朝鮮朝鮮王傳滿燕人自始燕時嘗略屬真番朝鮮爲置吏築障秦滅燕屬遼東外徼漢興爲遠難守復脩遼東故塞至浿水爲界屬燕滿東走出塞度浿水居秦故空地上下障王之都王

險城括地志高驪平壤城本漢樂浪郡王險城即古朝鮮

遼東　地理志燕地東有遼東匈奴傳燕置遼東郡以距胡通典舜營州遼水之東是也燕遼東郡秦漢因之東逼樂浪晉置平州後魏時高麗國都其地唐置安東都護府　按遼東今盛京

雲中九原　正義二郡並在勝州雲中故城在榆林縣東北四十里九原在榆林縣西界漢武帝改爲五原郡括地志勝州連谷縣本秦九原郡按匈奴傳趙武靈王置雲中趙世家云地西至雲中九原　按勝州今陝西榆林府榆林縣附府首邑雲中郡今大同府地九原縣故址在大同府城西北五百里漢五原郡故址在大同府西北四百二十里五原城在榆林府神木縣地

嘑沱　地理志虖沱河自代郡鹵城縣東至参合東至文安入海并州川隨圖經云魏改曰清寧河光武紀注山海經云大戲之山虖沱之水出焉在今代州繁畤縣東流經定州深澤縣東南即光武所渡處猶謂之危渡口　按水出今山西代州繁畤縣北秦戲山東

易水　地理志易水出涿郡故安縣閻鄉東至范陽入濡亦注勃海入淶并州寖郡縣志易水在涿州歸義縣南二十五里　按易水在保定府安州城之北源自府境曹河徐河石橋河一畝泉河滋河沙河鵶兒河唐河至此合流爲易水又至雄縣南

為兵濟河過沽直入于海

碣石 地理志大碣石山在右北平驪城縣西南通典平州盧龍縣在揭石山碣然而立在海旁晉太康地志秦築長城所起自碣石在今高麗界非此碣石也括地志在盧龍縣南二十三里史記騶衍如燕昭王築碣石宫親往師之正義云碣石宫在幽州薊縣三十里寧臺之東水經在遼西臨渝縣南水中 按碣石山在今直隸永平府昌黎縣西北二十里

鴈門 匈奴傳趙武靈王置鴈門郡李牧常居代鴈門備匈奴山海經鴈門之山無草木注云即北陵西隃鴈之所出因以名云在高柳北 按鴈門山在山西代州北三十三里

代上谷 匈奴傳趙置代郡燕置上谷郡 按代城在宣化府蔚州東二十里上谷郡治故城在延慶州城西北

東垣 趙攻中山取東垣輿地廣記真定府真定縣本中山之東垣邑漢十一年陳豨將趙利守東垣高帝攻拔之改曰真定 按今直隸正定府正定縣

長城 匈奴傳燕築長城自造陽至襄平置上谷漁陽右北平遼西遼東郡以距胡通典麟州銀城縣五原塞即縣北所謂光祿塞晉太康地志北地郡行九百里得五原塞又北出九百里得造陽即此 按造陽地在上谷韋昭云未詳孰是襄平縣今盛京奉天府屬遼陽州地光祿塞即光祿城今在陝西榆林府神木縣

境　薊樂毅書薊邱水經注今城內西北隅有薊邱因邱以名邑猶魯之曲阜齊之營州唐志幽州薊縣燕國都薊　按薊邱即薊門在順天府城界薊縣　今順天府太興宛平二縣地

涿方城　應劭云涿水出上谷涿鹿縣　漢涿郡涿縣廣陽郡方城縣水經注聖水自涿縣東與桃水合東逕涿縣故城下與涿水合聖水又東逕方城縣故城李牧伐燕取方城是也王肅曰今涿郡方城縣有舊韓城郡縣志方城故城在涿州固安縣南十七里本燕舊邑　按涿縣即涿州地涿鹿縣今宣化府保安州地方城縣即順天府固安縣地

中山　通典定州安喜縣古中山鮮虞國也新樂縣鮮虞左氏定四年傳荀寅曰中山不服威烈王十二年中山武公初立郡縣志定州春秋時鮮虞白狄之國戰國時爲中山國與六國並稱王後爲趙武靈王所滅　今爲直隸定州

孟子時事考徵卷第四終

涇城東門內雙桂齋鐫

四書教子尊經求通録（孟子）二卷

清　楊一崑著　清　楊恒占編次

清嘉慶七年刻本

四書教子尊經求通錄

津門楊一崑無怪著　男恒占補拙編次

孫雲書午橋　雲棟松岩　校梓

曾孫景曾仰山　耀曾靖峯　校字

孟子卷之一

梁惠上

孟子見梁惠　章

梁六國之藩屏也秦欲吞六國必先得大梁梁不入

於秦秦不能一六國一天下也蘇子曰周之失計未有如東遷者而魏之失計在都大梁去河山之險而就平衍四達之地棄文侯武侯兩代之霸迹而爲新造之邦使早聘孟子必爲王定不遷之計矣愚按戰國人君於說士皆稱先生而不名叟雖長老之尊然非尊之之詞慢之之詞也故花叟釣叟卽諺所謂老人家老頭兒之謂也卽此一字梁之不用孟子必矣梁惠視孟子爲老朽不堪用之人也容曰孟子一書

成於孟子之手孟子何爲自貶也愚曰其自書也似乎自嘲要之必紀實也按謚法仁義所在曰王與王何必曰利語正相發明朱註俱通

孟子見梁惠　章

愚按此章宜詳解者在前二節朱子無明註講章諸家一齊入夢矣試思梁惠之所以招孟子者非以東敗於齊西喪地於秦南辱於楚乎其意在圖大舉謀復讐此時正不樂之時非樂時也但其視孟子也爲不足與謀故立於沼上聊作閒散鴻雁麋鹿之顧聊

以寫憂也非謀樂也詩曰我姑酌彼金罍惟以不永懷與所謂酒以合歡者不迥殊乎往見前輩顧鴻雁麋鹿時文謂梁惠宜顧孟子不當顧雁鹿愚謂孟子皓髮蒼顔鬚眉如戟非以梁王一顧爲幸者也客皆粲然玩賢者亦樂此乎句惠王之所謂賢者卽能舉兵復讐伐秦伐楚伐齊之賢者亦樂此乎者謂必無暇樂也梁惠於此時於不樂中尋樂謂現有鴻雁麋鹿便可樂也孟子之所謂賢者卽仁民之賢者不賢者卽不仁哉梁惠王也有此不樂四字孟子於梁王

如見其肺肝然鍼鋒相對矣從來講章極似王南孟
北上下意不通貫殊可哂也觀下文以不樂儗桀孟
子之不仕於梁可預卜矣客曰靈臺靈囿之靈字註
中終少明文愚按靈臺之詩小序云民樂文王有靈
德則靈臺因文德命名也說苑云積恩爲愛積愛爲
仁積仁爲靈義與小序同又一說天子曰靈臺諸侯
曰觀臺又按汪義門讀書記謂文王繼體卽位本都
岐在位四十六年遷郢又三年遷豐作臺臺則在豐
也至七十里之囿在岐山舊都大約七十里內皆屬

嶺林麓爲多若靈囿在辟雍旁不過一射圃耳朱註不日不終日也毛西河據註疏謂不日不設期日也成之非謂已成也詩語前四句是經營之始極通朱註於下節註云君子引此以明君獨樂不恤其民則民怨之不能保其樂蓋猶以梁惠爲樂鴻雁麋鹿也

梁惠王曰寡人章

愚少時曾與客辯盡心焉耳矣句爲自傷自憐非自矜語謂人於得意之事必自矜以有成功也若移民移粟民不加多國且日蹙則自傷自憐而外並無善

策尙何自矜之有客不以爲然也按古帝之都多在河東河北故呼河北爲河內河南爲河外五畝之宅節孟子屢言之孟子所謂王道欲用以治天下者卽此也朱註五畝之宅二畝半在田二畝半在邑觀韋昭所註管子謂戰國城郭之域惟士工商而已農不與焉則二畝半在邑之說未確也或引南山詩中田有廬爲證然詩所謂廬者乃卽田畔稍高處苫小茅舍以便憩息避風雨故曰廬明非宅也曰疆場明不在公田中也曰有瓜明不可植桑也

梁惠王曰寡人願安承教章

觀首句似與上章不分爲兩章可也寡人願安承教句似稍稍知孟子尙可與言之人其餘白文俱明朱註亦通

梁惠王曰晉國　章

惠王心事至此始爲孟子正告焉則前此固以孟子爲不足言也按惠王三十年魏伐趙趙告急於齊齊宣王用孫子計救趙擊魏魏遂大興師使龐涓爲將令太子申爲上將軍與齊人戰敗於馬陵齊虜太子

申殺龐涓此敗於齊也又按魏世家惠王七年與秦戰元里秦取我少梁商君傳秦孝公遣衞鞅將兵伐魏虜公子卬魏割西河地以和此即所謂喪地七百里也集註謂數獻地於秦不在惠王之世矣至南辱於楚句戰國策載魏圍趙邯鄲楚使景舍救趙取魏睢濊之間乃惠王時事至集註昭陽攻魏在梁襄十二年矣周氏典故辨正言之極明深耕易耨句在趙註易耨謂芸苗令簡易也較朱註尤通餘畧同

孟子見梁襄王　章

望之不似人君孟子去梁之意決矣白文及註俱通

齊宣王問曰齊桓晉文　章

章義不過教王推仁牛之心以仁民耳曰吾惛曰不敏曰嘗試其不信孟子審矣而孟子必與之言王道者孟子之學在是也按困學紀聞云齊桓之將興也恒星不見星隕如雨晉文之將興也沙鹿崩自是諸侯無王矣愚謂孔子之意在尊周孟子之意在滅周本不相合仲尼之徒二句是孟子語非孔子語註引董子更爲後世語矣考釁鍾趙註謂塗其釁郤孫疏

以爲厭變怪二說不同。按釁之義有三。如雍人釁廟、釁門夾室、小子釁社稷五祀之壇墠、圍師釁廐、此是祓除不祥之義。大司馬釁車器、小子釁邦器及車器、則是彌縫罅隙使完固之義。大司馬涖釁主龜、人釁龜、太史釁龜筴、天府釁寶鎮寶器、則又取其膏澤護養精靈之義。鐘爲邦器。蓋塗其罅隙也。典故辨正考之極詳。又北海即渤海。與太山皆就齊地言之。又趙註折枝案摩折手節解罷枝也。郝仲輿云屈抑腰肢、見長者之禮。亦一解也。朱註則言折樹枝矣。寡妻字

朱註謂寡德之妻若代妻謙焉者毛西河謂妻惟一
人妾則多矣故稱寡妻極通莅中國而撫四夷即王
也誰不欲王只所行非王道耳劉熙註中國字曰帝
王所都爲中國勝於朱子之註多矣

梁惠王下

莊暴見孟子曰　章

幼時師爲愚解鼓樂田獵兩節愚自覺田獵一段與好樂全不連貫詰之師師以抽出一條插上一段語了結之矣至愚授徒則預爲之言曰此段不可解蓋不知爲不知也後見四書釋地閻百詩謂余最賞宋陳善曰莊暴章好樂之樂皆悅樂之樂而世讀爲禮樂之樂誤矣惟鼓樂字當爲禮樂之樂其他獨樂衆樂皆悅樂之樂也不然方言禮樂忽插田獵勿乃非

類乎真通人之論也蓋孟子曾告齊宣王以先王無流連之樂荒亡之行一旦語及其心病故不覺變色好歡樂與好貨好色一例事耳或曰古之樂字無出處百詩曰古而無死則古之樂也明在左傳矣大抵詩書無口冤直難明後人多爲先儒成說所壓折而不能自伸其心思目力以追尋聖賢徵文奧義於千載之上遂相率而爲矮人見耳悲夫愚觀閻百詩之論深爲傾倒客笑曰人之好怪也乃遂改孟子愚曰誰改孟子改孟子者非趙岐卽宋人耳不惟此章好

樂之樂爲不亦樂乎之樂卽論語知者樂水益者三
樂之樂皆明明爲不亦樂乎之樂也語未畢客則掩
耳而走矣

文王之囿　章

白文朱註俱明

齊宣王問曰交鄰國有道乎　章

白文極明惟樂天畏天字朱註謂天者理而已矣樂
理畏理似不可信

齊宣王見孟子於雪宮　章

講章謂齊王館孟子於雪宮王就見之當面誚薄孟子曰賢者亦有此樂乎孟子曰有愚按首句白文無館孟子字又無就見字閻百詩謂子思聞繆公友士之言不悅豈孟子受齊王當面誚薄乎賢者二字仍指人君言與梁惠王章同也白文見孟子字非就見也仍延見也昔齊景公見晏子於雪宮而管仲晏子爲孟子所羞稱茲以與民同樂忽詳晏子對景公一段故事蓋地爲先齊君臣遊觀之地也百詩謂齊景見晏子於雪宮事出晏子春秋今察晏子春秋無此

語豈誤在他書耶轉附朝儛自來莫知所在有謂轉附乃太公之墓即武陵朝儛乃桓公之墓即穆陵周理衷以爲據檀弓太公反葬於周括地志桓公墓在牛山上惟百詩謂二山當在海之東盡頭處如成山召石山之類登之可以觀海至海盡頭處後復迴轍循海濱西行以南至於瑯琊此雖臆説大畧近之矣未節畜君字在趙註解畜爲勖頗直快矣

人皆謂我毁明堂章

毛西河曰明堂在魯地今爲齊有者也註者但曰王

者聽政之所未聞周王聽政在東魯也若謂因巡狩而設則西嶽南嶽之明堂不見經傳且欲行王政而以文王治岐爲言文王猶未能及身而王也蓋古明堂之制原爲饗帝而設自黃帝以來唐虞夏商俱有之但饗帝必有配也后稷既配天於郊矣而文王則配天於明堂孝經謂宗祀文王於明堂是也周頌我將詩小序謂祀文王於明堂則配帝之祭也魯本侯國而以文王爲出王故魯爲大宗之國因特立周祖在祖廟之外又以文配帝特設明堂爲出王配帝之

所也今其地與堂盡爲齊有齊宣欲毀孟子因想到文王治岐之政至下二節王曰好貨王曰好色猶曰吾不能行文王之政耳而孟子則曰公劉好貨太王好色此孟子無中生有文字硬派公劉爲好貨太王爲好色究其實公劉何嘗好貨豈有公劉遷國並餱糧不備者乎太王何嘗好色豈有亶父遷岐並其妻亦遺者乎孟子以公劉爲好貨者謂如公劉自備餱糧而爾時之民使居無積倉行無裹糧是公劉好貨不與百姓同之也以太王爲好色謂如太王自愛太

姜攜以遷岐不計民閒內有怨女外有曠夫是太王好色不與百姓同之也觀公劉遷邠自備餱糧民閒亦有餱糧太王遷岐自攜太姜而有夫婦亦使民閒隨者各攜夫婦此所以於王何有也不然自古人君豈有好貨好色能王天下者哉講章時文詮發明通者甚希矣典故辨正解走馬字謂走馬者變乘爲騎也不暇駕車也古稱黃帝以車戰蚩尤以騎戰又觀以鞍爲几則古之有騎明矣況邠近西戎走馬或西戎之俗亦似也

王之臣　章

白文朱註俱明

所謂故國者　章

今日有親臣他日有世臣矣宣王或於臣輕用之復輕殺之故孟子言焉國君進賢如不得已節朱註謂尊尊親親禮之常也用賢非禮之常夫曰非常則變矣國君依賢而治用賢非禮乎非禮之常乎孟子尙論堯舜之天下曰天與賢則與賢天與子則與子玆以爲用賢非禮之常然則孟子非與

湯放桀章

湯放桀武王伐紂童稺所知者宣王乃不知古有此事而問曰有諸乎有諸云者怪之之詞非疑之之詞即下文臣弑其君發端語也宣王蓋以孟子到處勸諸侯易侯而王非以臣弑君不可而湯武固非無可議也於傳有之與文王之囿章迴別文王之囿有於傳傳者稗官雜史之類放桀伐紂有於傳傳者鉅典也下文賊仁者二句詁欠直捷按謚法仁義所在曰王賊仁者謂當時有好仁者紂俱殺之有好義者紂

俱殺之賊殺也故曰殘賊故曰一夫以臣弑君始於武王湯未嘗也故孟子據武王伐紂以答之其語直如矢利如刀矣豎儒每疑末二句爲孟子飾詞諱言以臣弑君真眼如豆大耳

爲巨室　章

白文極明惟末句趙註謂治國家而令從我是以己意教導玉人治玉也更通於朱註矣

齊人伐燕勝之　章

孟子無勸王取燕之意武王一層是陪襯作開語文

王乃作主語也玩下文如水益深如火益熱並非懸擬之詞豎儒每疑孟子之意涉乎兩岐則眼如豆大耳

齊人伐燕取之章

觀此章益信孟子無勸王取燕之意矣白文極明惟若大旱之望雲霓句朱註謂雲合則雨虹見則止似也然謂大旱望雲則信矣若謂大旱望虹其可通乎愚按爾雅疾雷爲霆霓蓋將雨則必雲合有疾雷也

鄒與魯鬨章

白文最明。

滕文公問曰間於齊楚　章

此章重守字白文最明

築薛　章

朱註薛國名考薛即見於國策孟嘗君收債之薛也

昔爲薛國今爲齊地蓋薛國爲齊滅久矣此章無守之語孟子蓋教之遷矣

竭力事大國　章

此章之意孟子亦教之遷耳觀其序大王之事詳盡

乃爾則孟子之意重遷不重守可知也客曰朱註明
是重守爾曰重遷何也愚曰朱註非孟子白文也白
文講遷語詳講守語畧又以或曰字別之或之者外
之也客曰事齊事楚章但言守此章忽又重遷孟子
乃若是無主意乎愚曰此正是有主意也事齊事楚
商於無事之秋孟子雖不言事大之術然無論事齊
事楚未有不宜築城鑿池為守計者此常道也至築
後竭力事之不得免是處變矣處變但曰死守是守
以待死矣試思滕之小國有不為齊楚併吞者乎唐

前明之末乃寄朱諸[illegible]明孟子[illegible]

時非明皇之西蜀則唐亡矣。宋時非高宗南渡則宋亡矣。孟子與滕文素相知，心豈遽告以死法乎。但於此遷於何地尚可謀耳。

魯平公將出　章

白文最明。

公孫丑上

夫子當路於齊　章

可復許乎許字朱註許期許也趙註許猶與也益見明通曾西朱註曾子之孫蓋從趙註也毛西河按經典序錄謂曾申字子西子夏以詩傳曾申左邱明作傳以授曾申則是曾申爲曾子之子非孫也蓋申爲西方之星故楚之鬬宜申公子申皆字子西閻百詩考爲曾元之弟曾子之次子也微仲之兄長子微伯早卒有子名腨次子微仲無國邑而稱微從父爵也

厥後襄封宋公終身只稱微仲忠孝之義也逮於置郵而傳命典故辨正按字書曰馬遞曰置步遞曰郵極通愚按此章乃孟子觀時審勢知六國將歸一統故透快言之其於時君必勸之王者皆以此

動心章

趙註動心爲畏難自恐不能行也較朱註尤通愚以一毫挫於人句趙註一毫挫謂拔一毛也亦通孟施舍施爲發語聲漢註朱註俱同閻百詩謂發音在首如吳曰句吳越曰於越是也中加語助事已罕見施

字爲語助亦罕見也觀舍豈能爲句舍爲一字單名昔曾有少施氏安知孟施不與少施一例乎極通極通愚嘗謂客曰孟施舍似曾子北宮黝似子夏雖有朱註未能信心客曰何如愚曰曾子教子襄以勇明在下文且有惴字吾往字是曾子之無懼也舍能無懼便似曾子矣守約約字朱註解爲要字按字書無此解或即約束克己之意也至曾子守約朱註解爲循理理字乃宋人常談耳至北宮黝之所以視子夏處尚待詳考不敢即定也不得於言數語朱註詮解

最多然謂不得於心勿求諸氣者急於本而緩其末也不得於言勿求於心者失於外而遂遺其內也愚謂氣體之充非末也言爲心聲非外也內外大小本末精粗等字本朱註分配套語不足信也客曰然則何解愚曰白文最明不得於心勿求於氣者如一事不得則終日不食終夜不寢以思卽求於氣也不得於言勿求於心者凡自己說話與聽人說話全不求甚解也而謂可乎志氣之帥氣體之充白文最明下文夫志至焉氣次焉至無暴其氣者何也朱註講章

七斷八續全不聯貫極似志爲一件物事氣又爲一件物事志壹動氣氣壹動志之說反爲不合矣愚細按白文夫志至焉氣次焉言志之所到氣卽隨之至到也謂志先到氣卽次到也如人有忿怒則必拂衣按劍忿怒志到也拂衣按劍卽氣次到也若以志爲至極氣爲次之是強分等次志氣亦有等次乎此可解乎惟志到氣亦必到故貴持其志無暴其氣下文丑不明志氣相付相隨故疑持其志無暴其氣之說孟子明謂志與氣相隨相付矣心卽志也下文浩然

之氣宋註左理右理程子謝氏俱參一解矣愚按孟子所謂浩然之氣者非宋人所謂理學孟子初不知所謂理學也氣何以謂之浩然貧賤不能移富貴不能淫威武不能屈是也故曰至大至剛又曰配義與道其實只是集義而生非外飾爲義也取之卽色取仁而行違之取也必有事焉曰知錄引倪文節謂當作必有事焉而勿忘勿忘勿助長也傳寫之譌以忘字作正心二字也按書無逸篇句自時厥後立王生則逸生則逸不知稼穡之艱難亦是疊句而文亦有

致此另一解也朱註亦通愚按下文助長即暴其氣也至何謂知言節註疏言人有邪詖之言引事以褒人若賓孟言雄雞自斷其尾知其欲以譽子朝也有淫辭如驪姬勸殺申生知其陷害之也有邪辟不正之辭若豎牛勸仲壬賜環之事能知其行譖毀以離叔孫也有隱遁之辭若秦客之廋辭於朝知其欲以窮晉諸大夫也生於其心譬若君有殘賊嚴酷心必妨害仁政不得行之也發於其政者若出令欲以非時田獵築作宮室必害民之農事使百姓有饑寒之

惠漢人解經在徵實亦自明通朱註亦通但謂四者相因則未必然耳至下宰我子貢稱贊孔子周理衷謂當是孔子既殁以後子貢宰我有是語的似的似

以力假仁者　章

白文明可不用註

仁則榮不仁則辱　章

白文極明惟鴟鴞之詩辨正云孔子序鴟鴞於徂東之前則東征白在作鴟鴞以後也居東當從蔡氏解居國之東也鴟鴞乃居東時所作此時二叔雖布流

言尙無叛迹自公居東二年始廉得其實所謂罪人斯得也作此詩以貽王王亦疑信難決亦未敢誚公迨及風雷感悟迎公以歸二叔自知陰謀旣破舉兵以叛然後公始征之蓋自居東以至班師前後五年矣朱子後來與蔡氏帖不從孔傳特未及追改詩註耳極通

尊賢使能　章

無夫里之布趙註布錢也周禮閭師凡無職者出夫布載師宅不毛者出里布

人皆有不忍人之心　章

白文極明惟末二節當一節爲臣者言一節爲君者言方與不忍人之政相應也

矢人豈不仁於函人哉　章

白文極明愚按章意仍爲爲君不仁者警也人役也是君事人之謂也

子路人告之　章

白文極明不必用註

伯夷非其君不事　章

白文亦極明

公孫丑章句下

天時不如地利　章

公羊曰五板而堵五堵而雉百雉而城蓋天子之城方九里諸侯禮當殺則知公七里侯伯五里子男三里蓋古者七十里之國則惟三里之城矣環而攻之不可無備彼下陽舉而虢亡虎牢城而鄭懼西河失而魏蹙故王公設險以守其國也典故辨正云周禮春官簭人九日簭環鄭註謂簭之可師否也環而攻之謂占而攻之也下文故曰必有得天時者矣通朱

註亦通

孟子將朝王　章

幼時每以景丑氏固將朝也聞王命而遂不果四句

爲確當不易蓋使王不使人來則孟子固已朝矣何

有出弔要路宿景丑氏之事哉客曰此孟子未仕於

齊時也禮宜王來就見愚曰觀下文孟子謂我非堯

舜之道不敢以陳於王前明是仕齊之時若非仕齊

何以章首大書曰孟子將朝王積思之久知孟子通

章之意在大有爲之君必有所不召之臣二句下文

引湯於伊尹以實之初孟子之卿於齊也在所就三之列王卽不使人來孟子亦第與之委蛇而已矣固以王爲非大有爲之君也譬如販古玩者列三代之鼎彝於肆市不識貨者以爲破爛費銅販古玩者不屑與之校也至有欲其名而不深知其貨者少一婆娑販古玩者必畧爲酬應至有識其貨而欲買之者則賣者亦欲與之成交然既爲三代法物其必不肯當破爛費銅賣也必矣孟子販古玩者也初以王爲不知其貨者而少一婆娑遂思畧爲酬應故將朝王

也王使人來曰寡人如就見者也朱註並無明文講家胡濫混過殊爲可笑按白文謂王本宜來就見因疾不可風故使孟子去朝王絕妙在一如字謂說明情事雖王未來就見如就見矣齊王之驕滑不可掩矣設使無此人來則孟子如販古玩者不得售主斯亦已矣有此人來知王爲識貨者孟子能賤售乎戰國之士如蘇秦張儀皆爲諸侯王不召之臣其才不過如管仲止矣孟子欲致君於湯武恆憂無識之之人幸獲齊王則冀其大有爲矣大有爲者何曰王天

下也孟仲子公孫丑景丑氏未能見及此也考孟仲子與孟子共事子思其後復學於孟子出詩譜

陳臻問曰前日於齊　章

白文極明但考辭此時地入於齊無辭君矣或即孟嘗君之類與俟再考也

孟子之平陸　章

閭百詩謂平陸爲去厥國孔子時爲魯中都地今屬齊之邊邑矣典故辨正云持戟之士衞士非戰士也失伍謂前驅行列不整非逃陳也去之謂罷遣之白

文不曰殺之也若作殺之解則下接失伍句亦太唐突矣閻百詩引商君傳持矛而操闟戟者旁車而馳𧨏政列傳持兵戟而衛侍者甚衆皆言守衛之士也極通

孟子謂蚔鼃曰章

數年前會試第三題爲齊人曰所以謂蚔鼃則善矣愚於號屋中會詰左右同號舍者曰一事要領教王之爲王應非從諫如流之主孟子亦知之否曰奚而不知也愚曰孟子知王之不納諫而慫慂蚔鼃諫之

是速之行也且孟子何畏於王而不自諫必待蚔鼃耶若吾爲蚔鼃必招孟子與之俱諫去則同去可耳一江南人辨曰下文所謂我無官守我無言責先生忘卻耶愚曰唯唯不敢忘但不知孟子此時在齊閒仕乎抑爲客卿乎江南人曰必爲客卿也愚曰惟爲客卿故下章書曰孟子爲卿於齊淳于髡曰夫子在三卿之中皆見於孟子中者今忽逼蚔鼃進諫於王至朝進諫而夕去官孟子則曰我無官守我無言責則吾進退豈不綽綽然有餘裕哉近今市井及宦途

一種狡獪奸滑無良無賴之人往往如此而謂孟子如此乎如此則齊人宜曰所以爲蝨蠹則惡矣而反曰善乎聞者皆笑遂各散去江南人曰先生休矣作墨卷與作經解不同陶靖節謂好讀書不求甚解乃真讀書種子也先生但能就題論題詞調豐滿便可中進士勿求甚解也各笑而罷次日夙夜一同號者來日前聞先生論三藝遂覺格格先生果何解也愚曰細玩語意孟子必非奸滑無良之輩其慫慂蝨蠹所諫之事必爲士師所當言者非孟子所當言者也

若爲孟子所當言孟子於王曩固無所不言者俱載孟子中矣豈今日忽遺蚳鼃耶下文官守言責俱當指士師言謂我無士師之官守我無士師之言責也其人但首肯焉

孟子爲卿於齊　章

白文自明

孟子自齊葬於魯　章

趙註敦匠爲句敦匠爲厚作棺也事嚴爲句謂喪事急也愚按墨之治喪以薄棺三寸衣三領爲度孟子

葬親獨厚賢如充虞且疑之蓋其時墨道大行也閻百詩謂書葬而不書喪改葬也禮改葬緦麻服事畢而除服故反於齊若屬新喪營喪方畢即復反齊卿之位可謂無君皇皇矣而身且不能行三年之喪何以教滕世子哉說亦極通觀周理衷典故辨正云按家語孔孟三年之喪周人既卒哭而致事致事者謂歸政於君也大夫三月而葬五月而卒哭孟子蓋卒哭之後反於齊致其爲卿之事於齊王也此新喪非改葬也說亦通

沈同以其私問曰　章

今有殺人者問孟子曰人可殺與孟子旣應之曰可則一刀頭落矣復問誰可以殺之勿乃過於酸腐耶客笑曰然則孟子是何言與愚曰自文極明人自蒙混耳今有殺人者無論已殺與未殺而持刀者一人也或問之曰是又一人也故以或字别之非卽殺人之人也或不殺人不持刀宜有可殺與與孰可以殺之之婉問也沈同者或之類也蓋齊人於此已定伐燕之謀矣特恐孟子諫言阻撓其事故遣一無名之

沈同作局外閒論以得孟子之一言以爲務緣孟子此時在卿之中固有言責者向使王驩陳賈輩明來問孟子齊將伐燕可乎否乎孟子於此則曰今以燕伐燕也且於此必朝於王力言燕之必不可伐處惟沈同於齊爲無名之臣王驩輩特遣之來作局外冷言閒問孟子故章首以其私問四字便見作成圈套矣但得孟子曰可據此一字便可出師矣便可聲言孟子勸齊伐燕矣至伐燕有利則功在於羣臣伐燕而敗則罪歸於孟子聖賢直道必不以機械待人於

此遂墮其術中當應之日可時實不知齊之將伐燕也若已知齊將伐燕而應之曰可是勸齊伐燕矣復曰未也是窮於詞矣致取喻於殺人又遁詞矣且下章王復何慙於孟子之有哉

燕人畔　章

王曰吾甚慙於孟子則孟子未勸齊伐燕必矣按三監皇甫謐帝王世紀云自殷都以東爲衞管叔監之殷都以西爲鄘蔡叔監之殷都以北爲邶霍叔監之此爲三監也趙註周公謂管叔弟也故愛之管叔念

周公兄也故望之親親之恩也按金縢孔傳以管叔爲周公弟白虎通姓名篇數文王十子長伯邑考次武王發次周公旦次管叔鮮蔡叔度列女傳母儀篇數太姒十子亦以管蔡爲周公弟他如鄧析子無厚篇傳子通志篇漢晉諸儒皆謂然也惟孟子白文及朱子則謂周公弟而管叔兄

孟子致爲臣而歸　章

典故辨正云孟子仕齊喪母歸魯矣至終喪後復之齊與齊王相習最久故尹士譏孟子不明日然且至

且至者再至也蓋孟子兩次至齊矣故王曰今又棄
寡人而歸多一又字可見此郝京山解之最確者也
又十萬字蓋孟子通計仕齊所得之數非一歲所得
也不然則十萬鍾爲六十四萬石矣果若是多與至
季孫節趙註謂季孫子叔皆孟子門人聞孟子不受
萬鍾之言而季孫曰異哉子叔亦疑其說而以爲可
受也集註則以子叔疑爲名矣謂爲不知何時人辨
正云子叔之先出自魯文公之子曰叔肸叔肸之子
曰子叔聲伯伯後遂以子叔爲氏昭公二十九年叔詣

卒公羊載季孫意如曰叔詣無病而卒皆天也非我也則季孫卽平子意如子叔卽叔詣也一作子叔倪昭二十年夏叔詣猶會諸侯於黄父是年秋季孫逐昭公叔詣始有怨於季孫故爲政不用周公穿漏殊妙

孟子去齊宿於晝　章

晝與晝通蓋齊西南邑也通鑑燕伐齊聞晝邑人王蠋賢令軍中環晝三十里無人焉愚按孟子去齊乃王驩陳賈輩排擠之使去者至留行之客亦王驩陳

賈輩遣來故作嘲詬者不然客留孟子何處安放將入其家耶孟子深知客爲王驩輩遣來者故隱几而卧以示敖惰不然客縱不曉事終屬好意孟子何謂之絶長者乎

孟子去齊尹士語人章

愚按尹士誠小人之尤卽王驩陳賈之黨羽也語人之人卽王驩陳賈之人也尹士深以孟子去齊爲快並爲王驩陳賈輩快特以三宿出晝之故心甚懸懸恐王復招孟子孟子復入於齊則大與諸臣不利也

聞孟子出晝大言於朝使高子聞之轉告於孟子則孟子去齊不再來必矣或孟子此時先行高子隨後方行皆不可知孟子謂王庶幾改之竊意即前章過則改之之意即指燕事也按戰國賢君無愈燕昭故鄒衍自齊往矣劇章自趙往矣樂毅自魏往矣孟子足跡不入於燕何也蓋燕昭禮士欲復讐伐齊也孟子嘗爲卿於齊厥後宣王雖死湣王尚在君子違不適敵國一也再者孟子仕齊之日齊人伐燕齊人皆聲言孟子勸齊伐燕矣設孟子至燕燕人將得孟子

而甘心焉蓋王驩陳賈輩早極之于其所往矣章末士誠小人句尹士猶有積忿也

孟子去齊充虞路問　章

愚按充虞爲孟子弟子中之賢者若有不豫及不怨天不尤人語乃向孟子作慰藉語非詰難語也故孟子下文直抒胸臆透快言之以可與言而始與之言也

孟子去齊居休　章

休地距孟子家約百里耳公孫丑之才遜於充虞故

孟子卽其所問而答之客嘗詰愚曰孟子旣曰有去志又曰久於齊非我志何以三宿出晝猶以爲速曰則必反予不前後自相矛盾耶有說乎愚曰善哉問也孟子今日所言蓋初心也非轉念也孟子初心本不欲仕齊以王知敬孟子孟子故爲卿於齊而食其祿必宜忠其事王於孟子又不能言聽計從故孟子不受祿也至三宿出晝尙曰王庶幾改之猶望王之聽從其言也王如改之孟子必反於齊有不易其初心者哉伊尹旣而幡然改曰正是此意

滕文公上

滕文公爲世子　章

愚按孔孟治天下必無所謂宋儒理學者孟子道性善者以戰國爭地則殺人盈野爭城則殺人盈城孟子特以性善之說救之勸時君之勿嗜殺也稱堯舜者堯舜之治第愛民耳滕文公按趙氏註古紀世本滕國有考公麋元公弘卽定公文公世本今無傳此可備參考也滕南與楚鄰舉足便入其境西南行三百五十餘里始過宋知滕文與孟子相信深矣

滕定公薨　章

白文最明。

滕文公問爲國　章

闇百詩云貢異於助者惟無公田耳若樂歲不取凶年取盈如孟子所云在禹貢何有上上錯乎龍子必有爲言之也蓋戰國諸侯重歛病民立法曰貢不因豐凶而損益之且托貢法以文過故孟子有感而述其事禹之法固不然也龍子之所謂貢者特戰國之貢耳其論極通愚按雖周亦助何明其用意之同也

並非周既用徹又用助也趙順孫謂使畢戰問井地井地者謂以地畫井井田則畫井成田矣是有辨也通愚按穀梁云古者三百步爲里名曰井田井田者九百畝公田居一私田稼不善則非吏公田稼不善則非民又曰古者公田爲居井竈葱韭盡取焉若夫潤澤之朱註謂因時制宜趙註謂加慈惠潤澤之通

有爲神農之言者許行　章

愚按許行一楚之無賴耳風聞孟子稱堯舜大爲小國滕君所重思亂其局以爲笑又苦無才無學因卽

伊種地想到神農謂堯舜已古神農且更古於堯舜
也但神農之時草昧未開神農何嘗有言流傳於後
世彼但以意爲之而已矣章首書有爲神農之言者
許行九字便字字斤兩殊可失笑其言曰聞君行仁
政言外便見行仁政是第一可笑事至陳相陳辛皆
曰聞君行聖人之政是亦聖人也三句三聖人當面
嘲笑可笑可惡下文孟子攻辨盡力特由彼自取耳
孟子之稱堯舜非假神農所能亂者故有大哉堯之
爲君君哉舜也一段許子才能但能耡地故孟子求

之以爲許子何不爲陶冶舍朱註舍字屬上句最通
愚按孟子謂爲天下得人難蓋謂自家爲滕公所得
若堯之得舜舜之得禹臯雖治天下不難也從來講
章無見及此者亦可笑也舜使益掌火句毛西河謂
火者堯時掌行火之政令亦即此官註誤以烈山爲
虞官矣按此益初是火官至舜時改作虞官書傳自
明耳愚按益與臯陶兄弟非父子也益爲臯兒名隤
敳臯陶名庭堅皆八凱中人也姚姓玉女妻隤敳則
益爲舜之壻矣史記誤以益爲臯陶之子是以其兒

爲其子也考秦爲伯益後當東遷以後秦遂大昌若益爲臯陶子則左傳云臯陶庭堅不祀忽諸豈可通乎江漢以濯之句蓋江出岷漢出嶓冢皆梁州漢至大別入江二水合爲一總名江故禹貢爲江漢朝宗於海職方氏荆州曰其川江漢蓋一水也下文故以秋陽對巨屨小屨同賈句最疑小屨固屬省料然誰服小屨無貨之者矣及閲趙註謂巨小言粗細也極通

墨者夷之章

夷子不來句趙註以爲記事語非如講章家謂孟子囑徐子曰夷子不必來也愚按夷子固墨者之雄也以孟子素攻楊墨心竊不平因求見孟子以相詰難孟子不與之見者知其生死於墨者無可挽回故宜絕之也客曰否否章末明有命之矣句朱註謂彼之惑易解爾必以爲未歸於儒無可挽回乎愚曰客亦知夷之此後拜孟子門牆爲弟子乎有事典可據乎而謂其惑遂解乎孟子之意恨不能易彼之墨而爲儒彼開口便言儒者之道本同於墨猶之近今和尚

謂聖道即佛教也孟子斥墨者之薄葬先詈之曰夷之二本彼夷之豈木石乎若夷之而木石者聞孟子此語當不介意若非木石無弗含怒者况夷子欲以儒入墨者乎曰命之矣怒辭也憤辭也謂孟子乃吾不消見之人也推之士誠小人也與論語雖有粟吾得而食諸皆怨辭也陋儒第眼大如豆耳烏得知

滕文公下

陳代曰 章

愚按陳代乃以孟子道不行爲憂遂爲孟子作權宜長算而孟子則所守者一不能移也白文極明

景春曰 章

往送之門閻百詩曰門母家門非壻家門也今人有母送女至壻家禮遂認作壻門不知婦人迎送不出門又内言不出於梱古豈有是耶然孟子已與儀禮不同儀禮士昏禮父在阼階上西面戒女母戒女於

西階上則爻固有命之之語也愚按衍儀非如側媚妾婦但不能正君以道孟子遂謂其無違以順爲正矣至一怒諸侯懼正如妾婦以順進身而當權之日遂制丈夫矣

周霄問　章

章意白文俱明

彭更一章

愚按孟子弟子惟彭更爲大可笑蓋彼即後車數十乘從者數百人中之一人也飽食攤飯一無事事回

過飽之過也

憶曩時糠糲不飽今如夢境也因逸生疑反致不安遂於暇日誚詆師長真所謂侏儒飽欲死也孟子之道欲與王本難與之細談談亦不解也若彭更不從孟子遊不過通工易事以粟易布及爲梓爲匠爲輪爲輿已耳按章内數子字孟子薄之外之之意自見趙註晝墁解爲晝地而復墁滅之存叅

宋小國　章

按世家云宋偃十一年自立爲王東敗齊取五城南敗楚取地三百里西敗魏軍乃與齊魏爲敵國萬章

所云行王政當在此時至偃王淫虐當在得志以後其初未必然也不然豈有諸侯皆目爲桀宋而萬章猶以爲行王政者哉湯與葛爲鄰按葛嬴姓之國葛有二一爲黃帝後姬姓一爲嬴姓湯十一征見於商頌者有韋顧昆吾見於書序者有三朡而征有洛征荆滅溫見竹書征密須見國策征有卞見路史並葛並桀爲十一征

孟子謂戴　章

閻百詩謂不勝即盈之之名名與字正相反的似的

似典故辨正考齊語楚語最詳齊語謂鮮爲斯見詩箋以是爲祈以獻爲莎以快爲麾以糠爲相以殷爲衣見禮記註以焚爲樵以得爲登以疾爲僂見公羊傳註以息爲咽以瘠爲脉以火爲燬見爾雅註疏楚語以亂爲散以虎爲於菟見古註以牢爲霤以偖爲倦以躓爲蹪見淮南子註謂多爲夥見史記謂逮爲與見爾雅註謂彖爲琴見水經註以滿爲憑以轉爲邅見離騷註引而置之莊嶽之閒句辨正考莊在鹿門之內嶽里名在宮門之外北門之內左傳襄公二

十八年得慶氏之木於莊昭公十年又敗諸莊哀公六年戰於莊即此莊也襄二十八年慶封反陳於嶽即此嶽也蓋莊嶽皆齊城內街里之名

不見諸侯[illegible]章

按段干氏初邑於段後邑於干因邑爲氏也魏世家有段干子田齊世家有段干明呂氏春秋期賢篇云段干木光乎德寡人光乎地段干木富乎義寡人富乎財按陽貨爲家臣非大夫也孟子以爲大夫蓋家大夫之謂也毛西河之解最通

戴盈之　章

拨盈之欲去關市之征第行什一之法乃是大好事孟子反比之攘雞人將疑之矣不知孟子正速之使行非阻之使不行也今茲者今年也趙註如此最通

公都子曰外人皆稱　章

好辯兩字註無明義人遂疑孟子好博辯公都子因致問此夢話也無論下文許多皆爲泛語而通章義已不明矣趙註謂好辯者謂好與楊墨之徒辯卽末節能言距楊墨也好辯兩字解清通體有着落非泛

語矣朱子作集註不集此註亦欠事也誅紂伐奄二句典故辨正云奄國在淮夷之旁周公居攝之時亦叛王與周公征之三年滅之據此則伐奄是成王時事按尙書大傳管蔡流言奄君謂祿父曰此百世一時也因舉事故同管蔡武庚而俱叛竹書成王三年殺武庚遂伐奄四年伐淮夷再伐奄入之五年滅之遷其君於蒲姑是三年也伐奄本成王事白文當以相武王誅紂爲句以伐奄三年討其君爲句最通又滅國者五十句按周遺書世俘解武王命伐越伐戲

方伐靡集於陳伐衛伐磨伐宣方伐蜀伐霍伐艾皆俘之作維解周公所征熊盈族十有七國俘維九邑竹書成王三年滅蒲姑四年滅淮夷滅奄八年滅唐呂氏春秋商人服象爲虐於東夷周公以師逐之路史武王俘佚侯滅國可考者惟此孔子懼作春秋節闇百詩辨曰愚自用賤自專雖有其德苟無其位不敢作禮樂若孔子自托南面之權以行賞罰是作福作威躬蹈無君之罪亂賊且自我始而又何懼天下之亂臣賊子乎夫吳楚僭王號曾變禮樂專征伐若

以匹夫假天子之柄而乃誅人之僭王變禮樂其誰
信之蓋春秋者魯史也孟子謂詩亡然後春秋作蓋
西周盛時文武典制天下所共守朝會宴享之樂祭
釐陳戒之詞燦然俱在是謂之雅至幽王爲犬戎所
殺平王東遷周室遂弱天下諸侯不復尊周黍稷遂
降爲風而雅亡矣由是禮樂征伐自諸侯出臣弑君
子弑父孔子爲是懼據文武之典制以明天子之號
令而春秋作焉隱公元年即平王之四十九年也王
迹至是而熄春秋自是而始天下皆曰周雖有王猶

無王也孔子則曰周德雖衰天命未改周固有王也其典制號令俱在可取而行也故曰春秋天子之事非謂孔子行天子之事也取桓文者謂其能尊周也書王正月者存周之正朔也尊王人以抑諸侯明周之等威也故曰其義則丘竊取之矣若謂行天子之事是平王以前政教號令天子自行之平王以後政教號令孔子另行之也而文武安在哉時王安在哉胡氏註春秋謂以夏時冠周月夫用前代之正朔以紀當代之事則不可以成文改當代之正朔以紀當

代之事則不可以爲史春秋之事莫大於正朔若任意爲之將爲國史乎將爲私言乎且僖五年書正月朔日南至用夏正則正月安得日南至春秋書二月無冰使用夏正則二月雨水何以書無冰十月隕霜殺菽使用夏正則十月安得有菽隕霜猶爲遲矣知我者二句蓋知我者謂我尊周也罪我者諸侯惡其書己也蓋春秋既明著其僭亂之罪有王者起在所賞乎在所罰乎罪孔子惡孔子也百詩解辨極通註所集胡註蓋難通也周公兼夷狄句按夷狄卽指

奄與飛廉秦本紀衍之元孫曰中國在西戎保西垂實生蜚廉又柏翳子孫或在中國或在夷狄飛廉非夷狄耶鄭康成曰奄國在淮夷之北觀其後屢與淮浦之夷徐州之戎並叛則正爲一類末節趙註孟子自謂能距楊墨也自明好辯之故也

匡章曰　章

看書最宜有眼界謂仲子爲廉者非他人乃匡章也匡章非他卽得罪於父出妻屏子致通國皆謂不孝之人也匡章出妻仲子惟知有妻匡章以母而得罪於父仲

子則離母二人之行大相反背乃匡章出妻屏子通國皆稱不孝仲子辟兄離母通國皆謂其能廉匡章特借仲子之廉不廉以證己之孝不孝耳若孟子謂仲子爲誠廉則匡章誠爲不孝矣不然仲子烏能廉則章子非不孝也朱註講章大全時文從無見及此者抑何可笑白文語意皆明惟己頻顣曰句陸宗楷謂四書辨疑云已當作巳與以同音謂初見所饋生鵝固已頻顣而惡之矣接下他日意始有倫次最通

離婁章上

離婁之明　章

白文朱註俱明或考公輸爲魯昭公子存叅

規矩方員之至　章

白文朱註俱明

三代之得天下　章

白文朱註俱明

愛人不親　章

白文朱註俱明

人有恒言　章

白文朱註俱明

孟子曰爲政不難　章

朱註、巨室世臣大家也凡求通者、不、無、疑焉謂爲政

不難只須君弱臣强耳觀趙註云巨室賢卿大夫家

較之朱註通

天下有道　章

白文朱註俱明齊景公節考吳越春秋闔廬破楚復

謀伐齊齊使必爲質於吳此爲實錄所嫁者乃闔廬

長子終纍夫差兄也

白文極明禹貢錐指曰滄浪漢水之色也

不仁者可與言哉　章

白文朱註俱明

桀紂之失天下也　章

白文明

自暴者不可與有言　章

道在爾而求諸遠　章

邇爾字通用註極通餘可不必

居下位而不獲於上章

白文亦明朱註於此等必曰理故謂明善爲窮理誠爲理之在我皆宋說也客曰然則何解愚曰反身者自問也不誠者僞也誠即忠誠之謂不誠謂僞也明善謂於善甚明也誠者天之道註疏謂天之道天性也通愚按誠者天之道句謂四時行百物生春夏秋冬序必無僞亦通

伯夷辟紂章

白文極明觀趙註以閒文王作與五字爲句謂文王

作而興王道也亦通

求也爲季氏宰章

按爭地以戰五句孟子之必謂性善者以此

存乎人者章

白文明

恭者不侮人章

白文明

淳于髡曰男女授受不親章

閻百詩云梁惠王卑禮厚幣以招賢者鄒衍淳于髡

與孟子同至於梁而孟子終不仕於梁故髡有此問也極通

君子之不教子　章

典故辨正云子不肖子也非善子也合章語意皆明矣不然謂君子必不教子那得通

事孰爲大　章

白文明

人不足與適也　章

朱註明程註可刪

有不虞之譽　章

愚按毀譽本非好字譽曰不虞謂不意也如譽顔淵則謂其富於周公是豈顔淵所虞哉如毀孔子則謂孔子之勇斷不如卞莊子既爲孔子必宜如卞莊子也非求全乎從來解者全不警切

人之易其言也　章

白文朱註俱明

人之患　章

白文明集註人資於己不得已而應之與誨人不倦

意適相反難通

樂正子從於子敖之齊　章

朱註謂樂正失身罪大豈王驩爲嬖臣樂正亦與之學嬖耶毛西河云樂正不絕驩或驩以禮遇之未可遽絕也原非失身何至罪大故正義云孟子譏之責賢者備也愚按趙註謂孟子重愛樂正子欲亟見之深思之而望重也

孟子謂樂正子曰　章

朱註謂正其罪而切責之愚按樂正爲善人爲信人

特一時與子敖偕行終非失身孟子求賢者備故有是語亦恐他人之疑其餔啜故孟子先爲是語以曉之朱註謂正其罪吾不知其罪爲安在聊容辨曰上章明有克有罪字矣愚曰解書最可惡者在故入人罪上章克有罪謂不早來見孟子爲有罪非謂從子敖爲有罪也

不孝有三　章

白文朱註俱明

仁之實　章

愚按當時如夷子之不知一本告子以義爲外故孟子言此以救時弊也謂吾每言仁義人多不曉不知仁之實卽孝也義之實卽弟也仁義禮智爲性之德何以謂智智者知孝知弟而能守孝弟而不失者也何以謂禮節知孝弟而不知禮則食親如飼犬馬事兄如所謂豕交者有之矣故禮也者所以節文孝弟也有禮斯有樂禮樂本一類也樂非琴瑟鼓鐘但有聲容也所以爲樂者緣人之所樂在孝所樂在弟而樂則生矣樂則生矣之樂字必禮樂之樂字也客曰

不然如爲禮樂之樂字何以下復曰生則惡可已也

愚曰樂之道有樂有舞舞者樂之成也故大司樂言樂德樂語而終於樂舞樂師言樂成告備而終於樂舞禮記言詩言志歌咏聲而終於舞動容生則惡可可已也謂由樂遂生舞也講章朱註似涉元虛

天下大悅而將歸己　章

白文明集註引羅仲素謂天下無不是底父母無論事父母幾諫與有隱無犯涕泣而隨之諸語全然難通而謂父頑母嚚爲是然則大舜非與

離婁下

舜生於諸馮　章

典故辨正云舜生於諸馮之姚墟孫疏諸馮在冀州之分負夏衞地也見檀弓鄭註史記舜就時於負夏就時謂逐時射利也則遷爲貿遷之遷舜之卒他書多言蒼梧惟竹書謂舜崩於鳴條與孟子同沈休文註鳴條有蒼梧山今海州曰海州則遠甚矣辨正謂距蒲都三百餘里即括地志所謂南坂口高涯源是也畢郢字有考蓋在渭南者名畢原在渭北者名畢

陌畢原爲文王葬處又畢郢之國初爲畢程竹書周師伐程戰於畢是也

子產聽鄭國之政　章

子產聽鄭國之政三句乃時人相傳爲美談者孟子本不深信其事謂卽使果有此事子產亦特惠而不能爲政耳蓋闢時言之謬也不然子產爲孔子所深許孟子豈必欲是非謬於聖人乎

君之視臣　章

白文極明

無罪而殺士章

白文極明

君仁莫不仁章

白文極明

非禮之禮章

趙註謂非禮之禮如陳質娶婦而長拜之非義之義如藉交報仇是也正義曰此蓋史傳之文爾云然皆通於朱註也

中也養不中章

白文明朱註解養字最通餘可不必

人有不爲也　章

白文極明

言人之不善　章

白文明朱註通

仲尼不爲已甚者　章

正義云已甚者疾之已甚也論語疾之已甚亂也此

與論語同意亦通

大人者言不必信　章

趙註謂言不必信若子爲父隱行不必果若親在不

許人以死極通

大人者不失其赤子之心　章

趙註云大人謂君也言國君視民如赤子不失民心也是另一義通又一說與朱註同亦通

養生者不足以當大事　章

白文明

君子深造之以道　章

愚按白文謂君子於道務期深造欲道得於己也道得於己則居之安居趣居也資之深資者借道助我也取之左右逢其原謂道爲我用由我取也朱註程

註似皆欠明曉

博學而詳說之　章

愚按此與上章無干白文亦明

以善服人　章

按人卽中養不中才養不才之養

言無實不祥　章

按晏子春秋有賢不知一不祥也知而不用二不祥也用而不任三不祥也盖古有此言矣

徐子曰仲尼　章

考徐子、卽徐辟也。林氏謂孟子對病發藥、愚不敢知也。

人之所以異於禽獸者　章

舜明於庶物二句、漢註謂舜明庶物之情、識人事之序、最明通。

禹惡旨酒而好善言　章

朱註通程註可刪。

王者之迹熄　章

秦龍光曰、考秦本紀襄公七年周東徙雒邑、平王封襄公爲諸侯賜以岐西之地襄公十二年卒子文公四年始至汧渭十六年始取周餘民有云地至岐岐以東獻之周前此二三十年周雖以岐西賜秦秦實未敢有也兩都形勢在平王時成王宗周規模尚存當時人心望其西歸見於三百篇者匪一至其末年岐豐之地盡入於秦故大夫行役見宗廟宮室盡爲禾黍於是黍離之詩作君子知平王之不復西而序詩列之國風故曰王者之迹熄熄絶也褒姒滅之於前平王棄之於後春秋以東遷而作始於平王四十

九年蓋紀實也平王者宜臼也按宜臼奔申居申七
年而申侯與犬戎殺王於驪山之下幽王之弑宜臼
主之弑逆之人不可以君天下當時諸侯第知録嗣
爲當立而虢公獨立王子余臣是爲攜王攜王余臣
非伯服也蓋幽王之少子也自是二王並立者二十
年論大義則宜臼之立未必是攜王之立未必非也
攜王在則平王未全乎君聖人作春秋誅亂臣賊子
平王亂臣賊子之首也典故辨正云變風變雅作而
王澤竭矣然則詩亡者謂正風正雅亡也困學紀聞

云秦有誓而書亡曾有頌而詩亡曾郊禘秦僭時而禮亡大夫肆夏三家雍徹而樂亡桀紂失其道而湯武作周失其道而春秋作檮剛木也杌樹無枝也從木從壽垂可久也莫可動也史本歷久不易之書其義最精至高陽才子有檮戭今音檮杌亦陸德明九經釋音之誤又方朔神異經謂方荒中有獸狀如虎而犬毛八面虎足名檮杌一名傲狠一名難訓春秋顓頊有不才子名檮杌是也註謂筆則筆削則削據事直書所謂筆也楚吳雖僭王號必書曰子紀實也

尊周也非削其爵也宋人謂孔子削諸侯之爵如滕侯爵也書滕子來朝孔子安得降人之侯又安得與人以子謂魯桓大惡滕侯首朝之爲黨惡遂降爲子豈黨惡者不足爲侯止可爲子與且魯桓大惡會去其所稱之公可乎閻百詩謂此事乃二百年以前事也周天下雖弱豈無一事行於弱小之國傳曰杞侯爵魯莊公二十七年書杞伯來朝其後又稱子葢爲時王所黜也薛侯爵莊公三十一年書薛伯卒葢爲時王所黜也滕侯爵隱公七年見書滕侯卒其後稱

子亦爲時王所黜也必以爲孔子降之則謬矣論甚通其義則某竊取之句愚按自文竊取字謂竊取之古人也即述而不作之意也

君子之澤章

閻百詩謂君子之澤在新鄭高氏引端毅王公云澤色澤謂容貌色澤也猶口澤手澤之澤五世有及見其人者形容音響尚有稱述之者君子小人不指有位者解較之朱註極通

可以取章

毛西河云孟氏與聖門何怨必發此三端以盡責聖門賢者可怪甚矣然漢時趙註亦如是朱註仍之耳金仁山云此必戰國之世豪俠之習勝多輕施結客若四豪之類刺客輕生若荆聶之類故孟子爲當時戒耳

逢蒙　章

堯時有善射者名羿羿慕其人因襲其名也按羿初學射於弧父楚人也盡得其道又學於吉甫亦得其道羿之見殺在左傳與竹書皆謂寒浞此章首三句

必爲古書孟子引之或逄蒙輔寒浞而殺羿者子濯孺子事在左傳則庾公終爲孺子射而死與孟子不合不知何故

西子章

趙註蒙不潔謂以不潔之巾帽蒙其首也通於朱註矣

天下之言性也章

愚按白文言性別爲天下即謂告子公都之類也則故而已矣謂第言其已然之跡如吾弟則愛秦人之

弟則不愛是也然故亦宜以利爲本卽如人性之善也猶水之就下也人無有不善水無有不下是也所惡於智者爲其鑿也此孟子自明與告子諸人所以致辨之由如智者若禹之行水則無惡於智蓋水無有不下所謂利也禹之行水雖有許多措施要只是順水就下之性若如朱註所謂未嘗以私智穿鑿而有所事則八年在外以及禹貢所載豈皆妄乎天之高也節蓋以禹之平地想到羲和之成天毛西河謂日至兼冬夏言之周官惟曰冬夏致日者以此二者

尤以夏至爲重大司徒土圭之法亦言夏至之景自漢以下始專論冬至西河之論最通每見講章解可坐而致句謂前代日至可坐而考愚謂前代日至歷書俱在考焉何爲白文乃謂至此以後千歲之至可坐而致與論語雖百世可知也語意正同講章可駁處如此者多矣

公行子有子　章

考天子卿有太師少師諸侯卿有左師右師餘則白文俱明

君子所以異於人者章

孟子或以橫逆之來發爲此章或以人憂橫逆孟子爲此言也皆不可知此物奚宜至哉白文語極尖穎蓋以人而謂之物也必以物註爲事孟子不是佛菩薩也一朝之患註無明文講章遂不可通矣按論語一朝之忿忘其身被殺者卽一朝之患也

禹稷顏子　章

愚按此卽孔子不在其位不謀其政之義也

匡章通國皆稱不孝　章

客皆詰愚曰爾謂孟子君子之不教子謂不肖子也至此章孟子又曰父子責善賊恩之大者章子亦不肖乎愚曰章子之父或不肖也客大笑曰自古無不是的父母豈有父而不肖者愚曰此羅仲素萬不可通之言也孔子曰事父母幾諫若使無過諫何爲乎孟子之言豈必翻孔子舊案與客曰白文明謂父子責善賊恩之大者愚曰責善則離爲子不肖者言之也責善賊恩爲父不肖者言之也不然育子者皆以責善則離而不教事親者皆以責善賊恩而不諫有

子不教則不肖者無幾矣有親不諫則不陷親於不義者無幾矣誤天下蒼生者卽孟子之言也豈有此理

曾子居武城　章

武城南武城也吳未滅與吳鄰吳既滅與越鄰曾子卽武城人也負芻之禍句時有作亂者名負芻也餘則白文俱明

儲子曰王使人瞯夫子　章

此章本連下齊人爲一章愚按孟子至齊時言堯舜

言仁義當時以爲大異乎人王故使人私瞯孟子孟子謂堯舜無異於人破其惑也以下引齊人一段故實謂畏瞯者雖妻妾亦足瞯其鏬漏如今之求富貴利達者大半畏瞯吾不畏瞯也起首王使人瞯夫子中間吾將瞯良人之所之末節由君子觀之觀字卽瞯字也瞯字非常見之字章義明明白白確不可易也漢趙岐註孟子卽誤分爲兩章試思果爲兩章則由君子觀之節當有孟子曰三字矣至其妻歸告其妾六字爲兩句既以所見告其妾矣以下復曰良人

者所仰望而終身也今若此若此卽播閒乞食也曾見明人時文今若此題一味作合胡語愚謂其妻因其事訕之泣之誠爲有由若非其妻明告其妾其妾便復與之訕且泣焉不誠與一犬吠形百犬吠聲類乎明文講章之難通以至於此末節由君子觀之謂其妻其妾雖爲愚婦人要亦君子之流亞也人之所以求富貴利達者無不畏瞷吾不然也

齊人有一妻一妾章

解見前章

萬章上

舜往于田　章

考公明高與公明儀蓋昆弟也按九子事舜者以爲師也趙註九男爲一朱八庶考帝王世紀堯娶散宜氏之子曰女皇生丹朱又有庶子九人路史堯之長子監明先卒富宜氏生丹朱庶子九人與呂氏春秋同郝京山謂丹朱不在列也考竹書堯五十八年使后稷放朱於丹水七十一年命二女嬪於舜則此時朱不在列必矣少艾有解爲如夜未艾之艾者蓋言

人知好色則慕親之心稍止也少音上聲按國策幼艾爲建信君則男色也有解爲慕男色者似可笑而實鑒也

娶妻如之何　章

萬章所引完廩一段係古書之詞非章自作之語觀父母字便可見矣趙註引史記一說與朱註同一說捐階時舜已從階下矣瞽瞍不知而焚廩竹書謂舜服鳥工衣飛去矣使浚井填以石舜服龍工衣自旁而出鳥工衣龍工衣不知是何法實亦可笑也司馬

温公謂瞽象雖愚豈不利其子與兄爲天子而欲殺之乎卽殺之堯必誅己宜所不敢也論衡謂此舜未遇時事然白文明有二嫂臣庶等語矣考列女傳謂瞽瞍速舜飲酒將以醉而殺之二女乃與舜藥浴注遂往飲終日不醉舜有女弟曰繫甚憐之與二嫂諧按舜妹名敤手見漢書人表史記正義作敤手孟奇引說文畫嫘舜妹也列女傳作繫疑誤合敤手二字爲一字而又訛作繫耳周理衷辨正以爲荒唐不可信路史又謂惟茲臣庶二語舜告皋陶語也鬱陶乎

予心顏厚有忸怩五子之歌也按爾雅鬱陶喜也章合爲舜象之言以此斷其謬妄愚按當秦火未燬之前何書不有自宋人謂千古皆理人皆少見而多怪矣又考左傳史趙之言曰自幕至於瞽瞍無違命則虞氏幕故有國至瞽瞍亦無違命則粗能守其國者其欲殺舜蓋欲廢嫡立幼而象亦欲殺其兄亦欲奪嫡故耳辨正據史記以駁左傳愚謂左傳之語近似也容辨曰如謂舜爲有國之子何以有耕歷山及陶漁等事又何以書言明明揚側陋曰瞽子曰有鰥而

無貫者之子名號乎愚曰禹會諸侯於塗山執玉帛者萬國國既號萬則古時諸侯本不甚貴本不及後世諸侯之顯赫也况舜又不得於親則或爲親所逐自謀口食也故有耕稼陶漁等事固可通也

象曰以殺舜爲事　章

左傳序四凶事矣而他書所載異說尤多逸周書共工自賢自以無臣久空大官下官交亂民無所附唐氏伐之共工以亡又曰外內相間下撓其民民無所附三苗以亡韓非子三苗有成駒亡國之臣也又路

史驩兜以嬖臣狐攻專權亡國呂氏春秋堯以天下讓舜鯀怒彷徨於野以患帝韓非子堯欲傳天下於舜鯀諫共工又諫曰孰以天下而傳之匹夫博物志云堯以天下讓舜三苗之民非之則四兇又以忌舜而獲罪矣莊子釋文謂堯六十年放驩兜六十四年流共工六十六年竄三苗竹書堯六十九年黜崇伯鯀皆在舜徵庸之前蘇子瞻謂四罪皆遷之遠方爲要荒君長然左傳明謂投之四裔以禦螭魅豈使爲君長耶且殛字果何解亦爲君長耶又投共工水官

名非人名也方朔神異經謂西北有獸似虎有翼聞人鬬輒食直者聞人忠信輒食其鼻聞惡人爲不善者輒殺獸而往饋之名曰窮奇又南方有人人面鳥喙有翼不飛食海中魚爲人很惡不畏風雨禽獸犯死乃休一名鴅兜又名驩兜又有人面目手足皆具人形而胳下有翼不能飛爲人饕餮淫逸無禮名曰苗民或即吳越所謂左洞庭右彭蠡者與至於鯀在帝王世紀鯀顓頊之子字熙甫世本亦然然愚每觀經書所繪古帝圖以黃帝始以下顓頊生鯀爲長子

顓頊次子爲窮蟬窮蟬生敬康敬康生句望句望生
橋牛橋牛生瞽瞍瞽瞍生舜舜之祖窮蟬與鯀屬同
父兄弟而舜之所歷者則爲鯀鯀迺舜之老祖老祖
也第計窮蟬一支爲時一百九十餘年遂歷窮蟬敬
康五代而及舜則窮蟬敬康句望橋牛四代中亡
者太多矣蓋瞽瞍亦享大年之人舜亦非少年有帝
位者三十徵庸載於尚書矣禹在位八年壽一百歲
通盤計算積堯舜在位之年及道紀所載禹生於堯
帝戊戌五十八載六月六日是伯鯀生禹之時已一

百七十七歲矣以一百七十七歲之老見能生大禹之聖子亦神奇可敬者也考竹書鯀爲顓頊子生於顓頊三十年至帝堯五十八年始命治河鯀治水時在生禹之後已一百八十一歲矣至九載績用弗成竹書載堯六十九年黜崇伯鯀此時鯀已一百八十九歲矣亦可謂老而不死者也其被殛時想在舜受終文祖與初巡狩之年即堯之七十三四年閒也此時鯀之年已一百九十有餘而終遭殛罪亦怪事也按鯀已爲堯之叔父行舜則鯀之第四代孫輩也而

舜則殛鯀豈五服親盡與抑大義滅親與惟經書所繪之圖在左者一支甚少而窮蟬一支又甚多心疑此處必有謬誤徧質諸同人及老師宿儒無論能考論者乏人卽能致疑者亦不多見殊可駭嘆昨見周理裒典故辨正亦疑及此誠可謂能讀書非合眼讀書人也辨正據漢書律歷志謂顓頊後五世而生鯀差爲近之無怪曰極通極通

咸丘蒙章

咸丘、魯地蒙、齊人也春秋桓七年焚咸丘是也章義

白文極明

堯以天下與舜　章

章義白文極明閻百詩考堯治平陽舜治蒲坂禹治安邑三都相去各二百餘里在大河之北其河之南則豫州地非帝畿矣

至於禹而德衰　章

章義白文極明辨正考陽城在嵩山之南箕山又在陽城之南至太丁死而立外丙是無嫡而立嫡之弟非廢嫡立弟也胡五峯謂外丙仲壬並未立考仲丁

始廢嫡立弟而沃甲則立兄祖辛之子祖丁祖丁又立沃甲之子南庚南庚又立祖丁之子陽甲則不但立弟且立姪不但立母弟且立從弟故諸弟子爭立比九世亂自仲丁至陽甲九世非通數傳弟之九世也胡氏不明史筆概以爲亂制則弗審矣竹書載外丙名勝元年乙亥卽位二年崩仲壬名庸元年卽位四年崩此其的然可據者國語云商之享國三十一王今合外丙仲壬數之尚鈌其一蓋史失之也若更無外丙仲壬則止二十有八王國語近古之書必不

謬妄至此也愚謂辨正之持論極通

伊尹以割烹要湯　章

有莘古莘國去湯亳南亳不過四百里所以可三聘若大姒所產之莘國則遥遠矣閻百詩考最詳

孔子於衞主癰疽　章

癰疽史記作雍渠韓非子作雍鉏顔讎由子路妻兄亦彌子妻兄故可達意於子路一名爲顔濁鄒即讎由素學於孔子者也讎由善事親嘗以非罪被執子路贖之或疑其私於所昵孔子辨其非出孔叢子至

司城貞子邵二泉謂先仕宋後仕陳陳侯滑亾也史記滑公名越不名周郝京山因謂陳侯周非名也周訓忠信解言貞子爲陳侯忠信之臣也黄大中亦祖其說矣

百里奚　章

毛西河謂趙岐註謂奚自賣五羖羊皮爲人養牛賣已物以養人牛貧而不吝可以爲要譽之具依文度事其解不過如此乃言則人人殊也如扊扅之歌曰百里奚新娶我兮五羊皮是聘物也又曰西入秦五

羊皮則攜作客貲者史記奚亡秦走宛鄙人執之穆公以五羊皮贖之是又贖奚物也若朱註謂得五羊皮爲人食牛從來無此解且此事何足邀譽趙氏去古未遠或有師承若以今人造古事何可如此

萬章下

伯夷目不視惡色　章

趙注、惡色、謂行不正而有美色若夏姬之類是也、惡聲謂鄭聲也朱子無註講章則不可辯矣伊尹節曰天之生此民也云云、羅敦仁曰此是語汝鳩汝方語蓋伊尹去亳適夏既醜有夏復歸於亳入自北門遇汝鳩汝方因有汝鳩汝方二篇今尚書有其目無其文矣

北宮錡　章

朱註此章之說與周禮王制不同蓋不可考闕之可
也最通

敢問友　章

費惠公即魯季氏以邑爲國而僭稱公然無考也通
章白文語意極明

敢問交際　章

典故辨正云獵較大抵出於魯之三家非田獵之百
姓相較奪也襄三十年傳鄭豐卷將祭請田子產弗
許曰惟君用鮮衆給而已是因祭而獵惟諸侯得行

之大夫不與焉魯自三家僭竊禮擬於君祀則豐於昵務以多品美物爲觀美於是有田獵較奪之事孔子不禁而先簿正祭器蓋陰以禮裁之也若謂魯人習俗如是則孔子爲政能使市不飾賈塗不拾遺而獨不能變此俗乎且庶民有何祭器庶民之祭烏得用四方之食而煩孔子之簿正耶其論極通又按桓五年書公狩於郎公羊曰諸侯曷爲必田狩一曰乾豆二曰賓客三曰充君之庖此則可與辨正相發明矣

仕非爲貧也　章

章義白文白明

士之不託諸侯何也　章

白文明白是臺無餽句朱註臺賤官左傳云僕臣臺

敢問不見諸侯　章

閽百詩云虞人守苑囿之吏也山虞每大山中士四人澤虞每大澤大藪中士四人迹人掌田獵者亦中士四人餘皆下士及府史等矣將獵先示虞人以期日告以田於某所庶幾虞人芟除其草萊可爲陣地

至期大司馬立熊虎之旗所以集衆故曰以旗致民且誅後至者豈待招哉皮冠非皮弁也襄十四年傳衛獻公射鴻於圃孫甯二子從之不釋皮冠而與之言二子怒孔疏謂敬大臣宜去皮冠若皮冠卽皮弁則衛獻不釋皮冠正自應爾孫甯二子何爲怒乎蓋皮弁禮服之冠皮冠者蓋加於禮冠之上者田獵則以禦塵亦禦雨雪楚靈狩於州來去皮冠而與子革語必非科頭也可見去皮冠仍有禮冠矣其論最通

爾雅注旄首曰旌有鈴曰旂因章曰旃

一鄉之善士　章

白文極明○

齊宣王問卿　章

白文極明○

告子上

性猶杞柳　章

白文極明可不用註

性猶湍水也　章

白文極明可不用註

生之謂性　章

註亦明通惟圈外註謂性爲理性形而上氣形而下是宋儒套語不敢信心

食色性也　章

白文亦明惟末節夫物則亦有然者也然則者字亦有外與二句白文似欠瀏亮何也者字何以爲之義也反覆詳繹於心殊難遽安觀下富歲凶歲章孟子曰理義之悅我心猶芻豢之悅我口二句蓋卽此章末二句之註也

孟季子問公都　章

冬日飲湯三句又似前章者字語矣或亦芻豢悅口之義與然言義必喻於飲湯者字不敢强解矣

公都子曰告子曰　章

白文明註亦通鑠我鑠字爾雅云鑠美也亦通惟程子張子諸說强作解事

富歲子弟　章

理義字不爲禮義字客遂謂宋人言理寔本孟子按左傳成二年先王疆理天下杜註謂理正也又玉篇道也皆非懸虛語惟程子在物爲理處物爲義爲體爲用諸說不敢信心也

牛山之木　章

牛山齊東南山管仲齊桓塚俱在焉章義白文極明

可不用註。
無或乎王之不知　章
白文極明可不用註。
魚我所欲　章
熊掌、即熊蹯也。說文云、蹯、掌也。章義白文已明。
仁人心也　章
白文章義盡明。
今有無名之指　章
白文明朱註通。

拱把之桐梓　章

朱註通

人之於身也　章

朱註極通

鈞是人也　章

愚按上章於大體小體則言養此章則言從矣從其大體從其小體從字極見別致蓋卽從耳目之欲從字也卽論語從心所欲從字也從耳目之欲從字必不爲縱字也朱註從隨也極通客曰何以於大體謂

從也愚曰大體卽仁心也百體從其令而爲心從之斯爲大人若耳目口鼻務極其欲斯爲從其小體矣下文引字立字皆與從字一類

有天爵者　章

朱註通

欲貴者　章

晉有三趙孟趙朔之子曰武謚文子稱趙孟趙武之子成趙成之子鞅卽簡子亦稱趙孟鞅之子無恤卽襄子亦稱趙孟蓋趙盾字孟故子孫皆稱趙孟典故

辨正考之最詳又考文繡兩字文是衣繡是裳

仁之勝不仁也　章

愚按此即爲人君行政者言方爲有著不然則懸虚矣

五穀者　章

白文明

羿之教人射　章

白文明

孟子上

告子下

任人有問屋廬子　章

白文朱註俱明

曹交　章

困學紀聞云、左傳、哀公八年宋滅曹、至孟子時曹亡久矣、曹交蓋以國爲氏、非曹君弟也、他則白文朱註俱明

高子曰小弁　章

愚謂論語有不可不辨之書五章、公山、佛肸、泰伯、正

名孔文子五章是也孟子有不可不辨之書一章小弁是也若依註不辨無論是非顛倒而孔將失其爲孔孟將失其爲孟孔孟眞爲愚妄昏庸不足掛齒之人矣客聞之以爲大怪愚謂論語五章愚有論辨載之錄中矣按集註小弁爲宜臼之詩在詩序亦以爲然愚按宜臼奔申後與申合謀至六年始得勾通犬戎入寇始得其父幽王殺之於驪山之下宜臼於是得爲天子得爲東遷之平王則所謂平王宜臼者眞商臣煬帝之鼻祖也孔子作春秋始於平王其意在

子貢詩傳申培詩說皆然

誅亂臣賊子蓋天子既有平王則諸侯之臣弑其君子弑其父者接跡矣平王即亂臣賊子之首故春秋始於平王也至小弁一章漢人趙岐解爲尹吉甫之子伯奇遭後母之讒被逐而作故詩傳謂伯奇遭後母之讒尹吉甫欲殺之而流離於野鄰國大夫哀之爲之賦小弁世傳伯奇履霜琴操與毛詩小弁詩意正合若使賊子宜臼所作則孔子在所必删矣乃宋儒以爲宜臼之傅所作故李安溪先生云小弁本是不得於親之詩至謂平王之傅所作不知何據蓋大

不然之之詞也夫父雖不父子不可以不子孟子接
孔子薪傳必於弒父之人破口袒護謂之孝謂之親
親謂之仁終則比之爲舜此可通乎客怒目曰朱註
如此爾必翻其說然則申后見廢直不值一錢乎愚
笑曰公請勿怒若公者固可謂篤於夫婦矣申后之
廢雖屬無端而幽王偏於愛憎固不足比桀紂之惡
也倘使公之妻不能得公之歡公則出妻屏子公之
子便至其母家糾集惡匪將公殺卻公便甘心就戮
耶此子便可謂孝便可謂仁便可謂親親而比舜耶

聖賢許可者乃此等人物耶客怒少解徐曰國家之事與民閒異國家社稷爲重小弁詩又爲其傳所作故孟子許其詩非許其事也愚曰國家之事初不異於民間故大學謂自天子以至於庶人壹是皆以修身爲本卽謂其傳所作則其傳亦潘崇之流耳若孟子第許其詩不許其事無論爲掩耳盜鈴之智人不將以孟子許其詩並學其事乎卽謂國家社稷爲重而伯夷叔齊泰伯諸人皆見稱於孔子事昭簡册安必幽王所愛之伯服必爲桀紂不能主社稷爲天子

耶昔孔子不爲衛君而孟子則袒護宣白何是非之大謬於聖人耶客思之久復辨之曰按詩中踧踧周道鞫爲茂草恐民不敢爲此語必爲太子之詩無疑也愚曰周道之周字非周家周字周道大道也詩云生於周道周道如砥俱太子之時耶在詩文恒以周道茂草爲周家之周耳詩詞明係伯奇之所作故有君子無易由言耳屬于垣等語耳屬於垣豈肖帝王家事耶又云維桑與梓必恭敬止桑梓蜩柳豈肖帝王家耶又曰無逝我梁無發我笱我躬不閱遑恤我

後與國風栢舟之詩同豈宜曰以太子之貴而有事
於漁耶客無以辨但張其目曰再考再考拂袖而去
他日一客來詰曰聞爾以小弁爲伯奇之詩有之乎
曰然客曰伯奇爲誰之子愚曰尹吉甫之子客曰吉
甫逐子何以謂過之大愚曰善哉問也尹吉甫周之
賢臣也伯奇吉甫之賢子也春秋責賢者備設使父
非吉甫如舜之父頑母嚚固無如何也惟父賢如吉
甫子賢如伯奇特以後妻之讒而逐其克家之肖子
非過之大者乎此事若出之他人不爲無過惟出之

尹吉甫乃爲過之大者客喜曰似也但凱風爲七子之母尚不安其室孟子何以謂罪之小愚喜曰善哉辨也按序凱風美孝子也與集註同不安其室謂欲嫁也非此日遂有淫行也若此日有淫行他日遂不安其室而果嫁矣婦人之過寍有大於有淫行者乎寍有大於再嫁者乎且其詩曰母氏聖善我無令人天下曾有以淫行再嫁之婦人而謂之善謂之聖乎其可通乎故孔疏云其母亦遂不嫁是曩時欲嫁乃過之小者也客曰漢人止一趙岐謂小弁爲伯奇之

詩也愚曰不然王充論衡亦以小弁爲伯奇之詩萬無誤也

宋牼將之楚　章

閻百詩云宋牼卽宋銒石丘宋地齊宣王好士如宋牼騶衍湻于髡之徒七十六人皆賜第是以齊稷下學士爲盛孟子固嘗與宋牼有雅於齊别去久之忽邂逅石丘呼以先生詰其所之非未同而言者此論可補朱註所未逮通章白文俱明

孟子居鄒　章

閻百詩云平陸去齊都臨淄六百里儲子既爲相非
奉王命未易出郊也然思范雎傳云秦相穰侯東行
縣邑車騎至湖關按此地去秦都咸陽亦幾六百里
是當日國相皆得周行其境之内非令所禁也故曰
儲子得之平陸考據頗確

淳于髡曰　章

三卿之中三卿謂上卿亞卿下卿也孔子以微罪行
曩見某書謂微罪行字即指不脫冕也非以微罪加
之君也亦通

漢應邵風俗通云按春秋左氏傳夏后太康娛於耽樂不循民事諸侯僭差於是昆吾氏乃爲盟主誅不從命以尊王室及殷之衰也大彭氏豕韋氏復續其緒所謂王道廢而霸業興者也齊桓孔子稱爲正而不譎晉文伯後世爲盟主若秦遂甚霸之計而遇敵

五霸者三王之罪人章

按荀子五霸篇齊桓、晉文、楚莊、吳闔廬、越勾踐謂之五霸此戰國所定與後世集註不同然無誤也按秦穆霸西戎未嘗霸中國宋襄何足言伯哉毛西河辨論極通又按困學紀聞謂五伯見成公二年傳杜氏云夏伯昆吾商伯大彭豕韋周伯齊桓晉文則以霸爲伯矣按公羊云貫澤之會桓公有憂中國之心不召而至者江人黃人也葵邱之會桓公震而矜之叛者九國矜之者何猶曰莫我若也無易樹子句桓公之敗殺賢臣百里奚以子車氏爲殉黄鳥之詩所由作故謚曰繆宋襄覆軍殘身易子析骸楚莊僭號闚兵京師問鼎輕重紀事者不詳察其本末同謂之伯或誤後生豈不暗乎伯者長也白也言其咸建五長功實明白或曰伯者把當[illegible]奚于[illegible]令[illegible]年[illegible]盟也

二年子同生公羊曰喜有正也即此句之義無有封而不告李安溪曰此交鄰也蓋存亡繼絕如城楚邱之類非指本國臣下也最通

魯欲使愼子爲將軍　章

愚按魯必不能勝齊戰國時齊與魯大小强弱判然矣故孟子云然不然孟子每欲人君王天下豈不勝齊遂王哉白文俱明

今之爲君者　章

白文明

白圭曰吾欲二十而取一　章

戰國時勢須十分中取一方足數用若後世儘可二十取一也看書須宜有眼界

丹之治水　章

白文明

君子不亮　章

朱註通

魯欲使樂正子　章

白文明

陳子曰古之君子　章

愚按此章惟重迎之致敬以有禮句其下朝不食夕不食節雖無迎之致敬以有禮句而意在言外前此已兩見矣蓋非迎之致敬有禮必無就三之事又豈有不能出門戶免死而不去其國者乎

舜發於畎畝之中　章

閻百詩云史記孫叔敖楚之處士也荀子及呂氏春秋皆以爲期思之鄙人蓋即莊王感優孟之言以封其子者傳十世不絕其後爲令尹或曰進自虞邱子蓋出史記說苑列女傳也或曰沈尹莖之力則呂氏

春秋也或曰楚有善相人者招聘之則新序也皆無起家海濱之說孟子所據之書今不可考矣又考敖卽令尹蔿艾獵乃蔿賈之子賈爲越椒所惡因而殺之意者子遂式微竄處海濱與然何得在期思之鄙意者孫叔敖之子實不才徒世守封土莫顯於朝後人遂以其子孫之占籍上繫諸先人與天將降大任節是承首節發議人恒過節謂常人恒如此人則無法家節謂國家恒如此也皆由上推出終以生於憂患二語作束

教亦多術矣章

客嘗詰愚曰予不屑之教誨則陌路人矣孟子於陌路者不屑教誨陌路人亦何由知曉何以謂是亦教誨哉愚曰不屑之教誨卽徵於色發於聲也非詎其跡而泯之也

盡心章上

盡其心者　章

宋人遇此等書必謂心爲理性爲理天爲理太虚氣化格物致知一齊攙入矣愚按白文並非難通客曰舍卻朱註則白文不可解矣愚曰不難解也所謂盡其心者卽盡心爲善之人知其性也謂知性善者也知性善則知天命謂性矣存心養性所以事天白文極明殀壽不貳修身以俟之所以立命白文亦極明按此章只重修身二字大學謂自天子以至於庶人

壹是皆以修身爲本此章修身字作結可見矣客曰
立命非尤末句乎何以見重爲修身章內本無爲善
字何以解盡心爲盡心爲善愚曰解書須要自己看
所解者爲何書此孟子也孟子非道性善者乎故君
子莫大乎與人爲善非爲善乎觀人有恒言章不曰
家之本在身乎何嘗如宋儒釋心與性與天皆爲理
乎客曰程朱理學豈遂背於孟子愚曰必以爲理則
盡心爲盡理知性爲知理知天爲知理存心爲存理
養性爲養理事天爲事理殀壽不貳理修身以俟理

所以爲立理豈可通乎

莫非命也　章

孟子或有所感而言愚按此章與可以死可以無死死傷勇同義

求則得之　章

白文朱註俱明

萬物皆備於我矣　章

趙註謂物猶事也朱註則曰言理之本然也理字乃宋人口頭語耳客曰何謂萬事皆備於我愚曰此必

統人之一生而言古人謂士有百行即此義也百行萬事一身兼之是萬物皆備於我矣反身而誠是我之所行反求諸身有誠無僞則樂莫大焉强恕而行求仁莫近故夫子之道忠恕而已此孔孟之所以道無二也

行之而不著焉　章

趙註云人皆有仁義之心行於所愛而不能著明其道以施於大事習焉不察如仁妻愛子不能察知此心可推以爲善衆也非君子也亦通朱註亦通

人不可以無恥　章

無恥之恥註疏謂如隰朋恥不如黄帝之佐顔淵恥不如舜是也最有據爲機變之巧趙註謂攻戰者亦通朱註亦通

古之賢王　章

白文最明

孟子謂宋句踐　章

白文朱註最明

待文王而後興　章

白文亦明興者愚按爲興起爲善也

附之以韓魏之家　章

白文明

以佚道使民　章

白文明

霸者之民　章

愚按所存者神所存者謂未曾設施者也上下與天地同流即中庸所謂贊天地之化育與天地參也餘則朱註俱通

仁言不如仁聲　章

趙註謂仁聲爲樂聲蓋雅頌也亦通程註亦通

人之所不學而能　章

章義極明達之天下句朱註亦通

舜之居深山之中　章

其所以異於深山之野人句愚按與求富貴利達句相同言舜幾與野人同也以下轉及其字甚有力

無爲其所不爲　章

集註極通

人之有德慧　章

朱註通

有事君人者　章

正己而物正愚按白文即所過者化之義必非見龍在田天下文明無意無必也

君子有三樂　章

白文明可不用註

廣土衆民　章

白文明

伯夷辟紂　章

白文明

易其田疇　章

白文明

孔子登東山　章

講章皆以孔子二字爲句登東山二句爲譬語非孔子登山也趙註卽謂孔子登山也閻百詩考東有防山乃孔子父母合葬處然不高也至蒙山正居魯東一名東山必觀其瀾爾雅大波爲瀾小波爲淪蓋如江有沱河有灉汝有濆也日月有明凡於幽隱有容其光者必照焉不成章不達趙註達謂仕進也亦通

雞鳴而起　章

白文明可不用註

楊子取爲我　章

呂氏春秋云老聃貴柔孔子貴仁墨翟貴廉關尹貴清子列子貴虛陳駢貴齊楊朱貴己孫臏貴勢王廖貴先兒良貴後云云而朱註所引列子不以一毫利物乃伯成子高非楊子也程子解中而比之聽堂爲愚盲說法也外註楊氏之論似乎支節

飢者甘食　章

朱註通。柳下惠章

朱註通。有爲者辟若掘井章

趙註謂此章與論語未成一簣同意最通若如呂侍講說便沾滯矣恐此後假堯舜假周孔紛紛並出矣

堯舜性之也章

朱註通尹氏註可不必

公孫丑曰伊尹曰章

白文最明可不用註

公孫丑曰詩曰　章

白文明

王子墊問曰　章

白文明

仲子不義與之齊國　章

愚按與齊弗受乃人許仲子稱贊之詞非有其事也

孟子謂即使能然是亦舍簞豆之義也以小信大仍

信不受齊國耳

桃應問曰　章

士非如講章所謂士師也。余則白文俱明。

孟子自范之齊　章

范去齊七八百里。為齊王庶子所封之邑。猶孟嘗君之有薛也。居字注解為所處之位。極通。垤澤之門即左傳所謂澤門。宋東城南門也。其他東曰楊門。北曰桐門。東南曰盧門。西門無名。第曰西門。又有曹門。蒙門。桑林門。彤門。俱見左傳注。呼者以城門一不肯夜開。故君自發聲也。並非如後世鹵簿喝道聲若如舊解。

謂從者呼聲何以似君亦何可笑本閒百詩

食而弗愛　章

朱註通

形色天性也　章

惟楊氏註簡而明

齊宣王欲短喪　章

朱註明

君子之所以教者五　章

首句作冒有如時雨句謂化人如時雨也有成德者

謂成人之德也有達財者謂達人之財也財與材同達謂暢達也有答問者答人之問也白文極明惟有私淑艾者句忽貼學者解非貼教者解或變調也註引顏曾冉閔由賜以及陳亢夷之全屬硬派可以不必

道則高矣　章

君子引而不發躍如也懸拨二句爲善射者教人之法中道而立能者從之朱註謂中爲無過不及中道而立言其非難非易能者從之言學者當自勉也此

卽其味深長最宜潛玩之帽子語也客曰何如愚曰中道而立二句仍是教射語也射有物焉物卽射之位蓋立地也蓋射者持弓審固中道而立能射者已從之矣能者能字言能射非上文拙射也從之猶得之也論語雖欲從之末由也已與此同

天下有道　章

朱註明

公都子曰滕更　章

自文甚明惟滕更有二句朱子引趙氏註爲挾貴挾

賢亦屬臆斷耳

於不可已而已者　章

朱註明然註疏則與朱註異矣按趙註就人君說已者節三已之之已言棄無罪之人也厚謂宜厚賞者而薄焉則無所不薄矣下節謂當此無所不棄無所不薄之時而銳進以仕其被退黜必速矣極通

君子之於物也　章

朱註物謂禽獸草木註疏謂弗仁若犧牲不得不殺也無草木字朱註固通白文亦明

知者無不知也章

愚按孟子言必稱堯舜、故仁知皆以堯舜爲的。不能三年之喪節、是比語。

盡心下

白文明。不仁哉章

白文明。春秋無義戰章

盡信書章

白文明。

有人曰我善爲陳章

白文明。吕氏春秋云武王革車三百甲卒三千。仁敵。破衆據司馬法一車甲士十八三百乘當三千人其數適合也。

梓匠輪輿　章

白文明。

舜之飯糗茹草也　章

白文明。

吾今而後知殺人親之重也。　章

愚按此章必有所指有感而言也。

古之爲關也　章

白文明。

身不行道　章

白文明○

周於利者章

殺滅其用度也○白文明○

好名之八章

趙註謂好不朽之名者○輕讓千乘伯夷季札是也○非好名者○爭簞食豆羹而變色○鄭公子染指黿羹是也○依文斷義○與朱註殊○而朱註亦通

不信仁賢章

白文明○

不仁而得國者　章

不仁得國如象封有庳管蔡以親親之恩而得國也不得天下如丹朱商均是也

民爲貴　章

旱乾水溢則變置社稷毛西河謂變者變其主也蓋先王立五土之神祀爲社立五穀之神祀爲稷以古推之自顓帝以來用句龍爲社柱爲稷及湯有七年之旱遂以棄易柱此謂之變置謂變其主而置之非毀壇壝也自顓頊至周水旱不一而易祀者止一柱

也任釣臺云毀其壇壝者以致責罰之意明春復立耳

聖人百世之師　章

白文明

仁也者人也　章

或曰註最通

孔子之去魯曰　章

朱子凡註重出者或以爲吾有註在前不必更註非教人删去不讀也觀下論不在其位章書重出矣至

曾子曰君子思不出其位句則註爲因上章之語而類記之上章者卽不在其位二句也豈以蘧伯玉章爲上章乎此章書重出而去他國之道句只此一見並無再見處曩有學使按臨試題出去他國之道也一句闔縣應童試者茫然不知所出訪問廣文廣文大加詬厲謂豈有不讀四書遂應童試者而其實廣文無一能讀四書者蓋不知而强爲此大言耳後爲同場津人告其處並頌其白文上下一縣始得草草完卷此非誤於從朱之過乎毛西河謂此章並非重

出朱子於四書不熟天下豈有不熟其書而能註其書者乎極加詬厲吾謂朱子當日誠不料後世之從之者以至於此也

君子之戹於陳蔡之間章

愚按孟子言孔子亦爲當時所重偶然致戹耳則孟子之後車數十乘從者數百人本不爲侈也此章之義如此而世之人必窮聖而酸孔慼哉

貉稽曰章

白文明朱註通

賢者以其昭昭　章

趙註此就治國者言也極通

孟子謂高子曰　章

白文明

高子曰禹之聲　章

漢趙岐註謂禹之尙聲過於文王然按白文尙字在上則集註豐氏註爲是矣追者考擊之處也非鐘紐也鐘紐爲甬不易得蠡也詩曰追琢其章葢石玉曰琢金鐵曰追追者其花文也蠡者斑駮也如左傳不

疾瘯蠡蠡謂疥癩也典故辨正又云追字當爲遂字之訛遂者鐘受擊處也按考工記爲遂六分其厚以其一爲之深而圜之蠡者蚌殼也遂蠡者言鐘受擊處窪深似蠡也深而圜之深字猶爲壇深四尺之深字深字作高字解也鐘受擊處爲圜形凸起久而攠微高處反窪以此見用者多耳

齊饑　章

朱註卒爲善士謂改行爲善也愚嘗詰客曰搏虎卽所謂殺虎能殺虎者卽善舉也以殺虎爲不善然則

養虎及縱虎傷人者爲善乎客張目久之而無以辨也徐曰然則何如愚曰所謂善士者非行善之士或戰國時以儒服儒冠不好武者謂之善士耳孟子譬齊王爲虎以其初之請發棠譬之搏虎非大善乎若以搏虎爲不善以不能搏虎爲善則大謬而難通矣漢人註疏於攘臂下車句謂馮婦既爲士後而搏虎之術荒矣此番下車勝負猶不可卜也持論最通毛西河以則之野句爲與上句不貫其爲句讀也曰卒爲善作一句士則之作一句野有衆逐虎作一句士

則之與士笑之句遥遥相對也亦通

口之於味也章

鼻之於臭也臭謂香也易繫詞其臭如蘭是也口之於味至君子不謂性也白文朱註俱明至仁之於父子也至命也句白文似欠明曉朱註亦涉懸虚惟外註以後五者一有不到則不復致力語意極通極通愚按父子主仁君臣主義賓主主禮賢者主智聖人主盡天道而有仁不能行於父子義不能盡於君臣禮不能行於賓主賢而不能爲智聖人不能盡天道

謂非命乎然而仁義禮智性也君子不謂命也惟智之於賢聖人於天道二句似未安姑俟再考

浩生不害問曰　章

充實之爲美四句註疏謂充實善信使之不虛是謂美人美德之人也充實善信而宣揚之使有光輝是謂大人大而化之句謂大行其道而使天下化之是爲聖人有聖智之明其道不可得知是謂神人俱通朱註多强解矣

逃墨必歸於楊　章

愚按招字有三解說文招手呼也詩招招舟子傳云號召也又集韻韻會正韻音翹舉也周語好盡言以招人過是也一則罥也謂羈其足按孟子距楊墨最嚴則又從而招之謂引之使出並語意亦似也孟子云仲尼不爲已甚者則戒勿盡言以招人過亦似也此章與罥之解相同矣俱通

有布縷之征　章

白文朱註俱明

諸侯之寶三　章

白文明

盆成括仕於齊　章

按括嘗欲學於孟子問道未達而去

孟子之滕　章

白文明朱註通惟講章時文必不肯以孟子從者爲竊屨含含糊糊以往者不追四語爲推開說又爲插上說支離欠亨矣試思從者數百人中何人不有必謂館人之屨斷非從者之廋雖孟子亦不敢必也未註謂門人取其言有合於聖賢之指故記之語極通

矣而孟子七篇有謂成於孟子之手者

人皆有所不忍章

白文極明

言近而指遠者章

白文明

堯舜性者也章

趙註反之也謂反之於身身安乃以施人謂加善於民也通

說大人章

堂趾基也禮器天子堂九尺諸侯七尺小爾雅四尺爲仞榱屋椽也又名桷數尺非過長趙註榱題屋霤也霤者檐滴處爾雅釋宮檐謂之樀屋四垂也題椽頭也檐下椽頭長數尺則四垂軒張深邃可知矣從來解者都未分曉

養心莫善於寡欲　章

趙註存謂存其身卽存亡之存也欲謂利欲也通

曾晳嗜羊棗　章

爾雅遵羊棗邊要棗煮塡棗也諱者周禮小史有事

則詔王之忌諱謂惡事之當忌諱者彼文王名昌武王名發而詩言克昌厥後駿發而私則周人不諱於詩成王名誦而周禮擇人曰誦王志瞽矇曰諷誦詩甚至官名謂之誦訓則周公不諱於禮莊公名同而春秋書同盟僖公名申而書戊申襄公名午而書陳侯午卒定公名宋而書宋人則孔子不諱於春秋也然則諱至戰國始多始嚴也左傳天子建德因生以賜姓謂有德者生此地即以地名賜之姓以顯之晉語黃帝以姬水成炎帝以姜水成成而異德故黃帝

爲姬炎帝爲姜此因生賜姓之始也黄帝之子二十五宗其得姓者十四人爲姬酉祁己滕蔵任荀僖姞儇依十二姓黎爲高辛氏火正其後爲己董彭秃妘曹斟芈八姓禹賜姓曰姒四岳賜姓曰姜丹朱之後爲貍姓契爲商姓子氏棄爲周姓姬氏秦之先柏翳賜姓嬴皋陶賜姓曰偃舜賜飂叔安裔子之姓曰董此唐虞以上賜姓之事也周之賜姓獨一嬀滿餘無可考而諸姬無一賜姓者蓋周尚文欲令子孫相親故不使别姓毛西河謂姓分爲氏氏分爲族如曾鄭

皆姬姓而魯分桓公之子爲三桓一爲仲孫一爲叔孫一爲季孫鄭分穆公之子爲七穆或爲罕氏或爲駟氏或爲國氏此姓之分爲氏也乃魯又分三桓之後爲子服氏南宫氏叔仲氏公彌氏鄭又分七穆之後爲游氏馬師氏子南氏少正氏此氏之分爲族也典故辨正考之最詳

孔子在陳　章

白文朱註俱明

由堯舜至於湯　章

舜以天下遜禹禹獨推皋陶則皋陶學粹可知矣因學紀聞曾見及此章末然而無有乎爾二句白文極似難解或孟子之謙詞也有宋元豐八年註不過謂程伯淳爲聖人耳所謂得不傳之學者卽陳希夷與壽涯和尙之太極圖也

四書彙辨（孟子）七卷

清 侯廷銓撰

清嘉慶刻本

博朝稽夕考必而乃安焉必無一誤也而始快然明書理在於遵注以闡聖賢之宗旨復須詳説以别指趣之異同爲不悉而

猶豳之安場經明行修而以文章起
國朝歲進士侯君季華寶山之博學名
宿也每提挈校藝輒拔其卷而稱賞
風簷寸晷中冠軍者數矣余尤重
其敦樸自將有古人之風尚有歷試
時文已刊問世近復著四書彙辨一書
就易疑易誤處集先儒成說旁采

时賢新義擷其菁英加以論斷闡發性事為証佐考据典博識見精以自出為後學津梁釋講家惑沿之煩而導作家審題之路公諸世而不自秘其為傳世壽世無難也余自維早年忝第才學譾陋於四夫子書未能深究今觀侯君之彙辨成書無不瞭如指掌矣爰題

數語以弁其簡端

賜進士出身　誥授奉政大夫前署甘肅平涼府鹽茶同知岷州知州加三級軍功紀錄七次年家眷同學愚弟

上海喬鍾吳序

四書彙辨目録

卷十一　陽貨　微子　堯曰
卷十二　梁惠王
卷十三　公孫丑
卷十四　滕文公
卷十五　離婁
卷十六　萬章上
卷十七　萬章下
卷十八　告子
卷十九　盡心

四書彙辨卷十二

寶山侯廷銓編次

門人張堡瞿鍾濂金樹淵
沈邦炯甘夢鯉徐秉威叅校

孟子魯公族孟孫之後。漢書注字子車。又曰子輿。父激公宜。母仉氏。相傳有孟母三遷之說。受業子思之門人。趙注孔叢子皆云親受業於子思。然果親身受業。不應七篇中全無所述。而但曰私淑諸人。集注以人為子思之徒。最是。按孔子夢奠時。伯魚之沒已六載。子思想非甚幼。子思壽六十有二。去孔子之卒。當在五十年上下。而孟子譜載孟子卒於赧王之二十六年。壽八十四。孟子之生。當在烈王元年。逆溯至孔子之卒於敬王壬戌。一百有八年。孟子自不及受業於子思矣。而孔叢子云。孟子車尚幼。請見子思。子思見之。甚悅其志。禮敬甚崇。退。子上問故。子思曰。孟子車孺子也。言稱堯舜。性樂仁義。世所希有也。事之猶可。況加敬乎。少微鑑云。孟軻問牧民何先。子思曰。利之。孟子曰。君子所以教民。亦仁義而已矣。何必曰利。子思曰。仁義固所以利之也。蔡氏清謂此殆後人所為。欲湊成思孟一段授受耳。朱子謂孟子一書。是孟子自作。不是孟子。如何寫得精意如此透徹。首尾如此貫串。看他是甚麼樣文氣。若當時門人有寫得如此意思出。不可謂軻之死不得其傳矣。故曾南豐謂書二典。亦皐夔輩所作。以公孫丑萬章平日問難於孟子者觀之。似未能寫出七篇文字如此精粹圓活也。

問序說謂史記近是。而滕文首章云。門人不能盡記其辭。第四章云記者之誤如何。朱子曰。序說是。後兩處失之。熟讀七篇。筆勢如鎔鑄而成。非綴輯可就。

孟子疏。是邵武士人僞作。託名孫奭。蔡季通曾識其人。見朱子語類。通部只將趙注紏纏敷衍。於聖賢義理名物制度。毫無發明。

任釣臺過信竹書。梁惠王三十六年改元。有後十七年之說。而以史記三十五年孟子至梁爲誤。按竹書間有後人增益。原本於三十五年之後。復書元年。遂以爲改元。但改元是襄王立而改元。非惠王之改元也。又謂惠王三十五年未嘗南辱於楚。即喪地於秦未至七百里之多。以此決天下莫強章為改元後語。但國策載魏圍趙邯鄲。楚使景舍救趙。取魏睢濊之間。是惠王時事。包少東以為南辱於楚之証。注昭陽事。乃在襄王十二年。惠王十七年與秦戰元里。秦取魏少梁。及公子卬為商鞅所欺。割河西地以和。何必無七百里。且古人之所謂七百里。與今或不同。以此懸斷。恐未確。

紀年未書今王終二十年。荀勗和嶠以今王為襄王。魏世家襄王子哀王。哀王子昭王。世本惠王生襄王。襄王生昭王。索隱謂世本脫哀王。而孔衍敘魏語亦有哀王。紀年所云後元之十七年。乃襄王之年。而今王之二十年。正哀王也。史官未曾書謚。後人遂多轇轕。史記本石室金匱之書。以作列國世家。世次或有脫落。而杜撰一王以厠其間。則必無之也。史記哀王二十三年。而紀年終於哀王二十年。二書不同。索隱謂昭王三年喪畢。始稱元年。故史記以哀王爲二十三年。昭王十九年卒。子安釐王立。安釐王三十四年卒。子景湣王立。十五年卒。子王假立。三年爲秦滅。惠王未嘗稱王。襄王之元年。會諸侯於徐州。始各自稱王。則惠王亦襄王之所追王。孟子書成於後。故竟稱王。

趙世家。敬侯元年。載魏文侯卒。則是年武侯立矣。敬侯在位十二年卒。子成侯立。成侯二十五年卒。子肅侯立。肅侯十五年。載梁惠王卒。自敬侯元年至肅侯之十五年。共五十二年。魏世家武侯十六年。梁惠王三十六年。亦正五十二年。惠王三十六年。率不特見於魏史且見於趙史。豈魏史或差而趙史亦差乎參互考核。惠王只有三十六年。並無後元十七年也。

蔡模孟子箋疏。凡出車一乘。則有兩車。一乘用馬四匹。甲士三人。左主射右主擊刺。中主御。步卒七十二人。二十四人為前距。左角二十四。右角二十四。隨車進戰。此兵車也。又有重車牛十二頭。炊家子十人。固守衣裝五人。廐養五人。樵汲五人。共二十五人。以佐兵車。此尚書孔頴達疏。

靈臺之詩。小序云民樂文王有靈德。孫奭正義云。文王之德。化行如神。据此則靈臺因文王之德而命名。說苑云積恩為愛。積愛為仁。積仁為靈。靈臺之所以為靈者積仁也。

其義與小序合。朱子詩傳。言其倏然而成。如神靈所爲。據詩中不曰成之。而言。鄭箋不曰。謂不設期日而成之。趙注不與之相期日限。國語引此詩。韋昭注不課程。以時日。味語氣。自以速成之義爲長。不曰當云不幾日而成。以爲不終日。似太速耳。

移粟移民。雖非王政之本。然亦荒政所不可無。漢書載文帝六年。大旱蝗。發倉廩以賑貧民。武帝四年。山東水災。天子遣使。虛郡國倉廩以賑貧民。猶不足。募豪富相假貸。又不能。乃徙貧民於關以西。及朔方以南新秦中。七十餘萬口。御給縣官。使者分部護之。冠蓋相望。舊唐書太宗謂王珪曰。開皇時太旱荒。隨文帝不許給賑。而令百姓就食山

四書彙[illegible]

○東比至末年。天下儲積可供五十年。煬帝恃其富饒。侈心無厭。遂至於亡。倉庾之積。足備而已。多畜何爲。隨祚之所以短。漢唐之所以長。於此可見。

五畝之宅。注言二畝半在田。二畝半在邑。毛西河据陳祥道禮書力闢其說。非也。漢書食貨志。夫三爲屋。屋三爲井。八家共之。各受私田百畝。公田十畝。是爲八百八十畝。餘二十畝爲廬舍。詩云中田有廬。疆場有瓜。是爲田中之廬。上入執宮功。是爲邑中之廬。中田八家之廬。共開四道而分八宅。故公羊傳云。無洩地氣。無費一家。國中邑居之廬。周司徒比閭族黨是也。田中之廬。所以便耕耘。邑中之居。所以壯形勢。扞寇盜。興教化。古田邑之居。桑麻之外。兼植菜果。穀梁傳古者公田為居。井竈葱韭盡取焉。食貨志云。
環廬樹桑。菜茹有畦。瓜瓠果蓏殖於疆場。按邑只是如今
大村落。在田之宅。如今田莊屋　食貨志。冬民既入。婦人
同巷相從。夜績女工。一月得四十五日。必相從者。所以省
費燎火。同巧拙而合習俗也。男女有不得其所者。因相與
歌詠。各言其傷。
記家有塾。黨有庠。州有序。注二十五家為閭。同在一巷。巷
首有門。門側之堂謂之塾。公羊傳注。里中耆老為之師。即
尚書大傳所云上老庶老。漢書所云里胥鄰長。尚書大傳
云大夫七十而致仕。老其鄉里。大夫為父師。士為少師。此
是庠序之師
耰耡已藏。歲事已畢。餘子皆入學。無十五始

入小學見小節踐小義焉十八入大學見大節踐大義焉距冬至四十五日始出學傅農事上老平明坐於右塾庶老坐於左塾餘子畢出然後歸夕亦如之漢書言八歲入小學學六甲五方書計之事始知室家長幼之節十五入大學學先聖禮樂而知朝廷君臣之禮其有秀異者移鄉學於庠序庠序之異者移國學於少學諸侯歲貢士於天子學於大學命曰造士意大傳之所謂小學是黨庠大學是州序漢書之所謂大學小學是言所學之大小其義不同

明堂位米廩有虞氏之庠也序夏后氏之序也瞽宗殷學也頖宮周學也此謂魯兼四代之學周之大學居中南面爲辟廱成均東西南三面爲上庠東序瞽宗亦所謂

三代之禮。周人兼用之也。萬充宗禮記偶箋於文王世子篇言先王立學其教非一端。其居非一處。蓋學其統名。而瞽宗上庠東序。即一學中之別名。其官則大司成為之長。主論說。大樂正次之。主授數。其屬有小樂正。教干及詔祭與養老乞言合語之禮。而大胥贊之。籥師學戈。而丞與胥贊之。大師主詔絃誦。執禮主詔禮。典書主詔書。三代盛時教之者如此其備。所以成材若多。

定於一。稼書先生以廢封建為定於一。殊非孟子之旨。周之盛時。千八百七十三國。何嘗不定於一。但始皇滅六國。置郡縣。自此而後。先王封建之制自不可復。

釁鐘。趙注塗其釁隙。孫疏以為厭變怪。禦妖釁。周理衷謂釁之義有三如雍人釁廟釁門夾室小子釁社稷五祀之壇墠圍師釁庣司約釁藏約之户此是祓除不祥之義大司馬涖釁軍器小子釁邦器是彌縫罅隙使完固之義大司馬涖釁主太史釁龜筴天府釁寶鎮玉器則又取其膏澤護養精靈之義鐘為邦器應以趙注為是

北海即渤海與泰山皆就齊地言之左傳楚子使言於齊侯曰君處北海是也又謂之裨海齊語渠弭於有渚韋昭注渠弭裨海也

趙注以折枝為按摩枝同肢體之肢此卑賤奉事尊長之節郝仲輿又謂屈抑腰肢為見長者之禮然對挾山超海說自以集注為是

闢言尚以好樂樂字為憂樂之樂。故以鼓樂田獵兩者反極樂之事。不然。只宜承說鐘鼓管籥。不宜說車馬羽旄。引左傳晏子對景公言古而無死。爽鳩氏之樂。非君所願為古樂今樂之証。可備一說。

許東陽何義門皆言文王遷豐後作靈臺靈囿七十里之囿在岐山舊都。閣百詩言三輔黃圖。靈囿在長安縣西四十二里。王伯厚以文王之囿方七十里。注於下。余謂在今鄠縣東三十里。正漢地理志所謂文王作酆。有鄠杜竹林南山檀柘。號稱陸海。為九州膏腴者。文王弛以與民。恣其芻獵。有牧以蓄界之。遂名為囿。實作邑于豐時事。按七十里之囿。本屬子虛。即認個真。自當在都豐以後。岐都百里

安得栢七、十里之地爲囿。東陽義門之說。自非
蒙引太王事昆夷。在事獯鬻之後。太王居邠。則爲獯鬻所
侵去之岐山之下。又爲昆夷所擾。按詩遷邠後。言串夷載
路、昆夷兑矣。並事昆夷事實。
雪宮自是宣王遊觀之所。蒙引王館孟子於雪宮而就見
之。右說王在雪宮。當云孟子見齊宣王於雪宮。按古人文
法。殊不如此。藺相如傳。秦王坐章臺見相如。下藺相如曰。
大王見臣列觀。禮節甚倨。就文法言。是王在雪宮而孟子
見之。非孟子館雪宮而王見之也。且使宣王往見。當云齊
宣王就見孟子於雪宮。如致爲臣章去云。閻百詩引晏子
春秋、齊侯見晏子於雪宮。亦解作晏子館於雪宮。何不諳

古人文法如是。雪宮中必有臺榭池沼。宣王之問與梁惠王之問同。國策秦昭王見范雎于離宮。又可為一証。

以遏徂莒。趙注以遏止往伐莒者。以莒為國名。周理衷謂韓非書云。文王克莒。詩作徂旅。恐誤。路史辨之。曰上方言整旅。而此遽云徂旅。其不然昭矣。春秋紀子伯莒子盟于密。莒紀密之近也。文王伐密。於此遏其徂莒之師。戡亂除禍。理必從其亟。趙注為是。

或謂轉附太公墓所在。即武陵。朝儛桓公墓所在。即穆陵。据檀弓。太公反葬於周。据皇覽。太公冢在臨淄縣城南十里。括地志。桓公墓在臨淄南二十一里牛山上。則轉附朝儛非墓地。閻伯詩謂當在海之東盡頭。如成山召石山之類登之可以觀海。循海之濱。南至琅邪。思騁其雄心。肆其遠略。後秦始皇並渤海以東。過黃腄登之罘。南留琅邪三月。三十七年。自琅邪北至榮成山。射目魚之罘。遂並海西至平原津。漢武帝行幸琅邪。禮日成山。登之罘。浮大海。景公欲爲而止於晏子之諫。秦皇漢武。皆窮其所欲者也。

明堂之制。自宜以考工記所載爲先。王氏文獻志。謂呂不韋之月令。南有明堂。左右有个。與月遷徙。以眡朝而布政。失之誕。大戴記上圓下方。九室。每室四户八牖。桓譚新論又從而廣之。謂有四闥以法四時。十二坐以法十二月。失之侈。蔡邕又以太廟靈臺合爲一區。失之雜。公玉帶所圖複道層樓。失之詭。一段議論甚好。而以周官將合諸侯爲壇三成。宮旁一門儀禮諸侯覲於天子。為宮方三百步四門。壇加方明於其上為明堂尚未明析。吴斗南言明堂有壇墠而無屋室家語孔子適周。觀乎明堂覩四門墉有堯舜與桀紂之象。而各有善惡之狀。興廢之戒。又有周公抱成王負斧扆之圖。王會解墠上張赤帟陰羽。而門左門右。堂上堂下序次歷歷。豈得言明堂無屋。王晦叔言明堂有壇有屋祀文王於明堂以配上帝則即其壇而祀之。朝諸侯則即其宮而朝之。朱子云為壇而祭。故謂之天。祭於屋下而以神祇祭之。故謂之帝。則季秋祀帝於明堂亦不在壇。爲元宗言方明壇即泰壇即圜丘。上有明堂。圜丘明堂非兩地。愚謂儀禮明言為壇三成。公侯伯子男各就其旂而立。則是臨時脩築以為聚集諸侯之所。泰壇極尊嚴。若合諸侯於其上。似太褻。泰壇當自另有一地。或與明堂相聯。亦未可知。若以明堂圜丘混而為一。殊非。而方岳之明堂。當略如王國之明堂。而制度少減損。

載師凡任地。園廛二十而一。近郊十一。遠郊二十而三。甸稍縣都。皆無過十二。萬充宗言公劉立國。徹田為糧。文王治岐。耕者九一。後王遵守。未有過此者。春秋兵賦繁興。國用不足。乃重斂以病民。如魯税畝在宣公之時。鄭邱賦在昭公之世。十二之始。知前此皆十一也。周公本文王之政以為政。而豈有加於十一哉。載師云云。鄭注謂輕近重遠。近者多役故。考禹貢甸服之制。[illegible]之納賦。遠者勞而近者遜。故為之别其精粗以均其力。未聞輕近重遠。有加於十一也。載師所云。豈待辨而知為小人聚斂之説哉。

周官辨非言澤梁無禁文王之政也。林麓川澤以時入而不禁。王制之言也。孟子告齊宣以文王之治岐則知其時之有征。澤梁之有禁。戰國之弊政。今周官澤虞掌國澤之政令。為之禁令。使其地之人守其財物。以時入之於玉府。斂人之官。凡斂征入於玉府而胥至三十人。徒三百人。是結網羅設陷阱於山澤之中。民生其間。寘一步不可行。一物不可取矣。周公立制。豈與文王相反若是耶。

馮少渠論晚出古文泰誓曰罪人以族。族者秦法也。紂雖惡。五刑之法未改也。秦本紀文公二十年初有三族之刑。

初者創始也。若紂時已行。何云初乎。張晏三族注曰。父母兄弟妻子。而如淳以父族母族妻族解之。不仁哉。如淳也。張耳陳餘傳。貫高曰。人豈不欲愛其父母妻子哉。今吾三族皆已論死。其非異姓明甚。班固刑法志。高后元年。除三族罪。孝文二年。又詔令犯法者已論。而使無罪之父母妻子同產坐之。朕甚弗取。此明明以父母妻子同產爲三族。周禮小宗伯掌三族之別。以辨親疏。注三族者父子孫人屬之正名。儀禮士昏禮。惟是三族之不虞。父昆弟。己昆弟。子昆弟。爾雅內宗曰族。母妻曰黨。白虎通。族者湊也。上湊高曾。下湊曾元。則母黨妻黨。不可以族言。按少渠之辨甚悉。紂之暴虐。斮脛剖心。炮烙之刑。醢鬼侯。脯鄂侯。罪人以

族難斷其必無秦文公初有三族之刑或但就秦而言而
其斥如淳之謬則所關於世道民命者不小矣與九族既
睦謂上自高曾下至元曾注家以父母妻之三族為九族
者謬明方正學罹九族之慘只是本宗未嘗及親戚甘誓
云予則孥戮汝想軍法極嚴耳為此語未必施此刑也戰
國時刑獄之濫已極故孟子與宣王言文王之罪人不孥
而周刑之酷莫甚於族刑故於馮少渠之辨備録之
金仁山曰公劉遷邠史謂周之興始此則所謂十五王而
文始平之者自公劉數之耳不則以有德之宗數猶殷言
賢聖之君六七作大紀以世表計之係之少康甲子之紀
而附以篤公劉之雅今以漢書計之係之夏桀甲子之紀

而并附以七月之詩。小序以篤公劉為召康公所獻。使成王知立國勤勞之故。七月為周公所陳。使成王知故國衣食之原。而其實皆豳國之詩。盖自三聖禪授。禮樂聲教之盛。漸被四海。后稷有邰家室。子孫世有令德。加以公劉之賢。邦家再造。故國人序其建立之規。道其風土歌謡之美。吹之管籥。和以土鼓。周人世守之以為先公之樂。至有天下而亦專官掌之。周官籥章掌土鼓豳籥是也。土鼓葦籥伊耆氏之樂。土鼓豳籥則公劉之遺音也。豳風七月之詩。豳頌不知的係何詩。而篤公劉之篇豈非豳雅與。或謂公劉之時。夏道將墜。介居戎狄之間。計無文物。公劉七月盖出周召之筆。追述先公之事。不知公劉之詩比之商頌同

一路厲七月之詩上視五子之歌夏小正之屬夏令時儆
之辭同一文軌豈至周召而始有此文哉且生民之詩述
后稷之事也而終之曰以迄于今綿之詩述古公之事也
而系之以文王之事皆明著為後人之作若篤公劉詩極
道岡阜佩服物用里居之詳七月之詩上至天文氣候下
至草木昆虫其聲音圖畫所不能及安有去之七百歲而
言情狀物如此之詳又其末無一語為追述之意吾是以
知其決為豳之舊詩也
程泰之雍録謂古皆乘車令古公曰走馬或已更而為騎
蓋不暇駕車閻百詩非之周理衷謂古黃帝以車戰蚩尤
以騎戰公羊傳齊侯唁公於野井據鞍為凡左傳左師展

將以公乘馬而歸則古之有騎明矣況邠近西戎走馬或叅西戎之俗程說未可非

水滸詩鄭箋以為漆沮之水側程泰之雍錄邠在岐西北二百五十里自邠而南一百三十里為奉天縣有梁山渭水在梁山之南循水西上可以達岐當是踰梁山而後率水滸史記言古公渡漆沮踰梁山先渡而後踰渡非率也鄭氏以為漆沮之側恐非

喬木如三槐九棘東社松右社栢之類久之鬱然成林

孟子言誅一夫明太祖疑此言為已甚嘗舉此問諸臣學士陶安對曰撫我則后虐我則仇此武王誓師之言也太祖為之霽顏

燕世家載文公卒易王初立齊宣王伐我取十城蘇秦說齊使復歸燕十城而伐噲殺子之則湣王事蘇子由古史鮑彪國策注皆主史記而通鑑大事紀高誘吳師道主國策謂伐噲為宣王事朱子於序說中疑而不斷後黃氏曰鈔蔡虛齋鍾伯敬陸稼書並主史記而以公孫丑篇之伐燕為湣王梁惠王篇之伐燕為宣王汪武曹駁黃氏曰鈔之說謂取燕十城何得云舉萬乘之國何得云取燕何得云倍地易王王燕如故何得云置君而去不知五旬而舉是舉十城非舉燕也伐燕取之亦取十城非取燕也春秋於邑曰取如取郜取防是也於國曰滅如滅虞滅虢是也倍地是附益之意不必加倍之謂古人文章語簡渾涵可

以意會。至於置君而去。尤於伐喪情事相合。文公初卒。易王之立。尚未徧告諸侯。兵戈倉卒。新君似尚未定。故有置君而後去之語。周理衷肆武曹之說。以其未有確據。以七百有餘歲之語統筭之。而以為定屬宣王。夫統筭於前。不如統筭於後。前則荒遠多誤。後則近而詳。易明晰。史記載齊之亡。後於燕一年。而齊自王建末年逆溯而上至湣王元年。一百有三年。燕自王喜末年至昭王元年。祇九十年。則昭王之元年。乃湣王之十二年。燕世家載伐燕噲死。子之亡。二年而燕人立太子平為王。則伐噲乃湣王十年間事。世家前半年遠有遺誤。而後半當不差。即以年筭。亦斷屬之湣王矣。

通鑑上增齊威王十年，下減湣王十年。大事紀減湣王之年以益宣王，皆欲証明伐噲為宣王事。閻百詩又欲屈燕之年數上升噲事以從齊宣王之時。夫古[illegible]時代年數，任後人增減移掇，截趾適屨，豈不顧人笑来。孟子書法儼同春秋，梁惠篇何以書宣王？公孫丑篇何以只書王？毛西河謂孟子兩至齊，兩至宋薛，公孫丑篇單稱王者，以作孟子時湣未死，尚無謚也。蓋湣王甚強，曾稱東帝，越三十年而始為燕昭所敗，故在孟子時以霸王相期待。武曹又謂孟子之書門人敘定，曾平公卒于赧王十九年，是時孟子計百歲左右，恐已不在。平公之謚門人所加，公孫丑篇止稱曰王，只是偶未加謚。然伐噲果係宣王，宣王先孟子卒必已書謚何待於加○況孟子卒於赧王二十六年○平公亦先孟子卒○平公加謚之説亦不確乎武曹所駁之説似乎甚允殊不知古人文章有大其辭處有甚其辭處尚論古人須於世次討箇着實不得執文辭以武斷也○

集注雲合則雨○虹見則止○兼將雨及既雨言之○而夌初成蕩櫛偶録○引爾雅疾雷謂之霹靂○霹靂掣電正致大雨○王滹南辨疑○引詩朝隮于西崇朝其雨○云虹亦雨徵○諺有東鱟日頭西鱟雨之説○然以大旱望雨言之○從爾雅為是○

薛不知何時見滅地入於齊○齊湣王三年封田嬰於薛田嬰將城薛○因客海大魚之諫而止其後田文卒城之續漢

書輿地志云薛河北有大城田文所築。

新序云穆公以美女二八妻死事之孤。是穆公於此恤有司甚厚。又言食不重味衣不列采。自刻以廣民親賢以定國視民若子。鄒國之治路不拾遺。穆公死百姓如喪慈父。是穆公能信用孟子者。惜國小不能有為於天下耳。孟子初年不出。毋亦以鄒君信已至。穆公卒而乃遊齊梁。與鄒即邾。説者謂鄒邾聲相近而轉也。以邾為鄒。大約在春秋後。有謂邾文公遷於繹而改為鄒。説未確。

任香山云。人都説滕文時無可遷。孟子只教他死守。此亦不然。當時五嶺之外未入版圖。九夷之區半為荒服。若能如太王。何患無可遷之地。

閻百詩云○雍州有二梁山○一在今韓城郃陽兩縣境○書治梁及岐○詩奕奕梁山○爾雅梁山晉望○皆是○孟子梁山○在今乾州西北○其山橫而長○自邠抵岐○三百五十餘里○山適界乎其間○太王當日○必踰此山○始遠狄患○

三鼎士祭禮○儀禮特牲饋食篇是也○五鼎大夫祭禮○少牢饋食篇是也○特牲饋食之禮○不諏日○前期三日○筮尸○宿尸○宿賓○厥明夕○陳鼎於門外○設洗於阼階東南○主人揖○兄弟從○賓及衆賓從○即位於堂下○宗人升自西階○視壺濯及豆籩○反降告濯具○宗人視牲告充○雍正作豕○宗人舉獸尾○告備○舉鼎鼏告絜○夙興○主人服如初○視側殺○主婦視饎爨○纚笄宵衣立於房○主人及祝升○佐食舉牲鼎○執事舉魚腊鼎○

除鼏。宗人執畢先入。佐食升肵俎。加匕於鼎。主人拜妥尸。尸三飯告飽。主人洗角酳尸。尸醋主人。進聽嘏。佐食摶黍。尸受以菹豆。執以親嘏主人。主人左執角。拜受復位。詩懷之實於左袂。挂於季指。出寫嗇於房。祝以籩受。少牢饋食之禮。日用丁巳。主人朝服。即位於廟門之外。司馬刲羊。司士擊豕。雍人陳鼎五。司馬升羊右胖。實於一鼎。司士升豕右胖實於一鼎。雍人倫膚九。實於一鼎。司士又升魚腊。魚十有五而鼎。腊一純而鼎。主婦被錫衣侈袂。薦自東房。祝祝曰。孝孫某敢用柔毛剛鬣。嘉薦普淖。用薦歲事於皇祖伯某。尸醋主人。二佐食各取黍於一敦。上佐食兼受摶之以授尸。尸執以命祝。祝受以嘏於主人曰。皇尸命工祝承致多福無疆於女孝孫。來女孝孫。使女受祿于天宜稼于田。眉壽萬年勿替引之。尸出廟門。乃四人餕。上餕親嘏曰。主人受祭之福。胡壽保建家室。 士禮佐食一人。大夫禮佐食二人。特牲二人餕。餕之小也。少牢四人餕。餕之大也。中庸祭以士。祭以大夫。禮儀多不明晰。故錄於此。

四書彙辨卷十三

寶山侯廷銓編次

上海汪雲桂　李宗浩　瞿茂芝叅訂
陳衍慶　鄒大鎔　徐霖

公孫子有養氣篇論氣之害生於不中和孟子子名睪學於公孫丑著詩傳　一統志兗州府鄒縣西北十里地名南公孫有公孫丑墓丑為齊人而墓在鄒方之玑謂孟子去齊丑實從焉遂留而不返

曾西趙注以爲曾子之孫曲禮孔疏亦以曾西爲曾子之孫而王伯厚謂經典序錄曾申字子西曾子之子任釣臺謂左傳之名申而字子西者甚衆周理衷謂曾子二子元申見檀弓大戴記云曾子疾病曾元持首曾華抱足華即

申之字。申既字華。不當又字子西。二說不同。按大戴之曾華。當是華與申。形相近而訛。元既稱名。申不應稱字。閣百詩曰。殷本紀自武丁至紂凡九世。集注云七世。得毋以祖甲為祖庚之弟。庚丁為廩辛之弟。并兄弟於一世乎。國語帝甲亂之。七世而殞。仍數庚丁也。自仲丁以來比九世亂。皆數其弟也。不應云七世。而何義門讀書記。七世元板[illegible]本作九。宋世家。微子啓卒。立其弟衍。是為微仲。家語微子卒。其弟曰仲思。名衍。繼微子後。檀弓微子舍其孫腯而立衍。鄭注微子適子死。立其弟衍。殷禮也。而漢書古今人表。於微仲注曰啓子。閣百詩力主其說。非武王入殷。問膠鬲殷之所以亡。對曰王欲知之請以日中為期。王與周公明日早要期。則弗得也。周公曰此君子也。以其主惡告王。不忍為也。惕庵謂周興後膠鬲踪跡無考。蓋不臣周者。按殷之所以亡不待問。呂覽亦傳訛之說。無逸篇言殷之賢君三太戊武丁祖甲也。祖甲据史記即武丁子。享國三十三年。君奭篇言殷賢君五湯太甲太戊祖乙武丁。朱子加以盤庚為六。鄭康成云高宗欲廢祖庚立祖甲。祖甲以為不義。逃之民間。史記無此事。以祖甲為帝甲。云帝甲立而殷道衰。然使帝甲即祖甲。何以在三宗之列。真德秀林之奇又以祖甲即太甲。按皇極經世前有太甲後有祖甲。皆享國三十三年。古事難考。但無逸作於周公。祖甲即太甲。必不列於武丁之後。武丁崩後。傳八世至紂。未到百年。故云未久。

鎡基。趙注耒耜之屬。漢書作兹具。周禮薙氏草始生而萌之注萌之者。以兹具斫其生者。疏漢時兹具。即今之鋤。

趙注孟姓舍名。施發音。周理裒言孟施。當爲複氏。魯有少施氏。魯公子施父之後。見雜記鄭注。孟施氏或亦出於施父之後。

倪文節云。必有事焉而勿正。當作必有事焉而勿忘。勿忘勿助長也。傳寫之誤。以忘字作正心二字。疊二勿忘。古人有此文法。書無逸篇曰。自是厥後立王。生則逸。生則逸。不知稼穡之艱難。亦是疊一句。而文愈有致。禮記祭義。見間以俠甈。鄭氏曰見閒當爲覵。史記蔡澤傳吾持粱刺齒肥。索隱曰刺齒肥當作齧肥。皆古書一字誤爲二字之証。困勉録云。四言皆談道之言。四言之病皆見道之病。持之有故而言之成理。使人不知而誤信以施之政事之間。流毒無窮。蘇文忠謂李斯禍秦。由於荀卿。即其証也。王莽使劉歆改竄周官。王安石不知其邪詞而以之禍宋。

昔康熙時有大獄。於法則應死者甚衆。於情則可矜。方望溪先生致書安溪李文貞公曰。閣下平日嘗言吾人之心。即聖賢之心。假使行一不義殺一不辜。而可以擢一官晋一秩。亦弗爲也。然則閣下宜行此言於今日矣。雖以去就争之。可也。文貞公躍然從之。免死者甚衆。

豈惟民哉。語氣如登高而呼。言我夫子之聖。豈惟蚩蚩之民。不能及。即羣聖人亦皆不及。夫子自有生民以來。是言伏羲神農以來。比堯舜百王。又進一層。

宋徽宗崇尚道教。欽宗在儲貳時。金國之釁已萌。家言老子云。其安易持。其未兆易謀。此之謂知道。非符籙齋醮。徽宗懼然有覺。方士林靈素。由是放歸。事已無及矣。可見綢繆當於未雨。

朱子注豳風。從孔安國說。我之弗辟。謂致辟管蔡。居東。即東征。後與蔡九峰及董安國書。深悔此說之非。蔡氏注金縢。從師後說。蓋流言初起。周公辟地居東以待成王之察。罪人斯得。知造言由管蔡。彼時周公之意。欲誅武庚而赦管蔡。故為鴟鴞之詩以貽王。及王師東征。

而管叔自經後儒遂有大義滅親之説○皆由於孔安國之
僞書序○
汲冢書作雒篇○建管叔於東○建蔡叔霍叔於殷○周公相天
子○三叔及殷東徐奄熊盈以畔○後又云俾康叔宇于殷○仲
旄父宇于東○東似國名○前人多作東方鮮○太朦朧○建管叔
于東○而周公居東二年○則周公之所居者○即在管叔之國○
惟周公即居管叔之國○故知流言之起於叔○周公鎭壓其
地○故武庚三監亦不敢動至王迎周公歸○而武庚三監畔○
周公之居東○一是遜避○一是察訪○一是鎭壓之使不敢動
此可見大聖人作用○
國中之地畫為九區○中三區是前朝後市○左三區是鄉大

公孫丑

曰

夫及土著之民所居右三區乃百工遠方流寓之民所居許行願受一廛而為氓即此廛與市廛之廛不同氓字從亡乃自他國流亡而至之民與遂人職以下劑致甿甿字同載師宅不毛者出里布閭師民無職者出夫布注夫布是一夫百畝之稅里布是一里二十五家之布朱子曰夫布是罰那游手之民里布是罰那公卿占民田為亭臺園沼者竊意戰國之時先王之制盡廢即土著之民亦不必有此勸懲豈加之遠方流寓之民意所謂夫里之布即後世所云地丁錢粮之類有人口即有丁錢夫布也有住宅即有地基錢粮里布也先王之世惟宅不毛者有里布民無職者有夫布後皆一槩征之此賦稅之所以日重也重

孟子時○即流寓之民亦征此兩項之稅○孟子故有此論者如注言百畝之稅○二十五家之稅○即有此虐政○其勢必不能行孟子之意○只要時君於遠方初來之民○槩無所征○民始繦負而至○或疑丁錢古無明文○曰漢時口率錢○必不自漢創始○漢丁錢每人六十文其來已久○春秋而後○種種加賦○安知不因使民出錢以免力役之征○而有此一項○古書不傳以理推之可耳○

歷陽之耕侵畔○舜往耕焉○田父推畔○爭以督亢授○濩澤之漁爭坻○舜往漁焉○鮫人巽長○爭以深潭與○東夷之陶苦窳○舜陶於河濱○期年而器以利○牧羊潢陽○而獲玉歷于河巖○旱則為耕者鑿隤○儉則為畋者隶虎○厌于常羊○什器于壽

邱。就時負夏。頓邱買貴。於時販于頓邱。傳虛販賤。於是債于傳虛。以均救之。孔子曰。耕漁陶販。非舜事也。而往為之。以救敗也。至鄧之虛。而百年萬家。秀士以從。雄陶方回續牙。偹陽東不識。泰不宇。靈甫為七友。追既禪。七人者始去之。堯得舜于服澤之陽。南面而與之言。席龍垤而蔭。繄槩蔭不移。而堯志得。於是錫之絺衣雅琴。

太公兵法。背孤擊虛。萬人無餘。其法在子時。東孤西虛。一可敵七。在丑時。南孤北虛。以一敵三。又有以主將之生命配時日睚相者。又有遁甲之說。貴人登天門之日。可以決勝。三奇入墓。不利出師。又有即建除等選擇。執日利擒賊。破日利攻城。亦本淮南子五行。當令旺。所生相。生我者虛我尅者孤又以六甲旬前二辰爲孤孤所對爲虛日與方俱如是吴越春秋范蠡文種之言多此類兵家言輒託之黄帝皆僞書也惟孫武吴起與穰苴司馬法今用以試武科戚南塘紀効新書行伍訓練皆遵之握奇經雖非風后本書諸葛八陣馬隆偏廂李靖六花諸陣法皆本此今營伍陣圖稍變通以從簡易不過四正四隅大將居中各相聯屬龍蛇鳥虎景死驚開多疑其誕或其法奥秘後人不能測歟

毛西河郭廓然無城之名惟無城故魯畏齊難而城成郛城西郛周理哀非之謂魯定公侵齊攻廪邱之郛主人焚衝或濡馬褐以救之遂毁之衝者攻城之具無城焉用衝

為然。余至金陵，於城數里外要道處，往往有築數堵牆似城非城，意此即郭之遺制，西河之說未可全非。

春官簭人九曰簭環，鄭注謂筮可致師不也。孔疏環與環人字同，環人掌致師，知此經筮環亦是致師以卜之事也。曹月川據此言環而攻之之環，即周禮筮環之環，環而攻之，謂筮而攻之也，攻之則筮吉，故曰必有得天時，不須補曠日持久一層。

閻百詩曰：漢東平國有東平陸，即田齊世家所云魯敗齊平陸者，古為厥國，孔子時為魯中都地，爾時屬齊，為齊之邊邑。周理袁謂閻說甚覈，但以東平陸為即魯之中都，稍欠審。水經注汶水西南逕東平陸故城北，應劭曰古厥國

也又西南逕致密城郡國志曰須昌縣有致密城古中都也据此則東平陸為厥國須昌為中都其地相近漢省平陸入須昌遂合為一耳

閻百詩謂蓋大夫王驩與陳仲子兄蓋祿萬鍾同為一邑左傳趙衰為原大夫於時先軫亦稱原軫趙同為原同先穀亦稱原穀唐孔氏云蓋分原邑而食之僖二十五年狐溱為温大夫文六年陽處父至自温劉子單子曰襄王勞文公而賜之温狐氏陽氏先處之亦共食一邑者因悟蓋一邑以半為王朝之下邑王驩治之以半為卿族之私邑陳氏世有之其説良是

毛西河謂王驩時為右師故曰齊卿之位集注攝卿以行

趙注後爲右師總疑蓋大夫是邑宰之稱不當與右師作同時稱耳。不知蓋大夫者。如晉卿趙氏以守原名原大夫。楚司馬沈諸梁以食葉名葉公。周理裒謂大夫加邑號者。皆治邑之大夫。僖二十五年傳。趙衰爲原大夫。二十七年命趙衰爲卿。則守原之日未爲卿也。楚縣尹僭稱公。如申公鄖公白公。皆邑大夫。惟葉公嘗爲令尹司馬。以老於葉。故始終稱葉公。此不可爲例。於時王驩爲蓋大夫。非卿也。以攝卿之說爲是。按宣王寵任王驩。或在朝爲右師。而又使之出作邑宰臨民。以右師而爲蓋大夫。亦未可知。

閻百詩謂今徐州北一百九十里。有古滕城。自臨淄至滕。不滿五百里。而一往一還。將千里。路亦不爲近。王驩朝暮見未一及使事唐宋璟風度凝遠人莫測其量開元初自廣州召入帝遣內侍穆思朂驛迓之未嘗交一言思朂自以將軍貴幸訴之帝帝獨嗟重璟如明皇者豈不賢於宣王遠與

列女傳載孟子處齊有憂色擁楹而歎孟母見之云云知母同在齊也自齊葬於魯知母沒於齊而以母喪歸葬也既葬之後宜終喪於家曷為而遽反於齊家語孔子曰三年之喪周人既卒哭而致事致事謂還政於君大夫三月而葬五月而卒哭然則反齊者卒哭之後反而致其為卿之事也顧亭林以為改葬閻百詩謂反齊在終三年喪後周理衷引家語以釋之最為得解孟子鄒人應云自齊葬

於鄒。書葬於魯者。蓋孟子孟孫之後。祖墓在魯故。鄭康成詩譜。武王伐紂。以其京師封紂子武庚為殷後。庶殷頑民。被紂化日久。未可以建諸侯。乃三分其地。置三監。使管叔蔡叔霍叔尹而教之。皇甫謐帝王世紀。云：自殷都以東為衛。管叔監之。西為鄘。蔡叔監之。北為邶。霍叔監之。此以三監為管蔡霍。朱注從之、孔氏書傳。則以管蔡商為三監。武王為殷初定未集。使其弟管叔蔡叔相祿父治殷。漢書地理志周滅殷。分其畿內為三國。邶封武庚。鄘管叔尹之。衛蔡叔尹之。以監殷民。謂之三監。記天子使其大夫為三監。監於方伯之國。國三人。則監者必是王朝親信重臣。武王時三監監殷民。兼監武庚以武庚為三監之一。殊非。毛西河又謂三監。止一管叔。如太師一公而稱三公。太保一輔而稱四輔。尤杜撰。逸周書作雒解。建管叔於東。建蔡叔霍叔於殷。俾監殷臣。固有明文矣。

天有九道。日只行黃道。月行青赤白黑四道。每十三日則出入於黃道。四道各有表裏分為二。故日日有中道。月有九行。日一日一周天。月亦一日一周天少不及。每二十九日。則同會一宮。子月在元枵之次。丑月在星紀之次。是為合朔。此合朔之日。日在上。月在日下。月魄掩日。則日當食。然而不食者。月行有偏斜。則從邊而過。兩不相當。積至一百七十二日有奇。月或六入七出於黃道。則當日下。謂之交。日必食。去交十度以外食不可見。十度食三分。乃入占。去交五六度則食既矣○日月相去○各一百八十二度半○地體隔之○相隱避為光明○每月之望○日正當地下子位○月在天上午位○為地體所蔽○月不能受日光○而反明者○以行度不相當則正受日光○反明於平日也○亦以六入七出之數○積至一百七十二日有奇○則日行度○正當地心○與月相值如一線○日輪屬火○其氣上衝○謂之闇虛○月為之食○故日食惟有黑痕○月食之處○如烟如火○此闇虛蔽之也○月食之時○日在地下○為地所蔽闇虛所衝○無所迴避○故月食不為災○日食之時○日月俱在天上○月光離日甚遠○若陽盛陰衰則月變行迴避○不然則陰勝故春秋以日食為災○日月之食○皆由陰陽強弱之徧○亦有羅計持強爭道○二曜讓之則食○否亦不食○故謗六

羅計食日月。

趙注季孫子叔皆孟子門人。聞孟子不受萬鍾之言而季孫曰異哉。子叔亦疑其說而以爲可受也。宋徽宗政和五年。封孟子弟子爲侯伯。樂正公孫以下凡十八人。季叔子叔與焉。集注以爲孟子引言二人非弟子。是子叔之先。出自魯文公之子叔肸。叔肸之子子叔聲伯。後遂以爲氏。公羊傳季孫意如曰。叔詣無病而卒。此皆天也。疑季孫即平子。子叔疑即叔詣。季孫逐昭公。叔詣怨於季孫。故爲政不用。說近鑿。而可備一解。

○毛西河謂國策齊襄王封田單夜邑萬户。有夜邑。自有晝邑。或作畫。非。按樂毅入齊。聞畫邑人王蠋賢。令軍中環畫邑三十里無入。劉熙注西南近邑。漢書耿弇傳。畫中注。畫邑故城在西安城東南。西安即今索鎮。在臨淄西。孟子自齊歸鄒。當經此。畫作晝。當是。

閻百詩云。休城在今兗州府滕縣北十五里。距孟子家約百里。路史彭城北三十里。垞城臨泗水。古崇國。城西南有崇侯廟。

程沙隨以師命為賓師之命。任釣臺言宣王時。師旅惟有伐燕一事。正孟子欲去之一節。非孟子所以留。以賓師之命為是。按賓師二字。是後人推崇之語。宣王當日實未嘗有師傅之命。孟子在齊。亦不過以賓容自處。未必自任為師。豈容出之於口。自以集注為允。

四書彙辨卷十四

寶山侯廷銓編次

同學　談　耀　楊邦鈞　陸鳴鶴
朱殿卿　趙禺鈺　萬邦孚　恭訂

毛西河言宗國大宗之國也。諸侯不敢祖天子而自為之宗。祇以大宗稱宗國。而其餘同姓諸國皆稱小宗。但大宗以別子為之。皆天子諸侯之次嫡弟。無次嫡則長庶弟立為宗子。即大宗也。以分為別宗。故稱別子。春秋傳以管蔡郕霍魯衛毛聃郜雍曹滕畢原豐郇共十六國為文王一宗。專以魯為大宗之國。而十五國為小宗。若晉為武王之宗。鄭為厲王之宗。吳與虞為太王之宗。據此則同姓非即同宗。其說良是。但以周公為次嫡非長庶而駁集注周公為長一語。亦太泥。管蔡世家。武王同母兄弟十人。長伯邑考。次武王。次管叔鮮。周公旦。蔡叔度。曹叔振鐸。武叔成。霍叔處。康叔封。冉季載。閻百詩謂周公為太姒之第七子。武王母弟第五人。蓋仍賈杜之誤。祝鮀言先王尚德不尚年。趙註魯周公之後。滕叔繡之後。敬聖人故宗魯。可參一說。毛西河言滕文公問孟子始以三年之喪。豈戰國諸侯皆不行三年喪乎。若然則齊宣欲短喪。何與然且曰吾宗國魯先君不行。吾先君亦不行。則是魯周公伯禽。滕叔繡並無一行三年喪者。往讀論語子張問高宗三年不言。夫子曰何必高宗。古之人皆然。子張以高宗為創見。夫子又云古之人。其非今制昭然也。及讀周書康王之誥。成王崩方九日康王遂即位冕服出命令、誥諸侯與三年不言絶不相同。然猶曰此天子事耳。後讀春秋傳晉平初即位即改服命官而通。列國盟戒之事。始悟孟子所定三年之喪引三年不言爲訓。而滕文奉行。即曰五月居廬未有命戒。知皆商制。並非周制所云定三年之喪。謂定三年之喪制也。西河此説極有理。而張惕庵揣西河之意。謂夏商三十六月至周減爲二十五月。而指伯禽叔繡皆不行三年之喪因歷引張柬之駁王元感之議以斥毛氏之非。豈未審西河此條議論與。宗國魯先君莫之行閔公之喪二十二月而吉禘。不三年也。文公二年公子遂如齊納幣。未二十

五月而圖昏不三年也。就常解論。魯先公當指此。非指周
公伯禽。
顧亭林曰古來田賦之制。實始於禹水土既平。咸則三壤。
後之王者不過因其成蹟。蘇老泉謂萬夫之地。其間為川
為路者一。為澮為道者九。為洫為涂者百。為溝為畛者千
為遂為徑者萬。使夏必五十。殷必七十。周必百畝。則是一
王之興。必將改畛涂。變溝洫。移道路以就之。為此煩擾而
無益於民之事。豈其然乎。蓋五十、七十、百畝。特丈尺之不
同。而田未嘗易也。或謂夏時土曠人稀。故其畝特大。殷周
土易人多。故其畝漸小。以夏之一畝為周之二畝。其名殊。
其實一也。然鄭世子樂書考訂古尺長短十有四條。無加

倍之尺北齊熊安生之説夏政寬簡一夫之地稅五十畝而止商政稍急稅七十畝周政繁盡稅之張惕庵深然其説而以為堯舜茅茨不剪土階瓦銂夏禹因之卑宮菲食儉之甚矣墨子之學本於禹白圭之學又本於墨子二十取一即五十而貢之説也即此公田百畝令民耕之收其五十畝之入以為貢餘五十畝置之不問不尺寸與民計較也商人尚質視夏則文所用稍加則賦亦加百畝中稅七十畝周則文繁不得不全收公田八十畝之入然總未出於公田之外故曰其實皆什一按此條諸説不一熊氏顧氏之説為長張惕庵推衍熊説轉有語病

周官遂人職十夫有溝溝上有畛百夫有洫洫上有涂千

夫有澮澮上有道萬夫有川川上有路以達於畿鄭康成云此孟子什一自賦之法以什起數考工記九夫為井井間廣四尺深四尺謂之溝方十里為成成間廣八尺深八尺謂之洫方百里為同同間廣二尋深二仞謂之澮專達於川鄭云此孟子九一而助之法以九起數朱子林光朝馬貴與皆言二說不相合陳君舉陳用之云遂人言積數匠人言方法理本相通鄭樵劉彝二家言匠人以九起數者併其溝地而計之即十夫遂人以十起數者其空積亦只九夫助法有公私內外非九不成井字之形貢法遂人受田非十不能舉其數匠人遂人各不相蒙亦兩無窒礙張橫渠云三代以上田屬於官秦漢而下田屬於民雖元

魏之太和唐之貞觀稍欲復三代之䂓而不久其制隨田之在民者稅之不復問其多寡始於商鞅隨民之有田者稅之不復問其丁口始於楊炎二人之事皆君子所羞稱而後之為國者莫不一遵其制一或改之則反至於煩擾而國與民俱受其病以古今異宜也今之田賦額重者二十而一額輕者三十而一視三代盛時尤輕若察有司之巧取橫征則有田者沾實惠常平社倉義倉平糶皆善政只在長民者一擒縱間固已我無為而民自治

王制古者以周尺八尺為步今以周尺六尺四寸為步古者百畝當今東田百四十六畝三十步萬充宗言古者指殷時今指周殷周之步皆六尺四寸但殷尺大於周尺五

之一○故殷之一步○以周尺計之則為八尺○殷之百畝○以周
步計之為百五十六畝○二十五步○殷之七十畝○周百畝有
奇實○殷周如此○夏從可知○鄭注所筭畝數○為禮經文有訛○
說文釋咫字云○八寸為咫○周尺也○釋尺字云○十寸為尺○知
周尺雖即古之咫○然亦自分為十寸○記云立權度量○攷正
朔易服色○皆得與民變革○此三代尺步之所以不同也○
孟子言夏曰校○殷曰序○周曰庠○此鄉學也○王制言虞之上
庠下庠○殷之東序西序○則為國學之稱○李安溪曰○立太學
以教於國○設庠序以化於邑○董子雖言之而莫行也○故在
漢代辟雍太學之制○博士弟子之員僅於京師而已○自後
天下州邑○亦徒廟祀孔子○而無學○宋之中世○始詔天下有

州者皆立學。而縣之學士滿二百人。始得為之。今荒州僻縣。無不設之學矣。意三代相承亦如此。夏之時鄉為置校而已。殷之時。州莫不有序。周人脩而兼用之。而黨庠以徧其制寖廣。

國中郊門之內。鄉遂之地。野郊外都鄙之地。二語本之鄭氏。其實不然。周禮百里為近郊。二百里為遠郊。遠郊以內為六鄉。遂郊以外為六遂。是言鄉遂而已。居千里之半矣。孟子之言國中。只是城內附郭畸零不可畫井之處。離城平曠處。即是野。不必牽合周禮。 今徐兖間道旁有窮碑。大刻滕文公行井田處。

趙注自鄉以下至於士皆有圭田。大全辨云。鄉祿厚。祭何必圭田。必卿以下。其人既没。祿邑已移者。載師職士田下注云即圭田。趙德。鄭康成之說皆然。卿大夫之子孫。不能世其業。予以圭田。使無廢祭厚之至也。孔仲達曰。圭潔白也。德行潔白。乃與之田。陳可大曰。圭田亦似有功德者賜之。周理衷謂孟子明言必有圭田。當不以功德而特異。

張惕菴云。井田之法必方乎。曰程子張子盡之矣方者有之。要不方者居多。蓋方是法。不是形。古之九數。第一曰方田以其事最重。故為第一。若其田本方。則執度以往足矣。安用算乎。如今之法。横五尺縱五尺謂之一步。豈不是方横七丈七尺五寸。縱亦如之。謂之一畝。豈不是方。究其所謂方者。乃以東西并折半。南北并折半。而以縱與廣交乘之。箕方而田不方。故謂之方田。或疑古井田未及江南。此江南法。不可以論古。則齊魯燕趙晉衛諸境余嘗歷之。其高高下下。與江南無異。惟西北多山。東南多水差異耳。況禹貢揚州之域。厥田下下。厥賦下上上錯。井田豈不行於江南乎。孟子言方里而井是舉一方者。以為例。如天子規方千里以為甸服。而周畿內自陝而入河南。其地斜長而曲。以開方法計之。則西都約方八百里。八八六十四。東都約方六百里。六六三百六十。總計之得方千里耳。

史記秦本紀帝顓頊之苗裔孫曰女脩。女脩生子大業。大業取少典之子曰女華。女華生大費。與禹平水土。已成。禹曰非予能成。亦大費為輔。帝曰咨爾費。贊禹功。其賜爾皂斿。爾後嗣

滕文公

○將大出乃妻之姚姓之玉女佐舜調馴鳥獸是為伯翳賜姓嬴氏○索隱曰秦趙之祖一名栢翳○尚書謂之益○世本竹書謂之伯益○金仁山謂伯益即伯翳秦聲以入為去故謂益為翳也○字有四聲○古多轉用○如益之為翳○契之為卨○皐之為咎○君牙之為君稚○此古聲之通用也○有同音而異文者○如陶之為繇○垂之為倕○鯀之為鮌○虺之為儡○紂之為受○冏之為彝○此古字之通用也○太史公見書孟子之言益也○則五帝本紀言益見秦紀之言翳也○則秦本紀言翳於陳杞世家○又言垂益夔龍不知所封○蓋慎之也○然合二書觀之○秦紀所謂佐禹治水○豈非書所謂隨山刊本暨益奏庶鮮食者乎○所謂馴服鳥獸○豈非書所謂益作朕虞若予上

下鳥獸者乎。其事同。其聲同。獨以二書字異乃析一人而二之乎。史記之謬。如重黎二人而合為一。則楚有二祖也。四岳為齊世家之祖而總叙齊又伯翳之後。則齊有二祖。此其前後乖剌。必出談遷二手。羅氏路史真以益翳為二人。又信班昭之說。以伯益為臯陶子。則嬴偃李三姓無別。楚人滅六之後。秦方盛於西。徐延於東。趙基於晉。使伯翳果臯陶子。臧文仲安得云臯陶不祀乎。路史又以益為高陽氏之才子隤敳。亦非。按路史以臯陶為大業之子。史記亦以大費為大業之子。則臯陶伯益明是弟兄。史記言帝妻大費以姚姓之玉女。詩振振公姓。注公姓公孫也。姚姓玉女當為帝舜孫女。竹書帝啓二年費侯伯益出就國。

八年伯益。薨祠之。越絕書夏啓獻犧於益。帝啓之隆禮伯
益。亦如太甲之於伊尹、成王之於周公也。
史記曰帝禹立而舉皋陶、薦之且授政焉。皋陶卒。封皋陶
之後於英六。或在許。而后舉益授之政。竹書禹二年而咎
陶薨、路史皋陶少昊之後。四世、而庭堅則高陽氏之子。杜
預以庭堅為皋陶之字。非皋陶之後封六。別有舒蓼、宣八
年始滅。初陶漁於雷澤。虞帝求以為士師。造律執法。封於
皋。子封偃為偃姓、又有孫恩成為理以命族。至紂時理徵
為龔隸中吳伯。弗合以死。取契和氏。逋難伊虛為李氏。其
後世為伯陽父。
索隱曰。契生堯代、舜始舉之。必非嚳子。以其父微。故不著

名其母有娀氏女。與宗婦三人浴於川，則非帝嚳妃明矣。史記載簡狄行浴見燕墮卵，取而吞之生契，蘇老泉亦爲神奇妖濫之說。毛傳以鳦鳥降爲祀郊禖之候。鄭箋而遂有吞踐之事。玩天命元鳥降而生商二句，吞踐之說似是不當作鳦鳥降而祀郊禖也。金仁山謂長發之頌禘祫之詩。推其祖之所自出。不過叙禹敷土之時有娀外氏之盛。而契始受封有國，開有商一代之基。未見其爲嚳子也。豈以記有殷人禘嚳之說，遂繫之嚳與。沈約竹書注以簡狄爲高辛之世妃。蓋爲高辛世胄之妃，其說可恭。契子昭明。居砥石。至相土。始居商耶。

史記姜嫄帝嚳元妃。蘇氏古史因之。遂以后稷爲帝嚳之子○金仁山謂嫄果元妃○何嫌於不夫而棄其子○稷果嚳元妃之子○何爲舍嫡不立○而别立摯與堯○周郊太祖○何爲祖稷而不祖嚳○周祀姜嫄○何爲舍祖而獨祀妣○命禹治水之時○堯之年已七十有餘而禹猶暨稷○嚳之遺嫡何其少○堯之嫡兄弟○何其賢勞也○堯有嫡兄弟不能立○又不能舉○待舜而後舉之○則堯何足以爲堯乎○鄭康成知史記之説爲不通○則謂姜嫄當堯之時○爲高辛氏世妃○蓋其世胄之妃○然世胄之妃生子○又何嫌疑而棄之○然則嫄稷母子○果何若人耶○曰證諸詩而已矣○生民之詩○謂履帝武而敏歆○閟宮之詩○謂上帝依姜嫄而生稷○則固不必舍二詩而他考也○朱子曰○巨跡之説○先儒或頗疑之○而張子曰○天地之始○

未嘗先有人也○則人固有化而生者矣○蓋天地之氣生之也○按上古之世○民知有母而不知有父○自伏羲氏儷皮為禮○以定婚姻之制○而民始知有父○然母族之重○至唐虞之世猶然○故稷契但著其母而不及其父○詩思齊之篇○歷言太任太姜太姒○亦以母后為極重○後世帝王之家○諸子列傳○必繫以某妃之子○以著其所自生○沈約謂簡狄姜嫄高辛氏之世妃○索隱謂契稷父微故不著二說良是○想簡狄姜嫄○皆有聖德○故歌頌享祀○特隆其文○後世帝王之生○多有神異○如漢高祖母媼息大澤之陂○夢與神遇○是時雷電晦冥○父太公往視○見交龍於上○已而有娠○吞卵履武○事正相類○而仁山言姜嫄無夫○其說太奇○夫使姜嫄無夫○何為

祀郊禖而祈子○觀禮記商人禘嚳而郊冥○周人禘嚳而郊稷○可以思矣○

趙過曰○后稷始甽田○則畝隴之法自稷始○

路史稷字度辰○

堯七十五年○命司空禹治水○八十六年○司空入覲○贄用元圭○八十七年○建十有二州○是禹治水凡十二年○而云八年者○禹治水至塗山乃娶○就既娶後有室家而言○

朱子以簡潔爲二河○蔡傳合爲一○而以河之經流當其一○則祇有八河矣○林之奇辨之○以爲當從朱子○王氏鄭氏求之不得○則云爲海所漸○悉舉而空之○以歸之陽侯海若之鄉○考明一統志○謂禹時九河○當在德州以上○河間數百里○地理今釋云○今直隸河間府交河縣北○有徒駭河○山東濟

南府平原縣篤馬河。即馬頰河。德州有覆釜河。河間東光縣有胡蘇河。南皮縣城外有簡河。潔河。濟南府樂陵縣有鈎盤河。德州西南有鬲津河。其太史河。據齊乘在清滄二州之間。

闕百詩云。左傳哀九年。吳城邗溝。通江淮。杜注謂於邗江築城穿溝。東北通射陽河。西北至末口入淮。乃引江達淮。與孟子排淮入江者不合。至隋開皇七年。開山陽瀆。大業元年開邗溝。皆自山陽至揚子入江。水流與前相反。而後淮始達江。孟子之言。不過言其大勢。謂南水皆入江。北水皆入海。初未嘗屑屑然計及於水道之合否。朱子云。但取字數對偶。只是行文之失。無害於義理。不必曲為之說。

書禹貢岷山導江○指禹跡所踐近處言之○猶河水自積石○亦指近處言之○其實江水源出崑崙山之陽○黄河源出崑崙之陰○各自分行○如黻文兩己相背之狀○江水經由西蕃之地○入雲南之麗江姚安武定東川昭通○至四川之瀘州下重慶府之合江縣○謂之北金沙江○至此乃合於岷江○另有南金沙江○則由雲南大理永昌二郡○入於南海○在緬甸界內○故江之大十倍於黄河○黄河自海州以下○極寬廣處兩岸不過五六里○江在洞庭黄天蕩四顧淼茫○不啻百里○故河患多江患少○由畜之者大也○

況宋關曰○中原之地平衍○無洞庭彭蠡以爲之滙○故河常潰橫爲患○其勢必多爲之委以殺其流○未可以力勝也○禹

之治河。自大伾而下。析為三渠。大陸而下。播為九河。故河有所瀉而患以平。自周定王時河始南徙。至漢而河之故道失矣。以武帝之雄才。乗文景富庶。瓠子之决。終不能塞。自瓠子再决。流為屯氏諸河。而德棣之河。又播為八。漢人指以為太史馬頰。是其委之多。河之大有所瀉。而力有所分。偶合於禹所治河。由是而東。都至唐。河不為害者千數百年。至宋時。河又南决。以入於淮。以河之大。惟一淮為之委。無以瀉而分之。故河患又甚。

郎濬曰。洪武二十四年。河决原武。黑洋山。壽州正陽鎮全入於淮。而故道遂淤。正統十三年。又决滎陽。至懷遠。東北入淮。一淮而受大黃河之全。盖合二瀆而為一也。自宋以前。河自入海。尚為並河州郡之害。今河淮合一。而清口又合沁泗沂三水。以同歸於淮。且漕東南之粟以入京師。必由濟博之境。一決而東。則漕渠乾涸。歲運不繼。宜就汙下之處。條為數河以分水勢。又於支流之旁可種稻處創為圩田。多作水門。以資灌溉。水勢自然稍減。於河身之中。去其淤沙。使之益深。是以容水。則中有所受不至溢出。下有所納。不至乘隘。而河之委易達於海。

王圻曰。河自星宿海經積石。出龍門。抵潼關。至于孟津。皆安流也。過虎牢而奔豫徐之境。乃不安。故遷徙為患。其故有四。北土高燥而堅。南土卑下而踈。一也。在北之時。容納尚少。至南而名川三百支流三千。皆會於河下流不能容蓄。二也。北有崇山爲限。南則千里平曠。無一隄防。三也。水濁而多泥沙。易於停積。積之稍久。勢必旁蝕。四也。漢賈讓之策。上者徙其旁民。不與爭尺寸之利。然可行於昔。而不可行於今。彼時所慮者只冀州耳。今歷兖青豫徐之境。皆被河患。安能盡徙。則昔之上策。今亦爲迂議矣。其次多穿漕渠。使之緩於決。不能使之必無決。若既決之後。不過用下策以塞之耳。

黄氏日抄云。有若雖不足以比孔子。而孔門之所推尚。皆無有若比。可知。咸淳三年。升從祀以補十哲。衆議必有若也。祭酒力詆有若不當升而升子張。不知論語一書。未嘗深許子張。据此章。則子張正欲事有若者也。子張之未能為有若昭昭也。陸象山天資高明。指心頓悟。不欲人從事學問。故嘗斥有子孝弟之說為支離。習其說者不察。因創攻之於千載之下。子張有靈。回顧有若。恐不自安其位次耳。

舒偃姓之國。世本有舒庸舒蓼舒鳩舒龍舒龔。謂之羣舒春秋宣八年。楚滅舒蓼。成十七年。滅舒庸。襄二十五年。滅舒鳩。僖公從齊桓伐楚時。舒尚未滅。詩正義云。舒楚之與國。故連言荊舒。

詩頌僖公。而孟子言周公。注以為斷章取義。吳氏謂戎狄三句。是錯簡。當連土田附庸。本屬周公。季彭山言戎狄二句。本言周公。則莫我敢承。承訓繼。言人莫如我之敢繼周公。二説皆曲解。詩頌僖公。而公之膺戎狄懲荆舒。原本周公之法。故孟子直接以周公方且膺句義本融洽。不作斷章看。亦可。

王良左傳稱郵良。郵無恤。國語稱郵無正。又稱伯樂。漢書古今人表並列郵無恤王良伯樂三人。失之矣。史記天官書。漢中四星曰天駟。旁一星曰王良。王良策馬。車騎滿野。此後世星家以人名名星。與星經言奚仲四星主車造父五星主馬同。考國語。趙簡子以尹鐸增晉陽壘培而欲殺之。郵無正進諫。述文子之典刑。景子之教訓。而簡子説。則王良亦不得專以藝士目之。

秦惠文王五年公孫衍為大良造。及張儀相秦。衍去秦相魏。衍怒儀而傾之者凡三事。秦惠王死。衍召甘茂公孫顯樗里疾而用之以窮張儀。儀三人者皆儀之仇也。魏將相張儀。衍弗利。使人謂韓公叔。公叔從其言。衍果相魏。魏王相張儀。儀以齊魏之秦合衡親。衍以計敗之。趙注衍嘗佩五國相印為從長。考史記。張儀卒後。犀首入相秦。佩五國相印為約長。正破從為衡。約長非從長也。張惕庵言張儀事實多。犀首僅有激義渠戎王敗秦於李伯之下一事。王鶴舒文。只以義渠敗秦。商於誑楚二事。指點足該二人傾危之態。

。宋王偃立十年。僭稱王。東伐齊。取五城。南伐楚。取地三百里。西敗魏軍。赧王二十九年。齊楚魏三國滅宋。注滅滕伐薛。伐薛即伐齊。是時薛為齊地。滅滕則無其事。春秋正義言滕三十一世為楚滅。杜預言春秋後六世為齊所滅。通志春秋後至公邱為秦滅。諸說不同。想為諸大國所瓜分。竹書威烈王十一年於越滅滕。是魏文侯之十六年。果如其說則孟子幼時滕已滅。何緣有孟子之滕事。釣臺言滅滕。當從竹書。亦未詳考耳。

任釣臺言尚書凡古文有而今文無者多偽。如武成泰誓皆是。孟子明言有攸不為臣東征。是征不為臣者。豈是紂乎。即泰誓我武惟揚云云。必是當時歌頌武王之詞。如傳所云前歌後舞。而入者。孟子引之。亦與徯我后之文一例。今書作武王自稱。全不似聖人氣象。林之奇言孟子引泰誓康誥。往往與書不同。泰誓孔壁續出。康誥伏生口傳。必有以意增損處。按孟子言吾於武成取二三策。鋪揚太過。原書想本如此。不必疑其為偽。孟子引書不必如今人作文。攤書在案。援引經典。一字不差。如兩引仲虺之誥。一曰后來其蘇。一曰后來其無罰。可見漢時張霸作偽書泰誓。篇有白魚火鳥之語。此真偽書也。

記舞莫重於武宿夜。征伐紂軍士夜宿商郊。歡歌達旦。故制此舞。

路史葛有二。在河南脩武者嬴姓。左傳齊昭公母葛嬴之葛。在寧陵者黃帝後姬姓。漢書地理志陳留郡寧陵縣注。故葛伯國。今葛鄉是。則葛伯是黃帝後。蒙為北亳。穀熟為南亳。偃師為西亳。史記湯自南亳遷西亳。皇甫謐言與葛為鄭。是南亳。時若是偃師。豈能越八百餘里而為之耕竹書夏桀二十一年商征有洛克之遂征荆荆降二十六年商滅溫二十八年昆吾氏伐商商會諸侯于景亳遂征韋商師取韋二十九年遂征顧三十年商師征昆吾三十一年商自陑征夏克昆吾戰于鳴條夏師敗績桀出奔三朡商師征三朡戰于郕獲桀於焦門敗之於南巢國策言征密須路史言征有夏周理衷合之以成十一征之數張惕庵謂楚語齊語爾雅公羊注疏俱有之在滇時當路以欲其子之齊語命題試書院有楊萬錢三生皆能援据羅列大被賞鑑後皆拔萃去今楊萬為郡守錢以進士入詞館周理衷歷引注疏以實之齊人謂萌為蒙見易注謂鮮為斯。見詩箋。以是為祈。以獻為莎。以快為靡。以穅為相。以般為衣。見禮記注。以焚為樵。以得為登。以疾為僂。見公羊注。謂息為呬。謂瘠為脒。謂火為爕。見爾雅注疏。楚人謂乳穀。謂虎於菟。見春秋傳。謂牢為霤。謂倨為倦。謂躓為蹪。見淮南子注。謂多為夥。見史記。謂逮為還。見爾雅注。謂冢為琴。見水經注。以滿為憑。以轉為邅。見離騷。按公羊注。謂

又有謂所為黨。謂置為廢。謂豫為踴。亦齊語。

莊嶽注言齊街里名。閻百詩四書釋地。莊自莊。嶽自嶽。襄二十八年傳。得慶氏之木百車於莊。孔疏六達謂之莊。昭十年。陳鮑與欒高戰。敗諸莊。莊在鹿門之內。慶封伐內宮。弗克。反陳於嶽。杜注嶽里名。在北門之內

魏世家有段干子田齊世家有段干朋而風俗通氏姓注以爲姓段名干木蓋以吕氏春秋干木光於德之言唐百表遂謂封段而爲干木大夫誤矣史記老子之子名宗宗爲魏將封於段干其爲複氏無疑而周理東謂今本吕覽期賢篇段干木光乎德寡人光乎地段干木富乎義寡人富乎財原文明有段字豈古本異耶

戴是宋公族戴公之後閻百詩言戴不勝戴盈之是一人觀盈之言什一去關市之征恰似孟子所云欲王之善者盈之不勝字義亦決貫雖無確据而可備一説

周公相武王誅紂伐奄三年討其君趙注武王伐紂至孟津還歸三年復伐前後三年伐奄誅紂連文作一時事任

釣臺言相武王誅紂句伐奄三年討其君句此成王時事。不言相成王者。成王年幼沖。政自周公出也。竹書成王三年。殺武庚。遂伐奄。四年伐淮夷。再伐奄。入之。五年伐奄。遷其君於蒲姑。是三年也。奄國在曲阜。今名奄至鄉、奄滅。以其地封魯。按此節言周公兼夷狄驅猛獸而天下一治。周公相業。不止相武王誅紂。故兼及成王時事。釣臺說是。飛廉與子惡來。俱以材力事紂。伐紂時并殺惡來。是時飛廉為紂作石槨於北方。武王立武庚為殷後。飛廉為壇霍太山。報命於紂。遂仍事武庚。自為石棺。銘曰。帝令處父不與殷亂。武庚誅。廉乃東走。呂氏春秋言成王立。殷民命周公伐之。商人服象為虐於東夷。周公遂以師逐於江南。乃爲三象以嘉其德。竹書八年作象舞。是戮飛廉在滅奄後。滅國五十不可詳考。逸周書世俘解武王時吕他命伐越戲方（洋三邑名）侯來命伐靡集於陳。百弇以虎賁誓命伐衛陳本命伐磨。百韋命伐宣方。新荒命伐蜀。陳本新荒至告禽霍侯。俘艾佚佚侯。作雒解所征熊盈族十有七國。俘維九邑。竹書成王三年滅蒲姑。四年滅淮夷。滅奄。八年滅唐。餘不可考。

侯國之史。詳内而略外。魯春秋與晋乘楚檮杌略同。自孔子筆削。而列國强侯畔臣變禮易樂擅征伐弑君父。皆据實書之。而天子一統之義著。故曰春秋天子之事也。知我者言良臣順子以我宜作春秋也罪我者言亂賊之黨弑逆之裔以我不宜作春秋欲以是罪我也劉克猷時文春秋削吳楚之僭號為天子存封建之舊紀田賦之變制為天子復井田之政胡氏無位而託南面之權人皆知其非矣

老子之學流為申韓李斯之罪由於荀卿魏正始之末公卿尚清言以不事事為高似楊朱國政廢弛不可收拾馴至八王互戰五胡迭起王衍在排牆之下乃歎曰吾儕向若不祖尚元虛戮力中原天下事尚不至此范甯以何晏之罪浮於桀紂蓋確論也梁武帝粗衣蔬食日中不食以水漱口冬月執筆作字手至皸裂有罪不忍加刑對之流

涕摩頂放踵利天下。此其人也。諸子姪皆人面獸心。視君父之難反以為利。一門之內自極兵威。豈梁武好佛究觀平等之説。有以蠱其心。平日視至親無異於途人。以利為利之時。則又途人之不如與。庾子山哀江南賦序云。梁武之末。江南之人。或盡室投河。或闔門併命。滿目邱墟。路無人跡。生心害政。其禍之烈如此。

眞西山大學衍義云。或疑孔子時。楊墨未作。孔子之所云異端。未知何指。臣謂老聃楊朱墨翟皆與孔子同時。特以洙泗之教方明。故其説未得肆耳。孔子之言必有為而發。孔子既没。異端遂熾。至孟子時盛矣。以司馬遷所記。自鄒衍淳于髡田駢之徒。各著書言治亂之事。以干世主者不可勝數若申不害商鞅輩其害尤甚而孟子獨言距楊墨何哉程伊川嘗論之曰楊墨之害甚於申韓楊氏為我疑於義墨氏兼愛疑於仁申韓則陋而易見故孟子專闢楊墨

周官冥氏掌攻猛獸穴氏掌攻蟄獸翨氏掌攻猛鳥若蔟氏掌覆夭鳥之巢壺涿氏掌除水蟲萬充宗言諸官所掌不過鳥獸蟲蠹之末務即欲除之數隸人可畢何必設官置僚周詳如此且其誕謬不經至於神可殺淵可陵不見之鳥獸可射近於語怪必非周公之制愚按上古之世鳥獸蛇虫與人雜居聖人迭興漸次驅除堯使羿屠長蛇於洞庭繳大風於青邱殺窫窳禽封豕於桑林誅鑿齒於疇

華之野。𢦏九嬰於凶水之上。孟子所謂獸蹄鳥跡[illegible]於中國。至益烈山澤而後禽獸逃匿。夏禹治水驅蛇龍[illegible]放之菹。鑄鼎象物，使民知神姦。魑魅罔兩莫能逢之。古聖人驅鳥獸蛇龍之害，然後民得安處。周公承商紂荒唐之後，所云驅虎豹犀象，當不止商紂囿中之物。上無政刑，則田疇荒蕪，人民離散，而禽獸之害熾。周公所以設立諸官以除其害。孟子言周公兼夷狄，驅猛獸而百姓寧，驅猛獸之功，至與禹治洪水、孔子作春秋並舉，萬民之意不過以冥氏諸職設官太多，近於冗濫，不知周官所載官司多是臨時設置，有事則除，無事便無此職。如謂周在虞夏殷之後，必無猛獸毒虫之害，則後世虎豹鱷魚之患尚不能免。

況周初猶為近古之世。萬氏周官辨非多確此殊非
趙威后問齊使於陵子仲尚存乎。鮑彪注此另自一人。若
孟子所稱。已是七八十年矣。周理袁言趙威后齊王建時
考六國表自宣王元年至王建元年。凡七十有九年。仲子
若壽考。是時自尚存。况云其為人率民出於無用。明是孟
子所稱乎。

陳與田同祖。齊之公族。仲子兄不知即以田和弒康公於
瀕上。分其餘潤。得世祿為不義。抑別有不義之事。而仲子
有激而逃耶。王阮亭居易錄濟南府茌平縣有陳仲子祠。
每春秋祀文廟徹饌。取太羹一碗。詣祠奠之。孟子固云於
齊國之士。必以仲子為巨擘。而身後遂享俎豆若此。

四書彙辨卷十五

寶山侯廷銓編次

同學 劉志章 戴成文 張顯
劉緒鴻 朱體仁 楊廷贊 叅訂

公輸子名班。檀弓季康子之母死、公輸若方小。般請以機封。般與班同。而戰國策有公輸般為楚設機攻宋墨翟禦之事、亦見墨子魯問篇。說者因謂有兩公輸班、班固答賓戲、班輸㩁巧於斧斤。顏師古注、魯般與公輸氏皆有巧藝。故樂府云、公輸與魯般。吳斗南謂墨子之書。恐非事實、未必有兩公輸班。一在春秋。一在戰國也。周理東謂公輸般或以為魯昭公子。雖未必確。而與季康子同時。則為春秋時人無疑。墨翟亦生於春秋之末。史記云或曰並孔子時。

或曰在其後。蓋生雖後而實同時也。墨翟禦楚。在宋景公時。景公即位在魯昭公二十六年。兩人正當其世。實戲樂府。文人之筆。但取湊泊。亦未考班輸之實。為一人耳。稼書先生云。春秋時巨室之權太重。戰國時巨室之權太輕。自三卿分晉。田氏篡齊之後。各以巨室尾大不掉。恐其厲已。策士乘間抵巇。立談而取卿相。不知此皆傾危之士。朝秦暮楚。蘇秦張儀。正與長樂老人一般行徑。以人國為傳舍。齊之孟嘗。趙之平原。魏之信陵。皆巨室也。孟嘗信陵皆嘗不禮於其君。而出亡他國。不知此皆柱石重臣。國所恃以安危者也。當時惟楚尚有世家。故云楚雖三户。亡秦必楚。屈原惓惓。死不忘君。昭奚恤屈匄皆世臣。項氏世為

楚將卒以滅秦若已德不脩惟以剗除巨室爲事如魏明帝猜忌宗支以政柄授孫資劉放致國移司馬氏亦何及哉

越絶書闔廬伐齊大尅取齊女爲質子考左傳史記無闔廬伐齊事吳越春秋闔廬破楚復謀伐齊齊使女爲質於吳所嫁乃闔廬長子終纍夫差兄

居下位節與中庸俱直書孔子之言意則各別子思口中重一豫字歸到擇善固執孟子意中重一誠字爲治人不治者下一緘砭

李悝盡地力商鞅開阡陌其實李悝却有功於當時并有功於後世漢書食貨志李悝爲魏文侯作盡地力之教以

為地方百里。提封九萬頃。除山澤邑居參分去一。為田六百萬畮。治田勤謹則畮益三升。注升當作斗不勤則損亦如之。地方百里之增減。輒為粟百八十萬石矣。又曰糴甚貴傷民。甚賤傷農。善為國者使民無傷而農益勸。今一夫挾五口。治田百畮。歲收畮一石半。為粟百五十石。除十一之稅十五石。餘百三十五石。食人月一石半。五人終歲為粟九十石。餘四十五石。石三十。為錢千三百五十。除社閭嘗新春秋之祠。用錢三百。餘千五十。衣人率用錢三百五人終歲用千五百。不足四百五十。不幸疾病死喪之費及上賦斂。又未與此。此農夫所以常困有不勸耕之心。而令糴至於甚貴者也。是故善平糴者。必謹觀歲有上中下孰。上孰其收自四。餘四百石。中孰自三。餘三百石。下孰自倍。餘百石。小飢則收百石。中飢收七十石。大飢三十石。故大孰則上糴三而舍一。中孰則糴二。下孰則糴一。使民適足。賈平則止。小饑則發小孰之所斂。中饑則發中孰之所斂。大饑則發大孰之所斂而糴之。行之魏國。國以富强。商鞅壞井田。開阡陌。誘山東之民為之耕。而使秦民日與諸侯戰。志在并吞六國。其罪真不容於死者。

宋李沆好陳水旱及惡逆不祥之事。使真宗惻然不樂。不留意於聲色土木禱祠。明尚書周經不肯進戶部羨餘。恐人主萌侈心。魏徵直諫。每及隋室之侈。此皆格心之實。明正德時。大臣謀劾內閣焦芳詘詘然曰。吾大臣也。知格君心之非而已。豈非笑柄。

黄氏日抄曰。或云無責只是不足責之意。所以甚鄙而警之也。耳矣云者。輕収之語辭。可恭一說。

蘇氏古史曰。舜生諸馮之姚墟。故為有姚。居於嬀汭。故為有嬀。金仁山謂舜生姚墟。因生為姓。故為姚姓。居嬀汭。後世復因居嬀。而為嬀姓。非舜有二姓也。諸馮嬀汭皆在今河中府。河東縣。東夷西夷。猶云東方西方。自河中至岐周千有餘里。說者指齊之歷山。濮之雷夏。為舜側微耕漁之地。甚者指會稽牛羊村百官渡。為舜所居。皆傅會。

史記舜就時負夏。索隠謂就時言乘時射利。隨引尚書大傳販於頓邱。就時負夏為證。則遷乃質遷之遷。疏云遷居。

兩說可並存。

金仁山謂淮漢以北。上自伏羲。下至近代。帝王之墓尚皆可考。獨舜冢不見於北。而蒼梧去都最遠。重以三苗之亂歷舜禹始克平之。故舜禹於南方之化。蓋數數然也。是以南方之地多其遺跡。而禹亦有會稽之會。死亦葬焉。聖人以天下為家。不可以遠近論也。

周理衷言淮南子舜征三苗而死。墨子西教七戎道死葬南巳之市。此皆說之不可解。至云南巡而崩。葬於蒼梧之野。則史記檀弓楚辭呂覽並同。但舜年九十三。自謂倦勤。而命禹居攝。則巡狩當禹代行。如舜攝位故事。豈有百餘歲之後。而又南涉大江。深入蠻夷之地。故韓昌黎黃陵廟碑。以爲不可信。司馬涑水亦辨之。竹書謂舜崩於鳴條。與孟子合。沈休文注鳴條有蒼梧山。今海州。但海州即山海經之郁州。無舜葬於此之說。且距蒲都甚遠。考鳴條在今山西平陽安邑縣。距蒲都二百餘里。天子出無非事者。不獲崩於其宮。故記云舜勤衆事而野死。

任釣臺言竹書舜四十九年帝居於鳴條。五十年帝陟。檀弓舜葬蒼梧。呂覽舜葬於紀。今考海州有蒼梧山。與莒之紀城相近。是蒼梧即鳴條也。鄭氏以爲南越之蒼梧。朱子以爲安邑之鳴條。皆誤。紀之鳴條。曰鳴條亭。安邑之鳴條曰鳴條陌。釣臺此論。本休文竹書注鳴條蒼梧。融會爲一。周理衷謂舜已倦勤。必不至海州。其說已非。而從朱子安邑之鳴條。則於蒼梧之說更無安頓。金仁山從鄭氏南巡之蒼梧。則於鳴條之說。亦無安放。釣臺之說。最為允矣。畢有二。在渭南者名畢原。文王葬處。括地志。文王墓在雍州萬年縣西南畢原上是也。在渭北者名畢陌。史記秦本紀集解引皇覽曰。秦武王冢在扶風安陵縣西北畢陌中大冢是也。劉向傳。文武周公葬於畢。師古注以畢陌當之。非。周理裒謂郢即程。周書大匡解。惟周王宅程。史記引作宅郢。長安志引孟子作畢程。呂覽武王嘗窮於畢程。竹書周師伐程。戰於畢。通雅言梧州北有下郢。土人讀之如程。可知古郢字有程音。則畢郢即畢程無疑。逸周書史記解。有畢程氏。損祿增爵。羣臣貌匱。比而戾民。畢程氏以亡其即國於此者與。

朱注符節以玉爲之。篆刻文字。彼此各藏其半。有故則左右相合以爲信。西河言符節不用玉。周官掌節。有玉節金節銅節竹節羽節。而玉節最尊。天子於諸侯。有徵守治兵恤荒和難諸事。始用玉節。無篆刻分合之制。亦無天子諸侯各藏半之說。小行人掌六節。門關用符節。以竹爲之。舊注如今之竹使符。漢文紀應劭注。謂以竹箭五枚。長五寸。鐫刻篆書。第一至第五。國家當授兵遣使。至郡國合符。符合乃聽受之。張文彬曰。圭璋龍虎諸節。其合或以冒或以邸。或以函。璽節旌節。或辨印章。或認羽物。無有如劵契齒牙彼此分執者。惟符節。舊注皆以漢制解之。顏師古言

郡守合符法。天子與郡守各分其半。右留而左與之。周理
衰言黄帝合符釜山。漢有銅虎符。竹使符。符與節皆信也。
或言符。或言節。或並言符節。孟子所言不必專指八節中
之符節。余思聖賢立言。非如後世文士依稀圖畫。但取成
文。既言符節。自指八節中之一。以符節最為通用。故孟子
舉以為喻。想漢人之制。必本於周。符節自應用竹。朱注誤
以為玉。亦不必為之諱。
一説揆是實字。書使宅百揆。唐書宰輔謂之端揆。刑罰謂
之法揆。前聖後聖。雖時地不同。其所行之軌轍模範則一。
與注異解。而於本文語氣却順。
任釣臺曰。説苑載鄭相景差以乘輿濟人於溱洧事。蓋鄭

即韓。孟子時韓有鄭地。改國號曰鄭。子產乃景差。非公孫僑。周理衷謂說苑子游問孔子曰。夫子極言子產之惠也。可得聞乎。子曰子產猶衆人之母也。能食之而不能教也。子游曰可得聞與。子曰子產以所乘之輿濟冬涉者。是愛無教也。此明以爲公孫僑事。至景差事則傳聞之異。而劉向誤記之者。鄭人有冬涉水者。景差下陪乘而載之。叔向聞之曰。景子之爲人。豈不固哉。吾聞良吏居之三月而溝渠脩。十月而津梁成。六畜且不濡足。而況人乎。据此則叔向與景差遠隔百餘年。其誤不待言矣。

張惕庵言有本者。指實學實行之人。下無本亦指人說。玩本文語氣。還當只就水說。至末句陡說聲聞過情。使徐子陡然一驚。是孟子語言極妙處。

胡康侯云。自黍離降爲國風。天下無復有雅。而王者之詩亡。歐陽公云。霸者興。變風息焉。呂東萊王伯厚云。雅亡而風未亡。清議盖凜凜焉。變風終於陳靈。而詩遂亡。則以風雅俱亡爲詩亡。李文貞公主文中子中說。變風變雅作而王澤竭。以正風正雅亡爲詩亡。說者謂周宗既滅。褒姒威之等詩。東遷後何嘗無雅。列國風詩。東遷後居多。何嘗無風。以正風正雅亡爲詩亡。則幽厲之世已亡。非在東遷以後。張惕菴謂諸侯不述職。天子不巡狩。太史不陳輶軒不采。所以謂之詩亡。愚按春秋爲天子之事。緣詩亡而作春秋。自應主雅亡說。宣王時江漢常武等篇。鋪張揚厲。聲靈赫濯。幽王之世。變雅諸詩。憂時念亂。垂示烱戒。王者之迹猶未熄。至黍離降爲國風。而王者之詩亡矣。周宗既滅。襃姒咸之等語。是於未滅之時。痛其必滅而爲此詩。非在東遷以後。即謂之東遷後詩。寥寥一二。亦不足以云雅詩之不亡。侯國之詩。自無關於王迹。如以太史不陳輶軒不采爲詩亡。則十三國風。大半是東遷後詩。若不陳不采。何緣有許多列在三百篇內。即果不陳不采。而孔子編詩。十三國風都備。已不得謂之亡矣。謂變風終於陳靈。而詩亡則直說到宣公時。於詩亡而作春秋。尤說不去。反覆參考。自以胡氏雅亡之說爲是。朱子從之。最允。

春秋始於魯隱公。杜預范甯皆以其時相接爲言。考史記年表平王東遷在魯孝公之二十七年又一年而惠公立是惠公即位正與平王東遷相接春秋乃不始惠而始隱何也胡安定曰春秋不始於孝惠者不忍遽絕之猶有所待焉歷孝踰惠莫能中興於是絕之所以始於隱公陳隨隱曰桓公弒兄諸國無討賊者自平王不復父讎始春秋之作所以始於隱公顧亭林曰昭二年傳晉韓宣子聘魯見易象與春秋曰周禮盡在魯矣吾乃今知周公之德與周之所以王也蓋必起伯禽之封以洎中世當周之盛朝覲會同之事皆在焉故曰周禮而成之者良史也自隱公以下世衰道微史失其官於是孔子修之惠公以上之春秋固夫子所善而從之者也此說不確惠公以前之春秋

自孔子觀之，豈必盡善。只以斷自隱公。故置之不論。毛西河曰：始隱並無義例。隱以前亡其書則不脩，隱以後有其書則脩之。或隱以前有其書而不必脩，隱以後有其書而當脩。此尤說得鶻突。何屺瞻曰：春秋誅亂臣賊子之書，始於隱公。隱公被弑之君也。此說尤偏。春秋禮樂刑政無不備具，以為專誅亂賊，說成春秋是一部刑書，太涉谿刻。秦龍光曰：秦本紀襄公七年，周東徙洛邑，平王封襄公為諸侯，賜之岐以西之地。襄公十二年而卒，子文公代立。文公四年，始至汧渭之會。十六年，始收周餘民有之，地至岐，岐以東獻之周。是前此二三十年，周雖以岐西賜秦，秦實未敢有之也。當此之時，兩都形勢成，周規模尚存，人心之望其西歸。見於三百篇者非一。至其末年。岐豐之地盡入於秦。故大夫行役。見故宗廟宮室盡爲禾黍。於是黍離之詩作。君子知平王之不復西。而序詩列之王風。故曰王者之迹熄。襃姒滅之於前。平王棄之於後。春秋爲東遷而作。始於平之四十九年。蓋紀實之文也。而周理衷又謂竹書幽王三年嬖襃姒。五年宜臼奔申。八年立襃姒之子伯服爲太子。五年申侯聘西戎及鄫。十年王師伐申。十一年申人鄫人及犬戎入宗周弑王殺伯服。申侯魯侯許男鄭子立宜臼於申。虢公立王子余臣於携。自是二王並立者二十年。幽王未廢宜臼。而宜臼遽出奔申居申七年。而申侯與犬戎弑王。是幽之弑。宜臼實與聞之。弑逆之人。不可以君天下。當時第知其家嗣爲當立。而虢公翰獨立王子余臣于攜。論當時大義。諸侯之立宜曰未必是。虢公之立余臣未必非。春秋爲東遷而作。其時惠與平正相值。而攜王尚在。平王未必全爭君也。不始惠而始隱。或是聖人微意。此論補前人所未及。晉文侯殺王子余臣。在平王二十一年。作春秋之年。司馬遷有二說。自序云。孔子阨陳蔡作春秋。此一說也。於孔子世家言西狩獲麟。歎吾道窮。乃因史記作春秋。此又一說也。大抵作春秋之年。在獲麟後爲得其實。杜氏謂感麟而作。作起獲麟。則文止於所起。而王伯厚謂。請討陳恒之年。春秋終焉。夫子之請討也。將以見諸行事。請討不從。故託諸空言。亦自有意。若公羊家謂得端門之命乃作春秋此緯書之說而春秋感精符云孔子使門弟子子夏等十四人適周求史記得百二十國寶書九月經立春秋本周史而成不止據魯史亦可為春秋天子之事一証

○惕庵謂戰國習氣孟嘗平原翩翩豪舉荆軻聶政以死許人孟子專指此輩而以林氏引孔門三子為非但玩此章語氣孟子乃商略聖賢學問非為此等人下針砭

○逢蒙羿之家衆惕庵謂即寒浞謬寒浞殺羿不自下手而使逢蒙如慶父弑閔公而使圉人犖

○張邦基墨莊漫錄管子小稱篇毛嬙西施天下之美人也盛氣怒於面不能以為可好管子在滅吳前二百餘年而

其書已云西施。豈越之西施。冒古之美人以爲名耶。傳元謂管子書過半是後之好事者所加。莊子司馬彪注。夏姬亦稱西施。　世傳西施從范蠡去。因杜牧西子下姑蘇一舸逐鴟夷之句而附會也。楊用脩辨曰。墨子吳起之裂其功也。西施之沉其美也。此吳亡後西子亦死於水之証。脩文御覽引吳越春秋逸篇。吳亡後。越浮西子於江。令隨鴟夷以終。正與墨子合。隨鴟夷者。子胥之譖死。西施與有力焉。胥死。盛以鴟夷。今沉西子。所以報子胥之忠。故曰隨鴟夷以終。范蠡去越。亦號鴟夷。杜牧遂爲之范蠡。隨後人於疑網。

黄帝迎日推筭。使羲和占日。常儀占月。臾區占星。大橈作干支。隸首作算。容成受之作曆。上古曆元。年月日時皆在甲子。五星皆在星紀之次。所謂日月如合璧。五星如聯珠皆在牛斗。七閏爲一章。至朔同日而非甲子月。二十七章爲會。五百一十三歲。甲子月至朔同日而非甲子日。三會爲統。一千五百三十九歲。至朔月日皆甲子。非甲子時。三統爲元。四千六百十七歲。則時亦甲子矣。自崇禎癸未上溯帝嚳甲子。纔四千二十年。尚未及一元之數。曆元之說始自漢人。集注主之。而張惕庵推衍之如此。趙注以日月所會爲日至。如日至于東井。日至于牽牛之類。朱子云是亦可通。此不主曆元。而亦不主冬至者也。金仁山以歲差爲說。而云堯冬至日在虛。周冬至日在牽牛。宋冬至日在斗。言天者以前所差之故。而推後所差之度。則千歲之日至。可坐而致。指已後之日至。此不主曆元而仍主冬至者也，毛西河言凡朔日遇至必前是閏月以節氣移之望後。而移中氣在朔。如僖五年正月辛亥朔日南至。正義謂去年十二月閏故。未聞造曆者必先置閏。考古之曆元。黃帝用辛卯。夏用丙寅。周用丁巳。魯用庚子。無用甲子者。近方合山古今釋疑。揭子宣璇璣遺述。並言無歲不可為元。此曆元之說。荒渺而難憑也。西河又言日至當如禮日短至日長至。春秋傳日南至日北至。孟獻子言正月日至。七月日至。兼冬夏言之。大抵造曆在定至。先定兩至。而後兩分四時二十四氣十二月三百六旬以次係定。而周理衷又本安溪堯典解。謂二至者曆之元。二至正則曆本定矣。周官保章之職。曰冬夏致日。二者尤以夏至爲重。故於夏言敬致。大司徒土圭之法。亦言夏至之景而不及冬至。西河兼二至。已與曆元之說異。周氏又重夏至。其說又岐矣。愚意以一歲言。自以二至爲重。以測景言。應以夏至爲重。而以曆元言。則前人之從冬至。當不謬也。

天地間所以有晝夜春秋。全在乎日。於日出没之際。指正南一星爲中星。以驗之。而知天行之速於日。天日轉而西。日日轉而東。歷三百六十五日。而日躔之次。始與先之所躔相合。日至之度。至七十餘年。必差一度。謂之歲差。堯時冬至日在元枵虛三度。夏差五度。商差八度。周至戰國又差十度至雍正元年冬至日在析木箕三度共差三十餘度。千歲之日至。可坐而致。以其亦有成法可驗也。

章子之母得罪於章子之父。父殺而埋之馬棧之下。齊宣王使章子為將。曰反而有功。必改葬先生之母。章子以不敢欺死父辭。使其母沉淪幽壤。故通國譁然謂之不孝。夫君命改葬以成其孝。有何不可。章子真所謂愚孝。

史記仲尼弟子列傳。曾參南武城人。澹臺滅明。武城人。後人遂疑有兩武城。而謂子羽今費縣之武城。曾子則別一武城。在今之嘉祥縣。蓋嘉祥南武山上有阿城。名南武城。後人附會為曾子所居。此大謬也。新序云。魯人攻鄪。曾子辭於鄪君。戰國策甘茂言曾子處鄪。是曾子實居費邑之

武城○史記云南武城者因清河有東武城在魯之北
南以别之○據漢人之稱耳○
舊注合上章○言我何妨瞷○惟如齊人則不堪瞷○語似太尖○
故朱子别爲一章○但答儲子只二句○語氣似未完○論語中
孔聖渾涵○有此文法○孟子七篇中無之也○又孟子雖自作
七篇○皆看孟子曰字○若以齊人爲另一章○則無孟子曰句
矣○孟子善用譎語○王瞷孟子○已非待賢之道○儲子又顯述
於孟子之前○愈覺褻慢○孟子故爲此若離若合之辭以諷
刺儲子○舊注自可存○
墦間之祭○閻百詩以爲墓祭之切證○博舉周官冢人孔子
世家及韓詩外傳成陽靈臺碑爲証○周理袁辨其非○謂墓

祭始自漢人。古無其禮。閻據周本紀武王上祭於畢。馬融言畢是文王墓地。而索隱言畢星主兵。故師出而祭畢。非爲祭墓。玩上祭於畢句法。明是祭文王。豈可謂之祭星。又孔子世家。魯世世相傳以歲時奉祀孔子冢。而諸儒亦講禮鄉飲大射於孔子冢。亭林辨之。謂孔子之冢在講堂之後。門弟子即講堂而祭之。非祭於冢。此尤說得太泥。夫講堂在冢側。則祭於講堂。即可云祭於冢矣。帝王卿大夫之墓祭。自有堂寢。庶民之家。則草草而已。左傳辛有適伊川。見被髮而祭於野者。辛有怪其被髮之失禮。非必怪其野祭也。理衷又言宋元刊本卒之東郭墦閒句。之祭者乞其餘。句未必是祭墓。亦牽強而不能伸其說。

四書彙辨卷十六　　寶山侯廷銓編次

同學　龐逢辰陸見平彭肇升
　　　姚秉義沈丕文徐明學　參訂

九男。趙注一朱八庶。呂氏春秋、堯有子十人而與舜貴公也。帝王世紀、堯娶散宜氏曰女皇、生丹朱、又有庶子九人。路史、堯長子監明先卒、富宜氏生朱、庶子九人。竹書堯五十八年使后稷放朱於丹水、七十一年命二女嬪於虞、則朱自不在九男之列。堯崩、舜封朱於房、為房侯、夏后更封於唐、卒葬蕭陽、朱生陵、以父封為丹氏、堯庶子封於劉者為劉氏、後有劉累以豢龍事夏、至周封帝後於鑄、祝分侯於隨、既更累之裔於方城、為唐公、楚併唐、房之後有貍氏

裔子大孫夏后氏封之傅為傅氏說築於巖商宗得之陞
為太公
虞舜面頤無髭形卷婁色鬣露目童重曜母握登早喪瞽
瞍天盲娶後妻生象及女敤手瞍象常欲殺舜而妹敤手
每為之解井廩之事後人多以為疑司馬溫公謂是時堯
將以天下讓舜瞍象雖愚亦豈不利其子與兄之為天子
而欲殺之借欲殺之堯必誅已宜亦有所不敢蘇氏古史
謂四岳之薦舜曰烝烝乂不格姦豈有堯已用之而猶欲
殺之者然家語孔子曰舜之事瞽瞍使之未嘗不在側索
而殺之卒不可得則井廩之事未可謂必無論衡謂在未
逢堯時似為近之列女傳龍工鳥工之說又謂瞍速飲酒

醉將殺之。二女與舜藥浴。注往飲終日而不醉。近誕。
金仁山謂瞍象之欲殺舜。考其情。虞氏自幕故有國。至瞽
瞍無違命。則粗能守其國者也。其欲殺舜。蓋欲廢嫡立幼。
象之欲殺其兄。亦欲奪嫡故爾。不然。豈以匹夫之微。愛憎
之故。而遽欲殺之哉。然則舜固有國之嫡。而其為耕稼陶
漁之事何也。曰古之國家子弟。固非如後世之豢養。舜之
為田漁而人從之。又非必如今之漁人陶工也。或者見逐
於父母。故勞役之。或避世嫡不敢居。而自歸於田漁。亦因
時以行其政教。而濟時之窮。故雜書有謂舜見器之苦惡
而陶河濱。見時之貴糴而販負夏。此說雖出雜書。而實得
聖人之意。又瞍象之欲殺舜。在其初年之間。而堯之舉舜。

則在克諧之後史記反覆重出而莫之辨然孟子當時不辨萬章之失何也蓋孟子不在於辨傳訛之迹而在於發明聖人處變之心務使學者得聖人之心以推天理人倫之至則事迹之前後有無皆不必辨矣

舜在牀琴牀即今人之杌椅世人皆言古人席地而坐杌櫈之屬不見於經不知禮記內則明有執牀與坐執几與倚之文牀字從爿宛如椅之有旁以牀名椅何等古雅使治朕棲注棲牀也象欲使為已妻也殊未妥徐友雲言使讀去聲謂婢妾之類當服役於我亦牽强愚謂棲字作室宇居處解尤直截而於義尤順蓋欲使之洒掃室宇恰似癡人口角

共工水官名。左傳少皞氏不才子謂之窮奇。王逸天問注以康回為共工名。或以皐陶謨孔壬為共工名。非。幽州北裔之地。括地志故龔城在檀州燕樂縣，今順天府密雲縣東北塞外也。故老傳云舜流共工居此城。舜分冀州為幽州、并州，分青州為營州。孔、鄭謂在禹平水土後，皇甫謐謂在禹治水前。李安溪言州之分幽并營，特以冀極塞而青跨海，形勢濶絶，作牧分治，殆如國有附庸之類。雖有州名，仍統於冀青。故禹後成功作貢，亦止於九。而其言曰州十有二師，即舜典所云十二牧。九州為正，幽并營為附。禹貢則以正者統之也。禹貢青州萊夷作牧，牧即州牧。萊夷跨海，即舜分青州為營州，故附見於青。幽并不言牧者，王畿

無外略其牧號且或以王官兼之如周家內諸侯之例安
溪此論極好　萊夷作牧蔡傳謂可放牧禹貢錐指作謂
耕作牧謂畜牧
路史帝鴻氏之胄縉雲氏妻士敬氏曰炎融遺腹生驩頭
為堯司徒奔義隱賊好行凶德謂之混沌氏堯放之於崇
山生三苗氏苗民長齒上下相冒髙辛邦之天下之人以
比三凶謂之饕餮堯竄之於三危河西諸羌俱其類据路
史三苗為驩兜之子其說不可信
崇山在衡嶺之南通典澧陽縣有崇山即舜放驩兜之所
今湖廣澧州永定縣大庸所東有驩兜塚而楊用脩据沈
佺期從崇山向越裳詩謂在交廣之域

書言竄三苗。而孟子云殺。蔡虛齋謂竄之於此。實置之死地。蓋三苗卒死於此。故曰殺。然洪範言鯀則殛死。是鯀亦死於殛所者。何以不言殺。吳幼清尚書纂言曰。左傳蔡蔡叔。蔡與殺字異音同。古通用。周理衷言。左傳正義蔡字本𥻦字。說文𥻦散之也。從米殺聲。疑孟子古本原作𥻦。與殺形聲相近。傳寫者遂訛為殺耳。周說近是。三危。括地志沙州燉煌縣東南四十里。山有三峯。故名三危。

帝王世紀云。鯀顓頊之子。字熙艾。竹書顓頊七十八年陟。而三十年書產鯀。歷帝嚳六十三年。帝摯九年。至帝堯六十一年。命鯀治水。距產鯀之年。已一百八十二歲。此必不然之事也。漢書謂顓頊後五世而生鯀。路史高陽生駱明駱明生白馬。白馬生鯀。封於崇。曰崇伯。字熙。帝禪舜。鯀怒於帝曰。得天之道者帝。得地之道者三公。意欲自以為公。彷徨於野以患帝。乃遏之羽山。三年而死。是為羽淵之神。初鯀納有莘氏曰志。是為脩己。年壯不字。獲若后於石紐。服媚之而孕。歲有二月。以六月六日。副而生禹。　蒙羽其藝之羽山。說者謂即殛鯀處。其下有羽潭。疑太近。非荒服放流之宅。孔氏書傳。羽山東裔在海中。寰宇記。羽山在登州蓬萊縣。有鯀城在縣南六十里。以近殛鯀之地而名。與孔傳謂在海中者合。四罪傳謂投之四裔。以禦魑魅。蘇子瞻乃謂皆非誅死。但遷之為要荒之君長。非顧亭林謂上古諸侯之封萬國。中原之地必無可封。不得已而封象於極遠之有庳任釣臺謂有庳即今鉅鹿象城與帝都密邇故得源源而來若永州則陸阻太行水絶洞庭較之崇山更遠而欲使之源源而來不道斃乎或謂今零陵有舜陵象祠何也曰後世附會儘多如越絶書言舜葬蒼梧象為之耕將以祀也既以象為舜弟又言舜葬會稽鳥為之耘又似以象為獸蓋南蠻之俗乘象以戰驅象以耕故祀之若馬祖牛鬼諸祠而傳會者遂以為舜弟耳路史謂九域圖經寰宇記並以鉅鹿象城為舜弟所封釣臺謂古者有功方賜姓如禹賜姓姒契賜姓子稷賜姓姬益賜姓嬴夔龍尚未賜姓百姓若大臣世族之稱書蔡傳謂畿内之民非然觀堯典九族既睦是家齊百姓昭明

是國治。黎民於變時雍。是天下平。百姓應該民庶在內。上言平章百姓。豈平章者獨在世臣大家。有功賜姓。而不賜姓者亦自有姓。姓而曰百。貴賤俱在其中。必以為大臣世族太泥。

齊宣王喜文學遊說之士。如騶衍、淳于髡之徒。凡七十六人。開第康莊之衢。高門大屋尊顯之。不治而議論。稷下談者千人。時人為之語曰。談天衍。雕龍奭。炙轂過髡。天口駢。競倡新奇異說。西接魯衛。猶有見聞。齊東近海。尤宜荒唐。公羊多謬說。亦齊人也。

任釣臺謂黃帝以上難考。帝堯以上無甲子。然考竹書於顓頊既陟後。書術器作亂。辛侯滅之。其下乃列高辛之紀可見高平自以戡亂之功為天下所歸與舜禹朝覲訟獄之歸無異顓頊未嘗挈天下而與之高辛四十五年錫唐侯命與堯紀錫虞舜命同可見嚳之薦堯於天與堯之薦舜於天無異堯非帝嚳子自大戴禮帝繫姓篇妄作而史遷因之遂謂堯舜以上皆傳子愚考路史高辛氏紀黃帝元妃西陵氏生昌意元囂龍苗昌意生帝乾荒乾荒生顓頊元囂生蟜極取陳豐氏曰握裒生嚳生而自言其名十有五而佐顓頊受封於辛高陽崩而嚳立釣臺言顓頊非手挈天下而與高辛信矣至帝堯則路史言高辛氏之第二子母陳豐氏曰慶都嘗觀三河之首有黃雲風雨之祥十四月而生堯年十三佐摯封植受封於陶改國於唐摯

政弱而唐侯德盛。諸侯歸之。乃禪於堯。年十七踐帝位。釣臺。据竹書之。錫唐侯命。遂謂堯非帝嚳子。謬矣。

堯元年丙子。七十年錫虞舜命。七十三年舜受終於文祖。一百年乙卯。陟于陶。丙辰丁巳戊午喪畢。元年己未即位。居冀。古人居喪皆不紀年。舜五十年戊申陟於鳴條。己酉庚戌辛亥三年。亦不紀年。自帝相始於居喪之三年改元。自後或間二年。或間一年。不同。則以世子即位治事有遲速。各如其實以紀之也。至夏桀始以明年紀元。而商周嗣王皆因之。遂以踰年改元為常法矣。任釣臺云

釣臺言舜禹皋益同為堯臣。然舜之德自大於禹。禹之德自大於皋益。故堯自當薦舜於天。舜自當薦禹於天。禹即

位而薦皐陶皐夔即薦益道理自是如此乃禹傳賢而民自歸子者當堯之時天下猶未平可見從前常着做來有限以堯之聖而未得舜以前也不曾幹得甚事直到得了舜又得禹皐益稷契諸人方把天地徹底大做一番直似另換了一個世界固是堯大於舜舜大於禹然民於堯便不見得故曰民無能名於舜便見得虧他出來纔尋出禹皐一千人然禹之勤勞至於八年三過其門而不入身為僂股無毛平地成天的事都是他苦挣出來畢竟感他尤甚乃即位纔八年忽焉徂落遽欲轉之他人他心裡自過不去故不曰子賢而曰吾君之子啟有二三分賢便也算得五六分况啟又實能敬承繼禹之道然而禪繼兩大局

竟於是分矣蓋世方危則民急望人之安我故情易遷世既平則民不忘安我之人故情難變民情如是天意可知此段議論甚好

鈞臺言堯五十八年使后稷放朱於丹水堯崩舜迎朱主喪三年喪畢舜致位於朱朱避舜於房陵舜即位因封之房是朱始儆而終讓亦見化於堯舜矣　舜子鈞喜歌舞舜二十九年封之於商是鈞未若朱之儆而舜之封朱亦異於堯之放也舜崩三年喪畢禹讓於鈞退處陽城民不附鈞追就禹所曰后何棄我禹乃即位於冀孟子曰天下有道小德役大德小賢役大賢自三皇五帝以至唐虞天下大局揔是如此故朱均雖不肖不但不敢與舜禹爭即

讓之而亦不敢受。

記舜葬於蒼梧葢三妃未之從焉。考路史帝舜娶堯二女娥皇無子女瑩生義鈞及季釐。季釐封緍爲桀所克。義鈞封於商。禹封其子於虞。後虞思妻少康以二姚。次妃癸比氏生二女曰宵明燭光。有庶子七人降於齊人。夏之世有箕伯直柄伯戲。中衰。成湯賓之於遂。後爲齊所滅。虞閼父爲周陶正。武王妃其子胡公滿以太姬封之陳以備三恪。禹今帝之少子於西戎。無弋爰劍曾孫舞生子十七人爲十七種。

后趫塗山氏生啓及均。均獨明敎訓。立庶子之官。均生固。固生伩來。伩來生循黔。其裔居兇牟山。禹支子或封辛。後辛

萬章上

甲事紂七十五諫不聽文王以為史封之長子昭王南征辛靡為御右極王而俱溺封其子西翟外丙名勝元年乙亥即位居亳命卿士伊尹二年崩仲壬名庸元年丁丑即位四年崩紀年鑿鑿可據自程子有謂歲為年之說而邵子皇極經世書亦謂無此二王胡五峰主經世力辨史記之非謂太史公陽甲之紀曰自仲丁以下廢嫡立諸弟子諸弟或爭相代立比九世亂若成湯伊尹舍嫡孫而立外丙仲壬是開後嗣爭奪之端而決其不然不知仲丁是廢嫡立弟湯之太丁死而立外丙是無嫡而立嫡子之弟沃丁亦立弟而未嘗致亂仲丁廢嫡立弟沃甲則立兄祖辛之子祖丁祖丁又立沃甲之子南庚南

庚又立祖丁之子陽甲不但立弟而且立姪不但立母弟而且立從弟故史記特下廢嫡二字以著其致亂之由若盤庚武丁之無嫡而立弟亦未嘗致亂胡氏何不此之審乎國語云商之享國三十一王合外丙仲壬數之尚缺其一若更無丙壬則止二十有八矣國語近古之書必不謬誤至此任鈞臺云若果壬兄而丙弟孟子何爲先丙而後壬亦駁得直截

書序太甲既立不明伊尹放諸桐三年復歸於亳思庸史記太甲既立三年伊尹放之桐宮居桐悔過反善三年伊尹乃迎而復之政任鈞臺言放桐三年而後悔過又三年而復歸孟子明有兩三年與竹書七年王歸之說合三說

不同。畢竟以尚書為是。太甲次篇惟三祀十有二月朔。伊尹以冕服奉嗣王歸于亳。明是三年喪畢而復歸。太甲顛覆典刑。初居喪時必便有許多昏亂事。看伊訓中三風十愆。明是規切太甲。太甲既敗度敗禮。伊尹自不俟三年而後放之桐。放桐之後。想太甲亦是英明一邊人。便知悔過。到得三年喪畢。伊尹自急迎而復之。決無濡遲再俟三年之理。蓋伊尹之放太甲與復太甲。此中有微權。當時本不以為放。而以為王徂桐宮居憂。冢宰攝政。到得居憂三年已畢。悔過遷善。亦只言喪畢當臨政。非言放而復之實。則放而名非放。故於君臣之義無碍。若如史記之言。是太甲縱欲三年而後放。伊尹決不舒緩至此。如釣臺之說。是居

憂三年至喪畢之後然後悔過遷善太甲當時亦當不是
如此釣臺每過信竹書竹書之可取者儘多而謬誤者亦
不少且最乖謬者莫如放太甲一事竹書元年王即位居
亳命卿士伊尹伊尹放太甲于桐乃自立七年王潛出自
桐殺伊尹天大霧三日乃立其子伊陟伊奮復其父之田
宅而中分之沈約注云自立句蓋誤以攝政為真於潛出
自桐謂前後不類蓋後世所益愚謂即非後人所益亦是
魏國淺陋之史以訛傳訛而書之此謬妄之至者而可据
以為說乎孟子言於桐處仁遷義三年即是居憂之三年
玩文義可見釣臺欲傳會以成竹書之七年謬矣　大凡
史傳雜書之有異說若必折衷於經尚書是孔子刪定雖

更秦火其存者自當取以為準郝楚望每訾古文平弱以為偽作竊謂三代之書雖古手筆亦未必一樣如今人文章有流利有深奧自不一轍西漢文章最古然賈晁匡劉輩質厚堅樸鄒陽枚乘王褒等便多對偶平順豈三代之文必皆詰屈聱牙且盤庚亦古文何殊於多士多方之與楚望以伊訓太甲說命等篇為偽試思言性言仁言學等語周末秦漢間人那個說得出書之真偽固可從氣味間辨別然畢竟從義理上根究為是昔人謂禮運儒行等篇秦漢人不能到此地位況聖人語言而可摹仿乎即摹仿之未有不立見破綻者楚望等但謂古文平弱而欲指其義理上謬處自無從也且宋儒於義理之書講得最精細

然於尚書未聞有所指摘何鈞臺不信尚書而信竹書耶
桐鄭康成注地名有王離宮焉不指為湯葬地集注本孔
氏書傳周理衷謂劉向言殷湯無葬處漢時已不得其邱
壠所在愚謂皇覽言薄城北郭東三里平地有湯冢與劉
向之言無葬處似合蓋無葬處不是言不知其所葬處亦
不是言其竟無葬處只是言其葬處平坦無邱壠山陵使
人不知其為帝王之葬處此正劉向以薄葬為諫之意通
鑑前編載薛氏曰湯冢去亳三里東郊西北有伊尹墳去
亳十里

太甲復辟後伊尹即告歸不知卒於何年書序曰沃丁既
葬伊尹於亳咎單遂訓伊尹事竹書紀年沃丁元年王即

位命卿士咎單則伊尹似卒於沃丁之元年而於八年書祠保衡蓋褒之於前至八年而更隆報功之禮帝王世紀謂沃丁八年伊尹卒年百有餘歲大霧三日沃丁葬以天子之禮祀以太牢親臨喪以報大德其亦但據竹書而未考書序與

史記孔子適衛主子路妻兄顏濁鄒家索隱謂與孟子主顏讎由不合正義云濁音卓鄒音聚即顏涿聚本漢書古今人表同理衷謂顏讎由即顏濁鄒孔叢子言讎由善事親嘗以非罪被執子路裒金贖之或疑其私於所昵而孔子白其不然此讎由爲子路妻兄之證與史記之濁鄒是一人涿聚則齊人即顏庚見哀公時傳據此則讎由彌子

皆子路妻黨而孔子主讐由而不主彌子亦可以見孔子之守正矣濁鄒讐由殆以聲相近而異

五羖大夫最多異説惟史記言亡秦走宛楚鄙人執之穆公聞其賢欲重贖之恐楚人不與故輕贖之以五羊皮既歸授以國政因號五羖大夫差為近理朱竹垞五羖辨自鬻於秦養牲者句五羊之皮食牛句蓋服五羊之皮為人食牛扊扅歌云百里奚初娶我時五羊皮又曰西入秦五羖皮然則奚蓋服五羊之皮入秦者紉五羊皮為裘毛之最豐而賤者所服也此解殊妙自虞亡秦貧窘無聊如後世高士為人傭舂之類後人遂謂為自鬻穆公聞其賢而舉之故孟子曰百里奚舉於市周理裒謂扊扅歌是漢人

詞賦家語。不足據。然即附會。亦必有所自來。稗官小說。亦有可取之處。只要於事情相合耳。陸德明音義引或曰。百里奚好服五色皮裘。

逸周書世俘解。王烈祖自太王太伯王季虞公文王邑考以列升。虞公想即仲雍也。初泰伯仲雍奔荊楚。采藥於衡山之下。荊人義之。從者日衆。東到海上。得千餘家。遂爲國。自號句吳。泰伯薨。無子。仲雍嗣。武王克商。使求其後。得周章。仲雍之曾孫也。已君吳矣。因封之。曰吳伯。復封周章弟仲於故夏墟。爲虞仲。公爵、虢仲虢叔。王季之穆。爲文王卿士。虢仲封故夏墟爲西虢。虢叔封於制爲東虢。蘇子由古史金仁山通鑑前編皆同。賈逵注虢文公諫不藉千畝。謂虢仲之後是西虢。而孔疏於制巖邑也。言虢仲封東。世云虢叔者所滅之君字叔也。鄭語史伯曰。虢叔恃勢。鄶仲恃險。韋昭注與孔同。竊意文王敬友二虢。書君奭篇言迪彝教。只數虢叔。賢者之後。不應遽滅於鄭桓公之世。孔疏章注。或有所本。馬融謂虢叔文王同母弟。虢仲異母弟。路史言虢仲同母弟。虢叔異母弟。說又不同。下陽為北虢。上陽為南虢。上陽在河南。下陽在河北。自下陽而遷都上陽。故有南北虢之稱。其實皆西虢也。虢在東遷時立王子余臣于携。其後與鄭伯更為卿士於周。虢公林父定王子頹之難。亦姬姓強國也。至虢公醜奔京師。晉人執虞公。而虞虢皆亡矣。

虞虢皆武王尊屬。故封公爵。何休注公羊謂生死同稱春秋所賤謬甚陸氏淳謂虞君曾爲三公故稱公亦非國語虢公夢在廟有神人面白毛虎爪執鉞立於西阿公懼而走神曰無走帝命曰使晉襲於爾門公拜稽首覺召史嚚占之對曰如君之言則蓐收也天之刑神也天事官成公使囚之且使國人賀夢舟之僑遂以其族適晉神降於莘王問於內史過曰是何神也對曰昔昭王娶於房曰房后實有爽德協於丹朱丹朱馮身以儀之生穆王焉夫神壹不遠徙遷焉若由是觀之其丹朱乎王曰其誰受之對曰在虢土虢公使祝應宗區史嚚請土於神神賜之土田虢公之愚騃與虞公之貪妄略同宜其並時而亡也

四書彙辨卷十七

寶山侯廷銓編次

門人　高　煜王文淵王文浩
　　　劉　樞李鵬翅徐爾康　叅校

當時七國各自為王。齊稱東帝。秦稱西帝。平原信陵孟嘗春申皆號為君。穰侯應侯皆稱侯。僭妄極矣。北宮錡故有此問。

禹會諸侯於塗山。執玉帛者萬國。逮及商湯。僅存三千。周武克商。諸侯朝會助祭有千七百七十三國。至春秋之世。見於經傳。僅一百六十五國。想許多諸侯不必盡從封建。自盤古而下。有德有能者。衆推之為君。德大者地大。德小者地小。到得後來。漸漸兼并。至商而三千。至周而千七百七十三其勢必至於始皇之一統郡縣而後止周之初大封同姓五十有三國召康公為太保年百有八十長子居燕而支襲召世為伯其封於唐者為陽伯滅於齊盛伯子姬姓之長穆天子傳有盛姬後降於齊文武之祚三十有三管蔡成霍魯衛毛聃告雍曹滕畢原豐荀文之昭也邢晉應韓寒狄武之穆也凡蔣邢茅胙祭周公之裔也春秋郕伯來奔郕太子朱儒奔魯武王克商即位社南毛叔鄭奉明水成王時為三公武王時季載食於沈成王時為司空告分南北南郜後入晉北郜入宋叔振鐸封於曹叔繡封於滕文公薨畢公高入職焉後畢萬封於魏魏文侯其後也武伐紂原公把小鉞至原莊公亡荀侯為

伯。晋滅之，豐侯坐酒亡國。圖之豐負罍於首，以為戒。雍無考。武之穆邘為長應侯為次。晋滅之狄子爵寒侯爵周公士子長龠父次凡伯世為卿士於周次伯齡封蔣男爵後以功侯二十世併於楚邢侯爵滅於衛次祭祭公謀父諫穆王征犬戎次胙次茅入南燕南燕佶姓黃帝之後后稷之妃佶姓。成王侯次子於翟又封其支於彤為彤伯又封幼子臻於單單世卿為甸侯昭王子成公男宣王封庶弟友於鄭為司徒死戎難宣王子三一尚父為陽侯一食陸鄉曰陸侯一封謝邱東遷後封爵平王庶子三曰精封縱曰唐封梁山為梁伯少曰秀封汝川惠之子帯封甘頃之孫武强滿傳王孫滿是也景之孫封陽樊敬之子封鄄至

萬章下

考王時。封弟褐河南曰東桓公。王孫惠公分其子班於鞏以奉王曰西惠公。號二周。赧王之立。二周分理。四十九年秦取西周。遷東惠公之孫咎公于憚狐。後以陽人聚為周君祀。中山武公東桓公子也。魏拔之。周以封建亭國最長故備錄其見於史傳者。

白虎通。王者父天毋地。謂之天子。天子者爵稱也。援神契曰。天覆地載。謂之天子。含文嘉曰。殷爵三等。周爵五等。公者通公正無私之意也。天子三公。陝以東周公主之。陝以西召公主之。一相處乎內。侯者候也。伯者百也。子者孳也。孳孳無已也。男者任也。卿之為言章善明理也。大夫之為言大扶進人也。傳曰。進賢達能謂之大夫。士者事也。

任事之謂也。傳曰：通古今，辨然否，謂之士。諸侯所以無公爵者，下天子也。古者明君爵有德，必於太祖。君降立於阼階南，南向，所命北面。史由君右執策命之。世子三年喪畢，必上受爵命於天子。明爵土者天子之有也，臣無自爵之義。童子當受父爵命，使大夫就其國命之，明王者不與童子為禮也。

周官大司徒之職：凡建邦國，以土圭土其地而制其域。先鄭衆云：土圭之長尺有五寸，以夏至之日立八尺之表，其景適與土圭等，謂之地中。後鄭元云：凡日景千里而差一寸。賈逵謂土圭測景，並立五表於潁川陽城，置中表。中表南千里，北千里，東西千里，各置一表，表皆八尺。夏日至晝漏半南表景尺四寸。不及土圭一寸。是地於日爲近南。故景短多暑。北表之景反過土圭一寸。於日爲近北。故景長多寒。東表則在日東而景夕多風。西表則在日西而景朝多陰。惟中表尺有五寸。與土圭等。故謂之地中。先儒謂周公於陽城立表。古蹟猶存。萬氏周官辨非。言史記載武王曰。我南望三塗。北望嶽鄙。顧瞻有河。粵瞻伊洛。毋遠天室。則宅洛乃武王之志。周公繼而成之。以其形勝可都。非以土圭測知爲地中而營之也。其駁千里差一寸之非。曰唐開元十二年。命太史監南宮說等於河南北平地測日晷。及極星。夏至日中立八尺表。同時候之。陽城晷長一尺四寸八分弱。夜視北極出地高三十四度十分度之四。浚儀岳臺晷長一尺五寸微强。極高三十四度八分。南至朗州晷長七寸七分。極高二十九度半。北至蔚州。晷長二尺二寸九分。極高四十度。南北相距三千六百八十八里。晷差一尺五寸二分。又南至交州。晷出表南三寸三分。所謂日景千里而差一寸者不足據。

封國孟子與周官異。孟子以百里七十五十為等。周官有五百四百三百二百一百里之文。陳氏禮書以孟子所言正封之實地。周禮則兼所統山川附庸言。葉時以公封疆雖五百里。受采食祿則百里。推之侯伯以下皆然。或又主闢方說。謂周圍五百里。徑只一百二十五里。周官孟子可合為一。

朱子引詩及春秋傳所言齊魯封畧以証里數。周官似不差。由陳氏葉氏之說，輾轉配合周官孟子，似可一貫。特諸公之地五百里，其食者半，則所食者二百五十里。諸男之地百里，其食者四之一，則所食者二十五里，終與孟子不合。

王制上士二十七人，不言中士下士之數。賈疏上九中九下九，勉人為高行，故總以上士言之。嚴陵方氏曰：上士二十七人，中下之士與之為三分焉，合而為八十一。山陰陸氏曰：上士二十七人，中士下士各八十一人。延平周氏曰：上士二十七人，中士下士各居其上之三分，則二百四十三人也。金華邵氏曰：諸侯雖有上中下士，惟上士常置，中下士。有時而缺。如方氏之說。中下士太少。如周氏之說又似太多。吳草廬以陸說為優。愚謂就上中下等差而言。中士當倍上士。下士又倍中士。特以官卑位微。無定額。故經無明文。

附庸有三等。方三十里者稱字。二十里者稱名。十五里者稱人。以字稱。如邾儀父、蕭叔朝公。尚書五玉三帛注。諸侯之世子執元帛。大國之孤卿執纁帛。附庸之君執黃帛。其儀優於孤卿。次於諸侯之世子。注以庸為通。本白虎通附庸者附大國以名通之說。周官民功曰庸。其功勞附大國以達於天子。王制注。小城曰附庸。庸墉同。猶僞城也。二說雖與注異。而義皆可通。任釣臺曰。春秋時有自附庸升為子男如邾小邾。有自成國降為附庸。如紀季入齊。鄫巫屬魯。有自大夫采地升為附庸。如宋之蕭叔。雖春秋時事。然必古原有此法。白虎通云。有德之士封之。必先試為附庸。三年有功。因而封之五十里。凡士有功者亦為附庸。則古有其法明矣。

周理裏云。王制天子三公之田視公侯。天子之卿視伯。大夫視子男。元士視附庸。與孟子不合。當以孟子為正。古者三公不必備。常以六卿兼之。卿兼公。孤亦止食卿之祿。公孤之爵不為位。故無祿。受祿自卿始。內臣之命。降於外諸侯。而祿必視乎外。故以六命之卿視九命之公侯。四命之大夫視七命之伯。三命之元士視五命之子男。皆卑其命而崇其祿。元士之命。不下於附庸而受地。視附庸則非卑其命而崇其祿之義。此皆孟子是而王制非。愚意畿內卿大夫士之受地。當指其所治者言。賦稅仍入於天子。所食者祇采地耳。與外諸侯自收其租賦不同。不然則地皆為卿大夫之所有。天子徒擁虛名。王制天子之縣內諸侯祿也。外諸侯嗣也。故自有別。

府史胥徒。徒給趨走追呼而已。胥則有才智為什長。府主庫藏。史掌文書。識守煩重。檀弓趙文子舉管庫之士七十餘家。鄭注管庫之士。府史以下官長所置者。舉之於君為大夫士也。此雖春秋時事。必古原有此法。

王制百畝之分一段。與孟子同。而分糞不同。蓋音同而誤。

王廣心文云、糞有出於卉物者、月令所云燒薙行水、利以殺草、可以糞田疇、可以美土疆、糞有出於獸物者、稍人土化之法、騂剛用牛、墳壤用麋、渴澤用鹿、鹹潟用貆是也、趙氏題辭謂孟子魯公族孟孫之後、此引孟獻子、豈固有數典不忘者耶。有友五人、四書說引國語孟獻子有鬪臣五人。韋昭注勇力之士、疑孟子所謂五人即此、然尚力則非友德、且恐力士不能無獻子之家也、春秋時有兩費、其一魯國之費、初為庈父邑、後為季氏邑。其一滑國之費、晉侯使呂相絕秦曰、殄滅我費滑、至子思時其亡久矣、費惠公蓋即季氏之後僭稱公者。王伯厚引楚世家有鄒費郯邳、金仁山引曾子有費君費子之稱。閻百詩又引呂氏春秋。以滕費則勞。以鄒魯則逸。劉向說苑魯人攻費。曾子辭於費君。魯世家悼公時。三桓勝。魯如小侯。卑於三桓之家。殆季氏强以邑爲國。而僭稱公者與。翼注論文。謂郊特牲大夫强而君殺之義也。由三桓始也。此當有實事。非虛說。豈哀公悼公欲去季氏而不能。後卒爲元公。或穆公所殺耶。惠公不必定爲季後。不然。魯自悼公後。史傳何絶。不及三桓耶。季雖去而費自存。或魯之宰費者以縣邑之長。如小侯之列。若沈諸梁之稱葉公。否則或如孟嘗君之封薛。楚世家說苑所載費與魯幾如敵國。而以爲季氏之後。則無確証。

楊文來曰。獵較之解。張說爲長。還與盧令齊俗也。猶但以便捷輕利相稱譽。魯俗重禮教。君戾泮宮而小大從公。猶有先王之遺風。何至公行攘奪。蓋貴四方之異物。所得之多且異者。則於獻禽時誇耀於衆。非獨較多寡。亦較珍異。周理衷謂此說亦自近理。然孟子引此正以較奪禽獸與取非其有一例。故舉以相形。若作比較解。則與取民猶禦毫無干涉。推求獵較之故。大抵出於魯之三家。非田獵之百姓相較奪也。左傳豐卷將祭。請田。子產弗許。曰惟君用鮮。衆給而已。是因祭而獵。惟諸侯得行之。而大夫不與焉。此當是魯三家奢僭。於羣宮之祭。以多品異物為觀美。於是有田獵較奪之事。孔子不禁。而先簿正祭器。隂以禮裁之。若謂魯人之習俗。則孔子為政。能使市不飾賈。道不拾遺。而獨不能變此陋習乎。且庶民有何祭器。庶民之祭豈得用四方之食。而煩孔子之簿正耶。周氏此論甚好。

左傳史記無衛孝公。䟫謂仍是靈公。非。考史記孔子在衛。衛靈公致粟六萬。此公養之實據。然以其接遇有禮。不徒能養。而謂之際可之仕。何得復云公養之仕。集注疑是出公。此為近之。蓋出公繼立時。孔子又嘗過衛。大約致粟仍靈公之舊。而夫子受之。冉有所以有為衛君之問。出公奔越死無謚。而稱孝公者。任釣臺云。必衛人猶以輙為嫡孫當立。而私謚之。

毛西河言孔子世家。孔子嘗為季氏史。料量平。注季氏者委氏之誤。史者吏之誤。即委吏也。地官委人掌斂聚甸稍芻薪之賦。凡甸中材木薪草及瓜壺葵芋諸物。悉收而賦之以供祭祀賓客軍旅之用。事極委瑣。故曰委吏。合甸聚稍聚而共相積筭。故曰會計。即料量也。委積則別是一官。其官名遺人。周理裏言委人職。亦有共其委積薪芻之文。即通言委積之吏。亦無不可。

乘田。趙注。苑囿之吏。主六畜之芻牧者。毛大可曰。苑囿囿人所掌。祇游觀鳥獸之事。並無牛羊。亦不芻牧。周禮有職人主芻豢。若職通作樴。樴杙也。所以繫牛。凡牧人掌牧六牲。牛人掌養國之公牛。必授職人。史記謂之司職吏。其名乘田者。以公牛芻豢皆甸田中事也。周理裏謂古乘與甸通。毛說良是。朱子論語序說謂乘田即職人。注仍趙氏之誤。

未及刊正耳。

閻百詩曰。子思北面稽首再拜而不受。孟子言再拜稽首而受。次第不同。按周禮吉拜是拜而後稽顙。凶拜是稽顙而後拜。吉拜拜之常。故主於受。凶拜拜之變。故主於不受。周禮疏云。拜者先跪兩膝着地。次拱兩手到地。乃俯其首不至於地。其首懸空。但與腰平。荀子所謂平衡曰拜是也。周官謂之空首。尚書謂之拜首。稽首者兩膝着地。兩手到地。俯其首下至於地。首下腰高。荀子所謂下衡曰稽首是也。此拜之最重者。先作空首一拜。後作稽首一拜。是為再拜稽首。先作稽首一拜。後作空首一拜。是為稽首再拜。解甚詳悉燕禮公不爲主。以膳宰爲主人。非君不敵。臣盖君自獻酬。則臣應拜下。非所以安之也。公食大夫禮亦以膳宰爲主君退。俟於東序。以飲食之故。僕僕亟拜。非養君子之道。子思之言。据古禮也。

萬充宗曰。巾車云。王建大常以祀。是指郊祭之旗也。然郊特牲云。郊之日。乘素車旂十有二旒。龍章而設日月明堂位云。魯君乘大路。旂十有二旒。日月之章。祀帝於郊。則郊之所建者旂也。非常也。覲禮天子乘龍。建大旆。象日月升龍降龍以祀。日月祀方明。知周官日月爲常。交龍爲旂之說未可信。司勳云。凡有功者銘書於王之大常。此作周官者因尚書厥有成績紀于大常之語而制此文。不知書之大常。官名非旗名也。大常職紀功臣。故功臣卒。大常誄其行而諡之。後世尚因之不廢。如謂紀績於常旗以表示人。則旗爲動物。且易敝壞。又功臣既多。將有不勝書者。知其必不然。按大旆。鄭注即大常。旂或是九旗公共之名。不可以是而言大常之不可信。若有功者銘彝鼎則有之。書于大常之旗上。固有可疑。

天子建常。而諸侯之旂亦曰常。行人職公侯伯子男建常是也。諸侯建旂而天子之常亦曰旂。郊特牲旂十有二旒是也。熊虎爲旗。而九旗皆曰旗。析羽爲旌。而天子至大夫士之旂亦皆曰旌。知旂常旌旗。原可通稱。通帛爲旜。通帛若大赤也。雜帛爲物。以帛素飾其側也。

周禮司服。凡甸冠弁服。鄭注冠弁委貌。此田獵之冠也。薛氏禮圖。以冠弁即皮弁又以皮弁即皮冠。謬。衛獻公射鴻於囿。孫甯二子從不釋皮冠而與之言。二子怒。疏謂敬大臣宜去皮冠。若皮冠即弁。衛獻正自有禮。二子何為而怒。蓋冠弁者。禮服之冠。皮冠加於禮冠之上。田獵以禦塵禦雨雪。楚靈狩于州來。去皮冠而與子革語。必非科頭也。親王起兵以清君側。明太祖祖訓有此一條。昭烈帝語諸葛亮。嗣子可輔則輔之。不可則君自取之。皆孟子所云有伊尹之志則可者也。晉惠帝以賈后之譖廢太子、張華上表三諫。使於此時能留百官切諫。窮賈后藥酒昏迷廹書之事。廢賈后而殺小黄門。晉安得有後來之禍。隱忍中止。

至賈后既廢。張林宣詔責張華不諫。華曰。乾武殿踈現存。林曰。諫而不聽。何不去位。華無以對。遂斬之。壯武可謂至究然於去之一字固未勘破

四書彙辨卷十七

寶山侯廷銓編次

弟敦典 姪禺英 遇亭
姪師古 時梅 金燮 參校

荀子言性惡善僞。似屬有激之言。然觀其所言。亦是以氣質言性。不以義理言性也。史記荀卿與孟子同傳。然世次在後。荀卿在齊襄王時。三爲祭酒。適楚。在春申君時爲蘭陵令。春申君滅魯在赧王五十九年。而荀子書道申道綴基畢輸。注以春申爲李園所殺。釋之事在秦始皇九年。而其書已言之。則後孟子殊甚。今觀其書。以孟子爲略法先王而不知其統。是顯與孟子爲敵者。荀子書不及孟子之醇。而儘多好處。韓昌黎欲削荀氏之不合者。附於聖人之籍。其推尊荀子亦至矣。

告子見地陋劣。以知覺運動為性。絕不知有仁義。此與僧問如何為性。而以耳能聞目能見作性一般。或因注指人物之所以知覺運動者而言。謂所以二字。即佛家妙淨明心之說。謬甚。所以二字是朱子注出。不是告子說來。告子意中實無所以二字。今又可以朱注為言淨妙明心乎。姜孺山此駁甚好。

趙注白羽之白輕。白雪之白清。白玉之白貞。

孟季子注謂孟仲子昆弟。趙注季子亦以為義外。無孟字。孫疏季子即下卷季任。四書考異據此謂經文本無孟字。石泉孟子弟子。何不親詣孟子而煩公都子輾轉。且敢和封號。何以有孟仲子而無孟季子。姜儒山又謂孟子三言彼字是指斥外人語氣。孟字必因南宋雜本而誤。愚按下卷季子章首先着季任二字。故下面季子即是季任。若突書季子。殊無着落。孟子書法當不如此。趙注無孟字。或偶然遺落。或傳寫之誤。若如孫疏考異諸說。必將此章置之由鄒之任見孟子之後。則可。而政和封號之無孟季子。或亦緣注疏而闕。其與與

趙注弟在尸位。疏云。弟為主。不作祭祀之尸解。以主訓尸。將作主祭之主乎。抑作賓主之主乎。如作主祭解。則於上下文並無着落。作賓主解。亦無弟為主人而敬之之禮。祭統所為尸者。於祭者子行也。士虞禮男尸節賈公彥曰男

尸先使適孫無適孫乃使庶孫孫蹶不過以圭祭者與尸不是兄弟行故為此謬解亦知所云敬弟乃以助祭者兄弟弟子言之乎

麰麥金旺而生火旺而死日至即夏日長至也月令孟夏麥秋至而皆熟則在仲夏長至之候夏小正榮鞠樹麥月令仲秋種麥今南麥有種於仲冬北麥有種於仲春者然惟秋種者得四時之氣為全食之最有益北麥秋種至冬盡萎而根力已厚其收視春種者特倍

張惕庵云由近世觀之所識窮乏者得我亦難得嘗親見一學使者其業師不遠千里欲分餘潤竟上疏劾其師朝廷熙其詐命巡撫於學政養廉內扣五百金資遣其師

歸浙水其人亦由此不振移他省旅以事削籍。

膏梁趙注細粱如膏猶山海經之膏菽膏稻膏黍膏稷郭注謂味好滑如膏也集注分二物本韋昭國語注膏粱對下文繡文是衣繡是裳膏粱當是二物集注爲長

趙注任薛之同姓孫疏引隱十一年傳寡人若朝於薛不敢與諸任齒爲証但傳所謂諸任是任姓孔疏引世本氏族篇云任姓謝章薛舒呂祝終泉畢過此十國皆任姓孟子之任乃任國非任姓僖十一年傳任宿須句顓臾皆風姓也太皞之後會附庸今濟寧州任城廢縣去古鄒城百二三十里故屋廬子得明日即之鄒

屋廬子通志氏族略晉賢人著書言彭聃之法翟氏謂孟

子之徒。豈言彭聃。或別是一人。亦聰斷。姜孺山謂季任事。亦屋廬子來問。豈即任國人與。

親迎之禮自諸侯至士庶皆行之。天子親迎。則禮無明文。左氏謂天子不親迎。公羊謂天子亦親迎。唐陸淳謂天子尊無二上。無親迎之禮。竹書成王使世子釗迎娶於房。天子之子亦親迎。考士昏禮父醮子而命之迎。若宗子父母皆沒不親迎。以無命之者也。由此推之。則天子之不親迎可知。或問諸侯即位而娶無命之者亦不親迎乎。曰是不然。諸侯雖無父命。有王命。古者諸侯之娶。告於天子。天子命之。故雜記云。夫人之不命於天子。自魯昭公始也。

於答是也。何不。趙注。於。作歎聲。

集注岑樓樓之高銳似山者。趙注山之銳嶺。正義山小而高者曰岑。曰樓者重屋曰樓。亦取其崇高之意。當以趙注為是。韓非子云立尺材於高山之上。亦此意。

王伯厚曰。左傳哀八年宋公入曹。以曹伯陽歸。至孟子時曹亡久矣。曹交蓋以國為氏者。閻百詩謂戰國時如鄒薛中山皆滅而復立。注以曹交為曹君之弟。安知不如陳蔡許之滅而復封。或泗上十二小侯內亦自有曹。毛西河又謂鄒即邾。邾本曹姓。顓頊之後。曹君或與鄒君同姓。故得見鄒君而假館。

曲禮庶人之摯匹。匹讀為鶩。音木家鴨曰鶩。野鴨曰鳧。匹雛小鴨也。

服堯之服。閻百詩以為服習事為之服。其說非。曹交淺衣冠言動多不循禮。孟子與之言。皆淺而近。謂孝經非先王之法服不敢服。非先王之法言不敢言。服與言本是一串。若作服習佩服解。下行字便重複。百詩看兩服字太粘滯。故為此說。

小弁集注。幽王太子宜臼事。本毛詩。趙注伯奇之詩。論衡亦云伯奇放流所作。愚謂既列之雅。自以宜臼為是。伯奇乃尹吉甫子。而正義謂伯奇即宜臼。其說本劉向。更謬。

詩周頌絲衣篇。高子曰。靈星之尸也。疏謂高子子夏門人。又事孟子。年老矣。故孟子稱曰叟。困學紀聞謂子夏授高行子。即詩序及孟子所謂高子。姜孺山謂子夏在魏文侯時當威烈王年間。如親受業子夏之高子。則閱威烈王以及安王烈王顯王慎靚王。共一百十年。至赧王初年。高叟當百數十歲矣。決非高行子。愚謂古人之齒。其長者多百餘歲。即以子夏而言。其壽百六十餘歲。高叟之年。何必不若子夏。但公孫丑稱高子之言。或高子已卒。而述其餘論。孟子稱之為叟。或如後世稱坡翁晦翁之例。郝京山分此章為子夏弟子。以茅塞章為高子。子弟而為孟子弟子。觀孟子一稱為叟。一呵為子。固確是兩人也。

竹書幽王三年。嬖褒姒。五年。宜臼出奔申。八年。立褒姒之子伯服為太子。九年。申侯聘西戎及鄫。十年。王師伐申。十一年。申人鄫人及犬戎入宗周。弒王殺伯服。執褒姒以歸。

申侯魯侯許男鄭子立宜臼于申虢公立王子余臣於攜左傳所云攜王奸命者是也宜臼在申而申侯弑王謂宜臼不與聞乎弑不可也謂宜臼為小人并其詩而序為小人之詩何不可著而以怨為小人則非

釣臺言上著有人於此而曰越人射之其兄射之是射即射此人其兄即此人之兄以兄弟大變喻平王父子大變也毛傳引孟子作關弓而射我北齊文襄致書侯景云吾兄射我泣而道之越人射我笑而道之則古解本是如此時解觀越人與其兄射人非

毛西河曰齊魯韓三家以凱風為毋責子詩尤與孟子不可幾并幽王逐子及尹吉甫殺子義合彼皆戕害其子故

過大此但責子過情故過小然詩云母氏聖善我無令人則確為七子自責之詩矣所云親之過小者序言七子能盡孝道以慰母心而成其志孔疏言母遂不嫁孟子故以為過小磯孫疏石激水從說文以石喻母以水喻子周公謹云磯乃石隐於水中激水使湍急有聲

宋牼趙注宋人石邱孫疏宋地楊倞荀子注宋鈃即宋牼漢書藝文志尹文子一篇劉歆云居稷下與宋牼同學於公孫龍嘗在齊閻伯詩因謂孟子與宋牼有雅故以先生稱之顯王三十三年至赧王元年中間無秦楚搆兵事慎靚王三年楚曾與四國擊秦為約長然非楚獨與秦戰惟赧二年秦以商於誑楚取漢中楚大興師欲深入擊秦方

是搆兵宋牼之説。孟子之遇。當在此時。時秦惠王後元十二年。楚懷王十六年。而懷王十七年與秦戰丹陽。此豈説而俱不遇耶。後秦滅楚。楚又以三户亡秦。俱於此搆兵種禍也。真牼所謂不利哉。

姜孺山謂莊周屈原皆與孟子同時。原為楚懷王左徒。後以讒廢。至襄王時卒。宋晁補之謂梁惠王三十五年。是楚威王四年。後七年而懷王立。魯平公元年。正懷王十五年。至懷王卒於秦。是赧王十六年事。原投汨羅。是赧王十八年。孟子以赧王二十六年卒。固閱屈子生卒也。莊周為蒙漆園吏。高誘注宋之蒙人。漆園有云在曹州曹縣。蓋本曹國。宋滅曹。故入宋。與鄒相去約三四百里。史記載其與齊宣王梁惠王同時又有楚威王聘周事莊子確與孟子同時惟其書有齊盗國十二世之説注謂田成子至齊王建莊子不應及王建時當是後人竄入灊山怪二人皆與孟子同時而不一相見愚謂孟子一生未嘗之楚故未與屈原相見莊周自趣與孟子絶不同故孟子與周未嘗一晤語

孟子在三卿之中蔡虛齋以司徒三卿解之金課山曰七國時無此三卿當指上卿亞卿下卿而言樂毅初入燕為亞卿是也或曰一卿是相一卿是將其一為客卿周理裒據國策芒卯為魏司徒昭常為楚大司馬趙惠文王四年李兑為司寇豈可謂七國時無此官但三官並設者不見

則上卿亞卿下卿之說當是。

吳孫右云史記稱公儀休相魯奉法循理無所變更百官自正使食祿者不得與民爭利受大者不得取小子柳言君子道行則樂其志子思請結恩百姓修禮鄰國淳于言魯削滋甚蓋誣之也史記言悼公時公室卑於三家歷百餘年仍不亡三家漸滅至孟子時魯尚有地五百里欲伐齊取南陽非削弱可知孟子不與辨只以百里奚之用不用答之鴻鵠已翔乎寥廓不必復視藪澤也

左傳華周有郤莒賂事檀弓有杞梁妻辭路旁行弔裏善哭只是杞梁妻燕舉華周是淳于口滑說苑杞梁華周進鬭殺二十七人而死其妻聞之而哭城為之陁而隅為之

崩。列女傳。杞梁妻無子。內外無五屬之親。既無所歸。乃枕其夫之屍於城下而哭。道路過者莫不為之揮涕。十日而城為之崩。此所謂精誠之至感天地而動鬼神。論衡。感虛篇辨二說之非。雜書又謂秦築長城。有范郎之妻孟姜送寒衣至城下。聞夫死。一哭而長城為之崩。與杞梁妻相類。崔豹古今注。杞梁妻歎者。杞殖妻妹明月之所作也。殖戰死。妻抗聲長哭。杞都城且頹。遂投水死。其妹悲姊之貞。乃作歌。琴操。載其歌曰。樂莫樂兮新相知。悲莫悲兮生別離。以春秋時人而用屈子語。輾轉傳訛。雜以好事者之說。幾成一段傳奇。

湯使伊尹事桀。有許多維持挽救意。尹亦只以生民安危為己任。故不憚僕僕道途。書序言伊尹去亳適夏。既醜有夏。復歸于亳。入自北門。遇女鳩女方。疏謂湯貢之於桀。尚書大傳載覺較之謌。伊尹入告於桀。竹書載伊尹來朝。皆可為就桀之証。通鑑桀三十七年。商湯聘伊尹。進之於桀。伊尹為陳素王九主之事。桀不聽。四十載復歸於亳。柳宗元作五就贊。說成伊尹自為去就。一急功近名之徒。殊謬。張惕菴又力言伊尹無就桀事。豈孟子與諸書皆不足信歟。

任釣臺謂五霸對三王。當以丁氏為正。竹書仲康四年。錫昆吾命作伯。帝芬三十三年。封昆吾氏子於有蘇。孔甲四年。昆吾遷於許。桀二十八年。昆吾伐商。三十年。商征昆吾。

三十一年商自陑伐桀昆吾韋師救桀湯克昆吾擒其君
商仲壬四年侁人入於班方以畔彭伯韋伯伐班方侁人
來賓祖乙元年命彭伯韋伯武丁四十三年王滅大彭五
十年征豕韋克之國語曰佐制物於前代者昆吾為夏伯
矣大彭豕韋為商伯矣閻百詩則謂孟子只就東遷後言
之故有桓公為盛之語似從趙注為長　荀子五霸篇以
齊桓晉文楚莊吳闔廬越勾踐當之與趙注異顔師古漢
書注則無勾踐有宋襄易闔廬為夫差周理衷謂秦僅霸
西戎宋襄求霸不成當以荀子為正
葵邱有三一為齊地在臨淄縣西即連稱管志父所戍一
為宋地在陳留外黃縣東一為晉地在河東汾陰縣杜氏

謂若汾陰。則夏會秋盟。晉爲地主。豈有不與之理。齊桓出竟而會諸侯。宋居四達之間。且宋子亦在會中。當以宋地爲是。

鄭康成周禮注。合諸侯必割牛耳。取其血。將歃。則戎右執玉敦珠盤。司盟北面讀載書以告日月山川之神。尊卑以次歃。乃坎牲加書於牲上而埋之。歃。歠也。一云以血塗口旁。當時諸侯咸諭乎桓公之志。故束縛其牲。但加載書。不復歃血。

嚴氏啓隆曰。葵邱之會。以太叔閒于王位。故宣五禁以風示子帶曰。誅不孝。指叔帶也。無易樹子。指襄王也。由是叔帶終桓公之世不敢爲亂。　穀梁傳但云毋壅泉毋訖糴。

毋易樹子毋以妾為妻毋以婦人與國事孟子能舉其全
賢者識其大豈不信哉
李安溪曰無有封而不告繫在交鄰之後蓋存亡繼絶如
城楚邱之類閻百詩謂春秋二百四十二年未聞有封國
引檀弓般請以機封於其封也亦與之席兩儀作諸侯下
窆會箋解與上同為救災恤鄰事馮少渠駁之云吳封慶
封於防傳曰曷為不言伐防不與諸侯專封也春秋時何
嘗無封邑事若箋告同盟此尋常事不足居五命之殿愚
謂封賞與上專殺相對朱注自確
慎子正義謂即慎到趙人毛大可曰慎滑釐即禽滑釐慎
與禽古文字形相近薛方山謂慎子嘗學於禽滑釐故舉

其師之名。然慎與禽字形並不相近。謂稱述其師。於語氣亦不似。或自有慎滑釐一人。或慎子名滑釐而字到。薛氏以此事屬之平公。謂是時宣王卒湣王初立平公使慎子爲將軍以伐齊。於年次爲合。明曹允昌謂時值燕昭復仇。樂毅下齊七十餘城。惟莒即墨未下。故魯人乘釁而動。夫樂毅攻齊。是燕昭二十八年。齊湣王三十年。而赧王之三十一年也。孟子卒於赧王二十五年。曹說非。姜孺山云。

戰國時有三南陽。一爲南陽郡屬韓。一爲南陽城屬魏。此南陽屬齊。趙注山南曰陽。岱山之南。謂之南陽。閻百詩云史稱泰山之陽則魯。其陰則齊。南陽必齊地揷入魯界中者周理衷引公羊齊桓使高子將南陽之甲立僖公而城魯史記魯仲連傳楚攻齊之南陽南陽是統名如晉合溫原攢茅之地俱謂之南陽其所稱東陽則太行之東皆是全紹衣經史問答謂南陽即汶陽蓋山南曰陽是南陽所以得名也水北曰陽是汶陽所以得名也左傳鄆讙龜陰皆齊魯接境地通言之曰汶陽之田倏魯倏齊在太山南汶水北

注魯地之大皆并吞小國得之考春秋滅國則若項若鄟若邿若須句若根牟取邑則伐宋取郜取防伐齊取穀伐莒取向取鄆取鄟伐邾取訾婁取繹取漷東田及沂西田有分自霸主者僖公分曹地自洮以南東傳於濟襄公分

邾地自漷水歸之於我。哀公時越滅吳。與魯泗東地方百里。有入自畔臣者。邾庶其之漆閭丘。黑肱之濫。莒牟夷之年婁防茲。小邾射之句繹。此魯地所以廣至五百里與。

貨殖傳載白圭精於治生。國策載白圭為魏文侯將。張惕庵謂白圭既為將。不應復為貨殖。而决其為兩人。閻百詩又謂韓非載白圭相魏。鄒陽書云白圭戰亡六城。為魏取中山。為文侯將相者。不應至孟子時猶存。且其爵壽皆尊。孟子不應子之吾子之。而亦斷其非貨殖傳之白圭。兩家俱甚明辨。但謂為將者不應貨殖。則端木陶朱何嘗不貨殖。古人年壽之高。未可懸斷。且白圭一稍有才能之士。孟子目中。不過平等人。以吾子相稱。亦何不可。閻云孟子之

白圭名丹史記之白圭名圭不知何本各存其說以資辨論則可必以為兩人似未確

趙注亮信也孫疏亮之義其體在信其用在明朱注只用趙注書義殊未明晰亮字三見尚書寅亮亮采亮天工皆作明字解明亮庶事然後有執不明則執拗耳張江陵直解亮是明理以明訓亮書義乃豁然

吳孺山云此篇略具孟子歸鄒後履歷任人兩章是居鄒時情事宋牼三章則居鄒後更他出情事慎子章當是孟子之魯相遇樂正子章疑更在後或孟子在鄒聞之而要皆為平公時事高子白圭陳子等亦必因其人之時地相值也統全篇觀之直可作孟子晚年行狀觀

尚書孔傳傅氏之巖在虞虢之界通道所經有澗水壞常使胥靡刑人築護此道說賢而隱代胥靡築之以供食蓋為人傭力也賈誼傳傅說胥靡乃相武丁直以為刑人非高宗以夢而得傅說幾如漢文之夢見黃頭郎昔人謂高宗必素知傅說之賢因其隱淪微賤驟舉為相恐舉朝百官或有疑阻故託之夢帝賚予良弼遂一朝而爰立此說甚有理

史記孫叔敖楚之處士進自虞邱子荀子呂覽並云期思之鄙人或曰由沈尹莖力或曰楚有善相人者招聘之諸說皆謂叔敖以處士起家與孟子合杜氏注左傳謂即蒍艾獵乃蒍賈之子閻百詩謂賈為越椒所殺其子式微遂

竄海濱。亦情事所或有。毛西河謂賈以怨殺。並非國法。且賈死而王遂滅鬬氏。有何仇患而竄處遠地。按叔敖果公族。不應竄海濱。即處海濱。而舉為令尹。當必有食采何至其子貧而負薪。見於優孟之歌。荀子吕覽皆秦以前書。所聞自古。杜預以為蔿艾獵。不過以宣十一年春。令尹蔿艾獵城沂。十二年夏邲之戰。令尹孫叔敖。中間絶無更換令尹之事。而即以叔敖為蔿艾獵。然古書多亡缺。令尹艾獵安知不罷於十一年。而楚莊特識。更用孫叔為令尹乎。邲之戰。有蔿敖為宰。句或習左氏者。改叔為蔿。然世本雖非真本。而亦古書。以蔿艾獵為叔敖之兄。則叔敖出自蔿氏。杜預前已有其說。

毛西河據秦本紀贖奚之說。解舉於市為舉於贖賣。聞
理衷謂於文義不協。據說苑。秦穆公使賈人載鹽。賈人以
五羊皮買奚。使將鹽車往。穆公視鹽。見牛肥。曰任重遠而
牛肥。何也。對曰。食之以時。使之不暴。有險先之以身。穆公
知其賢。以為上卿。奚為人養牛。即為人販賣。以養牲言。則
曰舉之牛口之下。以販賣言。則曰舉於市。然以愚觀之。奚
為人養牛。即闤闠市廛。何必以販賣訓市乎。
左傳鄢陵之戰。范文子言惟聖人能內外無患。自非聖人。
外寧必有內憂。盍釋楚以為外懼。晉武帝欲伐吳。羊祜張
華力贊之。山濤不欲。亦引此言。謂吳蓋患不平。正恐平吳
之後。方煩聖慮耳。武帝不喻其意。及滅吳之後。縱慾逸樂。

入後宮。経月不出。立一昏愚之太子。天下由此分裂。孟子、之言真萬世龜鑑也。

四書彙辨卷十八

寶山侯廷銓編次

同學 張永泰 楊阜 楊大本
陳國楨 黄讃 黄讓 叅訂

龍比之忠。夷齊之仁。顏冉之脩德而不獲報。皆正命也。鈞臺謂如明季一干人、氣數攙當死、那個能得不受、然如倪馬諸公之死、便是正命、周鍾項煜亦死、而非正命矣。

桎在足、梏在頸、易何校、即此、若在手者則為莽、

耕田鑿井、本擊壤歌、風土記、壤以木為之、長三四寸。形如履屐、兒童嬉戲、先側一壤於地、從三四十步外、以手中壤擊之。

漢文下詔令。父老扶杖樂觀。光武詔書、第五倫為市令。讀

之曰此聖主也唐德宗奉天之圍下詔罪己武夫悍卒揮涕用命仁言何嘗不入人但不如仁聲耳

容悅非必如彌子瑕祝鮀許敬宗封德彝輩如張禹見漢成寢疾心輒不安以周易親自卜筮得吉則喜動顏色自獻其兆只是阿諂王鳳孔光深沈恭默問以溫室殿前何樹亦以禁中事不洩只是奉承董賢胡廣恭遜明練朝章及與李固定策阿狥梁冀皆容悅之最工者鈎臺云容悅注似平分看下節當串說是以見容於君為悅若岱雲云看則字他隨甚麼君他就有一樣容悅之法如好貨則為聚斂好色則進艷姬鈎臺云不特此也君嚴明他能飾為勤幹君仁恕他能貌為寬和君清儉他能矯為朴素

登東山二句。實指孔子登之説。正義孫疏皆然。至顧麟士乃將孔子二字。頓斷。則孟子口中高聲一呼。有罕然高望無限仰慕神情。比舊解自妙。　東山即東蒙山

黄氏日抄云。集注猶為自棄其井。蓋主掘井者言之。以勉人也。若味本文。恐只是廢棄無用之義。蓋鑿雖深而不及泉。猶為無用之井。故井必以及泉為期。孟子勉人之意。已在其中。

元孫季昭示兒編。言伊尹放太甲於桐。古字放與敎相近。故人誤以為放。張天雨録其説。書於伊尹古像之後。其説甚佳。但太甲顛覆典刑。伊尹敎之庸罔念聞。故放於桐而敎之。纔能悔過。謂放之即所以敎之則。可若改放作。敎孟

子不當言無伊尹之志則篡矣。垤澤之門即左傳所云澤門諸侯之出。必有警辟。周官條狼氏掌執鞭以趨辟。王八人。公六人。侯伯四人。子男二人。皆職傳呼者。趙注以城門不自肯夜開。故君自發聲。王已山從之言由聲相似。見居相似。聲既魯君之聲。呼亦為魯君之呼。作傳呼說。便與氣體不切。其說似是。然孟子此章書語妙。可以意會。不可泥滯因王子而觸着廣居寄懷深遠。又接魯君之宋一段。如雲霞綴空。微妙不可思議。君體尊嚴。豈有自呼啟門之理。只作傳呼之聲為是。　乾隆戊辰會試。魯君之宋二句題。凡用宋城門名。如桐門。盧門。魚門。點染者。俱列高選。讀書人如陶士行脩官廨竹頭木屑俱有用處。又有曹門蒙門桑林門。彤門皆宋城門。

鄒陽上梁王書稱於陵子仲辭三公爲人灌園。皇甫謐高士傳。實載其事。考韓詩外傳。楚莊王使使賫金百斤聘北郭先生。北郭先生曰。臣有箕帚之使。願入計之。入謂婦曰。楚欲以我爲相。今日相。即結駟列騎。食方丈於前。如何。婦曰。夫子以織屨爲食。食粥毚履。無怵惕之憂者。何哉。與物無治也。今如結駟列騎。所安不過容膝。食方丈於前。所甘不過一肉。以容膝之安。一肉之味。而殉楚國之憂。其可乎。於是遂不應聘。此北郭先生事。而高士傳屬之陳仲子。夫鄒陽所云辭三公。特言其不願爲三公耳。不必實有其事。且於陵齊地。而高士傳稱適楚。居於陵。其謬顯然。

注王子所生之母死壓於嫡母而不敢終喪此因趙注而誤禮庶子生母之服不一例士以下妾子為其母如母大夫則父在為其母大功父卒亦三年諸侯以上父在為其母無服父卒則為之大功儀禮喪服記云公子為其母練冠麻衣縓緣既葬除之傳曰何以不在五服之中也君之所不服子亦不敢服也鄭注諸侯之妾子厭於父不得伸權為制此服不奪其恩也又喪服大功章云公之庶昆弟為其母大功傳曰先君餘尊之所壓不得過大功也緦麻章云庶子為父後者為其母緦傳曰與尊者為一體不敢服其私親也有死於宮中者則為之三月不舉祭因是以服緦也禮文明白如此壓之義屬父不屬母趙注非

江南鄉試有如時雨化之者五句題有以私淑艾作主者得。高魁

不可已而已章。指為治者說。一是清净無為。曹參飲醇酒不事事。一是商鞅刻薄刑師傅。一是急躁無漸。賢則賈長沙。不則王安石。

書。趙注指尚書與下吾於武成一貫。國朝闈墨多從之。明吳偉業秦松齡時文皆指兵書說明季經義之紕繆至於如此。張惕菴從其說。謂如黃帝太公及司馬穰苴范蠡大夫種皆有兵書。孟子言不但此等書不可信。即武成之告武功。猶有夸誕之詞。說甚支離。許多兵書本不足信。何消說。且兵書本無之為佳。何云不如無書

漂杵孫疏作舂杵。論衡謂軍中無舂杵、而力辨其非。姜儒
山據周禮地官鄉師周輦解、貫疏、築築杵也。以築壁壘用
杵、乃築杵。又云漂有漂浮之義、亦有漂灑之義。特仁人用
兵、尚不至此耳。

革車三百兩。書序作戎車三百兩。蔡傳戎車馳車也。古者
馳車一乘。則革車一乘。馳車、戰車。革車、輜車。載器械財貨
衣裝者。司馬法曰。一車甲士三人。步卒七十二人。炊家子
十人。固守衣裝五人。廐養五人。樵汲五人。共百人。二車。故
謂之兩。三百兩。三萬人也。司馬法有兩。一云成出車一乘
甲士十人。步卒二十人。每車止三十人。則三百兩止九千
人。然即以七十五人計之。亦不過三軍之數。春秋時盟主

用兵城濮之戰六百乘鞍之戰八百乘至戰國時用兵益衆殺戮益慘白起阬趙長平兵四十餘萬燕栗腹以二十萬之衆敗於趙王翦滅楚至用五十萬之衆孟子目擊盈城盈野之禍故尚論湯武之用兵如此　戎車有廣車闕車革車輕車等名而皆輓之以革故通稱革車周禮革路以即戎革車即戎車孫子作戰篇以革車為輜車蔡傳因之非尚書正義引風俗通車有兩輪故云兩詩百兩彭彭百兩御之是也蔡傳以二車為兩亦非蓋既是伐殷乃不言戰車而言輜車亦無此理益見蔡傳之誤

虎賁三千人集注云書序千作百何義門曰書序之訛朱子所麾斥此獨引之為其近古而可考証也蓋車三百兩

每兩以虎賁一人配之故孔傳謂即百夫長然考呂氏春秋武王革車三百甲卒三千征敵破紂韓非子武王將素甲三千領與紂戰司馬法一車甲士十人三百乘當三千人其數亦適合虎賁當即甲士或云周官虎賁非甲士然平日無事則爲宮掖護衛之人有事出征即爲折衝禦侮之士亦無不可

趙注袗畫也史記堯賜舜絺衣與琴絺衣即袗衣書所謂絺繡若是鄭康成注周禮希冕引書希繡曰希讀絺刺也古冕服衣用畫繪裳用刺繡故或稱袗衣或稱絺衣孔氏書傳以絺爲細葛史記正義因之非

葛充宗周官辨非云大宰以九賦斂財賄七曰關市之賦

聖人治天下剝民之事絲髮必興厲民之事毫末必去關市之賦厲民之甚者也周公制禮其肯筆之於書以為常法哉昔文王治岐關市譏而不征周公作無逸以訓成王曰文王不敢盤於遊田以庶邦惟正之供言無横斂也又曰繼自今嗣王則其無淫於觀于遊于田以萬民惟正之供期其法祖而無横斂也使賦及關市寧非横斂乎吾以是知周官非周公所作也孟子言仁政曰關譏而不征市廛而不征法而不廛悼虐政之害曰古之為關也將以禦暴今之為關也將以為暴使周公時已賦及關市則已為暴矣孟子何以有古今之嘆哉司關職云貨不出於關者舉其貨罰其人此實末世之虐政而以誣聖人之制作為

此言若萬世之罪人也。

苟非其人句孫疏作苟非好名之人。朱注本非能輕富貴之人將其人二字重讀義更精玩通節語意自以朱注爲是。

明懷宗憂勤親政，畏天罪己。然所信只溫體仁與周延儒，天下爲之土傾，不信仁賢也。以刑餘內監制百官，拜表稱降，三關盡啓，無禮義，上下亂也。兵部之兵額，戶部不知，戶部之餉額，兵部不知，加派預徵，貪官貪吏中飽之，戶兵二部皆不知，無政事也。孟子之言至明季而盡驗矣。

變置社稷。趙注謂毀其壇壝而更置之。孫疏謂變其主，如[illegible]以句龍爲社，柱爲稷，及湯有七年之旱，遂以棄易柱。陳無已。謂遷社稷壇壝於他處。如句容有盜。改置社稷而盜止。下邳多盜。遷社稷於南山之上。盜亦衰息。朱子語類取之。但古来易祀者。止一柱。不可以為証。古者立社。在庫門內。夏左殷右。周復左。亦未聞有遷之他處者。釣臺言毀其壇壝以致責罰之意。至明春復立。則與日食而以朱絲繫社略同。此亦古先王以神道設教之意與。　按變置社稷。當是鄉邑之社稷。若庫門內之社稷。尊嚴與宗廟等。未易輕言變置。

憂心悄悄。詩小序以為仁人不遇。朱子詩傳以為婦人所作。而此章注仍以為仁人詩。傳作於淳熙四年。四書集注作於淳熙十六年。朱子初以小序為不足信。質之呂祖謙。

祖讓不以為然。及集傳成而祖讓不及見。朱子每以為憾。晚年作四書集注，仍從序說。於以知小序為不可易矣。

禹之聲注訓禹之樂。倪二初謂考工記。鳧氏為聲。鄭注鍾鎛于之屬。賈疏鍾不一類。故言聲以包之。聲即鍾。如倪氏之說。與下追蠡一片。其解甚妙。

豐氏以追為鐘紐。任鈞臺謂考工記旋蟲是鐘紐。為蟲獸之形。今盤龍辟邪相似。年即甚久。亦無欲絕之理。當是追與槌通。蠡是蚌甲。搥擊處窪深似蠡。周理衷謂追或遂字之說。遂鐘之受擊處。考工記為遂六分其厚。以其一為之深而圜之。遂與追形聲相近。遂蠡言鐘之受擊處窪深似蠡。其解甚妙。　鳧氏于上之攠謂之隧。注攠所擊之處。攠

弊也。隧在鼓中。窪而生光。有似夫隧。隧若據生光而言
司烜氏。夫隧。隧若鏡。窪而生光。初鑄鐘時。即深而圜以擬
擊。後復如蠡。則用之者多也。朱注謂此章。多疑義。倪氏周
氏歷引考工記以解之。可補前人之所未及
兩馬。趙注國馬以行軍。公馬以稱賦。作兩等馬解。集注兩
馬一車所駕。於語氣為合。
孟子與齊梁之君言。若只有百畝之稅。觀此乃知固有三
賦也。布縷五畝之宅所出。粟米百畝之田所出。力役一身
所出。唐人租庸調之法。即本此。租粟米。庸力役。調布縷或
謂古有差役。而僱役亦行其間。周官鄉大夫辨其可任者
征之。後鄭以征為口率出泉。則為僱役。王與之曰。若以賦

為口率出泉則是有田稅而又有丁稅也成周力役之征只以六尺七尺之上下均其多寡非如漢之有更錢唐之有庸錢然觀夫里之布丁錢自是古時已有

周禮鄉大夫以歲時辨其夫家之衆寡辨其可任者國中自七尺以及六十野自六尺以及六十有五皆征之萬充宗言王制云五十杖於家六十杖於鄉五十養於鄉六十養於國五十不從力政六十不與服戎祭義亦曰五十不為甸徒先王之世所以優老者不一言而足豈尚使之給公家之事春秋戰國兵革民力大困至有役及五十六十者而作周官者遂援以為制多見其偽也

周官均人凡均力政以歲上下豐年則公旬用三日焉中

年則公旬用二日焉無年則公旬用一日焉萬充宗言一旬而用民三日則三時之害民者多矣王制云用民之力歲不過三日鄭氏本王制以訓周官而謂旬為均雖救其失而非周官本文之意陳祥道反据均人而以王制為非謬甚愚謂周官謬處儘多而此公旬二字如鄭氏解甚妙且旬與均形聲相近或出於傳寫之訛亦未可知何必謂非均人本文之意而以一旬三日坐獄於周官乎

孫疏盆城括嘗欲學於孟子故宋政和列於弟子朱竹垞孟子弟子考謂齊景公時亦有盆城括晏子春秋載景公夜聞男子哭者聞晏子晏子對以西郭徒居盆城括父之孝子兄之順弟也嘗為孔子門人据此則孟子之盆城括

另是一人。夫子之設科也。趙注云夫我設科教授之法。則子字當作我字是為孟子之言。孫疏云夫子是連上殆非也俱為或人之言豈漢時孟子異於宋本耶。抑予字為予字傳寫之訛與。

或疑從者之廋被孟子一言即作轉語亦似乖覺。即應住口。若復有往者不追來者不距云云是仍疑團未釋。圓融中尚有稜角。注謂取其言有合於聖賢之指或人未必有此學問。應是孟子作一轉語謂從者不以竊屨来即或有之。而我設科教授之法。只是如此。於語脉為近以文法論。亦當結以孟子之言為是。趙注自古。

榱題 趙注屋霤也。周理衷謂椽之在簷下者檐下之椽頭長數尺。則四垂之斬張深廣可知。考工記四阿重屋。注四阿四注。江慎脩儀禮釋宮謂人君之堂屋四注。大夫士則南北兩下而已。

古者姓與氏別。天子賜姓。諸侯命氏。然姓必賜於天子。而氏不必皆命於諸侯。如魯孔氏以祖孔父為氏而姓子。鄭孔張以祖子孔為氏而姓姬。衛孔圉則孔氏而姓姞。陳孔寧則孔氏而姓嬀。是氏同姓異明矣。趙彥衛曰。姓氏後世不分。雖史筆亦然。日知録謂朱注如太公姜姓呂氏名尚。其別姓氏甚明。至子禽姓陳名亢。子文姓鬬名穀於菟。皆以氏為姓。齊宣王姓田氏。則幷姓氏而一之矣。萬充宗言二名不偏諱。不偏主一字諱之也。若主定一字諱一字

盡心

不諱。是為偏諱。

萬章曰。一鄉皆稱愿人焉。趙注。萬子。萬章也。子者男子之美稱。杭堇浦云。據此則章字明係子字之訛。記者當是萬章之門人。尊其師故不名。由此以言。七篇雖係孟子手筆。而弟子門人之所記者亦不少。如陳子、高子皆孟子弟子。而稱為子。自係門人所記。

湯承堯舜之統。張惕庵謂言性、言仁、言禮、言學。皆自商書。敷教自契。闡明性命自湯。集大成者孔子。一姓相承。亦宇宙之大奇。 故友張鹿仙名丙麟嘗云。契敷教於唐虞。而孔子實司徒契之裔。周公制官禮明道法。而孟子為孟孫氏之後。實周公之裔。惟前有元王周公。故後有孔子孟子

四書彙辨續補

寶山侯廷銓編次

門人　瞿宗濂嚴安仁

李虎書王耀宗　參校

大學在戴記中。不題作者姓氏。程子定為孔氏遺書。不必定屬孔子自作。至朱子直以為孔子之言。故樊良樞馮岠章。皆有訾議。然朱子云蓋孔子之言。蓋字原屬疑辭。或問子謂正經。蓋夫子之言。何以知其然。曰正經辭約而理備。言近而旨遠。非聖人不能及。然以他無左驗。且意其或出於古先民之言。故疑之而不敢質。至傳文有曾子曰則知成於曾氏門人之手無疑。

劉宗周曰。大學為訓學校之經。管子中弟子職一篇。為三代時小學之書。大學一篇或是三代時太學中教士之書。大古音泰劉氏之説。其或然與。

鄭曉引賈逵之言曰孔伋窮居於宋。懼先王之學不明而帝王之道墜。故作大學以經之中庸以緯之考其謂此説由明嘉靖間豐坊僞造石經而託賈逵無是語也。大全纂於永樂時。猶未有此説。

歐陽公進士策問言子思為聖人之後所言宜得其真而其説有異乎聖人。中庸言自誠明謂之性生而知之也自明誠謂之教。學而知之也。論語吾十有五而志於學三十而立。四十而不惑。孔子之聖必學而後至。久而後成則中庸所謂自誠明不待學而知者誰可以當之耶。堯用四凶。

其初非不思。蓋思之不能無失耳。故曰惟帝其難之。舜之於事。必問於人而擇。故曰舜好問。舜於事有所不决。人告之言。則拜而從之。湯之有過。必知而必改。故曰改過不吝。孔子亦嘗有過。故曰苟有過。人必知之。而中庸曰誠者不勉而中不思而得。夫堯舜禹湯孔子。其勉而思之。猶有不及。則中庸所謂不思而得不勉而中者。誰可以當之。豈所謂虛言高論而無益者與。瞿晴江言論語乃聖人垂教之言。時時以之策勵學者。三千之徒。莫不共聞。故不得不降己言之。中庸乃傳道之言。非可語則不語。雖高明如子貢。初時尚不得聞。子思懼其失傳。勉爲推揚。垂之曠世。而世儒猶莫之知。必待千餘年後。得聞道大儒。方能重闡其義終。以其微妙而難知也。故朱子配合四書。必以此書次論孟後。不令學者躐等求之。東坡作中庸論。亦如歐陽之意。云其務為不可知之文。庶幾乎後世之以我為深知之也。夫以己之未知。而遽疑聖言之虛高無益。不進而求知。此二子之所以終未聞道與。按生知安行。不思而得。不勉而中。是子思述孔子對哀公語。而歐陽氏疑之。豈并疑其非孔子之言乎。

賢賢易色。陳見復先生謂主夫婦一倫言。賢賢。如關雎之窈窕淑女。君子好逑。車舝之辰彼碩女。令德來教。易色如所謂情欲之感。無介乎容儀。宴私之意。不形乎動靜。在婦為嫁德。不嫁容。在夫為好德。非好色。造端夫婦。道理甚大。

若賢人之賢。交友一倫已包之矣。且好德如好色。可曰如。不可曰易。易者就情施於一人。見一邊不見一邊之謂。按注云四者皆人倫之大者。以好善訓賢賢。似與下三項不倫。亦未可云人倫之大。陳氏經咫所載。信為創解。錄之以廣見聞。

七十而從心所欲。義䟽從放也。雖復從心放意而不踰於法度。柳宗元文有云孔子七十而縱心。彼其縱之也。度不踰矩而後縱之。考異言列子黃帝篇七年之後。從心之所念。九年之後。橫心之所念。從橫字去聲。以從心為聖境之神妙。六朝喜談莊列。皇氏染焉。故有此説。然聖人雖不思勉而中。仍終身無少縱時也。集注自穩確。

內則父母之所愛亦愛之。父母之所敬亦敬之。至於犬馬盡然。而況於人乎。坊記。小人皆能養其親。君子不敬何以辨。合兩段以講子游問孝章。文義方洽。言養親而於父母所愛之犬馬。亦有以養之。可謂能養矣。然能養而不能敬。與今之孝者何別。夫子蓋欲勉子游為古之孝者也。考異引荀子乳彘觸虎。乳狗不遠遊。束皙補亡詩養隆敬薄。惟禽之似。謂母但似禽鳥之知反哺。於犬馬句終不穩愜。考異言服勞奉養。弟子於先生有然。呂氏春秋尊師篇曰。視輿馬。慎駕馭。適衣服。務輕煖。臨飲食。必蠲絜。善調和。務甘肥。此所以尊師也。若人子之事親。當更有進。意於弟子先生字較明析。然味夫子語氣似不然。畢竟集注為是。

女得人焉耳乎。考異言唐宋石經。均書耳字。玉篇引此語。注於耳字之下。太平御覽作爾者二。而人事部仍述為耳。五季後始有別本作爾。从而習訛者多。應城周氏且以耳為異文。今集解集注。俱復舊本。或反疑為傳訛。故溯其輾轉大略。

苗而不秀章疏。謂痛惜顏子。翟晴江言恐由邢氏臆測。然前人之同是說者多矣。牟融理惑論云。顏淵有不幸短命之記。苗而不秀之喻。禰衡顏子碑云。亞聖德。蹈高蹤。秀不實。振芳風。李軌法言注。仲尼悼苗而不秀。子雲傷童烏育而不苗。文心雕龍云。苗而不秀。千古斯慟。梁書徐勉子悱卒。為客喻云。秀而不實。尼父為之歎息。亦借顏子以言其短折之可惜。自漢迄齊梁相沿如此。當必自有依据。

莊子讓王篇。天寒既至。霜雪既降。吾是以知松柏之茂也。

陳蔡之隘於其。其幸乎。乃子厄陳蔡告子路之言。

三國志步騭傳曰。論語謂夫子恂恂然善誘人。後漢書趙壹傳。壹報皇甫規書。失恂恂善誘之德。注亦引論語。景祐集韻。恂亦音旬。恂恂善誘也。北魏書賈思伯傳。接誘恂恂。曾無倦色。按恂恂有誠篤意。於義為有味。或因音之同而轉為循循與。

席不正不坐。史記世家。在割不正不食下。墨子非儒篇曰。孔某席不端弗坐。割不正弗食。新序節士篇。孔子席不正不坐。割不正不食。考異言上雖記飲食之節。而如寢不言

與食不語連類並及此句據墨子諸書俱與割不正相連
今析兩處致此句孤出於上下文莫得其類疑錯簡
雜記亦載廐焚事僞家語撮兩經爲一辭因退朝文漫云
國廐乃致與拜鄉人不合拜之者拜其來弔已若國廐則
人皆以國事急公來者必不僅子之鄉人即有子之鄉人
亦豈專來弔予而獨私拜其鄉人
曲禮正義曰許愼謂論語稱鯉也死時實未死假言死耳
鄭駁之云設言死凡人於恩猶不然況聖人乎考異言史
記顏子年二十九髮盡白蚤死未著其年旁考顏子之卒
當在哀公十四年獲麟之後其次年子路亦死故公羊傳
連識之曰有以麟來告者孔子反袂拭面涕沾袍顏淵死

子曰天喪予。子路死。子曰噫天祝予。公羊去聖較近。傳述宜得其真。顏子實後伯魚死二年。時年當四十一。孔子言其短命。仁者宜壽。雖四十亦短命。王肅僞家語摭拾史文於蚤死上妄增三十一三字。甚矣僞家語之爲害於經者大也。按顏子之卒自在伯魚後。而考異謂在獲麟之後。亦未必確然。公羊氏以三者。皆夫子極痛心之事。故並舉以說。顏子之卒在獲麟前。亦未可知。

示兒編曰。子樂必當作子曰。聲之誤也。始以聲相近而轉曰爲悅。又以義相近而轉悅爲樂。知由也不得其死。則何樂之有。皇氏義疏本自有曰字。宋代諸儒竟無見者。知皇氏疏。自宋南渡時已佚。

魯人為長府。是季氏惡昭公也。昭公二十五年。公居長府。伐季氏入之。孟氏叔孫氏共逐公。徒公孫子齊長府盖魯君別館。稍有畜積捍禦。可備驚警之所。季氏惡公恃此伐已。故於已事。率魯人卑其閈閎。俾後此之為君者不復有所憑恃。其居心不可問。閔子無諫諍之責。婉言以諷。與聖人强公弱私之意深有契合。如此說經。尤覺聖賢見義之大。含旨之深。翟晴江此論甚好。本路史說。

季氏欲以田賦。使冉有訪於仲尼。仲尼曰。季孫若行而法。則周公之典在。翟晴江因言季氏富於周公。富字說文備也。一曰厚也。此富字合訓厚。與薄稅歛之薄反對。魯自宣公稅畝。賦已厚於周公。及此而冉有復為季氏訪田賦。即所謂聚歛而附益。按晴江此說。不過以富於周公。比擬不倫。故爲此說。不知周公乃當日之周公。非成王時之周公。注疏有明証以侯國之大夫。而富過於天子之三公。凛然史筆。且與背棄周公之典有激射。以富於周公作厚歛解。玩文法殊不然。

惟求則非邦也與二節。那疏謂皆夫子自爲問答。非曾晳問而夫子答。良是。曾晳是高明人。聞上夫子言。當已理會。即有鶻突。亦不至問求而再問赤。以爲皆夫子語。如見孔子當日反覆曉喻神情。

韓李筆解。子貢問士章。本子曰宗族稱其孝焉。鄉黨稱其弟焉。曰敢問其次。曰行已有恥。使於四方。不辱君命。可謂士矣兩段倒轉觧曰孝弟為百行之首。無以上之者。舊本錯簡。然就朱注看来聖門所尚才德具備有體有用。若衹稱孝弟自遜一籌。且行己内已藏得孝弟。古本自不差。

小倉山房集曰夫子於令尹子文陳文子皆不許以仁何至管仲而曰如其仁如其仁。天下有仁人而器小不儉且不知禮者乎。前後不合。不知何故。曰論語有齊魯之分。齊人最尊管仲。以管仲為仁者齊之弟子記之也。其上章云齊桓公正而不譎。下章云陳成子弒簡公。非齊論而何。魯人素薄管仲。以管仲為無一可者魯之弟子記之也。其上章云哀公問社。下章子語魯太師樂。非魯論而何。考異言此論實得經間。但問憲篇非獨齊有之。張侯鄭氏以齊校

魯時不聞有采齊數章事按九合章集注云管仲雖未得為仁人而其利澤及人則有仁之功孔子論仁有全體之仁有利澤及人之仁固不可執一而論

公伯寮愬子路應在墮三都時季氏之强在費而南蒯弗擾相繼不靖故季孫亦以為患孔子乘機為强公弱私之政左傳仲由為季氏宰墮三都墮費之策實子路決之墮費而家臣之患息季氏之强亦自此衰公伯寮必以此掉舌乃强公弱私一大關鍵故子以道之將行將廢為言

以杖叩其脛華解本作扣解曰扣文之誤也當作指指其足脛使知蹲踞之非

見善如不及章論語集說合後章為一其說曰見善如不

及。謂見善矣。又若不及見之也。見不善如探湯。謂見不善
矣猶未免於嘗試之也。求之於今則齊景公其人矣。隱居
以求其志。志於求仁者也。行義以達其道。行吾得為之義。
以達夫當然之道。於天下後世。求之於今未見其人也。求
之於古。則夷齊其人也。景公知夫子之聖而不能用。晏
子之言而不能行。見善如不及也。田氏之不臣而幸公室
之僅存。嗣君之不定而幸嬖子之得立。見不善如探湯也。
悠悠於善惡之間。故雖擁千乘之富而無一德之稱。夷齊
兄弟遜立捨國而逃。是隱居以求其志也。扣馬而諫。恥食
周粟。是行義以達其道也。雖餓死首陽而民到於今稱之。
即是人以証是語。故曰其斯之謂與。考異言如蔡氏說不

惟上章文勢不見斷續。下章章首無子曰，亦不必疑。而誠不以富二句，無須移就，可謂洞徹千古，有功聖經之格論。按蔡說甚新，講見書句，稍牽强，存之以備一說。

史記孔子年五十，公山不狃以費畔季氏，使人召孔子，孔子欲往，卒不行。考異言召字上原無主名，舊解推測子路語，謂是公山氏召，實大誤也。揆子路語意，當介介於季氏之平素劣跡，而云何必因公山氏之之以從畔伐畔也。上之謂往，下之謂季氏所。先儒承舊解，謂此爲聖人體道之大權。夫審物濟變之謂權，知論季氏之平素召不當往，而不狃之罪更有甚焉，則不妨於應季氏，此正所謂權矣。若併不狃之悖亂略不審擇，則枉道而已，烏得云權。按晴江此一條議論。撥去千載霧障。然只是尋史記原文而善解之。並非臆創。

考異言杜氏春秋序。以或有黜周王魯之說。引如有用我者吾其為東周乎以明其說之非。東周即成周也。敬王去王城而遷於成周。自是以後。謂王城為西周。成周為東周。昭二十二年。王子猛入於王城。公羊傳曰。王城者何。西周也。二十六年。天王入於成周。公羊傳曰。成周者何。東周也。余隱之尊孟辨曰。鄭叔友引為東周句言為當作去聲。如為衛君之為。猶助也。夫子云豈徒哉。言不徒制弗擾。且將助周室申明君臣上下大義。即季氏輩並正之矣。集解集注。皆云興周道於東方。而未明析。後人乃謂子欲因魯為東周。且謂因弗擾為東周。謬甚。

趙簡子扶晉侯以攻范中行氏。佛肸為范中行家邑宰。拒簡子。於晉為畔。於范中行猶為義也。且聖人神能知幾。范中行滅則三分晉地之勢成。而大夫自為諸侯之禍起。其為不善。較佛肸孰大小哉。子路見未及此。但知守其常訓。聖人知之。卻難以前知之幾為門弟子語。故但以堅白恒理荅之。晴江此說亦好。

論語辨惑曰。解論語著有三過。過於高也。過於深也。過於厚也。聖人之言明白而易知。中庸而可以求之。太過則其論雖美而要為失實。夫子言性與天道。子貢自謂不得聞。而宋儒皆以為實聞。問死問鬼神。夫子不以告子路。宋儒以為實告之。此過於深者也。聖人雖無名利之心。然嘗就名。利以誘人。使之由人欲以識天理。故雖中下人皆可跂而及。如不患莫己知。求為可知也。此正就名利而使之求實也。而謝顯道曰。是猶有求名之意。非聖人之至論。子張學干祿。夫子為言得祿之道。此正就名利而使之思義也。而張九成曰。聖人之門無為人謀求利之說。祿之為義亦自足而已。甯武子邦無道則愚。夫子以為不可及。楊龜山曰。有知愚之名。則非行所無事。言不可及。則過乎中道矣。蘧伯玉邦無道則卷而懷之。夫子以為君子。張南軒曰。此猶有卷懷之意。未及乎潛龍之隱見。此皆過於高者也。凡人有好則有惡。有喜則有怒。聖人亦何以異。而學者一以春風和氣朗之凡憤疾譏斥之辭必周遮護諱而為之說十室之邑必有忠信不如其之好學此蓋篤實教人欲人知所勉耳而衛瓘以焉字屬下句謂聖人不敢以不學待天下也子貢問當時從政者夫子比之斗筲師弟間商評真語而張九成極論以為自稱之辭此過於厚也此三條說得極好

萬歷重編內閣書目孟子節文兩卷洪武時翰林學士劉三吾上言孟子一書辭氣抑揚太過請節八十五條課試不以命題科舉不以取士其餘頒之學宮戒庵漫筆曰國初嘗刪國人寇讎反覆易位等章其本至今猶在南禮部堂櫃中然卒寢前旨以全書行世

司馬溫公通鑑首著孟子對梁王仁義黜儀衍妾婦上兩宫疏則引孟子責善賊恩之言與范景仁書言治心以中舜禹所以相戒也治氣以和孟子所以養浩然也中和論一篇則以養氣章逐句疏解其尊信孟子至矣而作疑孟十一篇每求其故而不可得及觀其與王介甫書而始恍然以悟其書曰介甫特好孟子與老子之言今得君得位而行道宜先其所美必不先其所不美孟子曰仁義而已矣何必曰利又曰為民父母使民盻盻然將終歲勤動不得以養其父母又稱貸而益之惡在其為民父母也今介甫為政首建制置條例司大講財利之事又命薛向行均輸法於江淮欲盡奪商賈之利又分遣使者散青苗錢而

收其息使人愁痛父子不相見兄弟妻子離散此豈孟子之志當時王安石借孟子名以變亂成法行事大戾孟子而時假孟子以拒諍飾非溫公即以其類假數節著說辨之盡以折安石之喙而非與孟子爲敵也翟晴江云周密浩然齋視聽鈔曰晁說之以道著說非孟子建炎中宰相進擬除官高宗以孟子發揮王道說之何人乃敢非之勒令致仕即此一節見高宗英明宜爲中興之主也

十一經問對問孟子見梁惠王見字何音對曰下見上曰見兩相見曰見孟子受聘而至有臣見君之禮宜現音

東郭氏疏云必齊之賢大夫考異謂孟子所重在賢何必大夫韓詩外傳齊有東郭先生梁石君不詘身下志以求

仕孟子所罷應即其人。

漢藝文志有景子三篇。列儒家者流。觀其言父子主恩。君臣主敬。及引禮父召無諾。頗有見於儒家大意。景子似即著書之景子。孟子宿於其家。亦以氣誼稍合之故。

考異言孟子時。處士橫議。七篇中所見時人。類多自為一端。造著篇籍。如慎子景子張儀宋牼之書。見藝文志。淳于髡著書以干世主。見史記。陳仲在荀卿所非十二子中。孟子不辭好辨之名。不使為楊朱墨翟。藝文志於農家有神農十二篇。其即許行所為神農之言與。按神農十二篇原註。六國時。諸子疾時怠於農業。道耕農事。託之神農。師古注劉向別錄云。疑李悝及商君所說。据二注。非一人之書許行之言。或在其中。

大夫有通稱有專稱。晏子曰。惟卿爲大夫。此專稱也。家臣而稱大夫。此通稱也。玉藻大夫親賜士。士拜受又拜於其室。敵者不在。拜於其室。据玉藻大夫有賜。無論在與不在皆當往拜。若不面受而往拜者。乃敵體之禮。全祖望謂陽貨若以大夫之禮來。何事瞷亡。正以敵體之故。不得不出此苦心曲意。孟子此節文。隨筆偶遺。所以有失。不知孟子所云大夫。亦就通稱言之。於理無礙。

逸周書世俘篇。武王克殷。征四方。凡憝國九十有九。憝國本九十九。而滅止五十。盖又宥其半也。

趙注聞文王作興。作興二字連讀。疏云聞文王興起。乃曰

盍歸乎來。王逸離騷注。太公避紂。居東海之濱。聞文王作
興。盍往歸之。中論亡國篇。伊尹在田畝之中。聞文王作興。亦
而自夏如商。太公避紂之惡。居東海之濱。聞文王作興。
自商如周。今以作字句。興字連下讀。本蒙引之說。似非。
望道而未之見。依朱注。而猶如也。本鄭注垂帶而厲之解。
程伊川言文王以紂在上。望天下有治道而未之見。而義
依本字。與未洽於天下一例看。然就上下文玩味。則朱注
為精。
朱子語類曰。書序云。成湯既沒。太甲元年。今人都為所誤。
所以云外丙仲壬不曾立。不知書序是後人偽作。豈可憑
信。考異言伊尹俾徂桐宮居憂。若先有丙壬六年。則甲已

免喪久矣是亦可疑或殷制繼其統者有爲其先君三年服愚按湯崩之後丙壬相繼太甲未行適孫三年之服故於即位後服之與

呂不韋書有本味一篇言有侁氏得嬰兒於空桑之中令烰人養之湯請有侁爲婚有侁以伊尹爲媵送女尹説湯以滋味極論水火調劑之事周舉天下魚肉之美菜果之美而云非天子不得具其文若果之美者箕山之東有盧橘見史記注飯之美者元山之禾南海之秏見許慎說文所引書目皆曰伊尹考藝文志有伊尹二十七篇列小説家不韋聚群書爲呂覧亦掇伊尹考之説夫小説之怪誕猥鄙何足挂唇而枉已辱身之徒援以自衛津津樂道至

儕聞於孟子之門。是烏可以不辨。

翟晴江言戰國時處士橫議。蔑人倫。廢禮義。以為親可怨。弟可放。夫婦可苟合也。竊威福之柄。萌篡逆之心。以為君臣無定分。禪繼無定命也。營營富貴利達之途。爰是造為事端。託諸舜禹伊孔。欲假以濟其私而掩其醜。孟子故設門弟子疑難問答。以撤決其藩籬。所謂正人心息邪說距詖行放淫辭者。莫詳於此篇。觀馬遷為史。孟子所辨斥者仍多取為實錄。蓋邪說之惑人者深。幾於杯水車薪之不可熄。使非此篇久傳。雖舜禹伊孔。且無以見白於今日。其他是非之顛倒。者可勝言。乎昌黎言孟子之功不在禹下。信然。

趙注陳侯周陳懷公也。為楚所滅。故無謚。史記陳懷公子名越。是為湣公。又湣公年表六年孔子來。則陳侯周即湣公。名周名越。史官記各不同。邵二泉云。貞子時為陳侯周臣。以孔子為臣者非。

以紂為兄之子一段。朱注言或有誤字。日知錄言舉此該彼。此古人文章之善。陸象山言此孟子所載與史記不同處。史記以微子為紂庶兄。本呂氏春秋。呂氏難深信。而書微子之命曰殷王元子。若與史記相表裏。然成王封微子以永商祀。帝乙之卒已久。商辛武庚又亡。使之統承先王。即係文丁之子。帝乙之弟。亦宜稱為元子。觀箕子稱微子為王子。孟子稱王子比干。二人稱謂同。或其行輩亦同。考

要言象山言最超卓孟門所聞必當實於史記其或無[illegible]

容齋三筆曰文子書云水之勢勝火一勺不能救一車之薪金之勢勝木一刃不能殘一林土之勢勝水一掬不能塞江河文子周平王時人孟子之言蓋本於此

考異墨子公輸篇言臣之弟子禽滑釐莊子天下篇言慎子與彭蒙田駢爲友學墨子弟子禽滑釐之術列子載禽子與孟孫陽辨而不能荅乃曰以吾言問墨子則吾言當矣滑釐辭屈而援其師墨翟慎到辭屈而援其師滑釐恰是所傳家法據此則薛方山以滑釐爲慎子師良是

十一經問對曰君子不亮惡乎執問惡字作平聲還作去聲對曰亮與諒同孔子曰豈若匹夫匹婦之爲諒哉又曰

君子貞而不諒。諒者信而不通之謂。君子所以不亮者。非惡乎信。惡乎執也。此足備一解。

歐陽公日本刀歌。徐福行時書未焚。逸書百篇今尚存。令嚴不許傳諸國。舉世無人識古文。集注言仁也者人也下。外國本有義也者宜也。二十字語類言聞諸尤延之。盛如梓言日本僧苪來中國。見六經之本不同。模其國中本遺高第僧蘐行。送吳越中。故舊中流。覆舟其書不至。中國今日本孟子考文七經考文已合刊。考文於諸經頗詳。而孟子之異古本者僅十四條。集注所云二十字者無有。皇侃義疏。係西條掌記山井鼎輯。享保十五年庚戌東都講官物觀補遺。享保是彼國年號。以庚戌計之。是康熙九年。武林汪君鵬航海購歸上遺書局。鮑君廷博槧副本。朱子荅余正甫書曰士憎兹多口。憎字從心。而趙注訓益。是當從上矣。其下文引詩皆有慍字。又似解為憎惡之意。古注亦不可憑。按古注益字是從士身上説來。非必作增解。石渠意見補缺曰士多為衆口所憎惡。憎字從心。文義自順。

四書辨疑曰。山徑之蹊間介然。當為一句。介如字。文選長笛賦。間介無蹊注引孟子。又引杜預曰。介猶間也。間介一也。言山間隔絶無蹊徑也。則介然是隔絶之意。與集注異。

跋刻甫竣，又得翟晴江考異一書，博說窮搜，實為
妙相遇，故采而辨之，以為一卷，並鐫又跋

四書彙辨續上卷

寶山侯廷銓編次

同學 朱以湘浦占鼇 朱炳玉李麟書 叅訂

在親民。舊新録言古聖人保民之道。不外富教兩端。而親字足以該之。改親為新。未免偏重教矣。親之義大於新。言親則物我無間。言新則便有以貴治賤。以賢治不肖氣象。後世治道不如三代。正為不求民之安而務防民之不善。於是舍德而用刑。自謂革其舊染。而本原日趨於薄。温故録言夏書舊染汙俗。咸與維新。以羿傚擾天紀人心風俗。為其所染。故有此語。康誥作新民。亦以民去紂之暴。承周之初。故有此語。若王者以道宜民。無粃政。自無粃民。安所得舊染之汙。惟暴亂革除之後。乃有新政。與民更始。湯武尚已。然亦數百年而一遇。聖王不忍以汙視其民。故曰不易民而理。曰因其遺。不易其俗。王莽緣飾周禮。盡變漢舊。而以新號於天下。王安石創為新法。以戕有宋之國脉。鄭康成注六經好改字。而於在親民未嘗疑而改之。且不為之注。無亦習於漢令。以長吏為親民之官。必使久於其位。所謂親民。即取義大學。為當世所共喻。是以不煩更釋。按養新錄言聖王保民。不外富教。改親為新。未免偏重教一邊。夫王者必世後仁。周自文武至成康而後刑措。教養雖平說。而教自尤重。不得以此言新字之不穩。溫故錄言有舊染而後有新民之政。此亦太泥。易日新之謂盛德。只是光明日增之謂。民風向善月異歲不同。便是新的光景。堯典黎民於變。豈堯時之民。亦去其舊染之汙。而謂之於變耶。反覆參究自以程子為是

養新録言國治之治。陸德明音直吏反。而先治其國之治無音。則當讀平聲。此甚可笑。夫齊家家齊。脩身身脩。誠意意誠。格物物格。皆不聞有兩音。而獨於治字辨之。曾不審上下文。不幾於菽麥之罔辨乎。易觀有兩音。亦是後人妄分。陸氏釋文。於觀國之光。兼收平去兩音。徐仙民於中正以觀天下。音官。餘皆讀去聲。魏了翁觀齋記云。觀卦彖象為觀示之觀。六爻為觀瞻之觀。夫六爻皆以卦名取義。平則皆平。去則皆去。未有四聲之前。安知不皆為平聲。此兩

條。可一斬從前之葛藤。

致知在格物文選注倉頡篇云。格量度之也。量度事物。致知之道也。可備一解。

人之其所親愛而辟焉。五辟字唐石經皆作譬。今注疏本作辟。而注仍用譬字。云譬猶喻也。以心度之曰。吾何以親愛此人。非以其德美與。吾何以敖惰此人。非以其志行薄與。反以喻已。則身脩與否可自知也。養新錄言宋儒讀辟為僻。不知舊注之精當。愚謂作譬字。則下故好而知其惡兩句殊不浹洽。究以朱注為是。唐石經之謬誤甚多。顧亭林極言之。■學記篇燕辟廢其學。辟亦誤作譬。

一人貪戾注戾之言利。戾或為吝。鄭義本謂貪戾即貪利

耳○下注云君若貪利而禁民之淫於財利不能止也○養新
録竟言一人貪利而一國作亂○即下章財聚則民散貨悖
而入亦悖而出之義○愚謂注戾之言利○義取假借語意甚
活○戾字的義應作乖違解若竟訓利字殊未妥○
上○二節鬼神指陰陽○下二節指祭祀之鬼神○向来作如此
解○而養新録言凡経言鬼神○皆指祭祀而言○卜筮所以通
神明○故易傳多言鬼神○精氣為物游魂為變○聖人知鬼神
之情狀○而祭祀之禮興焉○横渠張氏以鬼神為二氣之良
能○古人無此義○按上二節亦作祭祀之鬼神○只是於體物
不可遺句説去不順○
壹戎衣鄭注衣讀如殷○聲之誤也○齊人言殷聲如衣○虞夏

商周氏者多矣。今姓有衣者。殷之胄與。惠定宇曰。康誥言壹戎殷。而中庸言壹戎衣。今兖州人謂殷氏皆曰衣。則殷之轉為衣。理或然也。

實始翦商。惠定宇據爾雅翦勤也。謂太王始勤勞王事。其解妙矣。而楊用脩據說文引詩作戩商。解云福也。以為太王始受福於商。而大其國。解亦妙。

說苑建本云。中庸曰。好問近乎知。力行近乎仁。知恥近乎勇。漢書公孫宏上書引禮記。亦云好問近乎知。師古曰。疑則問之。故成其智。按下文有博學審問。學與問皆通。而傳習或各不同。

小人之道的然而日亡。的非古字。當作旳。說文日部。旳明也。从日勺聲。引易爲旳顙。今本亦寫作的矣。又火部。焯明也。从火卓聲。引周書焯見三有俊心。今尚書焯作灼。旳灼焯文異而音義同。養新録云

孔壁中古論語二十一篇。堯曰後子張問爲一篇。名曰從政。魯論二十篇。齊論多問王知道二篇。張禹授魯論兼講齊論去問王知道。從魯論之二十篇。鄭注崔子弑齊君云魯讀崔爲高。今從古。五十以學易。易魯讀亦。今從古。瓜祭魯讀必。今從古。不知命。魯無。今從古。則今之所謂魯論。止以其篇次而名之。其實多以孔壁古文爲本。

趙鹿泉先生温故録謂四書中重出之條。皆無可刪。如吾未見好德如好色者也。据史記爲衛靈公發。後篇多已矣

乎三字則所慨益深。三年無改於父之道。上事父母幾諫章疏。此并下二章。皆明孝也。則上兩章言父母存時此章言殁後。與前篇不同。主忠信三句。謂人之所以說而不繹從而不改者由其素不忠信。比匪而畏改過也。聖人無忍棄人之心。故雖至於無如何。而猶有餘望。記者體此以亦勉。或即聖人承上而復言。此子曰不在其位不謀其政。曾子曰君子思不出其位。謀非其位。必思出其位。而人已兩失。記者並記以相發明。諸條甚有理。蓋論語是諸門人所記。統觀之有重複分開看自各有意存焉。

溫故録言家語載孔子既没。弟子相與立有若爲師。他日問以月宿畢不雨。商瞿五丈夫子事。無以應。遂撤師席爲大誣妄。觀孟子書言子夏子張子游以有若似聖人欲以所事孔子事之。未必無其事。宋世尊諸賢崇祀獨遺有子。顓孫子。明立三氏學尚遺曾子至我

朝大典叠舉。於是有子祠墓裔孫得以核其實而補其缺。

弟子入則孝見古人幼學時即先本而後末。行有餘力跡謂閒暇。集注猶言暇日。須活看一日之間。見父母則孝見尊長則弟。動作則謹。開口則信。於同輩則汎愛。於仁者則親近。只是自幼習個為人之道。不必專費工夫一日之間大半是暇時。儘可學文言有餘力而學文是先本後末之意。不可泥煞。溫故録言上六項並無節次安從分別暇日蓋人方數歲。不即責以讀書習藝為其精神血氣未足漸

長則漸充。是謂有餘力。此解近後世溺愛姑息之說。義大粗淺。且愛衆親仁。自非十年就傳以前事以血氣精神之足解餘力。殊非

陸象山無友不如己論。作指趣不同解。意義較朱子爲圓。而韓魏公無友不如己論。則從主忠信說下。謂勿與忠信不如己者友。此解更妙。

父在觀其志二句。楊循吉謂宜作人子之觀其父解。父在時當觀父志之所在而曲體之。父没則父之志不可見。而其生平行事。尚有可記者。則即其行事而取法之。如此則三年無改句。正足此句之義。不待用一然字作轉。

有酒食先生饌。鄭氏論語作餕。云食餘曰餕。儀禮注古文

籑皆作餕。說文籑具食也。或作饌。从巽則餕為古文饌也。漢書皆以籑為餕。据諸說饌作餕。則以餕餘奉其親如曾元之將以復進。故不足為孝。較注優

四書中曾字惟曾姓及曾孫曾祖等字應讀增音。曾猶重也。左襄八年曾臣彪將率諸侯以討。注曾臣猶末臣。謙卑之意。然以愚觀之。仍應作增音。凡朝聘軍旅。皆以先君之命臨。故稱曾臣。其餘曾字皆應讀層音。廣韻經也。增韻當也。韻會則也。乃也。說文詞之舒也。類篇詞之始也。皆應讀層音。養新録云。爾掃去多少葛藤。

温故録。言子張學干禄。當從史記問干禄為是。詩大雅云干禄豈弟。干禄百福。張盖疑而問其義。論語作學。乃問字

之誤。集注程子曰若顏閔則無此問矣。三年學章。楊氏曰
子張之賢。猶以干祿為問則宋時本皆作問干祿其訛為
學。不知始何時。
惠定宇言書云孝乎。釋文作孝于。云一本作孝乎。唐石經
同。蔡邕石經亦作于故。包咸注云孝于惟孝美大之辭。後
人据晉世所出君陳篇改孝于為孝乎以惟孝屬下句又
云華嶠後漢書。劉平江革傳序云此殆所謂孝乎惟孝友
于兄弟施于有政。是亦為政也知晉以前無以孝乎絕句
者。而于誤為乎其來已久。按孝乎惟孝尚可作贊歎之詞。
而孝于惟孝則無此文法。古文尚書出孔壁中自不差漢
人改經。不過因大學多詩云之句。此亦用書云以合之遂

至種種謬戾。以君陳篇為偽書。謂論語依君陳篇而改。不知君陳本非偽書。本文惟爾令德孝恭。惟孝友于兄弟中間若加孝乎二字。亦於文法不合。細繹文義惟孝二字作讀。友從孝出來。由是施之一家。是具為政的次序。

劉歆賈逵謂禘與祫一祭二名。宋王十朋作禘祫辨。言春秋書禘者二而不言祫。惟文二年八月丁卯大事於太廟。躋僖公。公穀皆云大事者祫也。春秋有禘無祫。以大事為祫者。公穀也。詩周頌魯頌言禘者二而不言祫。惟元鳥祀高宗。毛傳曰祀當為祫。詩有禘無祫。以祀為祫者毛氏也。周禮大宗伯之職。以肆獻祼享先王。以饋食享先王。鄭氏曰。宗廟之祭有六。而肆獻祼饋食在四時之上。則為祫也。

禘也○以肆獻祼饋爲禘祫若鄭氏也○論語禘自既灌而往○與或問禘之說○孔安國釋之曰禘祫之禮爲序昭穆○論言言禘而不言祫○并言禘祫者孔安國也○統諸經而言○則古者有禘無祫○大禘之時○羣廟之主○皆陳於太廟○未毀廟之主○皆合食於太祖○因禘而合食○故謂之祫○其辨甚悉○按記大傳不王不禘○王者禘其祖之所自出○以其祖配之○諸侯及其太祖○大夫士有事省於其君○干祫及其高祖○繹此段文義○則諸侯大夫之祭○及其太祖高祖○祇謂之祫○天子及其太祖之所自出○則謂之禘○其實一大祫也○天子即禘即祫○諸侯有祫無禘○其義較然○魯僭用禘禮○而文二年之大事於太廟○意在逆序昭穆○而升僖公于閔公之上○疑但祫

祭而不用禘禮。故春秋不書禘而書大事。其禘祫之舉行則五年而再殷祭之說。為是說本顧亭林五經同異竹書紀年。成王十三年。魯大禘于周公廟。成王二十一年。周文公薨。此大可疑。日知録以公字為衍。援襄十二年臨于周廟。杜注文王廟當之。温故録直斥為雜亂不經之書。余思洛誥篇。今王即命曰記功宗。以功作元祀。惟命曰汝受命篤弼。又曰伻来毖殷。乃命寧予以秬鬯二卣曰明禋。拜手稽首休享。予不敢宿。則禋于文王武王。注謂功宗功之尊顯者。功臣皆祭於大烝。而勳勞之最顯者為之冠。謂元祀。明禋曰休享。事公如神明。紬繹文義。則成王以周公為元祀。賜以秬鬯休享。周公不敢當此禮。以之祭文武。因思伯禽受封之魯。或先營周公之廟。而成王賜之以禘祭。如後世之生祠。以洛誥篇參考紀年所書。或不謬。

管仲之器小哉。管子中匡篇施伯謂魯侯。曰管仲者天下之賢人也。大器也。蓋當時以管仲為大器故夫子辨之。

養新録言後漢書桓譚傳。天道性命。聖人所難言。自子貢以下不得而聞。古書言天道。皆主吉凶禍福。尚書滿招損。謙受益。時乃天道。易傳天道虧盈而益謙。春秋天道多在西北。天道遠。人道邇。竈焉知天道。天道不謟。國語天道賞善而罰淫。我非瞽史焉知天道老子天道無親。常與善人。皆論吉凶之數。與天命之性。自是兩事。孟子聖人之於天道也。正謂虞舜井廩。文王羑里。孔子陳蔡之類。愚謂依朱注。則天道乃性命之原。其解自精。

孔子於鄭子産。從無不滿之處。吳氏於臧文仲之不仁者三。不知者三。反曰數其失而責之者。其所善者多也。於子産有君子之道四。曰數其事而稱之者。猶有所未至也。此條可謂大謬。温故録言宋儒好雌黄前哲。極是。

崔子弑齊君。鄭注云。魯讀崔爲高。今從古。王充論衡曰。將相長吏。猶吾大夫高子也。蓋用論語之言。然陳文子時無高子弑君事。

甯武子章。有道無道。辨論聚訟。温故録言衛文開國之初。左傳記其務材訓農諸政。衛風定之方中諸詩。綽然中興之美。厥後忘齊桓之德。秉喪而從不義之師。又以失禮晉

公子致貽釁其子不克全其為有道是時甯武子從父在
朝夲末得政如伐邢之役莊子實主之亦未足以知稱成
公立未終喪即遭晉伐倉皇出走其失策全在即楚殺弟
幾至覆亡自賴甯饘之從克濟大難爰及反正享祚三十
餘年屢同諸侯之盟罕被大國之兵卜遷避狄定三百年
遠謨至於外平晉魯内返逵戚庶可云有道皆甯武子之
力僖三十一年帝邱之遷公命祀相武子不可武子来聘
魯人重其知禮乃武子執政時事所謂其知端宜在是聖
人論人必該終始有証實非徒委蛇無事之謂特以不祀
非見為知則諫爰居退熒惑不禳復火不祀非望者能及
之以不荅彤弓湛露為知則辭上卿之享不拜肆夏之三

者能及之。故夫子特言其愚之不可及。此條講得好。然亦即在春秋經傳中。人自不去細讀耳。

足恭。孔注便辟貌。疏便習盤辟其足。謂前却俯仰。以足為恭也。温故録言禮貌從足起。故禮每言行容足容。鄉黨記聖人之容。亦恒及於足。趾高箕倨為不敬。將進趦趄為可恥。解與集注異。大戴禮曾子立事篇云足恭而口聖

伯牛與仲弓。並在德行之科。俱出冉氏。而族之親疏未聞。獨王充論衡自紀篇云。鯀惡禹聖。瞍頑舜神。伯牛寢疾。仲弓潔全。顔路庸固。回傑超倫。以伯牛為仲弓之父。充言多誕妄不可信。養新録云。

王弼注老老聃彭彭祖。邢昺疏。一云即老子也。陔餘叢考

謂其說蓋據世本史記。世本云彭祖姓籛名鏗。在商為守藏史。在周為柱下史。而史記老子傳曰。周守藏室之史也。又張湯傳。老子為柱下史。以是參証。知其為一人也。彭祖之述古不経見。而孔子嘗問禮於老聃。孔子答曾子問。動云聞諸老聃。可見論語述古之老彭。即禮記問禮之老聃。其說極辨。節録之以備一解。

何有於我哉。金仁山說我第如此而已。外此何能有於我哉。温故録云。當為何獨有於我哉。言非獨我當有之人人皆當有之。為勉人語。皆以孔子不當如此之謙。而又謙。故為此解。但仁山添出外此字。温故録添出獨字。終不穩愜。愚看來將何字頓斷。作自己揣量語氣。亦可恭一說。

古之賢人也。古本作賢仁。鄭注孔子以伯夷叔齊為賢且仁。徐彥云古之賢士且有仁行。但就句法論。以人字為是。其以人為仁者。大約因孟子言聖之清不應稱賢仁耳不知古之賢人四字贊美已至。若古之賢仁於句法不似。

五十以學易可以無大過矣。魯論易為亦。君子愛日以學及時而成。五十以學斯為晚矣。然秉燭之明尚可寡過此聖人之謙辭。或云古五字如七見王肅詩傳史記孔子晚而好易。則以五為七字之誤。甚妙。

集注引劉聘君者。三謂白水劉勉之。致中也。李心中繫年要錄。紹興七年四月。中書舍人呂本中等奏。建州進士劉勉之。學有淵源。行可師法。閩中士人無不推仰。伏望特賜録用詔召赴行在。故有聘君之稱。聘君避仁宗嫌名也。文公早年師事。且傑婦翁。故不稱名字。朱子四書注中避諱。桓為威。避欽宗諱也。慎為謹。避孝宗諱也。讓為遜。避濮安懿王諱也。匡為正。避太祖諱也。司城貞子改為正。避仁宗諱也。今本不復改矣。

易數難明。而天地定位章。朱子用邵康節伏羲先天卦位之數。最不可解。黄氏日抄曰。天地定位者。天尊而上。地卑而下。其位一定。而不易。易取其象。於卦為乾坤。山澤通氣。山澤。一高一下。水脉灌輸。而其氣實相通。易取其象於卦為艮兌。雷風相薄。雷風迅烈。氣勢翕合。而其形實相薄。薄之為言逼也。易取其象。於卦為震巽。水火不相射。若水火一寒一熱宜若相滅息而下然上沸以成既濟之功乃不相射害易取其象於卦爲坎離且離南坎北經有明文康節之說於經未有明文今以事理之實可見者考之則風一從南即盎然以溫風一從北即冷然以寒離南坎北確是如此康節移以位乾坤將何所驗以爲信耶晦庵答王子合書明言康節言伏羲卦位近於穿鑿附會且當闕之則先天卦位之說朱子亦不信

王廷相先天圖辨謂出於方士之所託如參同契援易作書云爾大傳云數往者順知來者逆謂知未來之事則逆逆是故易逆數也謂易卜筮以前民用故云逆數孔子說易以歲時物理生成之序衍卦義則曰出震齊巽見離役

坤說兌戰乾勞坎成艮。以法象對待發明卦之義理性情。則曰天地山澤雷風水火。此皆物理之自然何嘗有先天後天之說。此兩條載五經同異。

多見而識之。集注善惡皆當存之以備參考。疏則云多見擇善而識之。意以經文蒙上省而補之。溫故錄言多聞闕疑。多見闕殆。各有所闕。自各有所擇。說得好。

互鄉章次節。溫故錄言依舊文讀蓋先明所以見童子之意。而繼因廣言與人之道以教門人。分兩層解自得上下語勢。換轉似可不必。亦講得好。

陳司敗鄭氏以司敗為人名。齊大夫。惠定宇言古陳田字通。故以為齊大夫。然巫馬期陳人觀下文司敗揖而進之則當日孔子至陳。而司敗来問。又與巫馬斯一番私論。司敗自是陳人。鄭說非。

如有周公之才之美。使驕且吝。周書寤儆篇。周公曰不驕不悋。時乃無敵。此周公生平之學。所以裕制作之原也。夫子因反其言以戒後世之為人臣。與管仲器小章見夫子之言。皆有所自。

養新錄言予有亂十人。書論語各一句。春秋傳兩見。唐石經皆無臣字。後添臣字於旁。五代國子監校刊九經。始据誤本添入臣字。邢昺論語疏。亦承監本。於是劉原父有子無臣母之疑。而蘓子瞻太皇太后挽詞。有允矣才難十亂臣之句。按予有亂十人。於句法不似。或石經因子無臣母之義而去一臣字。到後來句法終覺不穩。而添一臣字於旁。亦未可知。論語一書為漢人所改者。間亦有之。因子無臣母之義。遂去一臣字。因伯夷當稱聖人。遂改為古之賢仁。三人行上加一我字。此類甚多。看何晏古本論語。方知今本之善。

吾有知乎哉。溫故錄言舊解有字。如書有其善喪厥善。禮直而勿有之有。以有為私己意。故孔曰竭盡所知。不為有愛。若如集注。則聖人既自等無知。而又高言誨人。於語氣亦不似。包注。悾悾。慤也。集注。無能貌。只是此中塞實。聰明未啓。是非可否。茫無定主。故謂之空。空非空洞無物之謂。解有知句甚妙。

求善賈而沽諸。蔡邕石經沽作賈。唐石經及釋文仍作沽。余昔歲試應制詩中沽誤作上聲失粘。宗師改作賈字及閱惠定宇九經古義。乃知改字為有本。

班固地理志。歷叙箕子朝鮮之化。而言孔子悼道不行。設浮於海。欲居九夷。浮海與居九夷向作一例看而溫故録於浮海章言海喻滔滔皆是。若涉大水。其無津涯。意桴即欲濟無舟楫意。道之不行。如乘桴浮於海然。欲以一人之力濟天下之艱。所託者小而所期者大。鮮有不疑且阻者。誰與相從。惟有一由。故子路聞之喜。且取鄭注桴材之說亦可謂鑿矣。

焉知來者之不如今。注安知其將來不如我之今日。勸勉

激勵是現身說法而羅旭莊謂爲字屬上句知来者之不
如今也八字句今字即謂後生言後生學業日進今日之
後生即將来之老成知其必不如斯已也不必另揷我字
在內此說甚新
曾子曰三十四十之間而無藝則無藝矣五十而不以善
聞則無聞矣四十五十而無聞自應作如此解明歸子慕
時文作聞道解温故録亦主聞道其意皆以作令聞解語
意似涉太淺不知孔子言君子疾没世而名不稱孟子言
令聞廣譽施於身實至名歸不得將聞字淺看
古者門皆有屏天子外屏諸侯內屏禮臺門而旅樹旅道
也當道而設屏此門外之屏也天子當宁而立宁在門屏

之間。此路門之屏也。國語云王背屏而立夫人向屏此寢門内之屏也。魯廟疏屏天子之廟飾此廟門之屏也。四書經注集證。謂何義門言復位在治朝堂下。固當謂即官府治事處猶未的。考司士正朝儀之位路門左右固有諸臣序立之處。君視朝時太子於此固踧踖以致其敬。下堂而復其位。或恐君有後命。或諸臣有後出者。拱立以俟敬不忘於心。故猶踧踖如注敬之餘與前章敬之至相應。踧踖二字皆從足。慶源輔氏謂心懼而立不寧。若還治事處則可少坐矣。踧踖二字無着落。余友彭曉岩言若指官府治事處。位字亦不着實。集註之說自較義門為優。

不使勝食氣。說文曰既小食也。从皀旡聲。論語不使勝食

既○憲定字云氣本古餼字餼與既通○中庸既廩稱事○鄭注既讀餼○據說文氣訓小食甚有意○按氣讀餼則食字當讀入聲○

金仁山謂西伯戡黎○是武王○非文王○史記誤以文王伐耆為戡黎○受之以祖伊之告○於是傳注皆以為文王○孔子稱三分天下有其二以服事殷○傳稱文王率商之畔國以事紂○紂都河北○在今衛州朝歌○潞州之黎城相距三百餘里○蓋畿内侯國○文王專征伐○只是西方諸侯○若崇若密須○率西諸侯也○自關河以東○非文王之所得討○豈有稱兵於天子之畿○商紂為黎之蒐○黎蓋紂濟比之國○武王觀政於商○戡黎之師○所以警紂○仁山説極辨○纔可見文王至德○

四書彙辨續下卷

寶山侯廷銓編次

門人甘受和朱垣 張秉機李鳳書恭校

人不間於其父母昆弟之言。後漢書范升奏記王邑。曰升聞子以人不間於其父母為孝。臣以下不非其上為忠。注論語云云。間非也。言子騫之孝化其父母兄弟。人無非之者。於義甚優。但依此說則不字當改無字為妙。

季氏富於周公兩章。溫故錄以為皆夫子之言是也。而以子曰為誤移於下則非。蓋此兩章乃記者文法之變與舜有臣五人章一樣。

天下歸仁溫故錄言天下皆入吾度量之中。所謂納萬物

於在宥也。乃克復時意蘊境地如此。未便說到人皆與。未
便是效。人惟只知有己。看得天下皆相隔閡。誠能克己復
禮。則欲浄理融。自覺此中高明廣大。悠然一室之中。真有
羣生託命。六合同春氣象。故曰天下歸仁。此條講得好。
世族譜。公子荆字南楚。獻公子。鍼術編魯哀公庶子有公
子荆。故加衛字別之。齊豹之亂。公南楚為公驂乘。杜注不
言公子荆林堯叟於公子荆注云字南楚。四書集證疑兩
人而附會為一人。然據世族譜。則明是一人。林註是。
蘧伯玉、蘧莊子無咎之子。謚曰成子。見呂氏春秋注。
史記公伯寮即申繚。字子周。宋時封壽張侯。蘇子由古史
考。伯寮是讒愬之人。孔子不責而云命。疑非弟子之流。史

記自誤。

鄙哉硜硜乎。說文硜古文磬。故何晏注云。此硜硜者謂此磬聲也。史記載樂記云石聲硜。硜即磬聲。今禮記作磬。据此則禮記磬字當讀硜音。而此之硜硜。即以為磬聲。於上下文極融洽。

莫已知也斯已而已矣。唐石經莫已斯已。皆作人已之已。釋文同。集解此硜硜者徒信已而已矣。皇氏義疏言孔子硜硜不隨世變。惟自信而已。是唐以前斯已字皆不作止解。朱子則與楚狂章已而已而一例看。

論語類考。原壤原憲之族。周文王第十六子原伯之後。

叅子或問。家語記叔仲會少孔子五十歲。與孔璇年相比每孺子之執筆記事於夫子。二人造侍左右。所云闕黨童子。豈即斯人與。

目在邪域之中。漢書王莽傳云。封域之中。依孔注邪當作封。古字邪封同。尚書邪諸侯。邪康叔。義皆作封。下文邪內。鄭本作封內。可見邪與封古本通。而此作封域。則伯禽受封之初。附庸亦在所封之內。於義為優。

千姓編。周任商太史。路史商有周任。邪疏云周之大夫。集注言古之良史。則主商之太史矣。

陔餘叢考言論語之公山弗擾。即左傳之公山不狃。定公五年不狃嗾陽虎逐仲梁懷。八年又因陽貨去三桓而不克。然但搆陽虎發難。而不狃之反形未露。不得謂之以費叛也。至定公十二年。將墮費。不狃及叔孫輒帥費人襲魯。公與三子入於季氏之宮。登武子之臺。費人攻之。弗克。仲尼命申句須樂頎下伐之。費人北。國人追之。敗諸姑蔑。不狃及輒奔齊。遂墮費。此則不狃之以費畔也。是時孔子為司寇。方助公伐而逐之。豈有欲赴其召之理。論語經齊魯諸儒討論。於雜記聖人言行中取其純粹者以成此書。然安必無一二濫收。未可以其載在論語。而一一信為實事。

按此段議論甚辨。然史記載此事在定八年。陽貨作亂之下。則左傳明言不狃等欲因陽貨殺季桓子。謂之以費畔。自是實事。召而欲往。當在此時。史記之言有據。陔餘叢考直以論語為不可信。過矣。

抱器歸周是太師疵少師彊事非微子而傳載微子面縛銜璧金仁山言子王子謂是武庚後世失其傳也武王入商紂已自焚武庚為紂冢嫡故面縛銜璧衰絰輿櫬造於軍門武王憐武庚之自罪是以釋其縛焚其櫬使奉有殷之祀若微子則遯于荒野時武王釋箕子囚封比干墓百爾恩禮舉行悉徧而未及微子以微子遯野未之獲也追武庚再叛卒於就戮始求微子以奉殷後此條不特辨史記之謬并辨左氏之誤甚妙

子路從而後章吳青壇謂見其二子向當在至則行矣之下蓋子路再到時不見丈人但見其二子故以不仕無義之語告之不然既無人矣子路其誰與言哉按依此說則

是子路再坐丈人之家見其二子彬彬有禮。故爲此說以
曉之。亦甚有理
惡居下流而訕上者。惠定宇云。蔡邕石經無流字。當因子
張篇君子惡居下流。涉彼而誤。鹽鐵論文學居下而訕上。
漢書朱雲傳小臣居下訕上。是漢以前皆無流字。此則石
經本爲是。
養新錄言。說文示部有祇祗二字。一爲神祇字。从氏。地示
提出萬物者也。一爲祗敬字。从氐。敬也。又別有禔字。从是。
安福也。引易禔既平。今易亦作祇。古文氏是通用。則禔祇
亦可通。但相承讀爲支音。與神祇音小異耳。復卦无祇悔。
王肅作禔。九家本作多。字音支。左氏襄九年傳祇見疏也。

服虔本祇作多論語多見其不知量也多與祇同。疏家謂古人多祇同音訓適。詩祇攪我心。祇自塵兮皆訓適。玉篇於衣部添祇字亦訓適此六朝俗體。張參五經文字衣部亦承玉篇之誤。按漢書竇嬰傳祇加懟。亦訓適。顏師古謂其字從衣。則祇之從祇。不獨張參矣。易无祇悔。朱子本義音抵。抵也。言不至於悔。韓康伯祇大也。既能速復。自無大悔。兩義甚明晰。養新錄何皆不取而但以適與安福訓之乎。祇說文短衣也。揚子方言汗襦自關而西謂之祇裯。

朱子曰少正卯之事。子思孟子所不言。內外傳所不載。獨荀況言之。是必齊魯陋儒憤聖人之失職。故為此說以誇其權。陳幾亭曰聖人行誅必其人有顯罪。與衆棄之。不應出其不意。但爲其宿昔奸雄。桀未具而遽行大戮。按王制行僞而堅。言僞而辨。學非而博。順非而澤。以疑衆殺。家語載孔子誅少正卯之言。與此相似。王制是漢儒所集雜入晚周申韓刑名家言。誅少正卯之事。豈亦作王制一輩人造其説與。夾谷之會。斬侏儒一事。亦係誣妄。江慎脩言聖人不爲已甚。果斬侏儒。即不生意外之變。齊人豈肯服義。大約斥侏儒。是屏去淫樂。誅少正卯。或曾加誅責。好事者誇張其説。至云尸少正卯於朝三日。且斬侏儒而手足異處。是何等刑戮。而用於兩君好會之間。　昔人因檀弓伯魚之母死。期而猶哭一段。因謂孔子出妻。甘馭麟言禮子爲門人問子思曰。子之先君子喪出母乎。殆指孔子之於施氏。非謂伯魚之於丌官氏。叔梁紇娶施氏生九女無子而出。乃求婚於顏氏。後施氏卒。夫子為之服期。施氏非有他故。不幸無子而出。實為可傷。故寧從其隆。若伯魚之母。當守父在為母期之禮。過期當除。何得誣為喪出母。一說出母生母也。子上為子思之妾所出。而嫡母猶在。故子思不與其終喪。不然。豈有孔氏一門。三代出妻乎。玩子思為伋也妻者是為白也母數句。此解殊妙。孔子少孤章。先儒斥為誣妄。孫遂人謂殯淺葬深。宜以不知其墓殯於五父之衢為一句。孔子少孤。母年少。淺殯以待葬。而封高為墳。墓如平地。古者或無每歲掃墓之禮。故孔子不知實土之淺深。再三審慎。統前既得合葬於防觀之。孫解亦有理。

孟子書漢以來雜於諸子中。少有尊崇者。自唐楊綰始請以論語孝經孟子並爲一經。而未行。昌黎又推崇之。其後皮日休請立孟子爲學科。其表略云。聖人之道不過乎經。經之降不過乎史。史之降不過乎子。不異道者孟子也。舍是而子者。皆聖人之賊也。請廢老莊之書。以孟子爲主。有能通其義者。選科同明經。則宋人之尊孟子。其端發於楊綰韓愈。其說暢於皮日休。

陔餘叢考云。負任在背。戴任在首。余童時甚疑之。及至滇黔。始知苗猓擔物。皆用小架負於背。架有兩皮革。以兩臂施之架上。又有形如半架者。負於頸。而以皮條從後縛於額。以固其所擔物。能負重行遠。若使之肩挑。則一步不能行貟戴實有其事意孟子時中國人擔物亦如此七八月之間畢朱注謂周七八月夏五六月蓋以戰國時猶用周正也不知春秋列國已不用周正而晉之用夏正又在列國之先魏自晉分出用夏正已久杜預謂汲冢紀年書係魏襄王時人所作以夏正為首可見魏之用夏正已久孟子在魏對襄王所謂七八月即魏所用夏正之七八月而非周之七八月可知或謂夏正五六月正係望雨至七八月則非所急不知處暑以後禾苗將秀其待雨更切於五六月孟子所云七八月即夏正也陔餘叢考云養新錄言經典畜字有三音讀敕六切者訓積訓聚讀許六切者訓養讀許救切者訓六畜音齅今人讀六畜為救六

切蓄聚為訖六切皆非古音易小畜大畜釋文敕六反鄭許六反大畜象傳君子以多識前言往行以畜其德序卦傳比必有所畜物畜然後有禮有无妄然後可畜物畜然後可養釋文皆云本又作蓄惟大畜象傳有能止健之語此言乾艮二卦之德非釋卦名孔子説易未嘗訓畜為止漢儒及王輔嗣皆無止義獨孔穎達小畜正義云性又和順不能止畜在下之乾又云若陽之上升陰能畜止又云小畜之義惟當畜止在下三陽又云總不能畜止剛健又云不能畜止諸陽蓋因大畜有止健之文遂類及於小畜不知巽主入不主止大畜艮在乾上能畜而止之小畜巽在乾上能畜不能止故有密雲不雨之象大畜可言止小

畜不可言止。後儒沿正義之誤。遂疑畜有止義。并孟子畜君何尤句。亦訓為止。而畜古有好音。畜君者好君也。孟子借同音之古訓以曉人。如浲水者洪水也。庠者養也。校者教也。序者射也。徹者徹也。助者藉也。征之為言正也。皆其例也。祭義孝者畜也。以聲見義。呂氏春秋引周書曰。民善之則畜也。不善則讎也。高誘注畜好也。文子上仁篇。善則吾畜也。不善即吾讎也。畜又與讎協韻。按畜之好音。取諸假借。而義仍是養。孟子畜君。是養成君德之意。古義本無止字之解。自當以此說為長。

古公。詩疏言其年世久古。後世稱前世曰古公猶言先王先公也。據此則亶父乃其號。列女傳有呂氏女娶為妃注太伯仲雍季歷太姜有色而貞順率導諸子至於成童靡有過失亶父謀必於太姜帝王世紀云黃帝有元妃次妃之別妃之名自此始白虎通云夏殷以前后妃之制甚略大率皆稱妃故黃帝帝嚳皆有四妃至周則天子正嫡曰后其次曰妃

劉向新序宣王為大室大蓋百畝堂上三百戶三年不能成羣臣莫敢諫者香居問宣王曰荆王釋先王之禮樂而為淫樂敢問荆邦為有主乎王曰為無主荆邦為有臣乎曰為無臣香居曰今王為大室三年不能成而羣臣莫敢諫敢問王為有臣乎曰為無臣香居曰臣請避矣趨而出王曰吾子留何諫寡人之晚遽召尚書曰書之寡人不肖

好為大室杳予止寡人也孟子所謂巨室殆指此蓋就王之所好以為喻

余昔以梁惠篇之伐燕為宣王事公孫丑篇之伐燕為湣王事而以宣王伐燕為燕易王時事於心終覺未安養新録載寶應王予中之説謂孟子七篇所言皆湣王非宣王湣王初年兵强天下與秦為東西帝其所以治國者必有異孟子謂以齊王由反手王猶足用為善皆道其實而好勇好貨好色不能自克末年之禍亦基於此後來傳孟子者改湣王為宣王為孟子諱其實無庸諱也孟子去齊當在湣王之十三四年下距湣王之亡蓋廿五六年孟子必不及見公孫丑篇稱王不稱謚蓋其元本梁惠王篇盡心

篇兩稱宣。後人增益之耳。王氏此論。信爲妙解。省卻多少葛藤。但未知當日果何如也。按王說本朱子或問

齊湣王三年。封田嬰於薛。國策載靖郭君將城薛。以客海大魚之諫而止。其子孟嘗君又請立先王之祭器於薛。稱薛公。築城應在此時。

說文。豳。周太王國。在右扶風美陽。唐明皇以豳字類幽。改爲邠。爾雅西至於邠國。困學紀聞謂邠本汃字。聲相似而訛。汃水名。在極西之地。邠則殊近。不應列於四極。

路史。樂正。宋公族之後。千家姓云。東魯族。孟獻子友有樂正裘。曾子弟子有樂正子春。列子有樂正子輿。陶淵明集八儒。載樂正春秋爲道屬辭比事之儒。廣文選平公與宣

王會於鳧繹山下。樂克備道孟子於平公曰。孟子私淑仲尼。其德足以輔世長民。其道足以發政施仁。君何爲不見。公因許之。

李文貞讀孟子劄記曰。夫子所以超於羣聖者。以其祖述堯舜。憲章文武。使先王之道傳之無窮也。如能言夏殷之禮。知韶武之美善。告顏子爲邦之類。皆所謂見禮知政。聞樂知德。等百王而莫違者也。神明天縱。有以考前王而不謬。俟後聖而不惑。非列聖所可同。集注以此四句爲子貢自道。此語甚高。然雖孔子未嘗爲此言。況子貢乎。當皆爲子貢稱美夫子之言。溫故錄謂此論切實。足以正注。

上海薛少文毛詩窾啓一書甚佳。於鳲鳩一篇講得尤好。

其言曰。孔安國王肅以管蔡商奄同叛同誅於風雷之變之前。鄭康成蔡沈以三叔武庚同叛同誅於風雷之變之後。皆非。引儲同人之說曰。自流言播而周公出。周公出而管蔡誅。管蔡誅而君心疑。君心疑而風雷作。風雷作而成王悟。此金縢之文之明白可考者也。成王悟而周公歸。周公歸而武庚叛。武庚叛而東山征。東山征而殷命歇。此大誥之文之明白可考者也。武庚管蔡雖表裏為奸。而發之有先後。則其誅亦有次第。必曰同出一時。則金縢之序管蔡而不及武庚。大誥之序武庚而不及管蔡者。曷故。就詩而言。鴟鴞者武庚也。我子者管蔡也。我室者周室也。曰既取我子。則管蔡甚商而已戮可知矣。曰毋毀我室。則武庚欲畔而未畔又可知矣。此段議論。一掃從前之霧障。特其講金縢篇我之弗辟。的仍從孔安國之說爲法。三叔則非是。流言初起。未知的是何人。而即欲加刑於三叔。周公決不若此。當以鄭氏避居爲允。故遂接周公居東向下罪人斯得。乃是誅管蔡。

三遷志。孟子娶田氏。生子名仲子。而孟子之子仲子名睪。與孟子從昆弟之仲子。自是兩人。闕里志子夏以詩授曾申。曾申授李克。李克授孟仲子。仲子授根牟子。毛傳維天之命篇。孟仲子曰大哉天命之無極。閟宮傳孟仲子曰是禖宮也。譜云孟仲子者子思弟子。蓋與孟子同事子思。後學於孟子。著書論詩。按孟子非親受業於子思。而此云同

事子思蓋亦相傳之誤
趙注世本滕考公麋與定公相直子元公宏與文公相直
似後世避諱改考公為定公以元公行文德故謂之文
神農氏姜姓少典之子母有媧之女為少典妃曰女登以
火紀官漢書藝文志農家者流蓋出農稷之官及鄙者為
之以為無所事聖王欲使君臣並耕誖上下之序太史公
六家同異無農家集注云史遷蓋偶誤而未及改正
呂氏春秋昆吾作陶尸子蚩尤作冶古史考燧人氏鑄金
作刀古史昆吾氏作瓦烏曹氏作磚黃帝始造釜甑周書
黃帝始烹穀為粥白帖羲皇造布世本羅父作杵臼物原
羲皇始以茨覆屋禹作土墼石甃桀臣作瓴瓦舜作牆周

公作壁元中記尹壽作鏡物原神農作床燧人氏始以繩束髮爲髻伏羲氏始作皮冠軒轅氏加以冕旒懸纊堯加繡纓周公作幅巾物原燧人作繩軒轅因作綿索

杭州府學有宋高宗御書孟子較坊本間有異同如文王事昆夷作混夷有小人之事作小民之事皆勝今本閒伯夷之風者頑夫廉廉應貪對不應頑對論衡韓非子漢書所引皆作貪夫廉則兩漢時本是貪字

淮水先入江後入海淮口距江口僅五百里實爲江之下流世徒知毗陵爲江入海之口不知胸山以南餘姚以北皆江之委也禹貢沿於江海達於淮泗即淮注江之証注江若會江以注海與導水文不相悖孟子言本不誤錢竹

汀先生力主此說。今吾婁至通州者必渡海，而稱通州爲江北，通州人稱吾鄉爲江南，此婁江海口之爲江有明証也。

尚書今文之艱，與前人謂伏生以九十餘歲之人，追憶少時記誦，或有遺忘，齒豁口吃，兼以土音授異鄉之人，又令女子傳述，其中豈無訛謬，所以難讀之故，或在於此。而古文之易讀，前人未有能言之者。陔餘叢考謂即在史記儒林傳及安國書序中。儒林傳曰：孔壁有古文尚書，安國以今文讀之。安國曰：科斗書廢已久，時人無能知者，以所聞伏生之書考論文義，定其可知者爲隸古定，以竹簡寫之。是安國本不識古文，以伏生之今文對讀，以意揣而識其字既識古文則以今文所無者即以今文與古文相同之字讀之間有不識者略如鳩摩羅什及房融等譯經其義則原本其詞則有出於翻譯時之潤色者與諸書所引尚書文轉有參差不盡同符之處且所譯之二十五篇體製如出一手職是故也

通鑑宋康王為長夜之飲於室中室中呼萬歲則堂上之人應之堂下之人又應之至於國中無敢不呼者天下謂之桀宋齊伐之民散城不守王走死溫萬姓通譜宋王偃淫暴戴不勝謂薛居州曰陳善閉邪惟善士為能之子善士也獨不能善王哉居州曰君猶素也臣猶染也染於青則青染於黃則黃今白沙在泥將染而黑矣子其奈何哉

据此則王偃時。必有導之爲非者。
孔子作春秋。以書日書月及名稱爵號。字字皆寓褒貶者
固非。以爲但約史記之舊文以成書者亦非。呂大圭之論
曰。春秋一書。有春秋之達例。有聖人之特筆。因其事實而
吾無加損。此達例也。元年春正月。史之舊文。加王焉。是聖
人筆之也。吳楚之君不書葬。聖人削之也。晉侯召王而書
之曰狩。所以存天下之防。甯殖出其君而書曰衛侯出奔。
所以示人君之戒。不但曰仲子。而曰惠公仲子。不但曰成
風。而曰僖公成風。不曰陳黃。而曰陳侯之弟黃。不曰衛縶
而曰衛侯之兄縶。陽虎陪臣。書之曰盜。吳楚僭號。書之曰
子。糾不書齊。而小白書齊。突不書鄭。而忽書鄭。立晉而書

衛人。立王子朝而書尹氏。皆聖人之特筆。故曰其文則史。其義則其竊取之。考春秋之大義有三。一曰明分義。二曰正名實。三曰著幾微。每月書正以明正朔之所自出。王人雖微。必序於諸侯之上。所以嚴君臣。內齊而外楚。內晉而外吳。始書荊而後書楚。始書吳而後書子。所以別夷夏。書陳黃。衛縶。所以明兄弟之義。書晉申生許止。所以明父子之恩。曹羈鄭忽長幼之序也。成風仲子嫡庶之別也。此所謂明分義。傳稱隱為攝。而經書曰公。則非攝矣。傳稱許止不嘗藥。而經書曰弒。則非不嘗藥矣。卓之立未踰年而正其名曰君。則里克之罪不能逃。夷皐之弒。既歸罪於趙穿。而書之曰盾。則趙盾之情不能掩。齊無知陳佗踰年之君也而書之曰殺正討賊之名也皆所以正名實鄭伯使宛來歸祊而書之曰入入者內弗受之辭也天王狩于河陽壬申公朝于王所明因狩而後朝也公自京師遂會諸侯伐秦明因會伐而知京師也葵邱之會宰周公與焉已而書曰諸侯盟于葵邱明宰周公之不與盟也溴梁之會諸侯咸在而書曰戊寅大夫盟明大夫之自盟也皆所以著幾微知春秋之達例則安所用其穿鑿知聖人之特筆則知名義之大防若曰春秋但約魯史之文使其文簡事核而已則夫人能之何以爲春秋

閻百詩云古人文字簡讀者須善會君子之不教子謂不肖子也左傳叔向曰肸又無子謂無賢子不然當日食我

見存觀孟子直接勢不行也。原非謂周公之於伯禽孔子之於伯魚。

顔氏譜顓頊之後。曹姓。邾武公夷甫字顔。別封子友於郳。爲小邾子。遂以顔爲氏。其居魯者。有顔景生整。整生邱。邱生求。五世爲司寇。求生邑宰友。友生卿士無繇。無繇生回。回生般。般與王順同師子思。據此則般乃回之子。伯魚與顔淵同時。則兩家之子亦同時宜矣。古今人表般作敢。

高士傳亥唐。晉人也。高恪寡素。晉國憚之。平公與亥唐坐有間。亥唐出。叔向入。平公伸一足曰。吾向與亥子坐。腓痛足痺。不敢伸。叔向不悅。公曰。子欲富乎。吾祿子。子欲貴乎。吾爵子。亥先生乃無欲也。吾非正坐無以養之。子何爲不悦乎。觀此則亥唐之賢可知。
集注考証出公非父為不孝其臣諱之以禮律嫡孫當承重繼祖。不以父命違王父命。故以孝謚之以掩其非。
狼善顧。晉書司馬懿狼顧。能以其頭轉向背上後視。謂之反相。
通志氏族略。屋盧氏晉賢人。學於孟子。嘗著書言彭聃之法。有屋廬子。列子有長廬子。盧音廬。複姓。史記孟荀列傳亦有長盧子。
無有封而不告。余前以為宜從朱注。近閱閻百詩說。言無不者。甚多之辭。應從郝京山縣棺而封赴告同盟之說。因思諸侯不得專封。封衛封邢。雖有其事而不敢居其名是

時齊桓方假王命以號召諸侯不應於盟會之時公然顯言闢云三者俱屬交鄰之事其說近是

郝敬談跋外篇凡經傳言三五非必一二為三二三為五也三者再三之辭五者交互之名伊尹五就湯五就桀言往来交錯非定二三為五以易參伍以變錯綜其數参看此說甚有理鬼谷子伊尹五就湯五就桀然後合於湯鬼谷與孟子並時其言合符則五字當作實數解

論語夫子之牆數仞注七尺曰仞盖從鄭說孟子掘井章注八尺曰仞從孔安國說考周禮匠人為溝洫廣四尺深四尺謂之溝廣八尺深八尺謂之洫廣二尋深二仞謂之澮盖溝洫澮皆用加一倍之法尋八尺也仞亦八尺也度脩廣則計之以尋度高深則計之以仞是澮之廣深各一

丈六尺孔說是鄭說非。

范趙注王庶子所食封邑。猶靖郭君孟嘗君之於薛。故遠在七八百里之下。邑而為孟子所見。

被袗衣。朱子訓袗為畫。錢塘梁侍講云。古書袗訓單。又訓同色。皆無盛服之意。三國志、魏文帝紀注有云。舜承堯禪。被珍裘。妻二女。若固有之。此必用孟子之文。袗衣當是珍裘。養新録云。

墨子二三子復於子墨子曰。告子勝仁。子墨子曰。告子為仁。猶跂以為長。偃以為廣。不可久也。趙注告子名不害。或疑與浩生不害為一人。閻百詩謂浩生複姓。自是兩人。震澤邱二如言觀孟子之語。浩生者如此。詳悉浩生自非異端之告子善於虛處理會。告雍曹滕爲文之昭則告子乃文王之後。

上宮章朱子或問有以此章爲皆或人與館人問答之辭。亦或有此理可存一説。

四書補考二卷

清 鳳韶撰

清嘉慶刻本

叙

歲戊辰予以假沐餘閒主講院於武林春仲族從孫洽奉其師鳳君韶四子書補攷二卷來謁曰師粹三禮與學尤精儀禮

寢食於斯垂四十餘年手著各經說裒然成帙而此帙尤便舉子業及門醵金請刊行之乞一言弁首以為重予檢其書覺廟堂宸著門階户牖悉燦然

于目進退揖讓周旋裼
襲罔弗井其持論亦一
範於正而不陂非經明而行
脩未易辦此得其緒餘可
以鏖戰取勝識其巔末將
飲水者自知鹹味行見是書

序二

之不脛而行也又奚俟予言

同學弟琢堂石韞玉拜撰

序

四子書爲比戸弦誦析其理者

至程朱幾無餘蘊矣而名物度

數畧焉前明至今爲考訂之書

指不勝屈江陰鳳先生德隆疑

其未核也爲補攷二卷正訛辨

四書補考　序

謬洵足嘉惠後學益先生於三禮之學玩索幾十年一義之發求之全書有未融者精思累數月不厭既著書成帙矣而於他經均有撰述　士模　嘗侍先生談次發蒙啟秘爲邇來說經者所

未有其門人輩以此書尤切於
舉業故先刻之以爲嚆矢云士
模以先生之學而僅以著書自
見又不得竊其大全而所問世
者止於如此何足爲先生重然
先生方老且病目承其學者又

未有人使出其一二而海內通
經者得之因以求其所未盡則
其學庶幾不墜於後若僅以爲
舉業者勸襲之助則非　士模所
敢知也時嘉慶戊辰秋七月武
進吳士模謹序

敘

予嘗從事禮經得說二寸許而
遘心疾乃棄去以說禮爲戒者
凡十年歲庚申晤澄江鳳先生
韶通問數語外即及諸經論說
而尤精於儀禮自言攻之垂四

十年予守夙戒不敢深詰各罷去嗣於友人處得其所爲經說者讀之覺如意所欲出乃大詫叩請之先生亦稍稍出其藏槀示予每有辨難輒引靜處語移日不倦予嘗論治經有二病其

強記者多傍漢人門戸即遇梗
塞往往穿鑿附會不憚屈經以
伸其說而一二穎悟之士又鹵
莽自用務立異以輕訾前人古
謂說經經亡非過論也先生獨
平心氣而求之經每成一義必

比物連類滙諸經傳記所載旁
推而交通之謂之三隅對求法
故立義措語動如金湯使讀者
雖挾異議無可置喙予以是重
先生先生亦悵識予晚謂平生
心折莫若予也先生說最黢詞

亦最繁其弟子石君洽周君惠牧請先梓其四書補考二卷而屬予以删訂之役爰識數語簡端今先生年且老目以過用病不能久視乃使兒子誦經其旁已默聽之遇有所得輒口授以

書嗚呼亦可以見先生之所用

心矣

旹

嘉慶十三年歲次戊辰夏五月

旣望陽湖王巘序

四書補考目錄

卷上

論語

竈陘

祭畢

始作翕如也從之純如也皦如也繹如也

告朔之餼羊

邦君爲兩君之好

反坫

獻酬飲畢

子謂韶節

不患無位患所以立

山節藻梲

與之釜　與之庾
北牖下
子之燕居節
行束脩
十脡爲束
執鞭之士
史記三月上有學之二字
扣馬
揖巫馬期而進之
關雎之亂

三十升布

拜下

子路使門人爲臣

大葬

緼袍

朝與下大夫言節

揖所與立左右手

趨進

復命

入公門章

不茹葷

失飪　不時

肉雖多

酒無量

以醉爲節

沽酒市脯不食

祭肉不出三日

出三日不食之矣

古人飲食至飲食之人

鄉人飲酒節

不問馬

東首

祭肉

有盛饌必變色而作

如用之則吾從先進

宗廟之事如會同

端

富有

趙魏老

吾見其居於位

四書補考　目錄

輅者大車之名

至商而有輅之名

前後有旒

不以兵車

豈若匹夫匹婦之爲諒也自經於溝瀆

蹇足

師冕見節

古者瞽必有相

未見顏色而言謂之瞽

孔子不見

周有大賚二節

謹權量節

出納之吝

卷下

大學

畜馬乘

孟獻子魯之賢大夫

卿大夫以上

中庸

武王末受命 至 上祀先公以天子之禮

祭以士　祭以大夫
期以下諸侯絕大夫降
宗廟之禮所以序昭穆也
序爵
旅酬下爲上所以逮賤也
燕毛
踐其位
郊社
方策
旣稟

禮儀三百威儀三千

書同文

孟子

鄰國之民不加少寡人之民不加多何也

五畝之宅樹之以桑

象人

易檮

凶年饑歲

放舟隨水而下挽舟逆水而上

三鼎士祭禮五鼎大夫祭禮

廛無夫里之布節

宗國

恐其不能盡於大事

卽位

庠者養也校者教也序者射也

子力行之

野中國

圭田

决汝漢排淮泗而注之江

舜以不得禹皐陶爲已憂

不失其馳舍矢如破

牲殺

器皿

衣服

湯居亳與葛爲鄰

孔子懼節

小德役大德小賢役大賢

滄浪之水

舜生於諸馮節

溱洧

行辟人可也

朝廷

朝廷不歷位而相與言不踰階而相揖也

禹稷當平世三過其門而不入

父兄子弟

良人

卒讀之東郭墦閒讀之祭者乞其餘

其妻歸告其妾

父母使舜至女其于予治

女其于予治

殺三苗

二人比周

不及貢以政接于有庳

堯老而舜攝

百姓

瞽瞍非臣如何　而居堯之宮

百畝之糞

不挾兄弟而友

帝館甥於貳室

舜尚見帝節

四書補考目錄終

四書補考卷上

江陰鳳韶德隆甫著

論語

有事弟子服其勞有酒食先生饌　論孝專指子事父母何必及弟又何以曰先生前人謂弟子先生乃師弟名目艮然按檀弓事親事師皆曰服勤就養本文服勞饌酒食卽所云服勤就養也但事親主愛勤養時之色和婉事師主敬勤養時之色儼恪本文承色難爲言固謂事師之色不同於事親也子夏敬有餘而愛不足故云然下文是字指弟子勤養先生之色饌字見三禮而儀

禮尤多皆謂具飲食儀禮又有當陳設字解者揔無飲食之之解本文謂有酒食陳設于先生也十三字中有色字若饌解作飲食之則色字不見

輗軏　集注本包咸包咸又本說文說文大車轅端持衡曰輗包咸則易曰轅端横木是輗軏之訓非一成有据竊謂皆未盡然夫信者已與事接者也取象車行之用則必與牛馬接者也與牛馬接而車行者其輗軏大小車皆縛軶轅端横木小車横木考工記謂之衡長六尺六寸大車横木考工記謂之兩長六尺小車兩馬夾一曲轅横木左右兩軶大車兩直轅夾一牛横木中間一

軏、士喪禮記曰、楔貌如軏、上兩末、楔、楔齒之角柶敖氏曰、柶而云楔、因其楔齒而名之也、軏、縛大小車轅端橫木壓牛馬頸者、楔狀類之、楔齒時以兩末向上蓋軏形如矩、乂牛馬之頸、牛馬乃負軏而前、車行與牛馬接者在此經文取象當在此、不然而泛言車行也者、則非輪不行、非軸不行、非轅不行、何不取之、以三者車雖藉之以行、而不與牛馬接、故皆不取、則必取乂牛馬頸之軏、又何取乎隔軏之橫木、何取乎隔軏隔橫木之轅端哉、蓋輗軏者、大小車軏之別名、抑兀與尼聲相近、而兒聲之轉亦近尼與、左傳曰、射兩軥、軥即軏、以軏形中鉤也、衡以縛軏、軏在衡下、衡是衡、軏是軏、判然二物、第十五篇

倚衡集注曰衡軛也亦畧仍說文而未檢也

徹　儀禮少牢饋食禮大夫祭禮也牛羊豕三牲具曰太牢天子諸侯祭用之羊豕二牲曰少牢大夫祭用之天子諸侯之祭其始有祼禮又有薦腥禮然後饋熟大夫禮降自饋熟始故曰少牢饋食不曰饋熟而曰饋食饋熟則設粢盛也大夫祭有賓尸不賓尸二禮室中正祭畢則徹饌而改設于堂以賓禮事尸曰賓尸此于天子諸侯爲繹祭明日爲之大夫即日爲之亦降也不賓尸禮則加爵之屬皆爲之室中而已賓尸禮祭畢曰有司徹不賓尸禮祭畢曰有司官徹饋皆謂徹室中神饌其

物羊豕魚腊膚五俎黍稷四敦羊豕二鉶朝事二豆饋食二豆羊豕胾二氐豆醢二氐豆不賓尸則兼謂饋食四籩內羞二豆二籩庶羞四豆本文集注曰收其俎舉俎以該餘物耳其徹之人則司士司馬徹俎宰夫徹敦及豆籩司空徹几筵尊爵賓尸禮文不賓尸禮質上下大夫惟所用注疏以賓尸屬上大夫以不賓尸屬下大夫郝氏嘗辨其非而三家則必用賓尸禮禮器曰季氏祭子路與室事交乎戶堂事交乎階是也

揖讓而升下而飲　讓讓先也揖讓揖以致其讓也大射儀曰耦出次西面揖射必兩人並射以決勝負曰耦次

幄也在庭東南揖出次始發而讓也又曰當階北面揖西行當西階行有曲前進而讓也又曰及階揖北行及階將升而讓也此爲堂下三揖又曰上射先升下射升上射揖始發於階上而讓也又曰當物北面揖東行當物亦行有曲前進而讓也物在兩楹間或丹或墨而午畫之如十字然射耦各物立以射焉又曰及物揖北行及物將履物而讓也此爲堂上三揖又曰卒射北面揖始發于物而讓也又曰揖如升射謂物南階上階下階南及次升射揖處降皆如其揖也其義可以意求集注三揖後升舉堂下以該堂上射畢揖降舉堂上以該堂

下升飲西楹西之觶則惟有堂下三耦、　凡射必有獲者、射者中則舉旌唱獲也、田而矢中禽獸、戰而矢中俘囚、皆曰獲、故射禮中正鵠亦曰獲、大射之獲者服不氏與其徒爲之、又有釋獲者、每一耦射、則手執八算、射者中一矢、則釋一算于地、射畢以計勝負也、大射太史爲之、射有三番、初射惟三耦、三耦以卑少者爲之、如大射則以士、蓋未射前、司射誘射、以先之誘者、教導之意、故以三耦繼之、若習射儀者然、其射固命中、然獲而不釋獲、不勝者不飲、再射則凡與于射者皆射、然後釋獲而飲、三射亦然、　大射張皮侯而射、天子諸侯皆三侯、諸侯之禮、大射儀則曰、大侯參侯干侯、大侯卽周官熊侯參侯鵠氏謂卽周官豹侯、干侯卽周官豻侯皮侯亦以布爲之如熊侯則方制熊皮棲于侯中爲鵠、又以二全熊皮夾鵠兩旁、豹豻侯亦然、再射必貫鵠、大射儀曰、不貫不釋謂不貫鵠雖中不釋獲也、三射用樂、必合樂節、大射儀曰不鼓不釋、謂不應鼓節、雖貫不釋獲也、

飲

飲者、射之所爭也、爭中以飲不中者也詩云、發彼有的以祈爾爵、祈、求也、卽爭之意、朱子詩傳曰、衆耦拾發各心競云、我以此求爵汝也、射義曰、求中以辭爵、則謂爵已于爾爵不比附、蓋漢人欲自立說而借徑于詩與

詩論語不甚脈會也

衆耦　大射儀曰射人戒諸公卿大夫射司士戒士射戒告也告以當有事於射也諸公大國之孤大射爲將祭習儀故百官皆與大射耦法公與賓爲耦諸公卿相與爲耦有奇則以大夫備之大夫相與爲耦有奇則以士備之士相與爲耦士耦曰衆耦士獨多也大射儀旣比大夫之耦曰遂比衆耦又曰比衆耦如三耦是也初射惟三耦射再射三射亦皆三耦先射次則公與賓次則諸公卿大夫而衆耦之射在末故集注曰俟衆耦皆降集解以三耦當衆耦誤也又公席在阼階上將射由席

就物射畢由物就席、無升降禮、餘人升降者、皆自西階、集解于當階北面揖云阼階、夫阼階西階、古人有大辨、此亦誤、又射物在兩楹閒、大射儀亦有明文、集解云當序而立于物、爾雅曰東西墻謂之序、凡儀禮言當序者皆在階下、此亦誤也、或曰射耦升降、或阼或西、經無明文、何以知其爲西階也、曰罰爵設于西楹西、則升飲當自西階、經序升飲者曰揖如升射、如其出次西面揖當階北面揖及階揖也、是升射自西階之證、鄉射禮射者升堂就物、有鉤楹內由楹外之殊、注曰鉤楹繞楹而東、疏曰由楹外過而東行、注疏兩言東、此又升西階之證也。

與其媚於奧，寧媚於竈　竈有神，奧虛位。本文奧竈字對舉，以地言，非以神言也。下節集注以奧竈解無所禱所字，是本文奧竈二字即下文所字。

竈陘　孔疏曰：陘，竈邊承器之物，土爲之。愚按：爾雅兩山中絶曰陘，然則竈陘者，竈與承器之物中閒空地也。疏以承器之物當竈陘，非是。

祭畢　此祭畢祭字及上祭于其所祭字，與聘禮釋軷祭酒脯、士虞禮未迎尸前佐食祭黍稷之屬同，言人代神祭食也。古人飲食必祭，始爲飲食者，祀神亦倣生人禮代神祭之如祀竈設主竈陘奠俎簋醴時未有尸祝爲神祭黍稷三祭肺及心肝各一祭醴二祭畢更陳鼎俎設饌于奥迎尸而祀亦如特牲少牢兩饋食禮尸食酳尸再獻三獻行酬而禮畢本月令注疏

始作翕如也從之純如也皦如也繹如也　本文以鄉飲酒禮燕禮核之所云始作即升歌下管或笙及歌笙間也翕如者歌必鼓瑟天子八人諸侯六人鼓瑟而歌又必擊歌鐘歌磬以應之管亦非一器爾雅曰大管謂之簥其中者謂之篞小者謂之篎管時又必奏西方之縣以應之春官太師職曰下管播樂器令奏鼓朄商頌曰

嘒嘒管聲、既和且平、依我磬聲是也、笙凡四器、爾雅曰、大笙謂之巢、小者謂之和、鄉射記曰三笙一和而成聲、笙奏亦必擊鐘磬以應之、歌笙間亦然、凡此三節音必合一無參差、如升歌則歌與歌合、瑟與瑟合、鐘與鐘合、磬與磬合、歌與瑟與鐘與磬無不合也、笙管可推、其第四節爲合樂、則本文所云從之也、堂上瑟歌、堂下管笙編鐘編磬建鼓鎛鐘、一時交作、爲節較長、五聲八音清濁高下必純皦繹如焉、

告朔之餼羊　告作之、豈卿大夫用幣、王侯用牲、重者親告、輕者使人告、以曾子問文王侯告神、雖用牲不立尸、

不用祭禮用賓禮，諸侯不用大牲，故告朔止用特羊。春秋文六年經曰：閏月不告朔，猶朝于廟。朝廟見祖行奠禮也。正義因經文朝字，誤會爲春官司尊彝之朝享，遂謂祭宗廟，大謬。近人讀本文，錄正義而謂祭皇考以下。渠所云皇考，據祭法文，指曾祖也。告朔于太祖而祭曾祖以下，又不及高祖，訛之又訛如是。本文羊曰餼者，以米遺人曰餼。周官掌客有餼賓客禮，尊賓客，故盛其禮而加之以牢米。是生物，牛羊豕亦生致。行告朔禮，則羊人供羊而司馬刲之；不告朔，則羊不殺，如餼賓客之生陳者然。集注曰生牲，本鄭康成周官儀禮注。其實生牲非餼字正訓乃餼賓客之加禮有生牲也、　夫子仕魯、一年司空四年司寇而告朔未復者周官以入法治官府二曰官職以辨邦治夫子未領禮官告朔禮事非職所及閒居可以清議維之居官不可越職爲之

邦君爲兩君之好　爲好謂相朝朝所以爲好也集注好會會字即見字變文謂以好而相見春秋諸侯盟會皆私夫子舉周禮之正不及盟會也夾谷之會哀世權制而有兩君合好之文其情事與朝正同下文反坫是饗禮本句却只是朝禮因朝而饗故立文須從朝說起

反坫　坫甈甗爲之可以皮物者爾雅曰垝謂之坫注曰

在堂隅士冠禮曰爵弁皮弁緇布冠各一匴執以待于西坫南士虞禮曰苴實于篚饌于西坫上士喪禮設棜于東堂下南齊于坫東坫也大射儀曰太師及少師上工皆東坫之東南西面北上又兩言小射正以決拾笥奠于坫上亦東坫也此皆爾雅堂隅之坫一在東堂東南一在西堂西南明堂位曰反坫出尊崇坫康圭一庋爵一庋圭在楹閒內則曰士于坫一在房庋食物堂隅之坫天子至士皆有之行禮時庋器具上下得同也天子諸侯大夫庋食物皆以閣士則以坫閣以板爲之其形制高坫形制卑故坫庋食物惟士庋圭固不及于大

夫士、而鄉飲射皆大夫禮、主人獻賓、賓卒爵、以虛爵降洗升酢主人、主人卒爵奠于序端、序端平地、畢、坫則高于平地、此又天子諸侯大夫反坫有無之别也、　明堂位反坫爲天子廟飾、則邦君之反坫亦在廟、饗賓于廟燕于寢、則反坫專爲饗、講家連言燕者非、

獻酬飲畢　鄉飲鄉射燕大射、主人于賓皆有獻禮、賓于主人皆有酢禮、主人又酬賓、賓皆奠而不飲、至别舉觶而旅酬、旅酬而無算爵、乃飲、若主人酬酒、禮終亦不飲不盡人之歡也、若饗則所云、酒清人渴而不飲、肉乾人飢而不食、但有獻酢酬、而旅酬無算爵、皆不舉行、賓不飲主

人酬酒盃可知，則反坫之禮乃獻酢而反爵于坫上也

集注曰，獻酬飲畢，酬字當是酢字傳寫誤也。

子謂韶盡美矣又盡善也謂武盡美矣未盡善也　周官大司樂職曰，以樂舞教國子，舞雲門，大卷，大咸，大韶，大夏大濩，大武，以六律六同五聲八音六舞大合樂，又曰舞雲門以祀天神，舞咸池以祭地示，舞大韶以祀四望，舞大夏以祭山川，舞大濩以享先妣，舞大武以享先祖，春秋魯襄公二十九年，吳季子來聘，傳曰，見舞象箾南籥者，見舞大武者，見舞大濩者，見舞大夏者，見舞韶箾者，賓祭用樂止一代有爲乃徧及戴記亦曰舞勺舞象，而舞大武舞大

夏戴記并非一見，即夫子告顏淵亦曰韶舞，益奏一王之樂皆舞，而播樂器，歌樂章，以應舞節者也。如大武之舞六成，則大武之詩六章，見左傳。周頌武之篇，集傳曰，左傳以此篇爲大武之首章，大武周公象武王武功之舞，歌此詩以奏之。儀禮燕禮記曰：升歌鹿鳴，下管新宮，笙入三成，遂合鄉樂，若舞則勺。禮重則舞，輕則否，勺別是一王之樂，鄭康成以周頌酌篇當勺，字音偶同耳。據此，則舞皆在樂備之後，而舞前歌笙管間合，與所舞者無涉，故虞書九成謂舞，則歌笙間外，別揭簫韶目之。閻氏誤會文王世子下管象舞大武連文，遂謂舞大武時管象，謬甚。樂記孔子曰：樂者象成者也，謂王者功成作樂，舞以象之也。始而北出，再成而滅商云云，盛威于中國，周召分治云云，舞大武象武功成如畫如話則韶舞之九成可想本文謂韶謂武見舞大韶舞大武之象功者而謂之集注所云紹堯致治伐紂救民之象也其民一則光華復旦如暮春遲日晴和之下一則水火甫出如烈風迅雷雨霽之餘同此安居樂業之中而神思判別故樂舞以象之自有盡美又盡善盡美未盡善之分雖功由德立聞樂知德而謂韶謂武則但指舞之象功者言之程子以未盡善為所遇之時外注實為本義葢未盡善三字頗言重夫子生周之世論本朝之樂功係所遇之時曰未盡善惜之也武王仍無歉於聖人仍是尊王之意德由所性之定曰

未盡善斥之矣，武王則不足爲聖人，則屬譏上之辭，且
通神明光四海者孝，聖人之德盡於斯，夫子稱舜大孝
至孝稱武王達孝至孝，帝王以孝治天下，教以人倫，風
俗人心形現于樂，治象亦隨君德，有性反釆且性反，即
生安學利變文，孟子未嘗貶湯武之德，有未盡善也，夫
武德視舜即有差，何至云未盡善，就使未盡善，夫子必置不
言，故曰武未盡善，專謂舞象功也，後人不識未盡善之
旨，并謂夫子不滿於武王，故居嘗論贊少及，不知順人
應天見之易論語事殷至德武王十一年前亦然，故不
曰文而曰周，中庸十八九章何等揚厲，告哀公政文武並

舉生平又憲章文武如武王德未盡善則政法非本諸身何取而告君而憲章也、

不患無位患所以立　位朝廷之位以侯國言庭左西面近君卿位也中庭北面小卿位羣大夫位也庭右士位也小卿即曾子問之五官周官太宰之傅其伍王制之下大夫五人、具見燕禮大射儀、古者朝禮君臣皆立即以四子書言之曰束帶立于朝曰知柳下惠之賢而不與立曰願立于其朝曰不立于惡人之朝

山節藻梲　明堂位山節藻梲天子之廟飾也前人制義嬰嫗朐臆耳文仲立言人其所為必緣飾經術周書金

縢武王有疾周公告太王王季文王以身代死卜龜以徵曰今我卽命于元龜大誥曰大寶龜紹天明記曰抱龜南面天子北面以龜傳先王之命上帝之命也文仲故以天子廟飾居之然元公制禮周官龜室未有是也尊非所尊諂瀆極矣

與之釜與之庾　古量一升一手之盛也當今一合五勺二撮有奇一釜當今九升強脫粟五升弱是區區者不成其爲與亦不當與也攷工記曰豆實三而成觳庾實二觳二豆四升則一庾二斗四升當今三升六合強脫粟二升弱合之釜亦不過七升弱皆不成與講家謂釜

庾之與所以周旋冉子之請殆非也、聘禮記曰十斗曰斛十六斗曰籔注曰籔今文爲逾包咸注論語以逾庾音近遂以籔數當逾數曰十六斗其實庾實二觳攷工記有明文籔庾字異數異安得以逾音之近而強同之且始知古量則斗二升之簠簋四升之籩豆及四鬴上三鬴中二鬴下凡與六斗四升益乃十六斗亦不合情事經傳言量乃近情可通

北牖下　士喪禮記曰士處適寢寢東首于北墉下集注引禮本此而北墉則云北牖古者室制惟明堂一室四戶八牖則東西南北皆有牖若寢廟則自天子至士惟南有牖三面皆墉士虞禮祝啓牖鄉注以鄉爲北牖敖氏辨正之矣牖墉二字相類集注當亦由傳寫者誤與

喪大記亦載，十處適寢二句，亦曰北牖，鄭注曰，北牖

或爲北墉，陸氏釋文，舊音容，然則墉誤爲牖，斷然矣，

子之燕居申申如也天天如也　鄉黨篇約記居不容此

又指言其，不容者如是，容是禮容，夫子則濟濟是也，包

容色在內，與本文集注容色對舉者別，

行束脩　隱公元年穀梁傳曰，束脩之問不行竟中，與本

文行字同，謂行其禮也，束脩較之玉帛羔雁雉諸贄物

則爲至薄，行束脩所謂苟以禮來也，据士昏禮曲禮，脩

乃婦人之贄，据穀梁少儀，則丈夫問餽亦用之，周官秋

官問賓客亦用之，据本文則又爲學者見先生之贄，

十脡爲束　脡，鄉飲記作挺，注曰，挺，猶膱也，鄉射記聘記

士虞記皆曰臘鄉射記曰臘長尺二寸博厚未聞物十曰束故十脡爲束

執鞭之士　書曰鞭作官刑注曰鞭木末垂革曲禮曰執策立于馬前注曰策馬杖旣夕禮曰御以蒲菆集說曰吉時馬杖截竹爲之在喪則用蒲柳然則垂革之鞭以鞭人故字从革截竹之策以策馬故字从竹二者爲物殊其用亦異周官條狼氏掌執鞭以趨辟王出入則八人夾道其爵下士本文執鞭之士謂此若夏官太馭齊僕戎僕且以中下大夫爲之豈得槪曰士曰賤耶前篇策馬集注曰鞭本死字活用猶云笞也左傳雖鞭之長

不及馬腹此謂鞭之長不如策喻晉之弱救宋力不能及也至重耳所云執鞭則軍將以之教令者見左傳狩州來篇注

史記三月上有學之二字　舜大聖人子大聖人以子聞韶心相印神相契味之不厭儼乎若思茫乎若迷者歷時三月不知肉味端倪在子聞韶三字二句膠粘不解史記求說不得從而爲辭耳學必樂器舞器一一肄業及之此三月在齊于館請工請器教而學耶于學于廟請之教而學耶吾求學之之說于事而不得也且聞樂通事書曰聞常辭學樂僅事書曰學特筆不圖之歎由

學、學要矣重矣。盍曰子在齊聞韶而必贅言聞耶。吾求學之之說于文而不得也。夫子適齊、年未四十、小試乘田委吏、于曾未得聞韶、故書曰在齊聞韶。齊得有韶者、太公東州之伯、禮得賜備樂、後人附會到陳敬仲奔齊、抱其祖宗遺器、故齊有韶。夫庶公子觸皐駭奔逃死不暇、國之遺器有官守衛、由抱耶。

扣馬　聘禮曰、賓覿奉束錦、總乘馬二人贊。注曰、總、總八轡牽之。疏曰、二人贊、每一人居二馬間、二手扣二馬也。是牽扣異義、或訓扣為牽、非。

揖巫馬期而進之　古人之揖、微俯其身而平心推手向

前也玉藻曰進則揖之注曰身微俯鄉飲酒禮注曰推
手曰揖論語曰上如揖注曰手與心齊高不過揖是也
周官司儀職曰天揖同姓時揖異姓土揖庶姓時揖卽
平心推手天揖則稍高于心土揖則稍下于心惟天子
見諸侯則有是三等之揖此外則天子以下皆時揖也
然揖雖三等究無大異今以尻高首下俗所云打恭爲
揖謬矣古人所以揖者蓋有意欲致于人而爲之載籍
可推者或將進其人則揖以致意或將與人言則揖以
致意或與人偕行而讓先則揖以致意揖而進其人者
如司儀天子見諸侯之三等揖司士天子視朝之特揖

旅揖禮器諸侯視朝之特揖旅揖者是其經有明文可據者大射儀曰公立阼階東南南鄉小臣師詔揖諸公卿諸公卿西面北上揖大夫大夫皆少進燕禮曰君立阼階東南南鄉爾卿卿西面北上爾大夫大夫皆少進注曰爾近也變揖言爾揖使近也盖卿大夫入路門而右未得君揖皆庭南北面卿得揖則進而就君左西面之位大夫得揖則進而就中庭之位皆始遠而揖之乃近也聘禮使者受命其文曰使者入及衆介隨入北面東上君揖使者進之此尤顯據與人言則揖者論語揖所與立及孟子有就右師之位而與右師言者是讓行

而揖以致意者如射禮之升下飲是也又如賓入門主人與之三揖至階亦此類也又如賓主行禮主皆先入導賓而必有揖以先導之意致也至若左傳晉議遷新田公將入而揖楚子狩州來與子革言亦將入而揖皆以入之意致焉非加禮于人加敬于人也世俗打恭實禮敬人而以當揖寔其錯會古意也又本章乃孔子在陳司敗就孔子館而問者非孔子往司敗家也觀孔子退而巫馬期未退可見

關雎之亂　本文有三可疑亂是樂之終夫子何以畧其始樂之亂非一何以只舉關雎夫子自衛反魯年老不

仕、又何以得聞關雎之亂。按儀禮鄉飲酒禮、燕禮注、致仕之公卿大夫皆得與鄉飲及燕。而二禮之合樂皆以關雎合樂、卽所云亂。此夫子所以得聞關雎之亂、而獨舉之。又鄉飲酒及燕、其始有升歌、有笙奏、有一笙一歌之間、皆笙歌各自爲節。至合樂關雎、則歌笙並作、衆音並發、斯有洋洋之盛。此夫子所以專言亂。顧麟士據儀禮亦云然。王巳山任釣臺皆韙其說、而汪長洲獨以爲謬、歷引禮疏駁之。然據云云、乃論詩之尊卑、與本章論樂聲無涉。

三十升布　喪服斬衰章傳曰、冠六升、衰三升。注曰、布八十縷爲升、升當作登、成也、古者布之精粗有等差、三升、三升有半、斬衰布也、四升五升六升、齊衰布也、七升八升九升、大功衰布也、十升十一升十二升、小功衰布也、十五升抽其半、緦衰布也、朱子曰抽半一簆用一經、十五升爲吉布、緇衣元端中衣深衣之屬、皆十五升、冠加于首、倍以致精、故斬衰三升、而冠則六升、緇衣元端之屬十五升、而冠則三十升、　古者布幅二尺二寸、當今一尺二寸、廣尺二寸、經三十升、而二千四百縷、是細密之極也

拜下　禮君于其臣有燕饗食禮、皆以賓禮待之、行禮時、主拜阼階上、賓拜西階上、同堂分階、抗禮匹敵者之爲

也臣于君至濶絕不敢當君則以臣禮自處而拜于下大注曰臣與君行禮當拜于堂下謂此又曰君辭之乃升成拜者約燕禮及公食大夫禮文蓋君方賓其臣而臣乃不拜于上而拜于下則非賓之之意矣故辭其下拜而升拜臣拜畢而升則不拜君則命之拜拜上斯賓禮也于是又拜謂之成拜成賓禮以成君意也燕食如此饗亦然講家以拜下爲日常朝之禮誤矣王侯三朝皆無堂而相見于庭故經傳皆朝庭連文諸侯不朝曰不庭朝且無堂又何拜下之有故聘禮命使于治朝燕禮命賓于燕朝其拜命經有明文皆不言下

子路使門人爲臣　儀禮喪服卿大夫之臣爲卿大夫服斬衰杖葬前其貴臣與主人俱衰杖卽位禮爲最隆服傳曰室老士皆爲貴臣此大夫在位者之制若已去位則無祿無祿則無臣前時之臣則爲舊臣齊衰三月而已夫子時已去位門人如原思輩夫子司寇時曾爲夫子臣子路將使服斬衰以尊聖人也

大葬　集注君臣禮葬君字本儀禮喪服斬衰章經傳及喪大記古者遞相君臣自天子至士有臣者皆曰君也喪夫子之禮有臣則夫子君矣故曰君臣禮葬專爲葬者三日成服杖後朝夕哭朝夕奠朔月月半殷奠薦新

奠臣皆哀杖在門右位遷祖至壙臣皆哀杖從柩既葬虞祭則受服而退受承也以輕服承重服也臣義服斬衰三升有半冠六升既葬虞祭則冠受七升而衰受六升也

縕袍　玉藻曰纊爲繭縕爲袍纊即令絲綿縕所謂枲著著通作褚絮也衣著以纊者爲繭著以枲者爲袍袍繭二者儀禮謂之散衣燕居之服也制連衣裳對衣裳各殊之禮衣言故曰散衣古人之服近身有襦襗襦襗上夏葛冬裘春秋或繭或袍或褶其上又有中衣然後以禮衣表之禮衣則貴者如春官五冕服弁服如士冠禮爵弁服皮弁服元端服是也子路當有元端禮衣禮

衣內有中衣然後裏以隨時裘葛袍繭褶之服乃人已
冬裘而已既不能具中衣禮衣又不能裘而仍服春秋
之服又不能得纊之繭而爲緼之袍而緼袍又敝而際
會之所又適有相形之狐貉所以不耻之難 下文與
立是際會宏與者若無端偶値則翩翩遊冶中無慚敗
絮不必尚志之士也
朝與下大夫言侃侃如也與上大夫言誾誾如也 燕禮
曰卿大夫入門右北面東上士立于西方東面北上 卿即
上大夫大夫下大夫 燕于寢此門謂路門 又曰公立于阼階之東南南鄉爾
卿卿西面北上爾大夫大夫皆少進 爾揖之使近也進前也卿由北面進

轉而西面北上大夫但少進不改北面東上禮器曰諸
侯視朝大夫特士旅之大夫兼言卿特每人一揖也旅
上中下三等士總三揖也此
旅揖卿大夫不揖士燕禮殺　此諸侯燕朝朝儀朝位也
先儒謂治朝亦然惟公立阼階東南與揖羣臣爲異本
文與上下大夫言謂辨色入雉門右時時上下大夫皆
北面而俟君之出故得與言君在所謂日出視朝也聘
禮夕幣命使皆在治朝夕幣文曰君朝服出門左南鄉
出門左謂出路門而少東天子朝位路門外庭直路門
中諸侯少東所以避之也本文君在亦然于是時君則
特揖上大夫上大夫西面北上又特揖下大夫下大夫
皆少進又旅揖士君與羣臣爲禮畢則退適路寢聽政

周官司士職可見踧踖與與謂君出路門至入內朝揖所與立左右手　凡朝聘賓主行禮皆上擯一人詔相之聘食覲諸禮可見承紹諸擯惟朝賓交擯有事傳辭耳餘但旅進旅退以為儀詔相之事不及也本文趨進復命皆上擯事上擯而左右手者主君禮朝賓當親郊勞親致館既行朝禮親致饔餼饗食燕親還圭親致贈親郊送皆交擯傳辭具見司儀職朝饗食燕上擯門外東方西面承擯以下以次而南上擯揖與立之承擯固但有左其手其餘郊勞致館之屬皆就賓館主君門外東方北面上擯近君西面承擯以下以次而北上擯揖

與立之承擯則當右其手然則揖所與立三句兼郊勞至郊送諸禮趨進以下則專指朝饗食燕也夫子爲司空司寇卽大射儀所謂小卿小卿禮可攝上卿故下文夫子又爲大聘使巘按必兼說乃合記者文法否則嫌挂漏矣

趨進　聘禮公與賓升堂則擯者退中庭賓致命則擯者進相拜公受玉則擯者退負東塾享時擯者之進退同經不具見也旣聘享而公禮賓賓升筵則擯者退負東塾及公用束帛則擯者又進相幣公食大夫禮賓將食則擯者亦退負東塾及公侑賓則擯者又進相幣禮賓食賓兩退負東塾之上儀節非一當有退中庭之節經

亦不具見也、禮文所云擯者、皆謂上擯、蓋主賓行禮、介
位在門西西上擯位負東塾東上、始也上擯從主人至
阼階下相禮、賓主讓升後、後事爲時短、則退中庭、當相
禮則由中庭而進于阼階下相之、後事爲時長、則退負
東塾本位、當相禮、則由東塾而進于阼階下相之聘如
此、朝亦然、禮賓食賓如此、饗亦然、本文趨進、卽謂朝饗
食燕時或由中庭而趨進于阼階下、或由東塾而趨進
于阼階下也、集註此一節、記孔子爲君擯相之容、揖所
與立三句擯也、趨進二句相也、復命擯相之餘事也、
復命　周官司儀諸公相爲賓將幣及出車送三請三進、

再拜賓三還三辭告辟車送賓出大門主人送賓以車從若將遠送也請請賓就車主人每一請則車之從一進主人三請三進賓亦三還三辭至三辭則并告辟知主人將拜不欲見其拜也敘主人之拜于賓三辭之上便文其實拜于三辭告辟後也是時請與辭皆擯介往來傳詞出自賓口則曰辟逃自擯口則曰不顧體宜然也三辭及告辟皆賓之命上擯以君三請之命致于賓又以賓三辭及告辟之命復于君是爲復命告辟所以有復者古者行禮兩人不同拜必一人拜訖而後一人答拜方其一人拜則其一人少退肅立以致敬或先拜或答拜其受拜者皆如是所謂顧也此一部儀禮拜例也本文主君拜送賓若賓非辟而答拜則主君拜畢而起

當郄立以敬賓之答復曰不顧則主君不必然矣故集注曰紓君敬也他爲擯者以拜送則賓例不顧不贅耳而夫子不然故鄉黨篇特記之近人乃臆斷本章爲聘禮引聘禮賓不顧注疏謂是君命上擯送賓出而復於君之辭遂据爲本文復命二字大把柄不知聘禮注疏乃據論語而漫衍之實非經義聘禮曰及大門內賓出公再拜送賓不顧賓不顧三字其爲元公敘禮之詞其爲擯詞瞭然易辨者也且古人禮不三皆一賓一主爲之送賓乃主禮之大節目而使相禮者代乎注疏見賓不顧三字論語儀禮同文附會其說而忘禮不三之義

也且迎送朝賓皆於大門外迎送聘賓皆於大門內禮之差也聘禮曰公迎賓於大門內至聘畢而及大門內于此拜送賓其禮已畢又何命上擯送賓出之有 朝賓敵也故其去也知主人有拜而告辟擯由是有復命禮聘賓卑矣不敢必主人有拜故徑去無告於此愈知本章之爲朝而斷斷非聘近人臆斷本章爲聘者夫子爲魯司空司寇春秋於此五六年中未嘗書鄰國來朝也然獨不曰春秋常事不書乎朝賓交擯聘賓旅賓本章揖所與立無可解則曰春秋世衰諸侯大夫多僭禮故聘亦交擯而夫子亦從時小聘不享明載禮經下執圭

是記夫子大聘享文不知司空司寇在禮謂之小卿下卿禮得攝上卿亦謂春秋時聘禮小聘亦專遣聖門諸聖人之禮乃記其與時具僭之禮耶獻按此章江氏以朝禮加聘賓以承擯攝上相之說向嘗不安於心而未得其解自先生之論出始無間然安得不服其讀書心細

入公門一章　古者天子諸侯皆有三朝曰外朝曰治朝曰燕朝天子外朝在庫門外見周官朝士注諸侯亦然見儀禮聘禮疏、朱子儀禮釋宮、語類門屏之間周官所云外朝也移以儀禮釋宮則語類乃未定之論外朝聚萬民而詢國遷國危立君八議疑獄亦大詢國遷國危立君事既罕諸侯不專殺在八議者當上於王蓋有終身不御外朝者矣天子治朝在路門

四書補考　卷上　三三

外見周官宰夫司士注諸侯亦然見聘禮注疏玉藻曰視朝于內朝即謂治朝對庫門外之外朝言則治朝爲內文王世子其在外朝亦謂治朝對燕朝最居內則治朝又爲外天子燕朝在路門內見周官司士注諸侯亦然見儀禮燕禮燕朝乃路寢前庭見周官大僕職注司士文王世子又目燕朝爲內朝此亦非常朝不章過位乃治朝之位是但見之治朝而外朝燕朝皆所不及也舊說以過位爲外朝升堂爲治朝其所以誤者有三一誤於周官小司寇注曰外朝在雉門之外也夫雉門之外乃庫門之內庫門內爲外朝則過位爲外朝矣然而

小司寇注異于朝士葢不足據禮記奔喪過國哭避市朝國語曰富商韋藩木楗過朝皆謂外朝朝士掌外朝執鞭辟行人外朝不常御平時即衆人往來孔道若在庫門內天子諸侯之居自庫門瞭以周垣左宗廟右社稷亦各周垣庫門內左右垣立閤門通廟社不與外通豈有車馬行人過之故禮記父母雖遇諸市朝不反兵而鬭亦謂外朝亦外朝在庫門外平時孔道之徵庫門內非門兵之所也一誤于入門過位爲一時事汪氏所以有治朝日視入朝豈反過之之疑也不知夫子入雉門而右君日出視朝朝儀踧踖與與已見前文此故從

晷朝畢而君退適路寢夫子亦退在官羣臣朝畢有復逆于路寢之裏見周官小臣御僕夫子之過位者入路門升路寢堂而復逆于君也所謂路寢聽政者聽此是過位升堂事相接入門過位事有隔非入門即過位也文王世子曰公族朝于內朝太僕職注曰燕朝圖宗人嘉事過位爲治朝升堂似將屬燕朝汪氏据太僕注文王世子所以又有孔子非魯公族何爲朝于燕朝之疑也此疑尤一誤其三誤焉燕禮同異姓皆朝于燕朝惟圖宗人嘉事如冠昏則與異姓無涉而朝不與文王世子太僕注未分別言之耳而据之竟謂燕朝專爲公族

設一誤也、復逆在朝於治朝之後、升路寢堂復逆非行朝禮、而以朝燕朝與本章升堂爲難、二誤也、燕禮朝於內朝、其文曰、公降立於阼階東南、南鄉爾卿、卿西面北上、爾大夫、大夫皆少進、阼階東南、即路門內、即路寢庭、公降堂而行朝禮于此、故太僕職注曰、燕朝、朝于路寢庭、然則路寢庭爲朝、路寢堂非朝、朝燕朝不在路寢堂、在路寢庭、古者天子諸侯三朝、皆無堂、故三代載籍無朝堂連文、皆朝庭連文、本章曰升堂、儀禮朝燕、朝曰公降立阼階東南、升降事相反、堂庭地各殊、而以堂爲朝、以升堂爲朝燕朝、三誤也、天子視燕朝位兩階間、爾雅曰、兩階閒謂之鄉、義獨取乎天子居中南面鄉明也。諸侯避天子、則阼階東南天子視治朝、據司士揖門左右則位在路門外庭、逆直門中諸侯避天子、則在路門外庭之東、聘禮曰、君朝服出門左是也、上文曰寢門、則過寢門即路門、位之位、在路門左、考工記匠人曰、外有九室、九卿朝焉注曰、外路門外室、治朝旁舍、若今諸曹治事處、愚謂曲禮玉藻皆有在官之文、在此玉藻又有使人視大夫之文、視諸此、何屺瞻據匠人注以證本章所復之位、核甚、但沿升堂爲治朝之誤、而謂復堂下之位耳、　愚嘗衍本章之說曰、我夫子在朝之容、蹴踖如與與如、既得擬諸形容矣、此正朝時容也、其正朝之先、辨色而入正朝之後、復逆進退、又有可形容者焉、公門高五雉容六等車、廣三筭、容三个徹者也、夫子敬之至、以藐躬入焉而鞠如、不敢不跼不敢不蹐、擬以不容、而適如之、鄉晨至止或早、未入而俟同僚、則于門有立、君出入左扉中、夫子之立或近闑東或近棖西、若當尊而中門、則不然也、行而入門有閾也、夫子左趾所履右步所履、恪謹踰之履亦不然、此皆正朝前入門之容、庫門雉門皆然者也由是入雉門而右、君日出而位路門左視朝、夫子正朝之容、弗贅、君視朝禮畢則退適路寢堂聽政焉、君左西面北上、中庭少進北面東上、卿大夫得揖之朝位治朝旁有室、卿大夫朝畢于此各分位列治官事之位、夫子或復逆于君、必違其位、進而至路寢者也、于是自其位而歷庭、過君視朝之位焉、君在堂而位虛矣、夫子敬無敢慢請通于僕臣而有言、其色其足則如召使擯之勃如躩如、言非不足者、而不敢肆則似之、僕臣詔入、夫子入路門其容視庫雉亦弗贅、夫入門右不升堂、爲禮于寢庭、朝燕朝禮也、夫子正朝禮已行于治朝、復逆在燕見之例則升堂而燕見之升無方階則夫子之升東階西階、蓋不可定、夫庭平者也、階崇者也、中采齊于庭、于此則緩步而足必聚焉手張拱于庭于此則下垂而齊有攝焉自下而上躬尤必鞠則氣鬱而息或粗不可即矣夫子近至尊而氣容至肅人無不息者而屏而似之君前陳辭其色勃足躩言似不足亦可知矣復逆畢而君有命當在官肆之則退而出路門復其位焉顧升堂容降亦有容也升堂近至尊氣屏而色勃降一等則漸遠而怡怡如屏者舒則勃者逞而和徵於顏也堂上不趨庭無不趨没階則庭矣由是歷庭北庭中庭南出門復位如前之進而趨不惰慢于退也其趨張拱端好而翼如又一如擯相之趨進然其位既復所尊弥遠矣顧

君威方接正不違顏夫子亦猶正朝之踧踖如不敢隕越也事畢終朝退食自位則出公門視之不言可知夫子正朝之後其敬可擬諸形容如此統正朝及前後觀之聖人事君盡禮盛德之至動容而中槩不言可見矣

屏宁　論語曰樹塞門爾雅曰屏謂之樹樹之言立屏之言蔽其爲蔽也可立可撤故曰屏亦曰樹郊特牲曰旅樹旅庭實旅百之旅陳設也旅樹陳設屏也明堂位曰疏屏屏可刻雕則木爲之今之屏風其遺制歟士之帷大夫之薄亦蔽內外人君用木大夫用竹士用布亦畧見等差郭注爾雅屏樹曰小牆當門中漢魏人皆以論

語之蕭牆爲屏、許叔重亦有屏牆之說、故爾雅注本之然而蕭牆非屏之謂、謂蕭苫之周垣也、古人作室屋外皆周以垣、禮記曰棘牆、戰國策曰苫楚以廧之、則又有楚牆、楚棘皆叢生蕭科生、皆可蘘牆、蕭墻豈屏歟、至于設屏之地、則皆在寢廟門內者也、帷薄之外不趨、鄭注曰進于帷薄、尊者在堂則趨以爲敬、夫寢門在寢堂之前、則帷薄之設在寢門之內、蓋古者門左右塾有牆隔內外、門直中堂、啓則遙見焉、不欲外見堂上、不欲堂上見外、故寢廟門內、王侯大夫士皆有物蔽之、夫屏以塞門、爲堂而設、則于門之內、審爲事之宜鄭注旅樹曰旅道也、道屏禁往來以道訓旅雖本爾雅然與蔽內外之義離矣且惟明堂四面九階南向者有中階寢廟堂皆東西兩階入寢廟門近內霤賓主分東西行何往來之禁乎寢門內霤之屏則大戴禮武王踐阼篇師尙父進丹書于王其文曰師尙父奉書入負屏而立王下堂南面而立是也此負屏在屏北廟門內霤之屏儀禮覲禮曰出自屏南適門西是也自荀子說覲禮曰天子外屏禮緯以諸侯內屏對之屏以王侯分門內外矣自曲禮曰天子當宁而立朝諸侯郭注爾雅門屏閒宁本之曰人君視朝所立處矣不知夏官司士王視治朝有王還揖門左右之交則王視朝所立處在路門外庭遂直門中聘禮有君朝服出門左之交則諸侯視朝

所立處在路門外庭之東門屏間宁與朝位全無涉古宁著通蓋有禮事而立此以待之通名衛詩曰佇立離騷曰延佇宁傍加人爲久立之意則宁爲久立之地也大戴諸侯釁廟禮宗人請命其文曰君立路門內南向宗人復命其文曰君立路門中南向此禮事立於宁以待之一徵也國語述衛武公位宁有官師之典古文位皆作立位宁立於宁也韋氏引爾雅中庭左右曰位注此大謬惜乎古籍不盡存諸侯他禮事及有賓客事待于廟宁者王侯皆無徵朱子儀禮釋宮曰門之內兩塾之間謂之宁不繫屏言者爾雅專釋王侯之宁朱子通釋王侯大夫士也

朱子以內兩塾間爲宁則王侯寢廟皆內屏然必辨明覲禮非外屏大夫士內兩塾間亦得稱宁立此待事同也聘禮曰賓問卿至于廟門卿揖先入注曰省內事也旣而俟于宁朱子儀禮釋宮自注引此以證大夫士廟宁楚茨詩祭于祊集傳亦曰博求之門內待賓客之處而王侯可推大夫士寢門內兩塾間亦稱宁見之經者齊詩俟我于著是也若夫大夫士在朝中庭左右之位亦曰著國語曰大夫士日恪位著以儆其官韋注門屏間曰著大謬左傳叔孫昭子曰若不廢君命則固有著叔向曰朝有著定注曰著位次亦取立而待事之義又與內兩塾間者無涉

復其位　位謂治朝旁官舍中治事之位据鄭康成外九室之注正何屺瞻在堂下之誤核之司士王入內朝皆退玉藻君適路寢聽政使人視大夫大夫退然後適小寢而知其然也然羣臣在朝朝位在庭旁又有位而位二官舍而曰位則有未安嘗據魯語孟文子位政之建證之苦未軒豁又無經傳可証則統儀禮全經所云位者思之大約古人有禮事貴賤尊卑集處布列各有其位而位必適事空無常所有一禮而位屢易者喪祭諸禮可見其與本文復位義類適合者則大射儀大射儀卿大夫初入見君與朝治朝者位正同將射則張帷

于庭東南曰次正與朝臣有官舍同卿大夫將射立次中正與朝臣將治事則就官舍同禮經先書卿大夫適次及升射畢而退于次則書曰反位正與朝臣復逆畢而退于官舍曰復位同也退就次曰反位者次中卿在大夫之北大夫在士之北尊卑各有位也退就官舍曰復位者如孔子爲司空小卿則司空正卿佐司空正卿之司寇小卿司空屬之散大夫皆同一署尊卑分位不可知要皆各有其位者成十七年傳曰三郤將謀于榭注曰榭講武堂長魚矯以戈殺駒伯苦成叔于其位注曰位坐處不論何地集處則各有位此亦約畧可徵蓋庭有位同僚

見君之位也、官舍中有位、同事治事之位也、然則孟文子曰位、又曰署曰宅曰次者、尊卑分位于官舍中治事、故曰位、政之建位其大名、署以舍之題識言、宅以舍之屋室言、次以舍之暫時居止言、抑論語又曰、不在其位、不謀其政、謀、謀議也、此亦官舍中位也、如太宰在九室治官之位、吏有小宰中大夫二人宰夫下大夫四人、同在其位、此則可謀治官之政、若在教官禮官之屬之位、不任其事、則不謀也、位字若不實指所在、則兩其字辟戾難通、謀字亦不順、夫謀議則非一人也、天子九卿九室孔子小卿而官舍、有位、則知如太宰之室、小宰之屬同有位、孔子位在司空正卿官舍中、巘按官舍而曰位予嘗以無証

難之先生苦思兼旬始成此條其於三隅對求之法可云精而又精者矣

執圭　朝天子圭與繅皆九寸問諸侯繅八寸聘記文也繅以藉玉帛爲之元表纁裹大聘曰聘使卿小聘曰問使大夫對文聘問異散文則通九寸八寸皆言其長九寸圭瑞玉也問諸侯但言繅八寸以繅見玉春官典瑞之瑑圭也瑑圭殺于瑞玉一寸臣執以聘下于君此皆據上公言侯伯則瑞玉長七寸而瑑圭長六寸魯侯爵本文執圭乃六寸之瑑圭集注注曰命圭瑑圭瑞玉皆受封時本天子命而頒之典瑞者也春秋楚越椒來聘亦曰瑞節以瑑玉先君受之天子者也故越椒執玉傲

惠伯曰傲其先君、

享禮　秋官小行人六幣圭以馬注曰二王之後用以享天子者也、公侯伯朝聘之享用璧琮、子男用琥璜、皆無用圭者、本文集注曰、用圭璧璧琮之誤文與、享所用圭璧槩謂方圓之玉、與五瑞圭璧不同、聘禮享畢圭君以醴禮賓然後私覿其禮公親授几、親進醴、用束帛、庭實乘馬、賓主多儀、賓聘禮一大節目、秋官大行人禮朝賓以鬯、此禮聘賓以醴、本文享禮禮字、當是禮賓、且以立文言之、曰享、已體要而又曰禮、如常解朝禮聘禮之禮、則禮字似贅

有容色　聘記曰、及享發氣焉盈容、衆介北面蹌焉、敖氏曰聘

時氣屏、享時氣舒、又且盈容、于享乃本文容字、本聘記
云衆介蹌焉、見聘時亦與賓俱變也

之文、而又多一色字、二字極難分曉、竊謂古人禮容有
常、曲禮所云天子穆穆諸侯皇皇大夫濟濟士蹌蹌是
也、士冠禮曰、賓左執冠右執項進容、乃祝注曰、容翔而
前蹌焉也、士冠禮之賓、士之僚友也、亦士、故注以蹌焉
釋容、再加冠後、于冠者又曰、素積素韠、容出房南面、蓋
古者穆穆皇皇之屬、人人習知、槩言容、知其行禮之人
即知其容之所指、故古文有此等使字法、然則聘記及
本文所謂容、其謂濟濟與、吕與叔曰、濟濟、整飭齊一也
此大夫禮容之常、其色當在舒斂之間、本文言容又言

色對上戰色而言意葢謂非復向者戰色之歛而不舒而有濟濟少舒之色也　聘記之文葢于賓言容以見其濟濟于衆介言跪以著其容

袒裼襲　古人遇禮事資筋力者則袒著其竭力從事以明敬也袒左而偏見意也襲則附身章身之常而已鄉射禮大射儀兩篇明言袒或即襲見袒凡數十義無難見士喪禮十言袒事畢則襲檀弓曰袒括髮變也變即下文所云去飾謂小歛訖易素冠而括髮也鄭康成据檀弓所云變注士喪禮之袒既非經義又十袒止注其五絕不可曉儀禮單言袒皆肉袒鄉射記曰大夫袒纁襦

大射儀曰公袒朱襦大夫與士射公與大夫射經記于公大夫之袒皆著襦以別尊餘人皆肉袒可知矣夫襦衣近膚裼衣次禮衣袒襦有差于肉袒袒裼則視袒襦又有差聘禮曰裼蒙大射儀袒襦之文省袒字鄭注曰袒裼是也雖然喪禮射禮或肉袒或袒襦皆筋力之事聘賓享而袒裼此何義乎曰享以將厚意而束帛璧琮乘皮乘馬是以物爲獻也以物爲獻其束帛庭實皆當合併奉持則亦不敢仍附身章身之常而袒裼以明敬事私覿禮曰賓覿奉束錦摠乘馬二人贊上介奉幣儷皮二人贊馬曰贊有繼而賓摠牽之也上介之皮則否

矣經亦曰贄以著其若親執焉而享可知矣雖聘賓代君行享敵禮不必兼執庭實然亦必裼以示意主君亦裼稱賓意也賄一束紡而已賓大夫亦裼以物爲禮物有多寡而敬事之意則同然則袒裼者崇敬禮事之儀故內則曰不有敬事不敢袒裼袒裼而非有禮事當敬爲之則又爲無禮故孟子亦云浼焉解去左畔禮衣扱于前襟之右而露左肩臂之裼衣近褻敬事則當爾爾無事則必整齊嚴肅爲禮也聘禮注曰凡袒裼者左士喪禮曰左袒扱于面之右肉袒扱衣如是袒裼亦然曲禮勞毋袒亦與不敢袒裼之意同謂非敬事之勞也夫去左禮衣露裼衣爲袒裼並不涉裼衣

肉之褻聘之有裼，四時皆然，玉藻裼繫裘言，而專屬冬，又以裼字當袒字，故有見美盡飾之說，雖與聘禮同言裼，實則千里月也，故其所陳，不惟不合聘禮，他經傳亦多齟齬，肉袒袒裼事相類，檀弓以襲袒爲去飾，雖非經義，猶近似，玉藻則以裼爲盡飾，相類而相反矣，子臣之于君父一也，玉藻君在則裼，與內則反矣，亦與孟子反矣，或曰据儀禮則肉袒袒襦袒裼，差等分明，何以爾雅釋訓曰，袒裼肉袒也，曰爾雅釋袒裼之下，即繼之曰暴虎徒搏，是後人釋鄭詩太叔于田袒裼暴虎，而竄入之不根之說，非周公爾雅原文，夫袒裼爲肉袒，將以肉釋裼乎。且述古家裼字歧說，非直此也。小雅斯干詩衣之裼，與衣之裳對。男子衣以禮衣之裳，女子衣以褻衣之裼，具見有差。毛傳則又以褓釋裼焉。不知護小兒必用褓，男女同之。裼豈褓之謂哉。士喪禮記曰：縓緶裼緇純。今本儀禮記文裼字皆作緆，而注文作裼，則康成注禮所据之本非緆可知。此五字記裼衣之飾也。緶同素紕之紕，謂以縓緶裼衣之下，而以緇純其領袂。康成則又以飾裳下釋裼焉。康成既臆解士喪記之裼，戴記深衣曰純袂緣純邊，康成遂以裼釋緣，謬之謬也。凡衣裳冠帶之飾，曰純，曰緣，曰紕，紕亦作緶，亦作辟，玉藻終辟、辟垂是也。紕言邊側下畔，純緣言衣領袂裳邊側下畔。深衣緣字非衍即誤，既言純，不當復言緣也。而康成以裼釋之，据士喪記注曰：裳飾在下曰裼深衣袂緣並列、亦將曰衣飾在袖曰袂乎夫載藉凡言裼皆禮衣內之衣也毛詩傳釋以褅、鄭禮注釋以飾、一字而爲說紛紜如是、豈有一是哉、或曰、古者衣服之名、禮衣具詳士冠禮春官司服其褻衣之名、親膚者禮曰襦、詩曰澤、他如繭衣袍衣絅衣褶衣、詩禮左傳亦散見焉、浴後明衣、亦兩見儀禮、一見論語、裼衣二字、經無明文、何也、曰裼衣見經非一、有掩之者也、兩見于士喪禮矣、喪襲兩言褖衣、褖音彖、斯干詩之裼音替、褖裼形相似、聲相近、而裼誤爲褖也、經文作褖、記文作裼、此其顯据、又一見于雜記焉、曰子羔之襲也、繭衣裳與稅衣纁袡爲一、稅有退音、見檀弓亦見服問稅裼叉聲相近而裼誤爲稅也何以知其然也衣稱之制禮衣殊衣裳衣裳具爲一稱襲衣連衣裳袍繭皆複襦裼皆單單複具爲一稱喪襲之制王侯不用褻衣大夫士則有褻衣一稱裼衣次禮衣居常表袍繭而爲褻衣之首子羔襲褻衣具表繭衣爲稱非裼誤爲稅而何士喪禮襲三稱三弁服衣裳具稱而外當用裼衣表繭衣爲稱如子羔益可知矣注疏不辨裼誤爲祿乃以周官內司服王后六服之祿衣當之夫一入爲縓三入爲纁淺深不同而相類故子羔裼衣當縓緆而誤用婦人之纁衲曾子譏其襲婦服譏纁衲非譏

禓衣也由士喪禮注疏之說毋乃併譏元公之禮歟雖然注疏不疑褖字有誤者蓋有故矣雜記夫人之復褖衣與子羔之襲禓衣同誤爲稅衣夫人之稅衣實屬褖衣則子羔之稅衣亦屬褖衣而士喪喪禮禓衣又誤爲褖衣則褖衣一成不足疑婦服之嫌亦有所不顧焉而記文縓紳禓純緇亦由是不知所云遂創爲不經之說也　喪禮雜記三言禓衣而形聲有誤再誤于注疏而禓衣之名掩矣抑以禓褖形聲推之則斯干詩之禓讀替乃其本音非叶上地下議韻也而載籍單言禓連袒言皆當讀替音不知何以斯干之外皆讀昔音而獨留

一替音於詩也猶幸而有詩之讀耳不然裼褖之說亦無由測識之士喪記裼字雖亦相傳讀替音而注說汩乞幾不足据抑玉藻郊特牲皆有中衣聘禮賈疏以中衣當裼衣最乞裼衣次禮衣固當即屬中衣不然中衣之盛繡黼領丹朱純而居襦外袍繭內乎抑居裼衣內乎聘禮公皮弁迎賓鄭注曰此時賓主皆裼以下經云賓襲執圭而別言之非謂賓本裼至執圭乃襲公本裼至受玉乃襲也經必著上介不襲執圭者上介從賓者也從者職勤執事勤者束帶有收擁之儀故行聘之初輒裼以見聽役使之意歟學友王巘曰不襲即裼字變

文于上介首言之與射禮諸人先言祖同先言祖則射者本皆襲上介執圭云不襲則賓執圭公受玉云襲仍其常也愚又謂聘禮迎賓若果主賓皆裼則上介始終無襲時而執圭言不襲贅矣

黃衣　禮記郊特牲曰黃衣黃冠而祭息田夫也鄭康成注曰既蜡臘先祖五祀也論語云黃衣狐裘黃冠草服臘所以息民講論語家以黃衣狐裘爲臘祭之服者本諸此然臘爲秦俗周制無之詳蜡臘辨若邢叔明論語黃衣疏謂是夫子與蜡之服亦泥于康成之引論語也不知兩經黃衣判然各別論語記聖人裘上裼衣郊特

牲卽蜡時禮衣不可牽附且春官司服服有九六冕自袞冕以下達乎諸侯卿大夫三弁達乎士若論語黃衣爲有爵者蜡服吉服九者不又十耶然則蜡禮何以有黃衣也曰此田夫與祭之服也古者禮事君臣同服士無冕服用冕服之禮士則有異非冕服則從同皮弁素服蜡時王侯主祭卿大夫士助祭之服而蜡以報嗇農夫亦與祭飲福所以勞之故曰息田夫玉藻又曰饗野人就飲蜡福之事而言謂之饗就飲蜡福之意而言謂之息庶人不得服有爵者之服則仍其草服而黃冠故曰野夫黃冠又曰黃冠草服古者衣冠同色黃冠則黃

衣黄衣從黄冠而得也夫論語黄衣專取衣稱裘郊特牲黄衣專在衣從冠然則有爵者禮服無黄衣叔明論語疏但有不信康成之臘之得而康成注郊特牲之失不但臘也

蜡臘　蜡臘分合臘爲周制爲秦俗言各殊矣春官大宗伯職曰以疈辜祭百物著蜡之用牲法也祭之用牲或豚解爲七或體解爲二十一疈辜則神多而磔牲肉臠祭也百物相成百物之神即所云老物籥章職曰國祭蜡則龡豳頌擊土鼓著蜡之聲樂也地官鼓人職曰祭祀百物之神鼓兵舞帗舞者著蜡之樂舞也而蜡之神則詳于禮記郊特牲曰大蜡八神之數也曰先嗇曰

司嗇、曰百種、曰農、曰郵表畷、曰禽獸、曰坊、曰水庸、神之别也、曰息田夫、與爵章、息老物、一就神言、一就民言、皆蜡之義也、老久也、神久相物而物成、獻酒食以息之、息田夫謂飲蜡福、玉藻所云饗野人也、鄉飲酒禮、明日息司正、司正飲酒畤、主酒政獨勞、明日飲以酒而勞之、謂之息、此息老物息田夫兩息字義也、雜記一日之澤、即謂勞田夫以福酒而息之、亦蜡之義也、禮運曰、仲尼與于蜡賓、事畢、出遊於觀之上、觀在雉門旁、蜡之地可約略見焉、此蜡之條理、周官禮記章章者、秦月令曰、孟冬祈來年于天宗、大割祠于公社及門閭、臘先祖五祀、鄭康成注曰、此周禮所謂蜡、又曰臘以田獵所得禽祭也、或言祈、或言大割、或言臘、互文意、又以爲天宗以下皆臘是臘即蜡蜡即臘八蜡之外又有九蜡而蜡臘合會子固議禮于宋遂謂蜡别名臘矣然而康成注郊特牲黄衣黄冠曰此既蜡而臘則康成自合蜡臘于月令又自分于郊特牲矣孔頴達疏月令曰天宗公社門閭是蜡先祖五祀是臘則又分康成月令蜡之三合于郊特牲又分康成月令蜡之六孫爲臘矣蔡邕獨斷曰夏曰清祀殷曰嘉平周曰蜡秦曰臘是蜡周制也臘秦俗也孔頴達月令疏援左傳虞不臘駁之是臘亦周制矣紛紜繚戾胡能有定哉愚嘗反覆郊特牲文窮溯秦人誕妄紬繹蜡義則以爲臘實秦俗也周制

但有蜡夫蜡專以報嗇爲義所祭八神皆非歲時常祀火神有先炊馬祖有先牧皆始爲其事者先嗇亦神農時奉神農教始爲稼穡事者水潦盛昌有持農功之神即苗所以長之神也司嗇當屬此舊以先嗇爲神農以司嗇爲后稷非也神農后稷有常祀不在索饗之列其有功于百昌不可不報故索而饗之所云仁至義盡也不然嗇事豈有先于社哉而八蜡不列之者秋已報之不復瀆也秦人事事蔑古見周蜡不及大神以爲是區區者何足爲禮遂并天地祖宗凡歲時常祀一一再舉更名曰臘多見其瀆初無當于報嗇之義也且月令所云大割即春官所云疈辜神多繇祭此周先王祭羣小祀之禮而施諸天宗公社先祖之中祀大祀不褻極

采割之義非殺康成以大割爲大殺、謬也、且忘春官疈辜之文、史遷封禪書、秦襄公作西畤祠上帝、文公夢蛇作鄜畤、又獲石爲寶祠、妖妄乃秦俗之素、十二諸侯年表曰、秦德公二年初作伏祠社磔狗邑四門、此與割祠公社門閭正同、而臘又與伏對、當是一時俱作、本紀稱秦惠王初臘、或中間有廢者而惠王初復之、史遷網羅散失、隨時隨記耳、然則左傳虞不臘謂何、曰左傳于漢世最晚出、漢仍秦臘、或好事者增竄以見臘爲周制歟、莽歆嘗增竄周官文抑虞乃仲雍曾孫周章弟仲之後、自吳來、俗畏鬼、平王東遷後秦併周西都、虞近秦、或秦德公即制臘、虞襲秦俗歟、二者未可臆

斷朱子曰秦始有臘祭而左氏謂虞不臘矣是秦人文字分明

吉月朝服　士冠禮曰主人元冠朝服敖氏曰元冠黑繒委貌也朝服十五升之緇布衣而素繒裳也皮弁素衣素裳天子與其臣之朝服元冠緇衣素裳諸侯與其臣之朝服本文朝服謂元冠緇衣素裳邢疏因上文之吉月據玉藻之諸侯皮弁聽朔遂以王朝朝服之皮弁服當本文朝服似不必然魯不告朔百年于此告朔既廢必無復襲其服之禮舉朝君臣皆元冠緇衣夫子獨皮弁殊乖情事又一部儀禮經文記文言朝服非一皆謂

元冠緇衣未有指王朝皮弁服者卽禮記凡言朝服亦然鄉黨篇亦三言朝服獨文本朝服指皮弁服則經傳立文之例亂矣

羔裘元冠不以弔　服記曰朋友麻朱子曰麻謂絰五服皆有之朋友麻言爲朋友弔服加麻也敖氏曰天子弔服三弔三公六卿錫衰十五升抽其半有事其布無事其縷也弔諸侯緦衰十五升抽其半有事其縷無事其布也弔大夫士疑衰十五升抽其半布縷兩有事也皆弁絰有事謂治之治布灰之治縷使細弁絰皮弁而麻絰諸侯弔服二爲卿大夫錫衰爲士疑衰亦皆弁絰天子諸侯無朋友此皆用於

臣下之禮、大夫弔大夫錫衰、弔士疑衰、皆素冠、十五升布爲冠素繒紕之士弔大夫弔士皆疑衰、亦素冠、羔裘元冠、素裳即朝服、元裳即元端服、皆吉服、故不以弔、

不茹葷　士相見禮曰、夜侍坐、問夜、膳葷、請退可也、注曰、葷辛物、葱韰之屬、食之止卧、韰爾雅釋草云鴻薈、注曰、似韭之菜、然則韰所以止卧、辛臭觸人也、酒能動人之氣、葷能穢人之氣、氣動而穢、志不能清明如一矣、故齋者不飲不茹、

失飪不時　上文色惡臭惡集注曰、未敗而色臭變、是專指肉言也、下文又曰割不正、醬不得、肉雖多、則自肉敗

至不使勝食氣皆言肉文字方得其類聘禮設飧兩言飪一牢歸饔又兩言飪一牢皆謂牛羊豕肉熟者也又曰賜饔唯羹飪筮一尸爾雅曰肉謂之羹羹飪筮尸以祭卽謂饔飪宷士虞禮又曰羹飪升左肩臂臑云云是飪之訓熟專謂肉也鄉飲公食大夫少牢饋食皆有羹定之文注曰定猶熟也疏曰肉熟則定止集注生熟之節定則熟未定則生也時如天官獸人冬獻狼夏獻麋秋獻鹿豕又如庖人春行羔豚秋行犢麛盖物之稟氣有陰有陽有衰有旺食順時氣則有助於人不時者反是

肉雖多　內則曰、大夫燕食、有脯無膾、有膾無脯、聖人飲食有節、肉安得多、此蓋謂禮食、如公食大夫、及大夫相食也、公食大夫禮、設庶羞之文曰、膷以東、臐膮牛炙、炙南醢、以西、牛胾、醢、牛鮨、鮨南、羊炙、以東、羊胾、醢、豕炙、炙南醢、以西、豕胾、芥醬、魚膾、牛曰膷、羊曰臐、豕曰膮、皆肉致香美之名、炙、炙肉、胾、切肉、鮨、作膾、內則、大夫相食、羞物亦然、牛有膷有炙有胾有鮨、羊豕有臐膮炙胾、三牲備而肉物殊、所謂多也、或以醓醢折俎當之、不的、下文曰、不使勝食氣、是食之而但有制也、食禮俎豆賓之食者、惟庶羞、醓醢、但祭而不食、折俎亦但嚌而不食、蓋醓醢至鹹不可食、折俎乃骨體齒決

手擘，皆不可，故或祭，或祭嚌，但爲禮而不食，既不食矣，何食氣勝不勝之有

時。

酒無量　謂鄉飲、鄉射、燕及大射及助祭于公之無算爵

以醉爲節　蔡覺軒悉醉字無本，舉既醉詩及賓筵詩所云醉者以證之，固極核，其實醉字禮有明文，燕禮、大射儀脱屨升坐之後，司正皆以君命命賓大夫曰：君曰無不醉。賓及卿大夫皆興，對曰：敢不醉。司正，糾禮儀者。

沽酒市脯不食　六字仍接無量說酒，緣脯是佐酒之具，故及之。本章記飲食魚肉，皆不指名物，可知此章首獨

舉膾與食對，精細一類，又食禮則有膾也。中間又獨舉脯與酒對，沽市一類，又飲禮必有脯也。一部儀禮，神人飲酒小大禮三十餘條，神之大禮，如少牢之酳尸；小禮如鄉射大射之祭侯。人之大禮如燕禮，小禮如聘禮之飲餞，莫不有脯。冠禮之醴冠者及賓，昏禮之醴婦及使者，聘禮之醴賓，皆屬飲禮，亦皆有脯。而周官天官膳夫職曰，王之稍事設薦脯。注曰，稍事，有小事而飲酒。外饔職曰，師役共其薦脯。注曰，獻酌長帥。秋官司盟職曰，共祈酒脯。注曰，祈，祈盟神。三百篇詠歌燕飲非一，伐木、賓筵、既醉、韓奕、閟宮諸詩，皆言籩，則脯在其中，而明指者，則鳧鷖詩曰，爾殽伊脯。據儀

禮、生人飲禮、非饗則皆一豆一籩、而籩卽屬脯、古人酒脯相將如是、

祭肉不出三日　一牲體解凡二十一、解脊爲三、曰正脊、脡脊、橫脊、由前順數向後也、解兩胉各三、曰短脅、正脅、代脅、由後逆數向前也、正脅亦曰長脅、解兩肱各三、曰肩、臂、臑、由上順數向下也、解兩股各三、曰胳、肫、髀、由下逆數向上也、胳亦作骼、肫亦作膞、肱六股六脅六脊三共二十一、股肱曰體、四肢也、脊脅曰骨、骨尤齒齒可數也、股肱亦曰骨、盛俎肉帶骨也、脊脅亦曰體、牲之身也股肱貴于脊、脅肱貴于股、肱又上貴于下、股則下貴于

一比股肱又皆右貴于左脊貴前脅貴中特牲少牢兩饋食禮神俎皆用右肩臂臑胳肫五體右髀不用迺竅賤以為祝俎主人俎宜用左肩神俎始右肩左肩嫌敵尊避之用左臂少牢主婦俎用左臑特牲主婦避內不用右觳主婦得用右觳觳賤地賤又折胳之餘不成體也少牢特牲賓長皆用左胳外此則皆折分餘體骨等殺用之蓋凡制祭俎神俎最尊皆用右體之五而三脊三脅則或脩或否或一骨或二骨主人主婦賓長之俎皆用左體之一長兄弟衆賓長弟長及宗人之俎用左體之一而折分之而脊脅或各有其二各有其一其餘執

事助祭者，特牲禮既盡，或但有脊若脅而已，祭畢，神俎之肉別盛以俎，曰肵俎，有司以歸尸，助祭執事者之俎，自徹以歸，異姓助祭之尊者曰賓長，優之，有司徹歸之，皆在祭畢而退時，亦詳特牲少牢兩禮，孔子于魯爲賓長膰肉不至，不脫冕而行，冕，祭服也，此祭畢而退歸賓長俎之證也，本文祭肉，若夫子爲大夫時，少牢賓尸，不賓尸，則皆羊豕左臂各一，羊豕脊脅各二，又皆羊豕左臑一，羊脊脅一，夫子未爲大夫特牲之祭，則豕左臂一，正脊二，骨者二，橫脊一，骨者二，長脅二，骨者二，短脅一，骨者二，此外特牲少牢又各有辟神俎，不用爲諸俎之左肩焉惟少牢賓尸則以羊左肩爲輔尸禮之脩俎特牲則又有辟內子不用之左臑焉此外若少牢不賓尸則神俎盛所俎歸尸外所遺則又有三脊三脅各一骨焉特牲所遺又有正脊長脅各一骨及右臑焉記曰升首于室王侯祭禮也大夫士不升虞祔膚各取左膉祝俎用脰吉祭不用則少牢及特牲又各有首及脰焉祭肉三日始無餘者古者既祭有致膳禮祭時神分惠主人主婦俎肉也用上牲左肩臂臑太牢之祭牛爲上如夫子大夫而祭以少牢則羊爲上士而祭以特牲卽用豕詳見少儀據周官都家宗人祭僕膳夫則致于君左傳

申生歸胙于公，亦其例。據檀弓則亦致于師，據論語則又致于友，其禮甚尊敬，不下及。畢天子至尊，同異姓諸侯有殊勳者則亦有之，傳曰賜齊侯胙是也。少儀曰膳，以善味獻神，此肉神所分也。周官都家宗人之屬皆曰福，此肉神所惠也。左傳曰胙，此肉主人俎，特牲禮主人俎曰胙俎，周官膳夫職曰徹胙俎，胙胙通也。祭時主人俎但有左臂，而與左肩臑槩得稱胙者，主人雖避敵尊而用左臂，實則等殺牲肉，左肩本主人俎物也，左臑主婦俎肉，主婦統于主人，故與左肩臂同稱胙也。上文祭于公之肉，乃牛左胳。孟子云膰肉，宋于周爲賓長，傳亦日天子有事膰焉、春官以脤膰之禮親兄弟之國以其外藩故尊異之、而特歸俎如賓長蓋助祭所得之肉曰膰、不助祭而饋賜之肉曰胙、賓長之膰肉上牲左胉、胙肉則上牲左肩臂臑、禮事不同、肉物不同、集注曰助祭于公所得胙肉、當由傳寫之誤、致膳在祭明日、神人不可同日有事也、尊卑不可同日有事、故首膉之屬于又明日盡頒于家焉、本文所云三日祭明日爲二日、又明日則爲三日、此古人數日法、見儀禮尚書、

出三日不食之矣　集注過三日則肉必敗、似有未安、蓋春秋兩祭肉或敗于數日之間、然亦不以三日之明日

爲斷王侯夏頒氷卿以下祭肉故亦得至三日、不然二日已敗三日無不敗不待過之若冬則又五七日不敗也、然則出三日不食何也、夫祭肉有神所詒之惠、如胙俎之肉尸俎所釋之肉。有神不用而餘、如卿以下不升之首肉吉祭不用之脤肉惠餘由神食之皆當敬謹不宿以神人尊卑不可同日有事故祭肉明日而致胙於君子、又明日乃盡頒于家雖至三日猶是敬謹不宿之心也、而出之者方其三日不以神之惠餘爲意忽慢而出之也、旣出非必委棄其肉而敬謹于三日者已不復存、卽食亦非食祭肉、是不食云爾

古人飲食至之人　公食大夫禮、菹醢祭于豆間、祭黍稷

不著其所注亦謂豆間以少牢禮尸祭黍稷于豆祭決之也祭三牲肺注亦謂于豆祭祭稻粱于醬湆間醬醢醬湆太羹湆皆盛以豆庶羞之祭敖氏謂亦于醬湆間注謂膷臐亦豆盛之也大抵祭食皆于豆間故集注曰豆間之地

鄉人飲酒杖者出斯出矣　儀禮講家謂鄉酒禮有四鄉大夫與賢而飲一也州長習射而飲二也黨正既蜡而飲三也其四則論語鄉人飲酒禮記講家亦謂有四與賢以下三者同其四則謂鄉大夫飲國中賢者而論語鄉人飲酒又在四者之外據講家總不在周官儀禮

禮飲之科也禮器曾子曰周禮其猶醵與合錢飲酒曰醵謂周旋酬六尸均平偏酌如合錢飲酒者然後人据此遂以伏臘聚飲詁論語鄉人飲酒非也王据明堂禮殷人祀時政之書曰季秋乃命國醵殷道方盛醵由上命其衰則爲姦惡者遂私醵焉故康誥有羣飲執歸周之文周公制禮拜删醵而不用論語鄉人又何伏臘聚飲之有况乎伏臘乃秦俗并周制也然則此飲何屬乎曰黨正飲酒也周人鄉飲禮止有三鄉大夫職曰以禮禮賓之注曰以禮用鄉飲酒禮而州長黨正承鄉大夫職兩言以禮此外無聞也興賢之飲尚德德行道藝優

者爲賓其次爲介又次爲衆賓習射之飲尚功賓介則以年序然筋力之事無老人矍相之射有耆耋旄期之云乃來觀禮者也惟黨正飲酒經言正齒位則以年最老九十若八十者爲賓其次爲介又次爲衆賓如鄉人飲酒義六十三豆云云注曰爲民三時務農將闕于禮黨正于務閒教之尊長養老見孝弟之道也論語所記其義正與此合從來講三禮皆不以論語鄉人飲酒屬黨正之飲者由鄭注雜記以蜡飲黨飲爲一禮而蜡飲之人皆若狂孔子不以爲非則情事與論語有不類也不知黨正之飲行于蜡月非飲蜡祭之餘鄭注賈疏固

胥約言之而經文可覆按也州長職經曰春秋以禮會民而射于州序黨正職經曰國索鬼神而祭祀則以禮屬民而飲酒于序以正齒位索鬼神而祭祀謂蜡國索七字與春秋二字一例春秋目州長飲射之時國索鬼神而祭祀目黨正飲酒之月州長飲射是一禮索鬼神祭曰國則黨無蜡禮故閒胥但舉春秋祭祀鄭注祭祀亦但云州社禜族酺而不言蜡也其必以蜡目黨飲酒之月者蜡則民息矣宏教以尊長養老康成所云務閒教孝弟也郊文儺亦十二月事想因此類記之

黨飲酒在蜡月既蜡之後孔疏月令亦云蜡飲乃飲蜡之神餘所以勞

農息民故曰一日之澤黨飲則以尊長養老兩禮迪不同乃雜記子貢觀蜡康成以若狂者屬黨飲之人孔疏亦云初飲則正齒位飲末則醉無不如狂不知古人何以自相矛盾至是

不問馬　竟不問馬非矯拂即殘忍本文不問不合併問而一句人馬皆問也不牽連問而一句問人甫畢即一句遥問馬也朱子以未暇貼不字最精融

東首　首鄭讀去聲則向也東向頭西足東　玉藻曰君子寢恒東首鄭注曰東首首生氣也此寢于北墉下之義也君視臣疾遷于南牖下則東首之義當兼敬君見一制義曰受生氣而

賓以承尊慎所向也融會經義精核之極玉藻曰凡侍于君聽向任左君南面視疾于南牖下牀前臣寢東首正合聽鄉任左之禮此承尊慎向之義所本也又凡主賓相見之禮一舉動必兩相向而不背如上西階先左足上東階先右足之類是也況君臨其臣臣在君前敢不面向君而少背乎病者遷南牖下牀在戶西君入戶西折則臨其臣矣方入戶而臣即面君惟東首爲然若西首君必一跬步始得面也不敬甚矣承尊慎向此又其所本也

祭肉　特牲及少牢不賓尸牲左肩皆不用爲俎左臂皆

主人俎。太牢之祭亦然。特牲主婦俎不用左臑。亦不他用。少牢以羊左臑爲主婦俎。則太牢之祭。主婦俎亦牛左臑。故少儀饋祭肉之文曰。太牢則牛左肩臂臑。折九个。少牢則以羊左肩七个。特豕則以豕左肩五个。折分也。折九个以肩臂臑分爲九段而饋也。羊豕不言臂臑折。文畧。太牢但饋牛。少牢但饋羊。重上牲不備也。本文祭肉爲夫子之友則饋爲羊左肩七个。及豕左肩五个。太牢以祭者。于夫子不得目爲友也。

有盛饌必變色而作　此燕食也。往來際會。即席而坐。當食時主人具食。盛饌至前。故變色而作。若禮食見公食大夫篇末大夫相食未食前主人有戒速禮將食主人迎賓揖讓升堂設饌時賓主西階上設饌畢然後就席則無饌至而作之禮　殺牲具食爲盛饌必簠簋俎豆鉶湆羞酒漿皆備其設大約如曲禮左殽右胾云云

如用之則吾從先進　用伊川謂用于時集注損過就中亦謂損時之過以就中也前人張江陵程文則謂用之治己用之治人近日王己山謂聖人專就自身當下指點然如所云必刪去經文如用之則四字方文從字順不如遵先儒之爲當

宗廟之事如會同　傳曰國之大事在祀與戎故戎事祀

事皆曰有事於某，如有事于文武，有事于顓臾。宗廟吉禮有六，祠禴嘗烝禘祫，以宗廟之事括之，曰事，不兼他禮也。賓禮亦有六，朝覲宗遇會同。會同其大者，舉大以該其餘，故曰如。据儀禮覲禮篇末則會同於壇，据周官大行人則四時常朝於廟。講家于本文會同，必牽合上文而謂亦宗廟之事，誤於賈疏既朝于廟復覲于壇之說耳。不知將覲于壇，必不先朝于廟，執玉重禮，再則褻也。且如朝于廟，則玉已受，王饗食燕，既畢，諸侯將歸，乃頒玉，方其未頒于壇，又執何玉以覲乎？

端　端，正也。古者布幅廣二尺二寸，禮衣長二尺二寸，元

端衣身四幅廣長方正如一故曰端端衣則元裳緇帶與

富有　士大夫之有其所以始少富由于祿位而本章眉眼尤在公子字儀禮喪服傳曰公子之重視大夫故春秋諸侯殺大夫公子必書公子有仕者有不仕者非公子而仕者以馬而言士畜兩所謂始有也初試爲大夫則畜乘所謂少有也進而實任大夫則如陳文子十乘卿亦上大夫則十七乘如子産所云富有也所子産顛沛所得不知定制何如姑舉似焉他物稱是禮運曰諸侯有國以處其子孫故公子視大夫不仕卽有祿邑亦可富有若仕則富有不

由始少可知衛荆公子仕者也使即富有原非不循序乃同乎非公子而仕者始少富一準乎爵等夫仕者非公子始少富之序不得不循則循不足稱仕者公子則不循此衛荆所以獨有循序之美而爲居室之善者也

所有謂車馬服器政事禮事所待用先王之制如是者其等則載籍不可盡見如左傳季武子以饗具飲公鉏家不徹歸而公鉏富饗具不過几筵尊爵鼎俎籩豆之屬而能富人此不可曉然則富有盡美之一斑

趙魏老　老服傳所云室老也服傳公卿大夫皆有室老士皆爲貴臣其餘皆衆臣注曰室老家相也高于私家

不食于公與羣吏府史不同、然則老固家臣中之尊異者、曰老、亦曰相、蓋所以替謀猷、彼主政之宰、主禮之宗人視此則已降矣、故集曰家臣之長、又曰家老望尊無官守、

吾見其居于位　鄉飲射禮燕禮大射義公食大夫禮賓位皆戶牖閒南面、此堂上最尊之位也、次則西階上東面之位、次則繼戶牖閒以西之位、次則繼西階上以北之位、賓東之位亦尊、其位西上、不與賓之東上者相統、主在阼階上阼階之西北面之位、于主位爲左、更尊于賓東、其次則主位以北之位、皆見飲燕諸禮、此堂上之

位也士虞禮特牲少牢兩饋食禮神位皆在室西南隅之奥東面此室中最尊之位也次則戶內西面與奥相當之位次則北墉下之西南面之位次則戶西牖東北面之位次則奥以北之位次則戶內西面以北之位次則北墉西以東之位亦各見饋食諸禮此上室中之位也以上禮事之位若尋常燕飲食及講說之位曲禮所云東向西向南方爲上南向北向西方爲上是也總之位不一位童子未成人而隅坐于以上所云位皆無與則隅坐非位非位則無位本文語意蓋云堂上室中行禮燕集雖尊卑殊位然成人有位童子無位而是童子

則吾見其居于位也指清成人有位童子無位以本文折合則於字自有着落如句中硬添成人字非經意

輅者大車之名　輅周官作路以其名車故左傍又从車爾雅釋詁曰路大也惟君車稱路以君所乘而大其名如君之馬曰路馬門曰路門寢曰路寢皆大其名也故曰輅者大車之名玉路又曰大路祀天所乘故又別金象革木四路而特大之

至商而有輅之名　明堂位曰鸞車有虞氏之路也鉤車夏后氏之路也輅名始于商虞夏君車亦但曰車別以鸞鉤而已不名路也後人作記據殷周比擬之詞故曰

有虞氏之路夏后氏之路

前後有旒　古冠服之飾皆有義耳欲其不妄聽故充耳以瑱目欲其不妄視故蔽目以旒旒既取蔽明之義則但宜前有故家語孔子告子張曰前旒以蔽明大戴禮亦云然集注前後有旒本鄭康成禮記注也而鄭則本之叔孫通冕制文其文云玉垂于延之前後謂之邃延實誤解玉藻之文故東方朔不取之而仍古說曰前旒以蔽明後人承誤則并爲後旒釋義曰戒慎所不覩焉溫公史論亦曰前旒以蔽明而朱子綱目採之

不以兵車　本文若就諸侯未合而糾使合言則宋魯鄭

不服皆見伐矣若就糾已合而爲會時言則衣裳兵車不同矣皆與本文不符下文仁字亦不得力竊謂不以兵車乃東夏諸侯既合不相侵伐也春秋桓霸之編取威定伯及伯討外諸侯但有胥敗郳莒鄭侵宋許四役則管仲息兵禍三四十年視隱桓之世東夏諸侯兵連禍結毒民者天淵之隔矣仁者之利澤莫大乎息兵禍故再言如其仁

豈若匹夫匹婦之爲諒也自經於溝瀆　匹夫匹婦爲諒自經此管仲不死子糾之案斷也諒小信也君臣大義也糾殺仲死聖人以爲匹夫匹婦之殉小信者何也侯

國有簒弑之亂，定亂必由天子命大司馬，否則方伯奉天子命定之。被弑之君無適，而立庶亦必方伯大司馬擇賢，見于天子立之。齊無知作逆，殺無知者則自齊人，糾援魯人爭立，小白援莒人爭立，皆誣上行私，毀裂王綱，不可聞于天子。鮑叔、管仲、召忽，糾、小白私結死黨，睥睨國釁，爭國者也。事成則亦與其黨靦然爲君臣，人亦不得不從而謂之君臣；黨其未成，不過爭富貴死黨私心，固謂苟富貴無相忘，方圖爲他日之君臣耳。然則糾見殺而其黨死也，不過對付一私相結之死，糾豈天子之所與？此何大義，謂非匹夫婦之殉小信哉？管仲可必子路責仁于管仲不死，夫子但稱其功而不死不足深論已在言下，子貢又責之，故稱其功而斷結之。子貢之意不死相桓並責，巘按此節，異說最多，提出天子二字，獨得春秋遺意

羣居　此羣居非謂泛常多人聚會也，學友曰羣，學記曰敬業樂羣，檀弓孔子之喪，二三子皆經而出，羣居則經出則否，子夏曰，吾離羣而索居，

師冕見一節　鄉飲射禮相工者皆相之升堂即席而降，燕與大射雖公尊在阼，其相工亦然，先王無不即情之禮也，本文師冕見夫子，陳新安謂冕之來未必無相，說固游移，時文家遂謂入門後無相，大謬，瞽無相一步不

可行也。且無相，則階席之告，何待夫子而然？子張又何庸問哉？此失毫差千里者。　所以不敢謂相冕升堂即席者，蓋以有相則夫子之告似多事，似作僞耳。其實此時設以父母之心對之，則雖有相者告自不容已。聖人滿腔子惻隱之心，有觸斯應，而矜不成人之至誠，尤子此見乍儒論學，故貴義理盪滌其心胸也。

古者瞽必有相　冕自有相，曰固相師之道，固字當下指點，現成分明。集注古者二字，朱子據周官儀禮對後人解經云爾，不在夫子口中。前輩薛方山文倘悞。

未見顏色而言謂之瞽　士相見禮曰：凡與大人言，始視

面注曰察其可言否也大人謂有位者而有德者可知然則侍于君子將言固有視面之禮顏色不可言而言豈非瞽

孔子不見　孔子不見四字是貨欲見而意中籌度如此孟子曰惡無禮即此四字變文畏巳無禮而孔子不見也集注畏人以巳爲無禮人字當是孔子字觽按謂貨意中籌度則得若竟當作惡無禮便要添出實字非先生平日解經之法

孔子時其亡　時即孟子所云瞯故邪疏曰伺虎不在家漢人王制有山川沮澤時四時之交上時字正是用此時字當訓候伺候意同晉世僞尚書周官篇曰時地利

勦襲王制文字而塗改者也、蔡傳曰順天時以與地利非僞作者之意、 若無孟子孔子不見四字無由知在貨意中亦無由知饋豚先瞯亡、

吾豈匏瓜也哉焉能繫而不食 衛詩曰、匏有苦葉、濟有深涉、小雅曰、甘瓠纍之、匏瓠一物、而味有甘苦之殊、甘者可食苦者特可佩以渡水而已、故國語叔向亦曰、苦匏不材、於人共濟而已、韋昭注曰、不材不食也、哀十三年左傳曰、佩玉繠兮、余無所繫之、繫繫以佩也、然則本經語意蓋謂吾不若匏瓜但可佩而不爲人食也、 匏瓠二字對文則異散文則通、朱子曰、匏瓠也、蓋以散文

解之、猶之修與脯亦微異、朱子亦以散文解之、曰脩脯也、

孺悲欲見孔子一節　曰欲見、則初見之辭、士相見禮疏云、孺悲欲見孔子、不由介紹、孔子辭以疾、疏所云、介紹卽士相見禮、某子以命命某見、亦卽少儀所云、階主畢見尊、則又不用、故少儀曰、不得階主、當日孺悲之于孔子、尊卑敵體不可知、據將命者出戶三句、孺悲蓋不用擯介往復傳辭者、與相見禮、賓有介、主人有擯、擯卽所云將命者、是賓至主人之門、介傳賓命、擯傳主人命、賓兩請見主人、兩辭不敢當見、見賓三請、主人又兩辭贄

賓再請主人方許見出迎賓入行相見禮于庭賓出主人請見賓反見然後爲禮于堂禮家謂曲禮凡與客入者至先左足乃相見之儀最允禮天子五門曰皋應庫雉路諸侯三門曰庫雉路大夫士二門曰外門曰寢門外門亦曰大門寢門内斯有堂中堂之北有室室東南有戸擯介通辭皆在外門外當日孺悲不用介自寢于擯即隨擯入至堂下也不然戸在中堂之北堂之下寢門之内有庭易所謂戸庭寢門之外外門之内又有庭易所謂門庭庭之深不可知士喪禮兩階下至寢門序立之人不下數十寢門外至外門亦然兩庭既深又隔

兩門牆室中瑟聲歌聲外門外安得聞之況乎將命者出戶即瑟歌若恐其不及聞者乎此孺悲徑入至堂下之徵也夫賓主相見必有擯介往復傳辭重見亦以尊主人也若不由擯介往復則無禮所謂得罪也記恤由之喪哀公使孺悲學士喪禮于孔子士喪禮于是乎書則孺悲必改過而以有禮見故哀公又使學也夫孺悲一人始以無禮而見拒于聖人繼以有禮而得接于聖人其終且禮籍以傳故君子之善莫大于改過

既殯食粥饘哀　士喪禮曰掘肂肂埋棺之坎掘之于西階之上奉尸斂於棺乃蓋塗升棺于坎乃自阼階斂席上遷尸向西階斂于棺中所謂殯也蓋蓋棺塗以木覆棺

而以泥塗之爲火備　士喪記曰三日歠粥朝一溢米夕一溢米
小爾雅一手之盛謂之溢孝子遭親之喪三日後始食猶節之　喪服齊衰章曰疏衰
裳齊注曰疏猶麤也敖氏曰齊言疏則斬可知父喪斬
衰三升母喪齊衰四升布六升以上縷皆極麤故曰麤
衰
既葬疏食水飲受以成布　士虞記曰死三日而殯三月
而葬注曰謂士也大夫亦如之敖氏曰然則天子七月而葬諸侯五月而葬葬月數亦視殯月數與
服傳曰既虞疏食水飲虞葬後祭名疏食以粗米爲飯亦不止朝一溢米夕一溢米而
已以足爲度未虞前亦飲水恐虞後飲漿酪等故云　受字亦見喪服經傳承也
以輕服承重服也父喪斬衰三升冠六升既葬受斬衰

六升、冠七升、母齊衰四升、冠七升、既葬受齊衰七升、冠八升、凡喪服布、皆主衰言布自三升至六升、極粗不成布七升入大功之境乃爲成布既葬、父喪受衰但六升母喪乃受衰七升、而曰受以成布、約辭亦以六升近于成布也、

期而小祥始食菜菓練冠縓緣要絰不除　士虞記曰、期而小祥、注曰小祥、祭名、祥、吉也、三年之喪、至期而凶服或有所除故祭曰小祥亦曰練祭以期則衣冠皆練熟布爲之也、　服傳曰既練始食菜菓、注曰未練前不食菜菓不在滋味也　間傳曰、練冠縓緣、小祥後父喪衰七升、冠八升、母喪衰八升、冠九升、七升八升九升大功布也、大功布先治其縷復治其布、練熟之謂之練方氏謂練冠練帛爲冠非也、冠與衣皆大功布、故練衣亦

日功衰、雜記曰、父母之喪尚功衰、又曰、雖功衰不弔是也、尔雅一染謂之縓、淺絳色也、縓緣以縓色布爲冠紕

喪服斬衰章曰、苴絰、齊衰章曰牡麻絰、絰、謂首絰要絰也、檀弓曰絰之言實明孝子有忠實之心、苴麻、有蕡者、老而粗惡故以爲斬衰絰、牡麻、無蕡之麻、比苴爲善、故以爲齊衰絰、父母之喪、既葬首絰要絰皆易麻以葛、小祥後除首絰要絰至再期而大祥乃除、

居處不安　處安處也、與公劉詩于時處處下處字同、處之而安適者也、喪服傳曰、父母之喪居倚廬、倚廬、倚木爲廬、在中門外東方北戶、既虞翦屛柱楣　倚廬戶北向、用草爲蔽、不翦其餘、至是改而西向、乃翦其餘草、倚廬無柱與楣、檐著于地、至是乃施楣、又施短柱以拄其楣、令檐稍高下可作戶、　又既練舍外寢、外寢卽中門之外、東塈、其南無壁、壘墼開戶焉、卽所謂堊室也、齊衰者初喪居之、斬衰者既練居之、此皆

孝子哀戚不敢安其平日所安處者也本文居處與食旨聞樂一例謂居正室下室平日所安處者而不居倚廬堊室也處字不讀去聲讀去聲則爲處處所不見安適意上文旨即有甘意樂即有樂意則本文處字讀上聲乃爲平日所安處者而有安意居字之義非一論語居吾語女孝經坐吾語女孟子坐我明語子居坐互出則居字有坐義也閻氏据此及小戎詩文茵謂狐貉之厚以居爲坐褥良是余廣其說曰居必遷坐之居亦坐也遷坐之坐乃坐之處耳寢不尸居不容以玉藻居恒當戶寢恒東首文體例之居亦謂坐自檀弓以負手曳杖逍遙証聖人下文當戶而坐後人直以當戶爲攔截尸遂謂聖

人坐亦非所坐焉不知當戸乃對戸謂坐室中東北隅、而對東南之戸也又如孝經首曰仲尼居亦謂坐、曾子侍卽侍坐、觀下文自見又如曲禮羣居五人卽羣坐、不可枚舉、當隨文求之、處安處也所在可安而安之也見菴丘何其處也詩傳又四牡詩不遑啓處傳、曰啓跪、處居也、先儒之説曰、古人席地兩膝着地而直身曰跪是爲危坐、對文跪坐有別然危坐亦得坐名故散文危坐亦曰坐見于儀禮極多、亦曰啓兩膝着地而身着于踧曰坐是爲安坐亦曰處傳以居釋處本采薇出車詩兩言不遑啓居處有安義義與居通也然此二字散文則通連文則別論語告樊遲之居處對下執事與人謂燕居無事而安處獨居無人而安處居以坐之身之安言處以坐之心之安言若告宰我之居處不安則與上二句對謂食嘉殽之滋味不甘而茹蔬聞和音之鏗鏘不樂而撤懸居當户之穩適不安而在廬也講家以平常在家釋居處于居處恭可混過于居處不安則鶻突不可通且爰居爰處兩見于詩將作何解耶

亞飯三飯四飯　古人取飯于器以手禮記共飯不澤手是也士昏禮公食大夫禮特牲少牢兩饋食禮曲禮皆言三飯少牢禮疏曰手一取一口曰一飯士虞禮尸播

餘飯于篚，以手所取者一口或不盡也。經傳渾言飯皆該自一口至飽，飯而析言數，則皆謂一口一飯者也。禮器曰：天子一食，諸侯再，大夫士三。此所云食即謂飯，注疏皆以爲尊者飽德，天子一食告飽，諸侯再，大夫士三也。大夫士三飯告飽，見特牲少牢兩禮，禮文散失，天子一飯告飽，諸侯再飯告飽，載籍無徵。春官大司樂職曰：王大食三侑，而諸侯侑數，禮經亦無聞。今以一口一飯之義核之本文亞飯云云，則諸侯再飯告飽者即于此見，而侑數亦見。夫亞飯即再飯也，不曰再飯而曰亞飯，士虞禮、特牲禮主人一獻，主婦再獻，皆不曰再獻而曰亞獻古經使字類然三飯四飯皆通亞飯數之謂曾君再飯告飽而侑又一飯告飽又侑又一飯告飽又侑也玉藻著天子諸侯日食之節于天子曰日中而餕見朝食于諸侯曰夕深衣祭牢肉見天子夕食朝食晝食夕食三食古人日食之大數伐檀詩首章言餐次章言食餐食散文通對文則異狡童詩亦先餐後食即其言之次則餐謂朝食淮陰侯傳曰令其裨將傳餐上言夜半傳發下言平旦建鼓旗則傳餐乃天未明古人朝食爲餐此可徵也先鄭周官注曰飧夕食也伐檀詩末章言飧則次章之食爲晝食亦古人日三食之徵故戰國田

需亦以日三食爲言、白虎通乃益晡時一食爲四、謂天子四、諸侯三、此于禮經無据、當由不辨古人飯言數之義、而以飯爲頓、据論語四飯附會出晡食也、

伯達　至　季騧　古者子生三月而父名之、二十而冠、冠而字之、儀禮士冠禮字法曰伯仲叔季、唯其所當、謂唯冠者所值之次第也、則本文伯達云云皆字、惟其爲字、伯達伯适當冠之年、季隨季騧皆已生、故伯仲叔季皆得重之、所以顯其孿生之奇也、

宮牆　爾雅云、大山宮小山、霍、郭注曰、宮謂圍繞之、禮記曰、君爲廬宮之是也、竊謂本文宮牆宮字、亦當訓圍遶

古人作寢廟，其外皆繚以周垣，宮牆蓋云宮寢廟之牆，故下文單承牆說。大注牆高宮廣，與牆界室淺對，宮字乃室字變文，與經文宮字異。牆四周曰宮，牆縣四面曰宮縣。周官更有遺宮、帷宮、車宮，皆取四面周環也。

周有大賚六句　本文六句，記武王有天下，急先務纘堯舜禹湯執中之緒。据今僞武成上二句，是克紂入商國之事；据今僞太誓下四句，是伐紂渡河誓師之言。旣無倫序，又不融貫。周親二句，就令如集注引僞孔書傳，必如僞書先着受有億兆四句，方明百姓二句；如蔡氏附會釋僞書，又必如僞書先着天視二句方明。要亦是兩種話頭、聖門果引尚書、乃不引其要語、又節之而不明不屬耶、此決知其不然者也、想晚晉人亦不明白、雖有四句連文、料是武王語、且裝裏起來做太誓、聖經遂墮黑暗地獄、僞書仁人承同心德之十人而離心德之億兆夷人曰周親、此是何語、作僞者只遂啁口嘈耳、於是撤開僞書、只將本文六句一氣讀、讀之久、久則以爲周頌文王既勤止篇、篇題曰賚、本文首二句、乃据此詩爲言、並非散財發粟之謂、詩序以爲大封得之、本文富字、因賚字生、乃洪範既富方穀之富、祿以土也、周親周字、即周有之周、謂同姓、仁人即善人、百姓即卿大夫諸侯、下節上二句應屬上爲一節、大封之事、下二句別爲一節、討罪之事、如戮飛廉滅國五十是

也有過在予一人與有罪惟我在語勢相似巘按向亦有疑得此乃豁然此事體大恐能信者寡耳

謹權量至四方之政行焉　集注禮樂制度訓法度似未安無論開國未遑禮樂也權量非亦制度中事耶同律度量衡巡守之典傳之自古夏官秋官亦權度量備舉月令秦人之書大傳漢人之書亦備舉蓋以三者馭四方缺一不可論語記周初第一要務舉權量當不遺度況度本于律權量之法得度可定故虞書律下即言度論語倒之則以法字審字暗括虞書律字蓋律之分寸極精微非悉其聰明以審之不得故特下一審字審得

度權量斯得謹審字視謹字較着　若法度泛言百事
節制則當云定不云審又度自布帛外宮室車旂器械
朝市國邑畿封田里溝塗種種營作皆受法于度此亦
度得稱法之一義古文下語有類官亦指權量度之官
方一綫學友金鏞曰本題與下節立文一例下節上三
句事皆相類本題第二句不當包括一切與權量絕不
侔又曰目度以法當是古人成語不自論語始余謂借
言一定之章程則商出盤庚篇有正法度之文矣以正
說有如是者故借言之後來文章家用此二字意爲品
節限制本色習語論語法度與權量對言其爲正說丈

尺遂習而忘、抑載籍又有但借言度以該法者、不暇他舉、度乃口、師師非度、洪無度作冊度見于書、美無度、禮義卒度、謹爾侯度見于詩、皆本尺寸正義、美無度、詩集傳故以尺寸釋、大抵載籍使字、有正有借、當隨文求之、即如孟子爲諸侯度、亦借度當法字、齊桓晉文章度對權言、得不謂丈尺乎、又何疑于論語權量法度文相屬乎、因是又知古文使字精切不苟、用權求輕重曰權之、見考工記用度求長短曰度之、見孟子、則用量求多寡曰量之、如考工記量其藪以黍、即可例其文曰藪以黍量之也、孟子權度並言、但曰度之、不曰權之、省文也、孟

子集注總承權度訓度之曰稱量之蓋不必然而量之

又恐混于多寡不如皇矣詩帝度其心集傳上帝制王

季之心使有尺寸能度義之精切也後檢闞氏四書釋

地所見正同但引盤庚法度不指下落又謂本文審度

字立句未足故加法字如所云則後世文家奏字也

出納之吝　納入也禹貢納錫史記作入賜南宫中鼎尭

與古文出納朕命作出入朕命然則出納之吝謂有與

於人出此納彼之際吝而不果也

四書補考卷上終

受業石洽校字

四書補考　卷上

四書補考卷下

江陰鳳韶德隆甫著

大學

畜馬乘　既夕禮士將葬公賵兩馬注曰兩馬士制疏云書傳云古之帝王必有命民於其君得命然後得乘飾車駢馬衣文駢錦飾漆之駢併也兩馬士在家常乘之法出使若行軍則乘駟馬公家給之然則士位卑祿薄止畜兩馬進位爲大夫則祿厚矣乃畜馬一乘故章句曰畜馬乘士初試爲大夫大夫以上畜馬之數據夏官校人當四閑下文百乘之家据采地所出言非畜也

孟獻子魯之賢大夫　孔子稱孟莊子不改父之臣之政其孝難能則獻子之賢可知閻百詩據左傳宣十八年公孫歸父欲去三桓張公室成十六年叔孫僑如告晉謂魯季孟猶晉欒范政令於是成遂謂獻子與行父共事三十四年狼狽作奸大學章句不當曰賢大夫過矣夫歸父欲擅魯故三桓並言僑如通於穆姜欲去季孟而取其室二者豈足爲據攷文十八年襄仲作賊行父實偕之時獻子尚幼宣九年始見經至成公薨歷年二十八備位而已中間書仲孫蔑者三皆非大政其强擅大政宣公朝則行父歸父成公朝則行父叔孫僑如臧

孫許至襄公以三歲即位行父老矣僑如奔矣臧許非正卿然後獻子爲政時晉悼初霸自成公薨年十二月至襄公二年冬閏月二十餘春秋書仲孫蔑會者五皆安內攘外磊磊義舉而會戚首發城虎牢之謀知武子稱爲諸侯之福晉悼用此成三駕之功尤爲識時務之雋而其時叔孫豹歸頗具幹畧宿嗣行父彊戾尤甚獻子知晉能庇魯即讓豹出頭地避宿惑雖絕無列國大夫貪權怙勢爭搆惡習襄二十年後惟一書仲孫蔑會吳亦不過通晉命而已其他据傳所稱獻子之祖穆伯從已氏於莒生二子他年來獻子愛之聞於國獻子使歸

兄爲室美不毀亦不言至於知已責善聊二私道居喪加人一等夫子又嘗稱之蓋漸涵於其父文伯叔父惠叔之孝者深故敦行孝友百世下猶令人想見焉而莊子又孝則孟孫氏三世孝子獻子以一身承之啓之雖與行父同朝邪正天淵也而閻氏且曰自古奸諛篡竊必立美行收人譽爲階若行父若蔑既死必誅是何言歟孔子曾子豈受欺於權奸者歟聖賢論定尚不足信更於何取信

卿大夫以上　鄉飲鄉射燕禮大射皆有諸公注曰公周官大國四命之孤也孤止一人而曰諸致仕者也章句

曰卿大夫以上盍謂孤

中庸

武王末受命周公成文武之德追王太王王季上祀先公以天子之禮　漢人末訓猶老、鄭注云爾、漢世相傳、乃謂武王受命已老不及制禮、身後周公爲之講家皆宗其說、然武王在天子位七年輔之以周公何禮不及制、且周書金縢曰告太王王季文王曰若爾三王、曰命于三王乃既克商二年也、愚謂自古開國受命皆一人身爲之、父畧有天下大半、而子奄有惟周爲然、本文末字乃始末之末、

其義當爲後孟子集注曰末後復來儁經意若曰武王纘緒有天下
受命者也而文王三分有二則始受命者文王而武王
其末故尊文王爲受命王主之制禮武王未受命句乃
文王始受命變文尊文王爲受命王見之書者天乃大
命文王殪戎殷誕受厥命見之詩者周雖舊邦其命維
新昊天有成命二后受之見之禮者周家以后稷爲始
祖以文王爲太祖周家有兩受命王傳有自來也朱子
述韋元成語曰文武受命而王則亦見於漢世是故親
親以三爲五者其上親者二以巳親父以父親祖服以
期斷祖同於父此止而不過者也追王所以止于太王

王季也、不然祖紺以上至后稷、有王者之德者、尚有十二、國語十五王而文始平之、非謂歷世十五也、最著者公劉后稷、追王之典、何以不及、傳或稱后稷先王、乃子孫爲天子稱先世通辭、非實也、以五爲九者、其上親者四、以祖親曾以曾親高、齊衰三月、高同於曾、親畢於此者、人不及見高祖之父也、令其及見、則亦同之、百世上始祖亦稱高、百世下裔孫亦稱曾、義可知矣、此盡而不盡者也、王祀所以上及四十餘世也、史記譜會國語十五王之文、所載世系不足據、向使受命主武王、則成德不于文王、而太王肇造周、追王之禮、不及之矣、古籍殘缺、周家制禮係何年、遺文無考、惟此中庸兩章出之大聖人斷然知在武王七年之內蓋下章乃推上章未節未盡之旨實屬一時之言達孝武周合稱以公爲相言也成德專屬周公制作實出公手以公之聖言豈武王老不及事哉曮按解未字似迂曲至以文爲受命王及追王上祀處確不可易

祭以士祭以大夫　儀禮特牲饋食禮士祭禮少牢饋食禮大夫祭禮其所異之大者士禮豕魚腊三鼎三鼎則三俎大夫禮羊豕魚腊膚五鼎五鼎則五俎士黍稷兩敦大夫黍稷四敦士豕鉶一大夫羊豕鉶各一士饋食兩豆饋食兩籩大夫賓尸禮室中正祭朝事兩豆饋食兩豆堂上賓尸朝事四豆朝事四籩不賓尸禮二豆與賓

尸正祭同𥙊則饋食者四士惟正祭於室中而已大夫則或賓尸於堂大夫將祭於旬日先諏筮日而後筮之士則旬日內筮之無諏日禮

期以下諸侯絶大夫降　期謂旁期言諸侯則天子可知

祭主敬喪主哀有喪不祭哀敬不相干也絶旁期以下顧亭林謂不但貴貴恐曠祭也最得禮意葢王侯之三年喪外祀及始祖皆家宰攝祭攝祭則已不祭故絶旁期以下大夫亦降兼有助祭禮士之數多故降不及

宗廟之禮所以序昭穆也　本節五項皆上句數典下句疏義本章兩言宗廟之禮末節宗廟之禮禮祭典也本

節宗廟之禮禮廟制也謂廟之昭左穆右以次而南下句昭穆則謂子孫章句最分明時文家乃謂宗廟二字貫全節之禮二字屬昭穆怪絕古今有此立文法耶

序爵　舊云序昭穆兼論爵非也昭穆以親言兼論爵則混于貴而昭穆亦必亂又云序爵專指異姓言亦非有爵者豈但異姓二説皆背經文或又云同姓無爵者序昭穆於阼階東有爵者錯處於西階下夫西階下而謂同姓有爵者錯處亦非也祭禮專爲飲食神而神亦推惠於助祭者故助祭者皆得獻又有旅酬飲禮必分賓主賓主則分東西故特牲饋食禮獻兄弟長及衆兄弟

于阼階上獻賓及衆賓於西階上賓長酬兄弟長于阼階前兄弟長酬衆賓于西階前衆賓及衆兄弟東西交錯其酬若同姓有爵者錯處西階下則賓主亂矣諸說惟昭穆别序于阼階東近是或曰文王世子篇同姓臣内朝以齒外朝以官宗廟之中則如外朝之位夏官司士治朝羣臣之位同異姓不分列也曰朝以出政政賴贊襄羣臣之位以庭左右爲節左右者股肱之象同異姓皆股肱故位列不分廟以舉祭祭有飲食羣臣之位以東西階爲節東西者賓主之義同異姓殊賓主故位列必分禮記廟中如外朝之位謂廟中同姓位於阼階

下異姓位於西階下如朝之以官爵貴賤爲次非謂如
朝之位于庭左右左右皆有同異姓也
旅酬下爲上所以逮賤也　本文有兩蒙混其一旅字不
分明故逮賤之義蒙混旅衆也序也衆以序相酬曰旅
酬經所謂賤甚廣古者大夫以上乃稱貴門東西之濟
濟多士皆賤惟衆以序相酬則有事爲榮之意始得遍
逮講家乃謂兼無算爵之賓弟子舉觶逮賤之意方備
顧旅酬之舉觶固只兄弟弟子一人無算爵之舉觶亦
只增賓弟子一人賤者豈但二人何備之有且飲酒之
禮一人舉觶爲旅酬始二人舉觶爲無算爵始鄉飲鄉

射皆然舉觶亦飲酒之禮一大節目如時講則以旅酬無算爵之先舉觶之禮當旅酬之禮顯背經矣且古人飲酒鄉飲鄉射燕及大射皆有旅酬皆有無算爵旅酬主申敬無算爵主盡歡旅酬有序無算爵無序本文但言旅酬不言無算爵逮賤以申敬旅酬之事不必及無算爵也章句賓弟子畧仍康成舊說耳其一酬字無下落則上下二字亦蒙混蓋酬字當從獻字得解飲禮有獻必有酬康成所謂禮成於酬也獻皆主人爲之酬亦主人之事賓黨主黨凡在廟者主人皆獻之則主人皆當酬之而人衆儀繁强有力弗勝也故制爲旅酬之禮

使下得爲上酬、卽使各得有事之榮、本文上字、謂主祭之天子、下字謂賓長兄弟長以下、時講以賓長兄弟長爲上弟子爲下、誤、賓長兄弟長助天子祭、則皆臣不得謂上、而酬亦非賓長兄弟長事也、或曰賓長兄弟長公侯卿大夫也、而皆謂下、則亦賤乎、曰逮者由此及彼之義、旅字中包貴賤衆、遞相酬則由貴及賤、豈謂賓長兄長亦賤也

祭畢而燕、見楚茨詩及本文、其義則本文爲尚齒、爲親骨肉、其禮制經傳少見、詩但有樂有殽、本文然可以情事約焉、事神大禮當其旣備、則已嫌

矣燕私致恩好禮必不復盛不可以特燕例之籩豆爲
飲具聘禮有明文俎及庶羞乃食具見特牲少牢公食
大夫禮故燕禮唯公與賓有俎尊而優之也與燕者大
夫以上有庶羞亦盛其禮而貴者加之不下及士祭畢
之燕但薦脯醢成獻酢酬之禮而已楚茨詩曰爾殽既
將如鳧鷖詩爾殽伊脯云爾特牲禮徹庶羞徹阼俎豆
籩注皆以燕爲言非也俎必祭肺庶羞必祭大一曰之
內既牲殺以奉神于禮不當復特殺則無俎無庶羞循
乎飲酒之常耳乃以餕餘爲禮乎燕義曰設賓主飲酒
之禮也講家泥之遂謂此燕以姑姊妹之夫爲賓亦非

也楚茨詩曰燕私明是用家人禮曾孫爲主不更立賓若賓姑姊妹之夫此燕豈得爲私行葦詩有賓且射詩傳曰祭畢燕父兄然朱子畢竟疑其辭不質言也愚謂此詩當是文王世子與族燕以齒者亦特燕也故立賓終日燕而射焉其曰曾孫族食族燕所以收族收族之義原諸祖宗故得稱曾孫與祭同耳燕禮爵樂皆無算時文家据以講本題亦不核樂雖曰具入第歌笙間合而止祭時已行無算爵燕復然耶此必無之事　周官司儀王燕則諸侯毛先鄭曰毛故書作耄老也髮色别長幼後鄭云然事理不足閻氏之說良是

踐其位　位主祭之位以少牢推之未灌以前則其位阼
階東西面灌及薦熟于室則其位戶內西面朝踐于堂
則其位阼階上西面
郊社　禮家謂周天子一歲祭天者九冬至圜丘季冬明
堂寅月祈穀午月大雩五迎气而征巡類上帝大故旅
上帝不與焉愚謂秦月令迎气于郊吕不韋本周官兆
五帝于四郊之文也然春官司服曰王祀昊天上帝則
服大裘而冕祀五帝亦如之如裘冕也則五帝皆祀于
冬不韋乃作四時迎气耳周語天子立春日耕藉田則
無迎气如月令可知且祀五帝乃分祭五行帝雖與祭

天同禮非昊天上帝正祭、鄭康成詩箋曰魯僖公使季文子請於周作頌兼請郊禘故春秋書郊始于僖公三十一年其說據經甚核明堂位謂成王賜祭統又謂康王賜一禮兩賜明是漢人之誣秦月令孟春天子祈穀上帝亦不韋本魯之僭禮失禮而定爲令者也古者穀熟曰年祈穀即祈年春官籥章職曰祈年于田祖左傳孟獻子曰郊祈后稷以祈農事故啓蟄而郊農事何祈即穀年也春官不著祈年何時田祖何神以魯事觀之則祈年之時爲啓蟄田祖之神爲后稷何也魯于啓蟄祈穀于后稷則周制王侯皆啓蟄祈年于庫門內右稷

壇、魯欲僭郊無以藉口、以后稷固天子郊祀配天者、遂
大其祈年之禮而行諸郊、郊以啓蟄、避天子之冬至、託
以祈穀若非正行郊禮然、不韙不察、遂謂周天子亦啓
蟄郊而祈穀耳、左傳曰山川之神水旱之不時、於是乎
禜之、出雲降雨者山川、能卷能舒也、雩吁嗟求雨之禜、
其禮有二、巳月龍見之雩預爲百穀祈膏雨、但祭山川、
天子亦不及上帝、春秋書雩二十一、一在冬、二十在秋、
皆遭旱求雨也、雩皆書大者旱甚、雲漢詩所云靡神不
舉也、然亦第及魯所當祭之山川百神、未必祭上帝、故
禮家舉魯僭禮未嘗及大雩、說春秋者始以魯大雩爲

僭乃本月令大雩帝之文耳、不知月令之大雩而曰帝、又本雲漢詩之自郊徂宫也、而文之失檢有二焉、其所記雩非遭旱乃預期膏雨之正雩、而輒曰大襲春秋遭旱之文而不察也、正雩當在夏正四月、而月令繫之夏正五月、五月爲周正之秋矣、亦襲春秋大雩皆在秋而不察也、春秋大雩雲漢詩郊上帝、皆遭旱甚之雩、春秋旱甚尚未及上帝、不韋兩襲而合之曰大雩帝、而定爲預禱雨之雩、又在午月、則皆周制所無、月令大雩帝之末、有祈穀實之文、乃祈雨之衍說、并又實有祈穀之事、如孟春也、噫嘻詩序、則併雨而實言之曰春夏祈穀于上帝、禮家傳述轉而相因、此類實多、抑詩序而襲秦月令、則漢人僞作灼然大抵秦月令自臘祭太尉官顯然秦制之外皆不革採三代遺書定之而不究本末者甚多即如祈年祈穀無二禮月令旣本曾之啓蟄僭郊而孟春祈穀上帝矣又因雲漢之詩祈年孔夙夙字而有孟冬祈來年之令焉祈穀上帝者又祈年天宗皆與周官祈年于田祖者大違故月令不可盡据爲典秋饗上帝配以文王此武王周公嚴父配天之祭惟見孝經及詩頌我將成康以後不知何如然則周天子每歲正祭昊天上帝惟冬至圜邱尊神大典歟則黷也

經文郊社對言之社祭名即謂方澤祭畢土之地示也社稷對言之社指神言在庫門内之右天子則畿内

之土神諸侯則封內之土神郊特牲祭法所云大社是也冢大二字義同緜詩冢土與大社但文異耳若祭法之國社王社侯社名目僅見則記禮家掇拾遺編又附益已說焉穀梁傳天子親耕故自立社爲藉而耕載芟詩序本之曰春藉田而祈社稷此祭法自爲立社云云所本也穀梁亦有爲百姓立社之文故鄭康成注祭法曰王社在藉田則侯社可知顧藉田之神已統于庫門內右矣王侯何爲又自私之別立社而目以王侯乎周語述耕藉之禮極詳不及祈藉田之社則元公之制所無也

方策　聘禮記曰百名以上書於策不及百名書于方注

曰名字也策書多方善少策廣于方也故既夕禮亦曰書賵於方若九若七若五書遣于策遣物多于賵也

既稟　皀古食字古旡气通則既字卽餼字也謂米王制皆有常餼攷工記致稍餼儀禮歸饔餼之屬是也朱子曰餼如今官員請受有生羊肉之類此据康成禮注生牲爲餼之誤也乃未定之論〔別詳殘饔餼辨〕本文之餼死字注用則給也左傳秦伯又餼之粟餼國人粟之屬是也稟廩通廩所以藏穀周官廩人掌九穀之出入本文則以稟字當米字既稟謂給米章句稍食亦見周官注曰稍稍給之謂逐月給也

禮儀三百威儀三千　禮儀今儀禮之篇目是也但三百不盡存耳威儀儀禮每篇中節次是也朱子之說如是舊謂周官爲禮儀者非禮儀經禮威儀曲禮異文同意者儀乃儀軌之儀法也所謂人事之儀則也上儀字指服物器官之等級說下儀字指進退拜跪之周折說皆就制禮者立之法言威敬畏之意以其著爲經制故曰經禮以其脩夫委曲故曰曲禮經制皆秩序以定而立之法故曰禮儀委曲當儼恪以盡而立之法故曰威儀

書同文　春官外史掌達書名於四方秋官大行人九歲屬瞽史諭書名聽聲音注皆曰名字也疏又引儀禮百

名以上不及百名解之曰古曰名今曰字字滋多也然則書名者六書之點畫也朱子中庸章句以書名名字釋考文文字本周官注疏故或問曰點畫形象爲文鄭剛中解外史達書名則曰正天下誦讀之訛後來講中庸章句遂有謂名指聲音兼聲音者然而左傳曰夫文止戈爲武於文皿蟲爲蠱文反正爲乏此周代之人訓文只言點畫不兼聲音者也秦始皇琅邪石刻脫胎中庸車同軌書同文曰器械一量同書文字文之下助一字字是秦人訓中庸同文亦只言同點畫許慎說文自序曰倉頡初作書依類象形謂之文韓昌黎毛穎傳曰

天下其同書不曰同文曰同書叶上徒居韻耳傳毛穎而引用中庸書同文是漢唐人亦皆以點畫爲文也且書之點畫不可不同而聲音則不必同不能同試聚東西南北之人於一堂同其音讀有老死不相謀者然文之聲音雖異而文之意義則同豈若點畫之訛其形象不可識别書遂淆亂無用哉聖人考文亦同其不可不同者耳不必同不能同者安取紛擾爲

孟子

鄰國之民不加少寡人之民不加多何也　何也二字不是疑惑語是懊惱語所謂罪歲也意恭曰不盡心者民死不救者也而不加少盡心者救民死者也而不加多可知一遇歲凶民總是死盡心無補歲之害治如此是其謂之何也

五畝之宅樹之以桑　五畝之宅二畝半在田二畝半在邑集注本趙注用食貨志語也其實不然若二畝半在田經文必不云五畝之宅樹之以桑經文旣云五畝之宅樹之以桑二畝半必不在田前人備論之矣雖然五

畝樹桑經第約言之第七篇曰樹牆下以桑即鄭詩所云無踰我牆無折我樹桑者也邠詩曰遵彼微行亦即謂牆下桑間小徑桑但傍周垣而樹五畝之宅不盡樹桑也周官載師職宅不樹桑麻者有里布是麻亦藝此五畝中邠詩曰九月築場圃小雅曰維桑與梓場圃亦在此五畝中近圃藩兼樹梓鄭詩曰無踰我園無折我樹檀檀梓皆有用之材任所樹耳故載師職又曰不樹者無椁樹桑豈盡五畝之宅乎故曰經第約言之然則二畝半在田漢人之臆說

象人　周官冢人職曰言鸞車象人先鄭注曰象人芻靈

後鄭以周官孟子象人同文、則引檀弓孔子謂爲俑者不仁釋之、與注檀弓、遂以俑爲周制、本文集注故曰中古易之以俑然周公孔子兩聖人、先後同揆豈有周公作爲不仁、而貽孔子譏耶、夫芻靈與俑皆象人故本文集注芻靈曰畧似人、俑曰太似人、孟子周官象人二字偶同意各有在、周官自指芻靈、孟子自論俑、兩不相涉、孟子象人非本周官、先鄭注周官極精核、作俑必在周公後此可以理斷者、

易耨　易集注訓治、此治字、乃荒而不治、蕪穢不治之治、猶云熟也、論語與其易也寧戚、集注亦以治訓易、而引

孟子易其田疇以証之其就喪禮言則曰節文習熟是易乃治使熟之意蓋草之爲物不種自生已去復蕃農事惟去草之功爲最多至再至三甚者七八務期草盡力稍不至雖耨非易也易字對上深字耕盡力乃深耨盡力乃易故集注曰盡力於農畝詳第六篇百畝之糞

凶年饑歲　說文年穀熟也穀有收曰有年豐收曰大有年無收曰凶年周天十二辰歲星三百六十五日有奇跳一辰故夏以一載爲一歲周曰年通計夏秋五穀熟也爾雅曰穀不熟曰饑如麥一穀不熟年斯凶而饑矣然使黍稻熟饑猶未歲也五穀不升則爲饑歲本文凶

年饑歲四字備言首篇盡心章則以歲凶二字括之論語年饑則假借年爲歲者曲禮歲凶年穀不登言歲凶盡之矣又曰年穀不登臏也

放舟隨水而下挽舟逆水而上　隨字逆字俱釋經文從字隨固從字之義逆似與從悖矣非也周官逆字多作迎字解以隨釋從從其後也以逆釋從從其前也戰國策王斗踵門見齊王王曰先生徐之寡人請從乃趨而迎之于門此迎爲從之證（燩按左氏齊侯未入竟展喜從之亦似一証）

三鼎士祭禮五鼎大夫祭禮　集注雖若槩言大夫士祭禮然以訓經之本義則不謂吉祭而謂葬後之虞祭卒

哭祭祔祭期而小祥祭再期而大祥祭中月而禫祭如虞禮記云云也說統以爲喪祭誠是乃謂未葬前之祭則誤矣未葬前雖有小斂奠大斂奠朔奠薦新奠遣奠諸禮然奠也非祭也葢奠與祭不同祭有尸奠無尸祭禮文奠禮質未葬以前所以奠而不祭者朱子所謂未忍遽以鬼神之禮事之也既葬乃神之故檀弓云葬日以虞易奠又士禮小斂奠止一鼎遣奠盛之則五鼎大夫禮小斂奠止三鼎遣奠盛之則七鼎于士三鼎太夫五鼎之制亦不書一

廛無夫里之布則天下之民皆悅而願爲之氓矣　上文

士農商旅截然四種下文行此五者必皆要務大政若本節之廛仍屬市宅則仍屬商項內但有四者無五者矣竊謂地官他國來徙者曰新甿願受一廛而為甿願為聖人甿亦兩見孟子商不在甿例本節當是去從民之苛也而慰向慕集流亡實有國者一大政關係民心不小及見任氏四書約旨亦謂此節集注沿舊未改甿字从亡从民是新遷民之義　市廛之廛以屋言民廛之廛以地言即五畝之宅地官遂人夫一廛鄭注云爾也此不但國中左右三區而野外隨地俱有

宗國　本文宗字論語亦可宗禮記檀弓宗子之宗仰也

主也仰之以為主也非大夫士宗法之宗若宗法之宗則周公支子凡蔣邢茅胙祭亦不宗魯況周公之兄弟國乎葢宗法首重祭魯祭周公而六國咸在則帝制矣諸侯奪宗六國各得立周公廟祭之不宗魯也趙注本文曰宗仰周公之聖其說近是然概曰聖未徵事也夫周公制禮周禮盡在魯諸姬曰宗國禮事從違咸仰魯為主焉卽行喪必徵諸魯先君可見雖指陳有失要卽為宗魯禮之一徵

恐其不能盡于大事　上文孟子告世子以親喪在自盡父兄百官雖不欲何至盡而不能猶煩復問也喪服天

子諸侯之同姓臣異姓臣皆爲君服斬衰鄭康成喪服注曰服以表哀喪禮朝夕哭服有輕重哭有先後則哀有甚否滕父兄百官不欲行三年喪則不致哀是父兄百官不盡大事也即爲世子之不盡然要在世子身帥之故孟子又告以不可他求即位而哭百官有司莫敢不哀云云也

即位　喪禮朝夕哭有內外位外位在寢門外內位在寢門內主人之位外位在門外東方接東塾西面內位在堂下直東序西面朝夕哭禮先即外位拜賓然後即內位即外位不哭即內位乃哭此禮通上下然則本文即

位專指內位言

庠者養也校者教也序者射也　三句是訓詁體與政者正也同明堂位曰米廩有虞氏之庠則庠乃有虞氏藏米處而以之名學學記中年考校之校即此校字而讀較不讀效政正音同古無四聲庠養字皆从羊音近校教亦音近序射則音轉然鄉射禮序作豫注曰豫讀如成周宣榭之榭今文作序然則序射亦音近其語意盖曰以庠名學者學中有養老之典庠藏米物簠簋尊壺是資養之供具也以校名學者立學設教取效日新考校學者勤怠淺深教之程度也以序名學者學中習射

觀德進退升降，縱送有序，射之儀節也，各取學中所事爲名，訓義皆音近，出自天成，此古文之精妙，絕不容心者，漢人訓釋專于此覔活，如小戴刑者侀也之類，又本孟子征之言正，而曰春之言蠢，夏之言假，秋之言愁，冬之言中，巳穿鑿非自然，至白虎通、釋名等書，更無論矣，

子力行之　集注曰，諸侯未踰年稱子，說春秋家云爾也，如春秋書子般、子野之屬，然此乃史文，非臣面稱其君也，若臣之稱君，如尚書康王之誥，羣臣進誡康王，則曰今王敬之，宋樂豫勸昭公親公室，則曰君其圖之，皆在既殯之後，未踰年也，然則孟子稱滕文曰子者何也，曰，

滕文遭喪、兩使然友問禮、固師視孟子、今聘來滕、亦以師禮事之、孟子以師道自居、故稱曰子、前章滕父兄百官亦曰子、時未即位、用家人禮焉、梁惠王下篇孟子又兩稱曰君、文公君滕、乃順口恒辭、洛誥周公曰朕復子、下文曰王如弗敢及天基命定命、此孟子稱滕文曰子曰君之例、抑上章諸侯三年之喪百官總己聽冢宰、孟子之言也、定爲三年之喪、文公定之也、文公從善如流、孟子非禮不動、本章雖次上章、若葬畢非有金革之事係國存亡而即聘孟子、而孟子即至、恐未必然、

野國中　鄉遂用貢法、都鄙用助法、鄭康成周官注也、本

章鄉田同井一語折其謬萬喙莫措矣本文集注以野屬都鄙國中屬鄉遂周官注幾于本之孟子矣夫王畿四面各五百里第一百里曰郊六鄉之地在焉第二百里曰甸六遂之地在焉具見周官而太宰九賦一曰邦中之賦二曰四郊之賦三曰邦甸之賦載師任地以廛里任國中之地以場圃任園地以宅田士田賈田任近郊之地以官田牛田賞田牧田任遠郊之地以公邑之田任甸地郊甸與國中皆分言國中豈鄉遂地乎然則國中何地也太宰邦中注曰在城郭者鄉大夫國中注曰城郭中古者立城不論大小外皆有郭孟子三言城

郭以三里城七里郭差之王城方十二里城外郭地四面當各八里然則國中載師所謂園廛地也一夫所居曰廛載師連言里者周家居民之法家一廛二十五家爲里其一巷巷首有門門左右塾小學在焉一里則溝樹之園者圃民受地而藩之其內爲圃種菜蔬鬻諸城中官府士商以給一家之饔飧焉太宰九職二曰園圃毓草木是也草卽蔬菜園亦植材木如梧檟檀之類載師又言場者七月詩傳物生時爲圃納稼時爲場此則不然場有二義除地堅曰場故七月詩曰築場東山詩町疃鹿場是也郭中皆園廛地城中傍城餘地亦爲園廛後

世約略尚然園廛之賦何以用貢法之什一也廛即五畝之宅農圃皆同而農田百畝圃地十畝見魏風南軒東萊皆曰圃利厚故也後世亦然五畝廛十畝圃不可井授故用貢法爲載師園廛二十而一與孟子什一違莽歆增竄不足據也本節集注既誤以鄉遂當國中又止言郊而遺甸二句文義亦不貫不知何本其於野又舉都鄙該甸以野專屬甸削縣都而遺郊此則本毛詩傳郊外曰野之誤也爾雅邑外謂之郊郊外謂之牧牧外謂之野野外謂之林林外謂之坰凡五界以易周官郊甸削縣都五界疑非周公原文當由漢人傅會商郊

牧野，又添出林坰以釋魯頌之坰，然而牧誓篇首曰商郊牧野，篇末止曰商郊，是牧野在郊內，而曰郊外爲牧，牧外爲野，非書意也。載師牧田在遠郊，此與周官又不合，抑詩書三言牧野，當是地名，說文云牧野在朝歌南七十里，近是，而篇名曰牧誓，以費誓秦誓例之，又當是地名，而戰于其地之野也，故禮記曰牧之野，以此例詩坰之野，坰亦當是地名，毛詩既不察本末，抑爾雅以野當周官之制，毛併郊外牧外爲一，而曰郊外曰野，此豈可據。大凡載籍單言國，於天子則通圻內而言，諸侯則通境內而言，國野對言，則國爲城郭中，野則通言郊甸削縣都也孟子國野對言者二在國曰市井云云本儀禮士相見禮文周官尤多序官之首六言體國經野信如毛傳經豈獨遺郊者乎鄉大夫職曰國中自七尺以及六十野自六尺以及六十有五皆征之征法又豈遺郊者乎詩疏不知毛傳約畧謬誤而証以遂人之治野以遂在郊外故也爾雅疏亦然顧遂人職首云掌邦之野此邦字通圻內而言下文兩言治野皆蒙此野字亦萬無遺郊之理蓋于鄉詳言教于遂詳言養文互見也疏又曲爲毛傳解曰大判郊外曰野細別則有牧野林坰等名然詩又曰坰之野細別不又有二野乎則毛傳

之誤灼然矣，故論語先進章之野人，乃農夫田夫變文，不分郊外內也，而曰郊外之民、郊內之民皆君子乎？遂大夫三歲興甿，不興賢能者乎？即本章野人養君子，郊內之民獨不養乎？然則郊外曰野，於諸經無往非格閡者也。周官野字或偏指甸，或偏指稍縣都，以共屬野，故以野目之，若通言野則必從郊始也。

圭田　士虞禮饗神辭曰：哀子某圭爲而哀薦之。注曰：圭潔也。集注本此，圭田之入所以供粢盛，與天子諸侯藉田同義，故士喪禮有甸人供喪事，明器有耒耜焉，圭田亦有親耕之典也。

決汝漢排淮泗而注之江　禹貢水道注江者惟漢，汝泗則皆注淮而淮注海曰汝漢淮泗注江朱子曰記者之誤斯言盡之矣未有命世亞聖之才讀禹貢不熟者也且其誤即孟子可以質之好辨章曰水逆行泛濫于中國禹掘地而注之海水由地中行江淮河漢是也江淮河漢句衍其語意蓋曰逆行中國之水掘使注海不泛濫而由地中行此何水哉中國之南曰江東曰淮北曰河西曰漢禹貢各著其入海乎今禹迹依然猶可想見明德者也禹貢并有二淮何又與江河並言注海乎然則淮注江爲記者之誤的然矣從來講家及制義即誤文而紛紜穿鑿遷就者良由孟子兩章立文不同疏九

河云云順言，注掘地云云逆言，注注之海之下，又隔以驅蛇龍二語，文旣有順逆之殊，又斷續出之，讀者遂迷離不覺也。

舜以不得禹皐陶爲已憂　上文不見皐陶，顧麟士聞百詩謂孟子篇末禹皐陶連說，是順口恒詞，果爾則禹稷亦嘗連說，一樣順口恒辭，何不舉已見上文之稷也？聖賢經世文章，必無一字無下落，竊謂教以刑成，觀呂刑稱皐陶制刑，教德明刑，棐彝可見，上文振德句，已藏得皐陶，集注以提撕警覺訓振字，非直三令五申之謂，刑乃提撕警覺之大者，就令不然，即以此句爲補出皐陶

可也蓋有契之教必不可無皋陶之刑事理如是不補

言皋陶則不備補言皋陶而不舉明刑文勢不可再舉

也且與北學中國之徒言上文備言至契教人倫則言

皋陶自了了亦是古人出没法

不失其馳舍矢如破　五御之法有逐禽左田之御法也

詩曰馳卽逐也曰不失卽不失禽左也田之殺禽自左

膘射之達于右腢爲上殺達右耳本者爲中殺射左髀

達右䯚者爲下殺集注曰中中左膘左髀也曰力力達

右腢右耳本右䯚也力字釋詩破字詩但言破自包得

中蓋不失其馳則射如破者中左可知

牲殺　特牲饋食禮曰、宗人視牲告充、宗人、相禮者、充、猶肥也、又曰主人立於門外東方南面、視側殺、門、廟門、側殺、殺一豕、是士祭必殺牲也、集注所引王制無田則薦、謂薦新、卽春薦韭夏薦麥云云也、鄭康成曰、有田者既祭又薦新、陳祥道曰、祭必卜日、薦不擇日、祭有尸、薦無尸、祭必出神主、薦不出神主、祭有尸則授祭、多儀、薦無尸直奠之而已、祭具牲黍稷、薦但有時物而已、豕乃爲牲、秋薦雖有豚、豚未成牲也、見既夕禮注、此祭薦不同之大畧也

器皿　特牲禮有鼎以升肉、俎以載肉、敦盛黍稷、鉶盛羹、壺盛酒、實菹醢有豆、實棗栗有籩、又有甒醢庶羞之瓦

豆獻酢酬奠之角爵觶、依神之筵几、致潔之洗、實飲器之篚、尸盥之槃匜簞巾、斞酒之酌、出肉之匕、凡此諸器皆祭所必備者、而鼎之覆曰鼏、編茅爲之、覆籩有巾、絺爲之、元被纁裏、覆壺有冪、亦如籩巾、覆敦有會、瓦爲之、器必有覆、禦風塵、致潔敬也、以昏禮推之、太羹湆庶羞進尸時、亦宜有蓋、

衣服　特牲禮曰、筮曰主人冠端元、謂冠端皆元也、筮尸宿賓及正祭、皆不易服、則士之祭服元端服也、元端服元冠元衣元裳緇帶爵韠黑屨、特牲禮又曰主婦纚笄宵衣、纚以韜髮、縚爲之、廣終幅、長六尺、笄即今之簪、宵衣元綃衣、曲禮曰無田祿者

不設祭器有田祿者先爲祭服又曰凡家造祭器爲先犧賦爲次是牲殺器皿衣服必有田者乃備

湯居亳與葛爲鄰　書序湯始居亳從先王居鄭康成据地理志以亳爲偃師今河南府皇甫謐据孟子非之曰湯使亳衆爲葛耕葛在寧陵葛鄉今歸德府去偃師八百里非事理也蓋殷有三亳穀熟爲南亳湯都蒙爲北亳卽景亳湯受命之地蒙穀熟故城並在今歸德府商邱縣偃師爲西亳則盤庚遷焉余謂春秋莊十二年左傳曰公子御說奔亳杜注曰亳宋地蒙縣西北有亳城皇甫以蒙穀熟爲亳本諸此蓋蒙穀熟本契孫相土所居之商邱一名亳湯居焉商

邱即微子受封之宋故歷千年至春秋宋邑尚有亳名今寧陵縣之葛城與商邱縣之亳城相去八十里皇甫据之正與孟子切合但不當臆撰蒙爲北亳穀熟爲南亳偃師爲西亳以應立政三亳之文耳嘗就皇甫蒙穀熟爲亳之說推之又有三證焉古人葬地不遠杜預曰亳城有湯冢一證也皇覽曰伊尹冢在濟陰巳氏縣近亳書序沃丁葬伊尹於亳二證也伊尹放太甲于桐孟子稱太甲於桐處仁遷義以聽伊尹之訓巳必不遠在八百里後漢續郡國志梁國虞縣有桐地有桐亭而虞縣與商邱縣接界又一證也如謂湯都偃師畢無以解

孟子之放桐歸亳、非惟亳與葛鄰之齟齬也、據孟子湯居亳之文、湯固别有居者、據書序湯始居亳、從先王居之文、則從他處遷亳者、其曰先王、則于相土爲玄、諸家皆指帝嚳、恐體不當爾、然則湯自偃師遷商邱、或未可知耳、抑又思契始封商、在華山之陽、傳國十四世雖有八遷、皆以商爲號、湯王天下、即以爲有天下之號、竊疑相土居孟豬之野商邱、葢本名亳、湯從先王居之、歷外丙仲壬太甲沃丁大庚小甲雍巳太戊、尚云亳有祥、至太戊之子仲丁、乃遷隞、商邑翼翼、四方之極、十世二百餘年、赫聲濯靈于亳、至周乃目亳爲商邱、猶衛有帝邱、

帝顓頊之墟也。不然相土契孫，何以所遷者其上一字

適合祖封號耶。左傳稱遷閼伯於商邱，就周時地名爲

言耳。服虔、王肅謂湯居商邱，以上一字爲代號，非也。或

曰：漢置薄縣，屬山陽郡；後漢又分薄縣地，增置蒙、穀熟，

與薄並改屬梁國；晉改薄爲亳，屬濟陰。薄字非亳字，兩

漢不言亳，晉人附會耳。然而春秋僖二十一年，公會諸

侯盟于薄，杜注：薄，宋地，漢置薄縣，屬山陽，後漢改屬梁

國，則同一地，而兩漢曰薄，本春秋盟于薄經文，晉曰亳，

本左氏弃亳傳文，古薄、亳二字通也。禮記郊特牲曰：薄

社北牖，鄭康成注曰：薄社，殷社，殷始都薄。陳澔注曰：薄

尚書作亳，然尚書猶未亳社聯文也。春秋哀四年經曰亳社災，公羊亳又作蒲。書序亡書有將蒲姑篇，將遷奄君於蒲姑也。蒲，馬本及史記皆作薄。亡書又有亳姑篇，傳曰已定奄君於亳姑也。然則蒲、薄、亳三字通，又見諸禮記、書序、史記，故元和志云薄亳字異義同，非皇甫輩附會也。或曰離騷天問成湯東巡有莘爰極，有莘不在商邱西乎。曰天問言湯求伊尹也，時湯未為天子，東巡非帝制。書序孔傳湯為夏方伯，則天問云云，乃謂湯為東方之伯，巡行東方諸侯，而西極於有莘耳。至若尚書中候格予命曰天乙在亳，東觀在洛，觀即離騷所云巡、洛更在有莘之西，并言東觀而西極于此。洛居天下之中，猶周東西二伯自陝中分也。然則立政三亳其謂之何？曰：鄭康成注曰：湯舊都之民服文王者，分爲三邑，其長居險，故曰三亳阪尹。蓋東成皐、南轘轅、西降谷也。鄭以湯都偃師，故云云。其釋三亳，殆本項羽分王秦降將關中三處爲三秦者然。夫偃師北値紂都，止隔一河，民服文王，文王爲之分邑立長，不合情事。竊謂三亳與烝亦微盧之類，微盧烝三亳于阪立尹，卽所謂外薄四海建長以統之者。三亳之地，昭九年左氏所稱武王北土有亳者近是，當在雍州之北雲中、九原等處。曰三，當時種落非一，載籍不存，不可攷耳。

孔子懼一節　弒君弒父，本節來脉也。亂臣賊子懼，本節去脉也。然則本節作春秋，天子之事，知我罪我，皆當貼定來去脉講，不得旁雜。其語意蓋曰臣弒君，子弒父，天下又大亂，天子不討，何由治。孔子懼其亂無極也，因魯史作春秋，亂賊皆筆而不削，所以著明弒君父者，天子九伐之法所必殘，非他人之事。殺衛州吁，齊無知，陳夏徵舒，皆書人，憫天子不事事，亂賊乃由人討之也。是故孔子曰，其君子愛君父，因而知我者，其惟春秋乎，謂忠孝之理不絕于人心，由此書有作也。其小人無君父，因而罪我者其惟春秋乎、謂亂賊之誅、不赦于天子、由此書有作也、夫孔子作春秋、亂賊自畏不容於天地之間、罪孔子而不敢肆欲、是亦一治也、亂賊罪孔子、即是懼、故下文摠結之曰、孔子成春秋而亂臣賊子懼、孟子自叙自結、語意本自分明、胡氏乃以敦庸命討當天子之事、無論春秋並無敦庸命討之事、就令有之、于來去脉何關、春秋罪人不但亂賊、概云討罪亦泛、且謂孔子討尤大謬、不然以遏人欲存天理、慮後世詮知我離子臣說亦泛、謂孔子作春秋有討罪之事、胡氏自爲說也、而即以其說詮罪我、謂不居天子位而託天子權、誣甚、如

其說則春秋真有竊權之罪矣春秋真有異亂賊又何懼夫所云罪我乃盜憎主人也　獻按天子之事上但添所以明三字入講便明

小德役大德小賢役大賢　德賢二字極難分曉首節集注以德詁賢下又互提德字章意固論德也竊謂大德乃聖人天子小大賢對大德天子則皆小德小德役大德諸侯役於天子也小賢役大賢如國語伯子男帥賦以從諸侯諸侯帥教衛以贊元侯元侯帥師以承天子之類引齊吳指言小國大國又言大小國七年五年為政於天下是爲戰國侯王言小大賢不及卿大夫

滄浪之水　山東兗州府嶧縣志滄浪水出縣北六十里

車稍峪南流經縣西門門曰濯纓水上有孺子橋孺子

歌見採於聖人流傳弗忘故後人于門橋誌勝然則孺

子所歌滄浪水乃在禹貢兖州非禹貢漢水又東爲滄

浪之水在梁州者也禹貢荆州之文曰江漢朝宗于海

又曰浮于漢則梁州滄浪下流盡荆州東西境仍名漢

荆州無滄浪水也

舜生於諸馮一節　岐周畢郢皆可攷諸馮負夏獨無徵

然鳴條在冀州雷首山東北岐周在雍州岐山下正合

下文相去千餘里即此而推則諸馮負夏皆不出冀州

西南境愚按舜氏虞載籍不詳所自皇甫謐曰堯以女

妻舜封之于虞非也師錫帝曰稱虞舜矣鄭語虞幕能聽協風與夏禹能平水土商契能和五教並數皆謂功德開先之祖禹始封夏氏曰有夏契始封商氏曰有商則封虞受氏者幕故左傳曰自幕至于瞽瞍無違命漢劉耽呂梁碑曰虞幕生窮蟬史遷舜本紀遺之而韋昭注國語又以舜後虞思當虞幕則舜之氏虞所自不著後來諸地志又世遠不詳虞幕墟而舜生之諸馮不可攷矣水經注沙澗水出虞山括地志虞山在河北縣東北五十里山上有虞城（河北縣即大陽縣今平陸縣）皇甫謐說堯典曰虞山西虞地也黃度曰虞地今解州安邑縣大安邑

即春秋晉滅之虞葢武王封仲雍曾孫周章弟亦字仲者于古虞幕墟故仍其故號曰虞史記曰夏墟堺禹都安邑也而虞墟在夏前歷夏至商諸侯國于其地者皆沿虞號文王當商之末有質成之虞是也春秋滅虞其名隱矣猶之太原以堯故地號唐歷世相沿至成王封叔虞于太原猶蒙唐號也然則今之平陸安邑二縣乃虞幕墟別名諸馮者也虞山岐山東西相去千餘里正與孟子合何以知諸馮即虞幕墟也左傳幕瞍中間無違天命廢絕者是向有國土瞍始失之史記曰自窮蟬至舜皆微爲庶人則瞍非本有國者矣不知瞍失國故舜家有遷故孟子曰遷于負夏可知舜生于未失國時而諸馮乃虞

幕立國地別名也且失國而家遷則舜之耕稼陶漁正在此時、而孟子之負夏、即在堯典之嬀汭、何也孟子曰、堯之于舜也使其子九男事之二女女焉百官牛羊倉廩備以養舜于畎畝之中後舉而加諸上位、又曰舜發于畎畝之中、曰二女女即尚書之降女也曰舉曰發即尚書之徵庸也降女後徵庸皆曰畎畝中則降女于嬀汭、即降于畎畝中、亦即徵庸于畎畝中、而舜耕稼陶漁于家遷則負夏在嬀汭可見、汭爲水內概言嬀水之內尚書未明舉何地而嬀汭地有負夏而舜遷之孟子時其地猶傳、使孟子曰耕稼陶漁于負夏與尚書不煩比附而合矣、然言耕稼陶漁則遷不見言遷則包耕稼陶漁、故立文如是。自伏生書傳錯解孟子遷字爲遷有無之遷，遂易孟子之文曰就時于負夏。索隱曰就時猶言乘時逐利。而史遷述之。書傳又曰販于頓邱。檀弓曾子弔于負夏，負夏適同孟子。康成信書傳，而衛地有頓邱，意以就時地、販地當不遠，遂注之曰負夏衛地，而史記集解採之。實則衛地無負夏，康成以意爲說，故數千年地志家不得負夏于衛地也。而孟子之負夏乃隱而不可詳矣。唐孔氏曰嬀水在河東虞鄉縣歷山西，西流至蒲坂縣南入河。雷首一山九名，歷山亦其一。然則負夏在歷山西嬀水曲處，今虞鄉縣界中。史記舜耕歷山，陶河濱漁雷澤三語當是舜典逸文此虞鄉縣又以舜嘗遷此而得名焉河南有虞城、舜後虞思國、浙江有上虞、亦夏商之際、舜後支庶所封或謂其地有姚墟、舜生于東夷在此、大謬、水經注涑水自聞喜縣東黍葭谷、雷首山谷西南行過解縣故城南、薛氏曰、嬀水出解縣、又西南至瑕城又西南至張陽城南有二澤其東世謂晉興澤、西曰張澤在嬀水之北于古雷澤必居其一、何也、涑水出雷首山東北、一名雷水也中年于一塾師處見一書、謂雷澤在雷首山下、以山得名于今耿耿、恨不記其何書要當謂此雷水所豬者嬀水傍歷山西濱河、雷水北豬爲澤、舜耕稼陶漁處正不遠、康成則以兖州雷夏澤當舜漁處皇甫

諸則以陶邱當舜陶處、曾子固則以青州歷城南山當
舜耕處、以合孟子之東夷、舜本紀曰、舜冀州人也、最允
冀州西南雷首山起自河曲東北迤邐數百里南跨芮
城平陸、北跨臨晉安邑垣曲、直接太行、傍雷首山而居
者曰居深山、左傳曰、晉居深山、孟子曰、舜居深山是也
舜居冀州、而耕稼於青州、陶漁於兗州、有此情事耶、若
書傳既錯解孟子之遷爲就時、又附會出販于頓邱、史
記既曰陶河濱、又附會出作什器于壽邱、皆不足辨
卒、謂葬舜卒于鳴條爲東夷地、去岐周畢郢千餘里、孟
子之文也、禮記檀弓曰、舜葬于蒼梧之野、尚書舜陟方

乃死、孔安國傳曰舜升道南方巡狩死于蒼梧之野而葬焉、舜本紀曰舜南巡狩崩于蒼梧之野、葬于江南九疑、是爲零陵、山海經曰蒼梧之山舜葬其陽丹朱葬其陰、此四說者曰葬蒼梧野曰葬蒼梧山曰葬九疑、一葬地已歧爲三、要皆別自爲說、與孟子判然者也、鄭康成書序注曰鳴條南夷地南字據禮記書傳諸說夷字據孟子、此則以孟子與禮記諸說合併爲一、而明以南夷易孟子之東夷晴以四五千里易孟子之千餘里矣、王孟子之東夷者、沈休文竹書注曰海州鳴條有蒼梧山、方輿之通雅曰鳴條在贛榆縣有蒼梧山、夫鳴條則鳴

條耳、必牽蒼梧山、亦不忘禮記諸說、其爲附會亦顯然
且海州贛榆、今屬淮安府、沈方二說、第照會孟子之東
夷、而海州與岐周相去三千餘里、亦置不復顧者也、然
諸家或竟主南、或亦主東、未嘗東南合一也、殷本紀古
文、鴇誥曰東爲江、北爲濟、西爲河、南爲淮、前人謂古文
南東二字彼此交誤、極是、或乃曲附鄭、遂據古文東爲
江之誤文、而謂古人言南可言東、于是孟子鳴條東夷
地、乃果風吹墮矣、猶有可幸者、他相去千餘里、不能誣
也、海州贛榆有鳴條、由東夷而附會、尚屬有因、舜葬
蒼梧、始于禮記、直是將軍天降、其故安在、曰、禮記舜葬

蒼梧之野渾淪一句未實指所在古地名不盡傳或鳴條別名蒼梧或鳴條是大名其地有蒼梧非謂南方之蒼梧也尚書舜陟方乃死孔傳索解不得因舜死會到禮記舜葬蒼梧而漢以下人睹記但有南方蒼梧蒼梧與蒲坂相去遼遠則以巡狩湊合故曰升道南方巡狩死於蒼梧之野而葬焉然一時附會所及不知此語大脫漫也夫漢以下所云蒼梧南越地也西北距衡山千餘里在五嶺之南自開闢至周不通中國周初來獻白雉周公猶曰不臣其人舜巡狩乃至蒼梧耶何爲舜崩于其地何以知禮記蒼梧非謂南越也檀弓一篇其言

其事皆係春秋之末後春秋數十年而止周末人爲之者多非如王制月令之屬盡屬秦漢人手也吳起相楚悼王始開南越南越即百越秦并天下乃取百越地爲三郡曰桂林曰象郡曰南海漢以南越地王趙佗五世百年叛漢國滅乃分秦三郡爲九蒼梧始以郡著去春秋已三四百年周末人安知不通中國之南越其地有蒼梧耶況舜葬蒼梧又見家語大戴禮五帝德篇當非憑空自撰蓋傳自夏商以來也假使南越至秦漢猶不通中國必無舜南廵崩於蒼梧而葬之附會矣史記又易蒼梧爲九疑皆漢經師各爲一說而淮南子又謂舜

征苗而崩蒼梧、鄭康成注檀弓宗之、與孔書傳又異、此皆昌黎所云、各以所見爲守也、然有舜葬九疑之說、不惟舜事誕妄、而有庳之地亦入附會矣、蔣涑塍離騷餘論曰、路史國名記、鉅鹿縣有象城、舜弟所封、夫鉅鹿蒲坂皆在冀州、其說庶幾與孟子源源而來者合、括地志乃云舜葬九疑、象來此、後人祠之、曰庳亭神、千古据此爲有庳之地、宜朱子孟子集注曰未知是否、不定其辭也、王逸注離騷曰、二妃從舜南巡狩、不及道死沅湘之間、此則明明鑿解禮記、尤附會之可笑者、禮記曰舜葬于蒼梧之野、蓋三妃未之從也、季武子曰周公蓋祔、未之從謂未從舜葬而祔也、豈曰從舜南巡不及耶、好事者眞乃無所不至、今以孟子斷之、紛紛附會、其不足信灼然矣、　今山西平陽太原兩府、成王弟唐叔所封之晉境、皆唐虞夏之墟、在堯舜禹時天下之都會、聲明文物之所、歷千年至周、則雜以戎狄矣、左傳定四年、祝鮀曰、唐叔命以唐誥、而封於夏墟、疆以戎索、莊二十八年二五曰、狄之廣莫、于晉爲都、謂蒲與屈也、在今平陽府、昭十五年、籍談曰、晉居深山、戎狄之與鄰、王靈不及、拜戎不暇、孟子以諸馮負夏鳴條爲東、據當日言、豫州居九州之中、其北爲冀州、諸馮負夏鳴條在冀州西南、孟

子曰東對下文西字言非天下之東也、

溱洧　子產乘輿濟人偶一爲之已非政體溱洧則二水矣何耶括地志云新鄭城南洧與溱合合後東流則溱洧合稱實一水也褰裳涉溱涉洧分言者也溱洧詩中間單言洧首言溱與洧則亦合稱、

行辟人可也　本文語氣似甚言實則數典也周官鄉士爲三公辟遂士爲六卿辟縣士爲大夫辟、

朝廷　古人相見曰朝相見皆在廷故曰朝廷朝廷不必王侯得稱玉藻曰私朝魯語敬姜曰合民事于外朝合家事于內朝皆謂卿大夫也見左傳亦非一說者皆砭

爲周衰僭制文章家不檢、然論語亦不檢、而曰冉子退
朝、耶公行子家自得稱朝廷、故孟子云然、集注仍舊説
也、
朝廷不歷位而相與言不踰階而相揖也　儀禮弔賓之
位、卿大夫在庭東方、主人兄弟之南、直東序西面北上、
諸公門東北面西上、他國之異爵者門西、北面東上、是
時公行子家、王驩大夫、位當在主人兄弟之南、孟子賓
師客卿、當在他國異爵者之位、王驩位庭東方、當阼階、
孟子位門西、當西階、故集注曰、孟子右師之位又不同
階、不可歷而踰也、

禹稷當平世三過其門而不入　三過其門豈曰梁岐太原三役告成于帝而過之耶豈懷以下去帝都遠則遣官屬告之前人謂三過其門惟禹有之稷但帶言　此據並耕章專言禹故也其實孟子云虞書禹曰予決九川距四海濬畎澮距川暨稷□□是治水教稼穡兩人聯事必須人偕奉命而事偕之則成亦偕告而兩三過其門可證亦三過其門並耕章從憂洪水說下大言治水就禹重作一頓故三過專言禹所謂言各有當也至于三過事實即在禹貢記冀州之首但不詳地理讀之不覺　□濬畎澮則稷教稼須親歷川間論語禹稷躬稼亦非虛

故進說集注身親稼穡之事、總承平水土播種說、謂身與稼穡事親非謂親爲之、

父兄弟子　教者曰先生、學者曰弟子、見鄉飲鄉射禮、於今尚然、先生且無論以四子書之弟子言之、弟子入則孝弟、弟子孰爲好學、弟子不能學、召門弟子、謂門弟子、弟子惑滋甚、養弟子萬鍾、弟子恥受命、皆對教者之稱也、弟子入孝章前人謂是述小學教法、由弟子二字見之、弟子齊宿對大賢之前、以學者自居也、故孟子曰長者、亦以先生自居、二字倒文、則對父母兄長之稱、如率其子弟、下文不言兄長、省文、又使其子弟、富歲子弟、凶歲子弟、其子弟從之、驅其所愛子弟是也、太子申之外、惠王親屬死者容有人、弟子子弟互易、

則文義不通、然則色難章弟子與先生對言可知矣、雖然、子弟對父母兄長其義顯曰若夫學者非教者之弟、非教者之子、且弟是一人子是一人又行輩殊、何以合併而目學者抑孟子曰師也、父兄也、教者非學者之父、非學者之兄、且父是一人兄是一人又尊卑懸何以合併而目教者曰此由服名喪期得也古者人在功緦之服不論行輩皆爲兄弟小功以下爲兄弟一見喪服傳、一見喪服記喪服經曾祖齊衰三月傳曰不敢以兄弟之服服之也功緦之人爲兄弟故以兄弟名功緦鄭注曰兄弟服名是也喪期子爲父斬衰三年、父爲子齊衰

期古之教者學者相爲服皆緦檀弓夫子喪顏淵子路
若喪子而無服門人喪夫子若喪父而無服喪父子也
若喪父三年也無服無喪父斬衰之服但有弟服兄之
緦故曰弟子喪子父也若喪子期也無服無喪子齊衰
之服但有兄服弟之緦故曰父兄何不父子兄弟對交
恐其混於對父母兄長也抑先輕服而後重喪責學者
之致哀歟先重喪而後輕服優教者之節哀歟以君子
之義求之樂有賢父兄亦當屬教者若論語孟子兩入
事父兄則爲生我之父天顯之兄孟子又云父兄百官
即中庸之諸父昆弟特牲禮有賓弟子兄弟弟子少牢

禮變文曰後生則賓黨主黨後生之同輩子行相禮者也大射儀投壺禮之弟子亦然此父兄弟子凡四人當隨文求之正猶先生爲教專稱若孟子稱宋牼先生則又年長者通辭也、

良人　士昏禮曰衽良席注曰婦人稱夫曰良良人稱夫舊矣而在齊人則夫也不良、

卒讀之東郭墦間讀之祭者乞其餘　曾見一點本如是、極合經句、亟登之之東郭、之墦間之他三之字根上所之之字也、

其妻歸告其妾句　上文告其妾可連曰字此則告其妾

讀住，謂盡告以矚所得也。良人者云云，一起一落，嗚咽不勝情已，是泣語。與其妾云云，是一頭泣二頭訕，訕畢而泣不止，非訕是訕，泣是泣也。經文泣在訕下，著其訕畢猶泣，接下良人未知也。前人誤與上文告其妾曰一例讀，而謂今若此三字有說不出的光景，則是其妻肚裏話也，妾且摸頭不着。

父母使舜七十九字　萬章所稱似不情，故先儒以爲有無不可知。閻氏則謂若出好事者所爲，如堯瞍朝舜、伊尹割烹之屬，孟子必闢之。本文七十九字當是孔壁舜典原文。愚謂即第一句父母二字明係成文，必是上文別述舜事而及此、故立文如此、五帝本紀亦載此事、史遷以漢人訓詁易經文、故有異同耳、抑又疑上章及本章不告而娶、皆萬章據古舜典次第問者、于田號泣、今僞書竄入大禹謨、其實古舜典原文首句記舜側陋時事、曰舜往于田、故萬章長息相距有年、述來不易一字、僞大禹謨就舜爲天子言及之、則以帝初于歷山五字易舜字、又于號泣上隨意加一日字也、下云負罪引慝亦本孟子之論怨慕者爲詞、而四字之意只引罪二字、爲但言引罪、立不住句、則稍貼成四字、而不知負罪二字綴不上也、文家凡言負罪、皆其身實實有罪之詞、非無罪而引爲罪細味負字自見蔡傳于負字上添一自字下又云不以爲父母之罪曲爲之說耳試平置二字虛心按文求義有如蔡傳云云乎抑負罪引慝古書果有此果與于田號泣連文孟子言怨慕萬章又何疑

汝其于予治　古字于爲通虞書以五采彰施于五色禹貢東迆北會于匯士冠禮宜之于假聘禮在聘于賄凡所言于皆爲也本文于予治亦爲予治也更當讀去聲而四聲起于後世

殺三苗　左傳曰殺管叔而蔡蔡叔見昭元年又見定四年釋文上蔡字素達反說文作𥻆音同說文𥻆𥻆散之

也正義曰粲義爲散故杜訓爲放篆字粲蔡相似隸遂訛爲蔡愚謂左傳兩言蔡本之禹貢二百里蔡也禹貢又曰二百里流虞書曰流共工則三苗曰粲亦正與禹貢文合本文曰殺三苗非粲殺音同致誤鄭寫者遺下米耳今本虞書爲竄三苗竄字鼠入穴漢以上載籍皆爲自匿之義以竄爲逐晚晉以後人睽古文也孟子所見乃秦火前眞古文史記曰遷三苗又本皐陶謨詁粲字而易之說文𡫸塞也讀若虞書𡫸三苗之𡫸粗最切或据此遂謂古文本作𡫸三苗亦非說文引書證𡫸字但當云𡫸三苗乃曰讀若𡫸三苗之𡫸此何語乎蓋爾

竄字皆粲誤爲竄、謂讀若粲三苗之粲也、古文本作粲
三苗、此亦一徵、抑蔡亦粗最切据說文引虞書則叔重
又讀粲爲粗最切粲蔡之誤字相似而又音同、與張參
五經文字云粲字春秋多借蔡字爲之不曰誤而曰借
又不及禹貢何也、若虞書則後人妄改爲竄字而粲字
隱沒久矣、幸孟子留粲字碩果之半、可以識得眞古文
虞書、又合虞書禹貢上下各言流而知古文禹貢之粲
亦誤作蔡、因源竟委說左傳諸家亦非穿鑿附會、

二人比周　左傳曰頑嚚不友、是與比周、天下之民謂之
渾敦、注曰、周、密也、渾敦不開、通、謂驩兜、集注比周本此

不及貢以、政接于有庳　古字以與通、謂諸侯之朝、有方物之貢、與述職之政、而期以五年、天子不常接也、舜于有庳、則不待及此、接之、集注云云、似于語意未豁、

堯老而舜攝　攝政、攝行君政、攝位、攝居君位、兩事懸絶、隱元年左氏曰、不書即位、攝也、三代以上載籍攝位之文、見諸此、時魯隱固居君位者也、若舜禹將受禪而攝、伊周遭國憂而攝、皆攝政、非攝位、自賊莽謀篡、令博士奏曰、周公始攝、則居天子之位、以汙衊周公、漢人說經直以攝位爲常談、鄭孔書注疏、并以之說舜禹、而蔡傳亦襲之、此助齊東野人之瀾者也、本文朱子注曰、堯在

時舜但攝天子事未嘗卽天子位字字鐵案乃又曰舜攝位二十八年而堯死此位字必是政字傳寫誤也

百姓 張說對明皇曰古者庶民無姓其有姓者皆有爵有土者也楊愼以爲不刊按有爵土者爲百姓故虞書古註百姓謂百官然而孟子引百姓如喪考妣而曰舜帥諸侯爲堯喪則百姓更兼諸侯古注尚遺其半也禹貢不云錫土姓乎据國語堯賜禹姓曰姒氏曰有夏夏近王都司空百揆采邑也賜四岳姓曰姜氏曰有吕命爲侯伯邑在南服而長諸侯則就國土爲諸侯者也左傳曰天子建德因生以賜姓胙之土而命之氏卽禹貢

之意因論族而下文遞言諸侯但得賜卿大夫之族則天子賜姓胙土且似偏指諸侯孟子之言固信而有徵也獻按周官司儀天揖同姓時揖異姓土揖庶姓亦可證然百姓義兼諸侯百官而孟子專舉諸侯何也此并承天無二日民無二王推論之則當廣言天下廣言天下則當言諸侯故曰帥天下諸侯若蔡傳百姓爲圻內庶民古注百姓爲百官則孟子引書推論兩無着落矣而克明峻德章亦由是得解焉孔壁古文平章作辨章見伏氏書傳鄭氏詩箋古文辨字作釆平字作𠀤晚晉人亂辨爲平也辨章百姓者百官諸侯或蒙父祖姓或新受姓姓不同而各有九

族之親同，堯推其親九族者，辨章諸侯百官之九族，使之亦親也。百姓昭明，百官諸侯九族各睦，而百其姓，如日月之經也。九族百姓文皆𠁅，則萬邦即謂黎民，互稱也。立文有當然者。協和者，堯推其親九族者，協黎民之九族，使亦親之而不渙，和黎民之九族，使亦親之而不乖，雍即黎民之九族睦也。此章言堯推親親之德，自身而臣而民，治道無餘矣。孟子曰：人人親其親，長其長，而天下平。堯舜之道，孝弟而已矣。乃此書注腳。百姓兼百官諸侯虞書本義如此，非𦁩繹孟子，亦無由知之。雖然，百姓亦有時指庶民，如子庶民則百姓勸，修己以安百姓之類。張說曰：古者庶民食諸侯之國土者，以諸侯之姓爲姓；食卿大夫之采邑者，以卿大夫之姓爲姓。然則庶民以姓百姓之姓稱百姓歟？　畢竟周以前載籍庶民百姓皆別言，指百官諸侯外，如呂刑「爾安百姓」，兼卿大夫庶民言。孟子「非敵百姓」亦然。讀書當隨事求之。

瞽瞍非臣如何而居堯之宮　古字如、而通，「望道而未之見」，罔如「未之見」也。「瞽瞍非臣如何」，則爲「而何」，謂何等人也。「而居堯之宮」，則爲「如居堯之宮」，謂不避也。

百畝之糞　第三篇「糞其田」及本文「糞」字，皆謂除草壅苗。良耜詩「荼蓼朽止」，甫田詩「或耘或耔」，朱子兩詩傳即孟

子、糞字註脚、蓋古人糞田、未有若後世之爲者、從來錙
解糞字、遂以本文集註糞多力勤爲二事、然用力不齊、
不復及糞上農夫之外、槩不用糞耶、糞田不過除草壅
苗、除草朽則土肥、壅苗厚則穀茂、故吕覽言后稷肥田
之法、亦以旱耨堅苗爲說、而地官田糞種、月令曰糞田
疇、亦是肥意、經籍無有以矢穢爲糞者、

不挾兄弟而友　古人小功以下、不論行輩、皆爲兄弟、同
姓之外、則如姑之子、兄弟之子、皆是、見儀禮喪服傳、及
士喪禮注、師友惟其道德、故兄弟亦友、伐木詩傳曰、兄
弟朋友之同儕者、此兄弟爲友之見於經者也、郎如孟

仲子季子、皆孟子之從昆弟而學於孟子、此又大功兄弟而友者也、本文所云長貴兄弟、皆屬其人之身長年也、貴勢也、兄弟恩也、皆爲可挾之具然有挾則友德之心不專、故不可、

帝館甥于貳室　下文曰、亦饗舜、則本句舜饗帝也、館字旁从食、兼居養二意、故聘禮賓卽館而飧饔牢禮從之卽如中國授孟子室而卽繼之曰養以萬鍾、左傳秦獲晉侯饋七牢、亦繫於館晉侯之下、傳又云三日館穀、此館字當訓食爲館有養義之鑿証、惟所云舍館定則館卽今之客寓、不兼養義、此據事情可推、當分别觀之

舜尚見帝一節　本節承上節末說下、貳室擬帝宮、天位亦在焉、館舜則天位與共、天祿與食也、古人不徒飲食相饗之際、必有訪道之言、書所云詢事、當見端於此、是又與治天職也、天子而友匹夫六字、王公之尊賢五字變文以、不托諸侯章末推之、曰甥、則所云九男二女百官牛羊倉廩以養舜畎畝、已在前也、曰尚見所云後舉也、曰貳室賓主、所云加上位、此其始也、是天子而友匹夫也、猶云是王公之尊賢也、與上節末緊相貫注、從來以天子友匹夫、與小國之君亦有之、大國之君亦有之對看、則本節語意、與上駁論平公、演不相屬矣、

請無以辭却之　上節其所取之義不義固屬心頭計較而不義不受必非以不義爲辭則此無以辭却之殊不可解竊意古者餽遺辭受其詞令有常本句辭字當是常辭方與上節不碍又能對下他辭

孔子先簿正祭器　特牲少牢士大夫禮也而三鼎五鼎皆有腊少牢曰腊用麋特牲未著腊用何物注家差等之以爲兔特牲兩豆兩籩固未及於獸物爲之者少牢賓尸朝事四豆則有麋臡不賓尸四籩則有膴陳祥道曰獸腊而乾之在籩者曰膴然則士大夫祭器之實已必用獸物况上焉者采以簿書正祭器謂鼎俎籩豆之

物，一遵元公舊制。如籩人、獸人、醢人諸職所云者是。或據詩之我將及潛及閟宮諸篇爲籩正，謂牲魚外無別物，是改祭器非正祭器矣。嶰按：此駁極是，但如何是不以四方之食供籩正處，終欠着落。竊意四方之食，謂鮮腊也。禮惟九鼎以上有鮮腊，士大夫所用之腊，皆乾腊也。鮮腊則祭前必獵，乾腊則頒禽時給之于君，而藏以待用，不須獵也。故左傳子產曰：惟君用鮮，衆給而已。是此二語鑿証。自杜注以給辦之給釋之，不特孟義沉晦，即在本傳亦屬難通矣。向嘗有説質之先生，極承印可，并識于此。

委吏　委吏，即周官委人，掌斂薪芻、疏材、木材，供祭祀、賓客、喪紀之用，但有出入之數，宏會不用料量。料量乃遺人之職。遺人雖與委人聯事，然各有攸司，則料量平，乃史記網羅散失之訛。委吏，史記作季氏吏，亦字相似之

誤、

乘田　下文曰牛羊茁壯長則乘田即周官牧人不曰牧人而曰乘田者孟子去孔子百餘年必有所據于今典籍不存不可知耳史記曰司職吏亦不知所本王朝委人爵中士侯國則下士牧人爵下士侯國則不命之士是孔子先爲乘田後爲委吏孟子先言委吏以尤卑貧者後言之于論居卑貧意爲更進一層也史記亦先敘委吏據孟子之文而未原其意耳

大門　大門士冠禮謂之外門古者門庭堂寢廟第有貴賤等殺耳位置大約相同以大夫士而言大門之北正

直大門者爲寢門由大門至寢門中間空地爲門庭寢
門之北直寢門者爲寢堂由寢門至寢堂中間空地爲
戶庭廟在寢東所謂左寢廟也進大門東行則有閤門
寢廟各繚以周垣閤門所以通寢廟之往來也進閤門
而東行爲廟大夫三廟則有都宮門進都宮門若入太
祖廟又有廟門廟門之北直廟門者爲堂由廟門至廟
堂中間空地爲廟庭若入禰廟祖廟則進都宮門或東
行或西行仍有閤門進閤門乃至廟門士一廟進閤門
東行即廟門所謂大門者寢廟之總門也神依於人故
廟門統於直寢門之大門

庶人不傳質爲臣　士相見禮庶人見于君不爲容、進退走、士大夫則奠摯再拜稽首、君答一拜、此謂大夫士庶人始見君之禮也、庶人不言摯、則庶人見君無摯、故曰不傳質爲臣、大宗伯所云庶人執鶩、謂其自相見者耳、庶人而見君、周官大詢、洪範謀及庶人之屬也、

匜　公食大夫禮曰、小臣具槃匜、注曰、槃匜盥器、匜以貯水、盥時一人執匜沃水漸注之、一人執槃盛盥棄水、恐水濺汚人也、旣夕禮曰、匜實于槃中、南流、注曰、流匜口吐水者、士虞禮亦曰、匜水錯于槃中、南流、特牲少牢兩禮、皆爲尸具槃匜、凡儀禮所謂匜、皆謂貯盥水之器、鄭

內則所云少者奉槃長者奉水亦卽謂奉匜水左傳曰奉匜沃盥越語曰奉槃匜義亦同惟內則敦牟卮匜鄭注則以匜爲漿器孔疏又曰盛水漿器孔所云水亦謂六飲之水因注之漿飲遂及水飲蓋以經文非餕莫敢用曰餕則不得言盥器也故於玉藻杯圈康成遂注爲卮匜之屬集注本之其實公食大夫漿飲實於觶卽居常不必然而內則之匜究非飲器特牲禮祭畢餕者皆盥食神與尸之餘致潔敬也則餕父母舅姑之餘亦用父母舅姑之匜而已

禮食　以章末紾兄臂奪食反觀之則所謂禮當指食之

儀文而言如大夫相食禮食前有戒速之儀將食則主人拜迎揖讓升堂則拜至主人親設湆醬賓辭主人用幣侑食賓辭之屬所謂禮之輕者也

親迎　昏禮有六節一曰納采納禮於女父而采擇其可否也二曰問名請女名而卜之也三曰納吉告之以卜吉也四曰納徵納幣而成禮也五曰請期請婚期於女父也六曰親迎壻至女家迎婦男先女女從男之義也何休曰夏后氏迎于庭殷人迎于堂周人迎于戶蓋昏禮女在廟之房當戶而立周制則壻升堂北面當戶奠鴈再拜稽首降出婦從壻御婦車授綏驅車三周御者

代壻乃乘其車先歸俟于門外親迎必承父命故昏禮無父者不親迎是較納采諸禮爲輕

岑樓　左傳襄二十四年子太叔曰培塿無松柏正韻曰婁同塿小阜也本文樓字亦當作塿左旁从土誤从木也爾雅山小而高岑故集注曰岑樓樓高銳似山

膰肉不至不脫冕而行　冕卿大夫助祭于公之服記曰大夫冕而祭于公是也異姓臣助祭爲賓官尊爲賓長孔子於魯異姓爲司寇助祭時異姓臣無有尊於孔子記曰凡祭于公者必自徹其俎謂自徹歸也惟賓長則有司徹歸之見少牢禮有司之徹也賓長出則徹而踵

乎其後孔子至家，膰肉不踵至，則不至矣，不至輒行，故不脫冕，

無有封而不告　舊謂五命三事，二屬睦鄰，一屬尊王，竊謂不然，古人語言有次，上、四命皆以類敘，不應五命絕不類，尊王又不應在簡末，且專封當與四命之專殺爲類，惟郝京山則曰三事皆屬睦鄰，封字當讀如檀弓縣棺而封之封，與窆同，告封，告葬期於諸侯也，夫謂三事皆屬睦鄰，良是，以告封爲告葬期，則未核，禮告喪不告葬，葢葬者臣子之事，鄰國自來會送，諸侯五月有定期，不待告也，春秋使叔服會葬，魯僖公，先期兩月來，召伯

會葬成風來于葬後但不失五月期此不告葬之明証竊意春秋宋附庸蕭其初本宋邑宋萬之亂守蕭大夫叔有再造宋國功故進之爲附庸此制雖不見周官而蕭屢見春秋春秋皆無譏詞想元公自有此制典籍不盡存耳如春秋初邾附庸郳亦邾之别封楚别封熊摯于夔亦是此例此大注所云封國也若所云封邑則諸侯命卿有采邑亦當起封爲疆地官具有明文蓋國邑之封皆在鄙於鄙起封或有侵占鄰疆最易藉口告之天子案大司徒土地之圖先公開國邦域則鄰無疆場之釁矣

饔飧　周官掌客職曰上公飧五牢饔餼九牢四牢屬餼侯伯飧四牢饔餼七牢三牢屬餼子男飧三牢饔餼五牢二牢屬餼飧饔每牢鼎九牛羊豕魚腊腸胃膚鮮魚鮮腊豆八韭菹醓醢昌本麋臡菁菹鹿臡茆菹麋臡簋八四黍四稷簠二二稻一粱六鉶牛二羊二豕二八壺黍酒二稻酒二粱酒四餼四牢者牛羊豕生牽各四米百二十筥黍稷稻粱備醯醢百二十甕三牢者牛羊豕生牽各三米百筥黍稷稻粱備醯醢百甕二牢者牛羊豕生牽各二米八十筥黍稷稻粱備醯醢八十甕牛羊豕鼎實也醯醢豆實也米簠簋壺實也此諸侯朝天子天子待之及諸

侯相朝主國待之之禮諸侯使大夫聘于天子及自相聘亦以是禮差之夕食曰飧賓始至日已夕則以所云飧者饋之于館以爲供夕食也朝食曰饔明日朝則以所云饔者饋之以爲供朝食也餼與饔同饋後旬又致焉考工記曰致稍餼聘記曰既致饔旬而稍是也本文不言餼以飧饔該之飧饔簠簋壺之實餼之筥米皆黍稷稻粱備致飧饔餼時門外又有車米亦兼有黍稷即供賓於道路候館積物也凡此諸禮皆生黍一穀之貉之所無集注飲食饋客之禮飲謂飧饔禮之壺其簠簋則食之主豆鼎鉶乃食之輔

遵海濱而處　海濱在荒服之外禹貢雖指云爾也既在荒服外則朝廷法所不及若法猶及則舜之處猶有所不安孟子必不舉以爲說　上文執之閻百詩謂執讐搜極是

放飯流歠　毋放飯毋流歠見曲禮亦見少儀少儀又曰小飯而亟之注曰小飯小口而飯則放飯者滿口大嚼流歠者一吸無餘或以貪不知足當放流與大不敬之意不合

袗衣　古舜典篇亡今舜典古合於堯典見孟子伏鄭之本向然晚晋人分之也史記五帝本紀敘舜側微堯養

之畎畝之中、皆采古舜典文、但雜以訓詁之詞耳、史記曰、堯乃賜舜絺衣與琴、孟子曰、被袗衣鼓琴、皆約古舜典文也、史記所云絺、即虞書絺繡之絺、時舜三年成都爲都君、其於十二章之服、當屬五章、三章皆下六章絺繡者、故曰絺衣、絺、黹同音紙、孟子作袗音之轉而字訛也、角徵之徵、徵驗之徵、轉音即此類、史記賜于養畎畝時、孟子曰爲天子、天子當會繡十二章、亦曰絺衣、據古舜典成文約畧言之、不拘拘也、史記注、絺作絺綌之絺、莽甚袗字無畫意、趙注孟子訓畫、全無源委、

食前方丈　弟子職曰、羹胾中別、胾在醬前、其設要方、士

昏禮注曰、餕要方、本此儀禮、凡設餕、皆配使方、然則古者之餕、皆方設也、其方之數、固無確據、而古者加筵之席、皆長八尺、公食大夫禮中、席前設正饌、饌西容人、席末設魚羞四列、則方數可意量也、雖公食禮止有七俎六豆六簋兩簠四鉶十六庶羞一醯醬一太羹湆一漿飲、然王侯盛禮、俎亦以九爲極、豆簋亦以八爲極、鉶止於六、庶羞止於二十、簠及醯醬羹湆漿飲不增、其方必不至一丈、戰國侯王、極口腹之欲、俎豆鉶簋、制數已盡廢、故有方丈　離騷兩招魂、雖屬寓言、要其敷陳宮室食飲婦女田獵車乘、大半非古制、皆據當時實事、孟子

堂高三條亦畧可想見

四書補考卷下終

受業周惠收校